PHILIP LONGWORTH

Aufstieg und Fall der Republik Venedig

D1937246

Philip Longworth

AUFSTIEG UND FALL DER REPUBLIK VENEDIG

BASTEI LÜBBE

Titel der englischen Originalausgabe:
The Rise and Fall of Venice
Constable & Company, London 1974
Übersetzung aus dem Englischen von Maximiliane von Meng

© Copyright by Philip Longworth 1974
Rechte der deutschen Ausgabe:
F. A. Brockhaus, Wiesbaden
Lizenzausgabe: Gustav Lübbe Verlag, Bergisch Gladbach
Printed in Western Germany 1978
Einbandgestaltung: Ralf Rudolph
Titelfoto: Wallraff-Richartz-Museum, Köln
Satz: Dörlemann-Satz, Lemförde
Herstellung: Augsburger Druck- und Verlagshaus GmbH
ISBN 3-404-00854-5

Der Preis dieses Bandes versteht sich einschließlich der gesetzlichen Mehrwertsteuer

INHALT

KARTEN

DANKSAGUNG

Mein Dank gilt Ben Glazebrook, der mich dazu ermunterte, russische Themen zugunsten eines Buches über Venedig zurückzustellen. Ich danke der St. Catherine's Stiftung und der St. Deiniol's Bibliothek, Hawarden, für ihr Entgegenkommen, als es mir an einem Ort zum Arbeiten fehlte. Venezianischen und britischen Freunden sage ich Dank für die mir erwiesene Freundlichkeit während meines Aufenthalts in Venedig, ebenso Mark Hamilton und Eileen Crouch, die mein Manuskript so hervorragend abgeschrieben hat. Ich bin dem Britischen Museum in London, dem Museo Correr, der Biblioteca Marciana, dem Museo Storico Navale und der historischen Abteilung der Giorgio Cini Stiftung in Venedig für ihre Mitwirkung und die Erlaubnis zu Dank verpflichtet, Illustrationen zu reproduzieren. Ich stehe in der Schuld jener Gelehrten, die das Feld venezianischer Geschichte beackert haben – aber die Interpretation des Stoffes, die Irrtümer und Auslassungen dieses Buches gehen ausschließlich zu meinen Lasten.

EINFÜHRUNG

Die Schönheit Venedigs ist legendär, groß- und einzigartig. Und doch ist es nicht der Zweck dieses Buches, den magischen Zauber zu beschreiben, der von dieser Stadt ausgeht, oder auf ihre zahllosen Kunstwerke und Merkwürdigkeiten näher einzugehen. Eine Fülle von Werken über die Kunst und Architektur Venedigs ist bereits geschrieben worden, der Reiseführer sind Legion, desgleichen der Bände, die dieser Perle unter den Städten Bewunderung zollen. Im Gegensatz zu diesen, soll das vorliegende Buch eine Geschichte der venezianischen Republik und Gesellschaft, ihrer Entstehung und Entwicklung sein und ein Bild venezianischen Lebens und Treibens durch die Jahrhunderte nachzeichnen.

Indem dieses Buch dem Auftauchen Venedigs aus schattenhaften Anfängen nachspürt und die Stadt durch die Jahre ihres Glanzes bis hin zum immer noch strahlenden Niedergang begleitet, ist es sein Bestreben, aus der Verflechtung sozialer, ökonomischer und politischer Strömungen einen zusammenhängenden Bildteppich zu weben, die Lebensumstände, Sitten und Wertvorstellungen der Menschen zu beschreiben und den ständigen Anpassungen venezianischer Institutionen an auftretende Schwierigkeiten und Veränderungen nachzugehen. Es wird auch Antwort darauf geben, wie es zu dem Bau der Stadt kam und warum sie die Form annahm, die ihr eignet –, aber das nur nebenbei.

Die Republik Venedig bestand mehr als tausend Jahre. Während dieser Zeit erbauten die Venezianer jedoch nicht nur eine Stadt von orientalischer Pracht, sondern sie bauten auch die mächtigste Kriegsflotte im Mittelmeer, erwarben sich eine dominierende Stellung im Welthandel und errichteten ein Imperium, das von Zypern bis zu den Alpen reichte.

Sie entwickelten prunkvolle Zeremonien zur Feier ihrer Erfolge, aber die Widersprüchlichkeiten ihrer Geschichte sind interessanter als alles Gepränge. Die Venezianer waren Kosmopoliten – Abkömmlinge von Germanen, Slawen, Levantinern, Griechen und Italienern –, und sie verdankten Byzanz ebenso viel wie der westlichen Welt. Bedenklich unsicher zwischen Land und See gelegen, befand sich Venedig auch in einem gefährlichen Grenzbereich zwischen einander entgegengesetzten politischen Systemen und Lebensweisen. Dank diesen Gegebenheiten entwickelte sich in Venedig eine einzigartige Gesellschaft und Kultur, die nirgends ihresgleichen hatte.

Daher widersetzt sich die Geschichte Venedigs auch jedem rohen Versuch, sie nach Perioden und typischen Entwicklungen zu klassifizieren. Die Venezianer waren schon vor dem »Zeitalter der Demokratie« Demokraten – und Kapitalisten vor der Ära des Kaptialismus. Sie waren fromme Katholiken und traten dennoch dem Papst mehr als einmal entgegen. Inmitten des feudalistischen Europas erhielten sie eine Republik aufrecht, und ihre Aristokratie ging nicht aus dem Kriegsdienst oder einer feudalen Tradition hervor, sondern aus dem Handel. Die venezianischen Adligen, die die Stadt und ihre Kolonien regierten, waren in erster Linie Geschäftsleute – rührige Finanziers und Kaufleute, denen das Streben nach Gewinn mächtigste Triebfeder war.

Ihre kraftvolle Gesellschaft war auf Erwerb gerichtet. Jahrhundertelang herrschte die venezianische Galeere auf dem Mittelmeer, und der venezianische Dukaten war der Dollar der damaligen Zeit. In der Kunst des Regierens waren die Venezianer ungewöhnlich frühreif. Sie entwickelten die komplizierteste Verfassung der damaligen Zeit und das am besten ausgearbeitete Wahlsystem – Beispiele, die auf die englischen und amerikanischen Revolutionen nicht ohne Einfluß geblieben sind – und wirkten bahnbrechend auf dem Gebiet der Diplomatie. Sie schufen ein Organ für Staatssicherheit, das zu seiner Zeit ähnlich gefürchtet war wie später KGB und CIA. Obgleich sie Kapitalisten waren, beschnitten sie dennoch das freie Unternehmertum, kontrollierten die Lebensmittelpreise und entwickelten eine Art Wohlfahrtsstaat in Ansätzen.

Venedig brachte Krieger wie den Dogen Enrico Dandolo hervor und Abenteurer wie Marco Polo. Es empfing Päpste und Kaiser in seinen Mauern, aber auch Petrarca, Goethe und John Evelyn. Unter seinen Künstlern waren die Maler Tizian und Tintoretto, der Dramatiker Goldoni und der Komponist Vivaldi. Von

Männern solcher Art wird in diesem Buch die Rede sein. Aber auch von anderen mit weniger berühmten Namen und von den Namenlosen – gewöhnlichen venezianischen Fischern, Schiffsbauern und Stauern, Segelnäherinnen und Kurtisanen, den Bogenschützen der Galeeren, *bravi*, und Bettelmusikanten, Drukkern, Priestern und Almosenempfängern – wird es handeln, die alle zusammen durch die Jahrhunderte des Aufschwungs und des Niedergangs zum Kaleidoskop des venezianischen Lebens beigetragen haben.

KAPITEL 1

ANFÄNGE

Um das Jahr 400 n. Chr. bestand Venedig noch nicht, und die Lagune war so gut wie menschenleer. Zu den entsprechenden Jahreszeiten kamen die wilden Enten und anderes Wassergeflügel, um im wogenden Ried zu nisten; auch schweifende Gruppen von Menschen tauchten auf, denn der Fischfang lohnte hier sehr, und man konnte Salz gewinnen. Aber diese Menschen wollten hier nicht siedeln, denn die Winter in der Lagune waren kalt und rauh, Kanäle und Wasserstände nicht verläßlich, und was an Land über die Wasseroberfläche ragte, wurde nur allzuoft und leicht überflutet.

Die römische Herrschaft unter den späten Kaisern machte sich kaum in dieser Gegend bemerkbar, die von dem Leben und Treiben der Welt abgeschnitten war. Die Wege, die die wichtigsten Städte der Region miteinander verbanden – Aquileia im Norden, Ravenna im Süden und das alte Padua im Westen –, verliefen auf festem Grund und umgingen die Lagune. Obgleich Menschen aus dem Hinterland Stege auf den nördlichen Sandbänken bauten, um die mageren Frachten gelegentlich vorbeikommender Schiffe löschen zu können, blieb die Lagune als solche ein auf keiner Landkarte eingezeichnetes, unbekanntes Gebiet. Sie war flach und gefährlich, ein abgelegener, heimlicher Ort.

Die genaue Entstehungsgeschichte der Siedlungen, aus denen sich Venedig entwickeln sollte, ist unbekannt – ein Geheimnis, dem die venezianischen Chronisten dadurch beizukommen hofften, daß sie Erzählungen über den Ursprung der Stadt erfanden. So gibt es keinen Beweis dafür, daß die Venezianer von den Trojanern abstammen oder daß Venedig am 25. März 421 zur Mittagszeit gegründet wurde, obgleich dieses zweifelhafte Datum noch immer auf irgendwie planlose Weise durch Musikkapellen gefeiert wird, die gemächlich durch die Straßen ziehen. Von allen den von den Chronisten verbreiteten Legenden hat nur eine den Klang der Wahrheit: Girolamo Bardis Beschreibung des ersten Bewohners der schlammigen Insel Rialto, auf der Venedig heute steht, als eines »armen Mannes« namens Giovanni Bono (Johann der Gute), der mit seiner Familie »in einer Hütte vom Fischfang lebte«. Symbolfigur oder nicht, Giovanni Bono kann als der Prototyp der ersten Venezianer gelten, jener mit ungewöhnlichem Selbstvertrauen begnadeten Seelen, die auf den Sandbänken und morastigen Inseln Behausungen von mehr als zweifelhafter Sicherheit errichteten und sich ein für allemal dort niederließen.

Die frühen Siedler studierten die Besonderheiten ihrer Umgebung sehr genau – die Bewegungen von Land und Wasser, das Verhalten von Vögeln und Fischen –, denn sie wollten ja leben und zumindest ihr mageres Auskommen finden. Zweifellos tauschten sie auch gelegentlich das, was sie an Salz oder Fischen erübrigen konnten, gegen Getreide und Werkzeug aus den Städten an der Küste oder im Binnenland an den Ufern der in die Lagune fließenden Flüsse. Mit der Zeit begannen sie auch, das Buschwerk zu roden und ein wenig primitiven Ackerbau zu betreiben. Aber ihr Leben blieb hart und einsam, und nur wenige aus dem Hinterland ließen sich dazu verlocken.

Doch die Invasion Norditaliens durch die Hunnen im fünften Jahrhundert veranlaßte Bewohner der Küstengegend, Zuflucht in der Lagune zu suchen. Die mittelalterlichen Chronisten schildern die Ankunft ganzer Gemeinden, die, durch übernatürliche Stimmen und apokalyptische Visionen geleitet, sich bestimmte, ihnen geweissagte Inseln aussuchten, um dort Siedlungen zu gründen und Kirchen zu erbauen. Doch diese Zuwanderung war nicht von Dauer. Die Einfälle der Hunnen waren kurz, und die meisten der Flüchtlinge kehrten höchst wahrscheinlich in ihre Heimat zurück, nachdem der Feind verschwunden war. Dennoch wuchs die Bewohnerzahl der Lagune, und mit ihrem Anwachsen bildete sich auch allmählich eine deutliche, soziale und politische Ordnung heraus.

Inwieweit diese Entwicklung auf die kulturellen Traditionen des alten Roms zurückzuführen war – das ja so lange die Adria und ihr Hinterland regiert hatte – oder völlig selbständig entstand, ist heute nicht mehr zu klären. Sicher ist nur, daß die Bewohner der Lagune ihre Angelegenheiten nach Art einer primitiven Demokratie selber regelten. Sie gruppierten sich in Zwölfereinheiten und nicht wie die Römer in Zehner- und Hundertschaften. Vielleicht war diese Zahl ihnen beim Fischfang, der kooperativ betrieben wurde, bequemer und erfolgversprechender. Jede Siedlung hatte außerdem ihre eigene zwanglose Volksversammlung, *arrengo* genannt, bei der die Angelegenheiten der Gemeinschaft geregelt und örtliche Tribune gewählt oder abgesetzt wurden. Diese Tribune waren gleichzeitig Führer und Vertreter ihrer Gemeinden gegenüber den Behörden der Außenwelt – den Gouverneuren der Festlandstädte und, seit der Mitte des sechsten Jahrhunderts, auch dem Exarchen von Ravenna gegenüber, der dem Kaiser Justinian unterstand. Doch auswärtige Autorität wurde nur beiläufig anerkannt, und auch die kaiserliche Kontrolle, die letzten Endes von Konstantinopel ausging, wurde nur lässig ausgeübt.

Ähnlich verhielt es sich mit der Kirche. Die Menschen hatten, lange ehe es eine kirchliche Hierarchie gab, spontan Gotteshäuser in der Lagune erbaut. Sie wollten dabei ihr religiöses Bedürfnis befriedigen, durch eine geziemende Ausübung der neuen Religion des Christentums den Mysterien des Lebens begegnen und durch Gebet Hilfe im Kampf mit ihrer gefährlichen Umgebung gewinnen. Außerdem dienten die frühen Kirchen auch als Gemeinschaftshäuser und Verteidigungseinrichtungen, wobei die hohen Glockentürme bei Annäherung des Feindes als Ausguck herhalten mußten. Die Kirche der frühen Venezianer war eine rein örtliche Institution und wurde von Laien geleitet, die wahrscheinlich nicht einmal lesen konnten.

Die einzige zeitgenössische Quelle, aus der sich das Leben jener frühen Zeiten in der Lagune rekonstruieren läßt, ist ein weltliches, kein kirchliches Dokument. Es wurde im sechsten Jahrhundert von Cassiodor verfaßt, dem Kanzler des Gotenkönigs Theoderich, der seinerseits als Stellvertreter des oströmischen Kaisers über Italien herrschte. Cassiodors Botschaft an die »maritimen Tribunen« der Lagune fordert diese auf, für den Kaiser den fälligen Tribut an Olivenöl aus Istrien einzutreiben. Etwas von dem Lebensgefühl jener Zeit, ausgedrückt in einem Stil, der an das Poetische grenzt, wird durch dieses Dokument übermittelt.

Die Einwohner, so schreibt er, »scheinen auf See und an Land gleichermaßen daheim zu sein«. Sie leben in Hütten, »den Nestern der Seevögel gleich, halb am Strande und halb im Meer gelegen«, und ihre Boote sind wie Pferde vor ihren Türen angepflockt. Ihre Siedlungen liegen verstreut und sind »durch Wälle aus Weidengeflecht vor dem Ansturm der See geschützt«.

Schon damals war also der Mensch dabei, diese Umwelt zu meistern, und damals wie heute verzehrte er seine Kräfte in dem Versuch, die See in Schach zu halten. Da aber jene frühen Siedler nur über eine primitive Technik und keine Hilfsmittel verfügten, wurde der Gemeinschaftsgeist durch diesen Kampf ebenso wie durch den gemeinsamen Fischfang gestärkt und mußte einem ausgesprochenen Gleichheitsdenken Bahn brechen. Während in den Städten des Festlandes die Patrizier herrschten, deren Lebensstil sich deutlich von dem des gewöhnlichen Volkes unterschied, lebte man laut Cassiodor in der Lagune »mehr auf gleichem Fuße«. Man begnügte sich mit dem gleichen Essen und denselben Behausungen, wenngleich manche, die sich als Frachtschiffer längs der Küste und im Kleinhandel einiges hinzuverdienten, etwas begüterter waren als ihre Mitmenschen. Dennoch war »der Neid – das Laster, das die Welt regiert – ihnen unbekannt«.

Sofern Cassiodor überhaupt eine Konkurrenz unter ihnen bemerkte, bezog sie sich auf »die Ausbeutung ihrer Salinen«, der dank dem Tauschhandel einzig wertvollen Einnahmequelle, »brauchte doch alle Welt Salz«, wie er richtig bemerkte. Doch obgleich das Salz den Einwohnern der Lagune zu ihrem ersten Handelskapital verhalf und damit zugleich zur ersten Quelle für Wettbewerb und Einkommensunterschiede wurde, fuhr man fort, in der alten Weise miteinander zu leben.

Das sollte jedoch nicht lange so bleiben. 568 erfolgte eine neue Invasion, diesmal durch die Langobarden, die durch Istrien hereinbrachen und den größten Teil Norditaliens besetzten. Wieder floh die Bevölkerung Norditaliens an die Küste und in die Lagune. Die Patrizier nahmen ihre Haussklaven mit und die Bischöfe ihre Schätze. Für die Bauernkrieger des flachen Landes ergab sich die Möglichkeit, sich dort neu zu gruppieren. Flüchtlinge aller sozialen Schichten rafften ihre geringe Habe zusammen und schlossen sich der Flucht ans Meer an. Durch eine Gegenoffensive im Jahr 590 wurden große Teile der Po-Ebene für den Kaiser zurückerobert, woraufhin sich wahrscheinlich viele Flüchtlinge wieder in ihre Heimat zurückbegaben, wie das schon ihre Vorfahren nach dem Hunneneinfall vor mehr als 100 Jahren getan hatten. Danach jedoch begann die Macht des oströmischen Kaiserreiches in Norditalien zu verfallen. Durch Schwierigkeiten in Konstantinopel und in den asiatischen Besitzungen bedingt – die Armee revoltierte 602, ein Kaiser wurde ermordet, die Perser bedrohten das Reich, und schließlich fielen Syrien, Mesopotamien und Ägypten 646 den vorwärtsstürmenden Arabern zum Opfer – setzte der endgültige Zusammenbruch der bisherigen kaiserlichen Ordnung im venezianischen Hinterland ein. Um 603 waren Mantua und Padua in Feindeshand, 615 Concordia und 640 auch Oderzo und Altinum. Bis auf den schmalen Küstenstreifen ging das ganze Land an die Langobarden verloren. Wieder fluteten Flüchtlinge in die Lagune, aber dieses Mal war ihre Ansiedlung von Bestand.

Der Diakon Johannes, Venedigs erster Chronist, schildert, wie die Bevölkerung des Festlandes in Massen herbeiströmte, wobei sie der Legende zufolge durch göttliche Zeichen dazu veranlaßt wurde. Als Altinum in Gefahr war, nahmen die Vögel von einer höheren Macht getrieben ihre Jungen in den Schnabel und flogen ostwärts davon; woraufhin die Menschen ihre Kinder ergriffen und ihnen nachfolgten. Als sie die Lagune erreichten, brachen zwei starke Sonnenstrahlen durch die Wolken und wiesen ihnen den Ort auf der Insel Torcello, wo sie eine Kirche errichten sollten; gehorsam folgten sie dem Gebot und ließen sich dort nieder. Anderswo, so berichten die Legenden, gab die Stimme der Jungfrau Maria selbst den Befehl. Es gab großartige Visionen am Himmel, Wolken formten sich zu Menschenmengen, Helden und Vogelscharen. Die Stimmen von Petrus, Johannes dem Täufer und der heiligen Justina beschworen die Menschen, Kirchen zu bauen und Gemeinden zu gründen.

Sieht man von allen Übertreibungen ab, so bleibt unbestreitbar, daß die Wirkung dieser neuen Einwanderung beträchtlich gewesen sein muß und sicherlich die Entwicklung der Lagune und die sozialen Veränderungen beschleunigt hat. Von nun an ging die Trockenlegung der Sümpfe, der Anbau des festen Landes und der Bau der Häuser rascher voran. Weiler verwandelten sich in Kleinstädte – Murano, Mazzorbo, Malamocco und andere – und Kirchen wurden erweitert und dauerhafter und prächtiger wieder aufgebaut. Sie wurden nun häufig in Backstein oder Stein errichtet, um das Ansehen einer Gemeinde im Verhältis zu benachbarten Siedlungen zu heben, und man kann noch heute die Überreste einer solchen Kirche aus dem 7. Jahrhundert in der Inselsiedlung von Torcello bewundern.

Der Strom der Hinzukommenden muß die eigentliche Bevölkerung aus Fischern, Schiffern und Salinenarbeitern geradezu überschwemmt und so den Prozeß der sozialen Veränderungen beschleunigt haben. Die Einwanderer brachten hierarichische Vorstellungen mit; ehemalige Landbesitzer, die ihr Eigentum auf dem Festland verloren hatten, versuchten sich einzurichten wie zuvor, indem sie sich aus dem vorhandenen Lande bedienten und ihre Sklaven und mitgebrachten Arbeiter, und wen immer sie in ihre Dienste pressen konnten, diese Landgüter bearbeiten ließen. Dadurch wurde die Homogenität der Fischersiedlungen zerbrochen und ihre auf dem Gleichheitsprinzip aufgebaute Sozialstruktur verändert.

Schon bald teilte man die Menschen in »maiores«, »mediocres« und »minores« – also Vornehme, Mittlere und Geringe – ein, eine Unterscheidung, die in diesem Umfang in der Lagune bisher nicht üblich gewesen war. Doch scheint die Aristokratie vom Festland die alleinige politische Führung nicht erreicht zu haben, wie dies venezianische Autoren des 16. Jahrhunderts später fälschlich behauptet haben.

Noch immer wurden die Tribunen von den größeren Siedlungen in und an der Lagune gewählt, und diese Tribunen waren tatsächlich »maiores terrae«, die Großen der Gegend, manche sehr wahrscheinlich auch begüterte Flüchtlinge aus den römischen Städten des Festlandes. Aber die Einteilung als »Große« oder »Kleine« war anscheinend nicht an die Zugehörigkeit zu einer exklusiven Kaste gebunden. Tribunen wurden häufig abgesetzt, und es scheint in keiner Siedlung einer bestimmten Familie gelungen zu sein, das Monopol der Machtausübung an sich zu reißen.

Die Invasion der Langobarden hatte weitreichende Auswirkungen in kultureller und sozialer Hinsicht auf die Entwicklung des »zweiten Venetiens«, wie die Auswanderer aus der alten römischen Provinz Venetia ihren neuen Wohnort an der Küste nannten. Die Kaiser, die einst von Konstantinopel aus ganz Italien beherrscht hatten, konnten sich nun gerade noch im Küstenbereich von Istrien und entlang der Küste von Venetien bis nach Ravenna sowie in einigen Gegenden Süditaliens halten. Diese Fragmente waren die am weitesten nach Westen vorgeschobenen Positionen Ostroms. Seine Kultur war mittlerweile mehr griechisch als lateinisch, und in richtiger Einschätzung dieser Realität wird von nun an das Reich der Cäsaren das byzantinische genannt.

Die kulturellen Spannungen, die aus diesen Entwicklungen erwuchsen, übten einen tiefgreifenden Einfluß auf den Charakter des Stadtstaates aus, der da an der Lagune heranwuchs. Die Menschen, die hier als Erben der römischen Kultur Nordostitaliens lebten, waren von den barbarischen Langobarden umgeben und dem kaiserlichen Exarchat in Ravenna, also der griechischen Einflußsphäre, zur Treue verpflichtet. Außerdem führten die Umwälzungen in dieser Region zu einem weiteren kulturellen Konflikt, der fast ebenso bedeutsam war – dem Kampf zwischen rivalisierenden Bischöfen unterschiedlicher Abhängigkeiten. Die eine Partei mit dem Metropoliten von Aquileia an der Spitze stützte sich auf das von den Langobarden beherrschte Festland und orientierte sich nach Rom. Die andere, mehr orthodoxe Partei hielt sich zur byzantinischen Kirche. Ihr Führer, der Metropolit von Grado, war von dominierendem Einfluß auf die kirchlichen Angelegenheiten der Lagune, aber die Rivalität zwischen den beiden Patriarchen, den einzelnen Bischöfen der Region und zwischen ihnen und den weltlichen Behörden dauerte noch mehrere Generationen hindurch an. Rückschauend muß man sagen, daß hier schon der Keim zu der großen Konfrontation in kirchlichen Fragen zwischen Venedig und Rom gelegt wurde, die Jahrhunderte später ausbrach.

Die Grenzlage der Lagune, ihre schwankende Stellung zwischen den rivalisierenden politischen Mächten Langobardenreich und Byzanz, zwei sich bekämpfenden kirchlichen Hierarchien und zwei kulturellen Einflußsphären, der griechischen und der lateinischen, führte zusammen mit den Spannungen zwischen der Fischfang betreibenden Urbevölkerung und den Zugewanderten dazu, daß sich die Gemeinwesen in der Lagune im Lauf der Zeit ganz anders entwickelten als die des Festlandes. Vorerst freilich bedeutetete sie nur eine gewisse innere Instabilität und eine aus der Notwendigkeit der Selbstbehauptung geborene Unabhängigkeit der geistigen Haltung.

Zusammenstöße zwischen rivalisierenden Gruppen und Siedlungen führten häufig zu Blutvergießen, was von den Repräsentanten der kaiserlichen Macht, die im Gefolge des Rückzugs einen Prestigeverlust erlitten hatten, nicht verhindert werden konnte. Der Diakon Johannes berichtet von einer Legende, der zufolge die Bewohner der Lagune sich 584 sogar geweigert haben sollen, die kaiserliche Macht anzuerkennen. Sie ließen den Exarchen Longinus wissen, daß sie gegen die Langobarden selbstverständlich kämpfen würden, aber »Gott, unser Helfer und Beschützer, hat uns gerettet, auf daß wir in diesen wasserreichen Sümpfen leben. Dieses zweite Venetien, das wir in der Lagune errichtet haben, ist ein geschützter Wohnort für uns. Weder die Macht des Kaisers noch sonst eines Fürsten kann uns hier erreichen, es sei denn über das Wasser, und so haben wir keine Furcht vor ihnen«.

Auch wenn dieser Bericht wahr gewesen sein sollte – dem Chronisten lag daran zu zeigen, daß Venedig mit Gottes Willen von Anfang an unabhängig gewesen war –, machte Byzanz seinen Machtanspruch bald genug wieder geltend. Eine Inschrift aus dem Jahre 639 beweist dies, indem sie die Namen der kaiserlichen Administratoren jenes Jahres aufführt: Isaak, Exarch von Ravenna, und *magister militum* Mauricius, anscheinend der örtliche Militärgouverneur. Hinzu kam noch, daß, als Oderzo, das letzte Zentrum byzantinischer Macht auf dem Festland, im gleichen Jahr den Langobarden zum Opfer fiel, die Flüchtlinge von dort ihre neue Siedlung in der Lagune »Herakleia« tauften, um Kaiser Heraklios zu ehren.

Herakleia wurde zum politischen und administrativen Mittelpunkt des Gebiets, denn der *magister militum*, der dem Exarchen von Ravenna für die Verteidigung dieses Abschnitts gegen die

Langobarden verantwortlich war, machte es zu seinem Stützpunkt. Es gab viele volkreiche Zentren zu dieser Zeit – befestigte Dörfer, Ansammlungen eng zusammengebauter Häuser, die sich an Kirchen und Klöster anlehnten (von denen viele ihre Entstehung dem Reichtum eingewanderter Kirchenmänner verdankten), und Städtchen, die sich um kleine Burgen inmitten von Wein-, Obst- und Gemüsegärten gruppierten. Doch obgleich die Besiedlung an der Peripherie der Lagune und auf einigen Inseln immer dichter wurde, blieb sie am eigentlichen Standort von Venedig, den schlammigen Inseln Rialto, Olivolo, Dorsoduro und Spinalonga, verhältnismäßig spärlich.

Andererseits bildete sich mittlerweile eine neue Wirtschaftsform heraus, wenn ein großer Teil der Gegend auch wohl noch ganz auf Selbstversorgung angewiesen war. Die Gemeinwesen der Lagune hatten nämlich unterdessen ihre eigenen Handwerker und direkte Handelsbeziehungen auf dem Wasserweg mit Byzanz, Ravenna und Istrien, aber auch mit dem langobardischen Hinterland, dessen Abhängigkeit vom Salz der örtlichen Salinen dem Bedarf der Venezianer an Getreide entsprach, so daß der alte Tauschhandel auch unabhängig von den politischen Grenzen, die sowieso nur vage bekannt waren, aufrechterhalten werden mußte.

Die politische Einheit der Lagune von Grado im Norden bis Chioggia im Süden erfuhr kurz nach 690 eine Stärkung, als die byzantinischen Behörden eine neue Verwaltung für die Gegend einsetzten, die von Istrien und Ravenna unabhängig und deren Haupt ein Dux oder Herzog war. Diese Bezeichnung wurde später von den Venezianern in den Titel »Doge« verwandelt. Aber der erste Dux, der seine Tätigkeit in Herakleia aufnahm, war keineswegs der erste Doge eines unabhängigen Venedigs, wie man später glaubte. Er war ein vom Kaiser ernannter byzantinischer Gouverneur.

Paulucius Anafestus, der erste Dux der Lagune, und sein Militärbefehlshaber und spätere Nachfolger Marcellus Tegallianus steckten die Grenze zwischen den kaiserlichen und den langobardischen Landen ab, die späterhin vom Langobardenkönig Aistulf anerkannt wurde, und bemühten sich, die Angelegenheiten im Lagunenbezirk fester in den Griff zu bekommen. Aber diese neue, wirksame kaiserliche Verwaltung war großen Teilen der Bevölkerung keineswegs recht, und 727 beteiligten sie sich an einer Revolte, die in all jenen Teilen Italiens ausbrach, die sich noch unter kaiserlicher Herrschaft befanden.

Der direkte Anlaß scheint die neue bilderfeindliche Politik von Byzanz gewesen zu sein. Die Italiener in ihrer polytheistischen Art verehrten eine Menge von Heiligen und kultischen Bildern, und das Papsttum, das über die Stärke solcher örtlicher Vorlieben genau unterrichtet war, ließ es zu. Als der kaiserliche Erlaß die Zerstörung der verehrten religiösen Bilder und Statuen verordnete, griff die Bevölkerung zu den Waffen. In der Lagune wurde die Revolte von den aus Ortsansässigen rekrutierten Milizen angeführt, die unter der Führung eines gewissen Orso standen. Dank der Unterstützung der benachbarten Langobarden hatte die Erhebung Erfolg. 727 wurde der Exarch von Ravenna umgebracht und die Bindung an Byzanz vorübergehend zerrissen. Als dritter Dux der Lagunenregion nahm Orso die Zügel der Regierung auf.

Aber obgleich Orso später vom Kaiser anerkannt wurde, dauerte diese Unabhängigkeit nur kurze Zeit. Die Revolte wurde niedergeschlagen, Orso getötet und die Bewohner der Lagune wieder in die alte Abhängigkeit gezwungen. Im Jahre 741 unterstützten sie getreulich den Exarchen von Ravenna, als die Langobarden ihn vertrieben hatten, und als Belohnung – die sicherlich der Erkenntnis entsprang, daß nicht gewährte Rechte schließlich gewaltsam erobert werden würden – erhielten sie das Recht, hinfort ihren Dux selber wählen zu dürfen. Nach wie vor beherrschte Byzanz die Lagune, aber sein Griff wurde schwächer. Je schwächer er wurde, desto stärker wurde der lokale Parteienstreit, der für lange Zeit zu anarchischen Zuständen und Kämpfen zwischen den Inseln führte.

Als die Tribunen nach Orsos Tod zur Wahl eines neuen Dux aufriefen, sollen die Menschen geantwortet haben: »Wir wollen keinen Gebieter wählen . . . Warum, wenn nicht um in Freiheit zu leben, sind denn unsere Vorfahren auf diese Inseln gekommen? Um als Sklaven zu leben, hätten sie wesentlich bessere Orte finden können.« So wählten sie nur einen Militärbefehlshaber auf jeweils ein Jahr. Doch während dies auf eine Fortdauer demokratischer Traditionen und einen gewissen Zusammenhalt innerhalb der einzelnen Gemeinwesen hinweist, waren die Beziehungen zwischen den Siedlungen alles andere als freundschaftlich. Die Männer von Jesolo und Herakleia hatten 737 gegeneinander gekämpft, und fünf Jahre später erhoben sich die Malamoccaner gegen die Herakleianer, besiegten deren Militärbefehlshaber und stachen ihm die Augen aus. Schließlich tauchte ein neuer Dux auf, der sich auf Malamocco stützte und später von Byzanz anerkannt wurde.

Die Gelehrten streiten noch immer, ob diese Änderung eine Wiederkehr der byzantinischen Ordnung oder die *de facto*-Unabhängigkeit anzeigt, und die »blutige Schlacht im Pinienwald«, die um diese Zeit stattfand, ist je nachdem ausgelegt worden als Kampf zwischen »Demokraten« und »Aristokraten«, Freiheitskämpfern und Byzanz treu gebliebenen Elementen, Zentralisten und Inselbewohnern, die auf die Autonomie ihrer Insel aus waren, als Parteienkampf zwischen den einzelnen Siedlungen oder als ein Klan-Krieg zwischen den Obelerii von Malamocco und den Barbaromani von Herakleia.

Fest steht nur, daß die Bewohner von Comacchio jenseits und südlich des Po Geschäfte machten, während sich die Bewohner der Lagune bekriegten. Der langobardische König Luitprand hatte ihnen 715 besondere Privilegien der Zollfreiheit eingeräumt und sie dadurch ermuntert, an mehreren Orten entlang des Po bis nach Piacenza hin Handel zu treiben. Es war hauptsächlich Salz, das gegen Getreide und andere Waren getauscht wurde. Salz und gesalzener Fisch waren die einzigen Exportwaren der Händler von Comacchio, sieht man davon ab, daß sie Olivenöl und Pfeffer wieder ausführten, die sie auf byzantinischen Schiffen aus dem Osten bezogen hatten. Dieser Handel, der sich schrittweise im Laufe von mehr als einem Jahrhundert entwickelt hatte, sollte viele Veränderungen in den politischen Verhältnissen der Küstenregion überdauern, einschließlich der Wiedereroberung von Ravenna durch den Kaiser und der späteren Übergabe dieser Stadt an den Papst.

Strebsame, weitblickende Männer der venezianischen Lagune im Norden sahen neidvoll auf Comacchio und taten ihr Bestes, seinem Beispiel nachzueifern; das gilt insbesondere für die

Händler von Torcello, das auf dem Wege war, sich zum Haupthandelsplatz der Lagune zu entwickeln. Schließlich war die venezianische Lagune nicht weniger reich an Fisch und Salz als Comacchio, sie hatte ebenfalls Kontakt mit Byzanz und einen, wenn auch nicht ganz so bequemen Zugang zur norditalienischen Ebene.

Was den Bewohnern der Lagune fehlte, waren die Zollprivilegien ihrer Rivalen. Außerdem wurde die Entwicklung bei ihnen durch interne Kämpfe behindert. Ein Dux wurde 735 abgesetzt und geblendet, sein Nachfolger schon nach einem Jahr vertrieben, und dem dritten in dieser Reihe erging es wie dem ersten. Die Primitivität ihrer Demokratie läßt sich symptomatisch daran ablesen, wie rasch und auf welch häßliche Weise sich die frühen Venezianer ihrer Führer zu entledigen pflegten. Eine höhere politische Stabilität ergab sich erst 764 mit der Wahl Maurizio Galbaios, wenngleich sie nicht von Dauer war und ihren Preis forderte. Es entwickelte sich nämlich eine dynastische Tendenz, denn nach klassisch feudalistischer Art wollte Galbaio die Herzogswürde seiner Familie vorbehalten und machte daher seinen Sohn Giovanni zum Mitregenten. Als er 757 starb, erhob Giovanni sofort den eigenen Sohn zum Partner im Regierungsgeschäft. Abgesehen davon ergaben sich auch handelspolitische Konsequenzen.

An die Macht waren die Galbaios wahrscheinlich mit Hilfe der kaiserlichen Regierung in Byzanz gekommen, die sie auch weiterhin unterstützte. Als Gegenleistung halfen die Galbaios mit, das byzantinische Istrien gegen die Langobarden und später gegen deren neue Oberherren, die Franken, die in den 780er Jahren in Norditalien eingefallen waren, zu verteidigen. Diese standhafte Vertretung byzantinischer Interessen veranlaßte die Franken, die Lagune einem Embargo zu unterwerfen. Die rücksichtslose Unterstützung der oströmischen griechischen Kultur durch die Galbaios führte außerdem zu Kirchenstreitigkeiten, die bald einen neuen Bürgerkrieg in der Lagune hervorriefen. Aber die Periode politischer Unsicherheit näherte sich jetzt ihrem Ende.

Während die Bevölkerung von Jesolo und Herakleia zurückging, war die von Malamocco rasch angewachsen und hatte sich nach Olivolo ausgedehnt – dem heutigen Castello-Bezirk von

Venedig –, das nun volkreich genug war, um Anspruch auf einen eigenen Bischof zu erheben. Dux Giovanni Galbaio ernannte 797 einen 16jährigen Griechen zum Bischof, aber der Patriarch von Grado weigerte sich, ihn zu weihen. Olivolo erschien ihm als Bedrohung seines eigenen Sitzes, und seine Sympathien lagen sowieso auf seiten der Franken, während er die oströmischen Griechen, deren Einfluß sich in der Ernennung dieses Bischofs äußerte, bekämpfte. Giovanni reagierte sofort, indem er Bewaffnete nach Grado entsandte, die den Patriarchen vom Turm seines Palastes hinunterstürzten; im Jahre 803 mußte auch der neue Patriarch Fortunatus sich unter dem Schutz der Franken begeben und an den Hof Karls des Großen fliehen. Dort traf er auf andere Dissidenten unter Führung des Tribuns von Malamocco Obelerius und dessen Bruder Beatus. Zusammen sannen sie auf Rache. Die zwischen den einzelnen Inseln und Familien geführten Kämpfe verquickten sich nun mit dem Kampf von Parteien, die das Heil entweder bei Byzanz oder bei den Franken sahen.

Im Jahre 804 wurde Obelerius, der eine fränkische Frau geheiratet hatte, in Treviso zum Dogen im Exil gewählt. Er und seine Anhänger rückten daraufhin gegen die Lagune vor. Die Galbaios flohen ebenso wie der junge Bischof von Olivolo. Fortunatus kehrte nach Grado zurück; Obelerius ernannte seinen Bruder Beatus zum Mitregenten und begab sich zu Karl dem Großen, um ihm den Treueid zu schwören.

Damit war mit dem neuen Kaiser im Westen alles ins reine gebracht, aber der oströmische Kaiser so verärgert, daß er im Jahre 806 eine Flotte in die Lagune entsandte, um seine Macht wiederherzustellen. Da die Franken sich mit Byzanz einigen wollten, ließ sich Obelerius auf einen Kompromiß ein. Er wurde in seinem Amt bestätigt, während sein Bruder Beatus als Unterpfand für sein Wohlverhalten nach Byzanz ging. Alles schien für eine friedliche Entwicklung in der Lagune zu sprechen, und doch sollte der Frieden nicht andauern. Im Jahre 808 ankerte eine byzantinische Flotte in der Lagune. Im Jahr darauf griff sie das fränkische Comacchio an und wurde zurückgeschlagen. Dann holten die Franken zum Gegenschlag aus. Karls Sohn Pippin kommandierte die Schiffe von Comacchio und segelte auf die

Lagune zu. Obelerius ergab sich sofort. Es ist durchaus möglich, daß er Pippin gerufen hatte, denn er war immer ein Freund der Franken gewesen und mittlerweile so gefährlich mit seinen eigenen Untertanen zerfallen, daß er die Ordnung kaum aufrechterhalten konnte. Die Bevölkerung wehrte sich gegen Pippin, wo immer er erschien.

Allen Berichten nach waren die nun folgenden Zerstörungen entsetzlich. Brondolo und Chioggia wurden niedergebrannt, Malamocco litt sehr durch die Belagerung, Heraklios und Jesolo wurden so gut wie völlig zerstört. Trotzdem hielt der Widerstand an. Die Rebellen errichteten eine Basis in dem Durcheinander der Kanäle und Sandbänke des Rialto, verbarrikadierten alle nur möglichen Zufahrten, entfernten die Markierungen der Schiffahrtswege in den Kanälen und wandten sich mit einem Hilferuf an Byzanz.

Wahre Epen sind von den Chronisten über diese Rialto-Verteidigung bis zum letzten Graben geschrieben worden. Sie frohlockten über den kecken Widerstand der Inselbewohner trotz Pippins Drohung, sie zu erschlagen und auszuhungern. Die Legende erzählt (wenngleich unglaubwürdig) von dem wütenden Pippin, der Pontonbrücken bauen ließ, um seine Truppen gegen die Inselbewohner zu führen; doch die Pferde der Eindringlinge scheuten, sprangen ins Wasser, und Mann und Roß ertranken. Es erinnert stark an den Bericht der Bibel von Pharaos Reiterheer, das bei der Verfolgung der Israeliten vom Roten Meer verschlungen wurde. Aber Pippin zog sich 810 tatsächlich zurück, nachdem die Venezianer sich zu einer jährlichen Tributzahlung verpflichtet hatten. Obelerius wurde abgesetzt und schließlich hingerichtet, nachdem er einen Versuch unternommen hatte, wieder an die Macht zu kommen.

Die dauerhafteste Auswirkung des Pippinschen Einfalls war die völlige Besiedlung der Schlamminsel von Rialto. Teile davon, insbesondere Olivolo, waren schon besiedelt gewesen, aber durch die Invasion waren nun noch Flüchtlinge aus weniger zur Verteidigung geeigneten Orten hinzugekommen. Auch die ehemaligen Bewohner der älteren, von Pippin verwüsteten Lagunensiedlungen fanden sich ein. Und als auch das Verwaltungszentrum nach dem Rialto verlagert wurde, war der Vorläufer des heutigen Venedigs entstanden.

Der neue Doge Agnello Partecipazio überwachte den Wiederaufbau der zerstörten Gemeinwesen. Ein neuer Optimismus griff um sich, und eine Annäherung zwischen den rivalisierenden östlichen und westlichen Kräften lag schon in der Luft. Im Jahre 810 erschien ein neuer byzantinischer Emissär, um ein Abkommen mit den Franken auszuhandeln, und 811 wurde tatsächlich ein Vertrag in Aachen, der Hauptstadt Karls des Großen, aufgesetzt.

814 ratifiziert, sicherte er den Bestand des neuen Venedigs gegenüber Angriffen von außen und erkannte Venedigs Rechte über das Umland an, bestätigte aber gleichzeitig, daß es zusammen mit Istrien und Dalmatien in den byzantinischen Hoheitsbereich gehörte. Außerdem wurde festgelegt, daß Venedig für Handelsprivilegien innerhalb des fränkischen Reiches dem fränkischen Kaiser jährlich 36 Pfund Silber zu entrichten hatte.

Durch diesen Friedensvertrag wurde Venedig zur Brücke zwischen den beiden großen Imperien. Seine byzantinischen Verbindungen machten ihm den Zugang zu östlichen Häfen frei, und das Abkommen mit dem fränkischen Kaiser sicherte ihm einen relativ freien Handel mit dem Festland. Da Venedig es verstand, aus beiden Möglichkeiten das Beste zu machen, war der Weg für eine Ausweitung seines Handels offen, der zur Grundlage seiner späteren wirtschaftlichen und handelspolitischen Macht werden sollte.

Trotz der ständigen politischen Unsicherheit hatte die Umwandlung der ursprünglichen primitiven Wirtschaft, in der die Menschen alle ihre Bedürfnisse mehr oder weniger selbst befriedigten, schon eingesetzt. Die um 800 bestehenden steinernen Kirchen, wenn sie auch noch so klein waren, legen Zeugnis davon ab. Ein Teil des dazu notwendigen Kapitals wird durch reiche Flüchtlinge vom Festland hereingekommen sein, ein anderer Teil war jedoch sicherlich frisch erworben. Salz war zwar noch immer die einkommensträchtigste Industrie, aber es gibt Anzeichen dafür, daß die Menschen in der Lagune auch vom Handel mit anderen Gütern profitierten und in recht weit entfernten Gegenden Handel trieben.

Um die Mitte des 8. Jahrhunderts bemerkte der Priester Zacharias, der später Papst und letztlich ein Heiliger werden sollte, Venezianer in Rom, die Sklaven zum Export an die nordafrikanische Küste aufkauften. Diese Sklaven wurden gegen Olivenöl getauscht, das sich im venezianischen Festland absetzen ließ. Das war jedoch nicht der einzige Handelszweig. Die Venezianer brachten Salz nach Dalmatien, tauschten es gegen Bauholz und Sklaven, die sie in Byzanz zusammen mit Getreide aus der norditalienischen Tiefebene verkauften. Von dem Erlös kauften sie kostbare Stoffe und die exotischen Gewürze des Ostens.

Dieser Handelsverkehr war vermutlich noch sehr gering, und das meiste wurde dabei wohl in byzantinische Schiffe verfrachtet. Aber einige der Lagunenbewohner waren doch mittlerweile so gute Seeleute geworden, daß sie bis in die Levante und nach Afrika segeln konnten, und die Wirtschaft des Landes hatte genügend Gewinn abgeworfen, um den Bau seetüchtiger Fahrzeuge möglich zu machen. Das Fundament war somit gelegt. Von nun an konnten die Venezianer ihre günstige Lage zwischen Ost und West ausnützen, um den bescheidenen, aber stetig wachsenden Bedarf von Byzanz und Westeuropa an Produkten der Gegenseite zu befriedigen.

Die Venezianer lernten schnell, an welchen Orten welche Waren begehrt waren und wie man die Qualität von Gewürzen, Wollstoffen, Serge und Taft prüft. Wie ihre Rivalen, die Händler von Comacchio, beteiligten auch sie sich immer stärker am internationalen Handel und segelten dabei bis nach Ägypten; in der näheren Umgebung auf dem Po wagten sie sich bis nach Ferrara, Cremona, Piacenza und vor allem Pavia vor.

Die jährliche Messe von Pavia wurde bald zum Haupttreffpunkt der Händler aus Ost und West. Die Venezianer brachten ihre Seiden und Goldgewebe, Gewürze, Parfüms, Drogen und liturgischen Geräte, die sie im Osten erworben hatten, zum Tausch gegen Bauholz, Eisen, Sklaven und Silber nach Pavia. Der Mönch von St. Gallen berichtet in seinem Leben Karls des Großen, daß die Gefolgsleute des Kaisers ihren Putz in Pavia von Venezianern kauften: Pfauen- und Flamingofedern, Pupurstoff aus Tyrus, bestickte Seide sowie Otter- und Hermelinfelle; trotzdem scheint der venezianische Handel zu dieser Zeit in erster Linie Salz- und Sklavenhandel gewesen zu sein. Von Karl dem Großen geschlagene Münzen, die in den 1960er Jahren auf Torcello gefunden wurden, zeugen von einem gewissen Reichtum, der durch diesen Handel ins Land kam. Ein weiteres Indiz sind die Testamente von Giustiniano, dem Sohn und Nachfolger des Dogen Agnello Partecipazio, und seinem Verwandten Orso, der von 827 an Bischof von Olivolo war. Sie hinterließen nicht nur bares Geld und Ländereien auf den Inseln, am Rand der Lagune und beim fernen Treviso, sondern auch Lagerbestände an Pfeffer und anderen Gewürzen, die anzeigten, daß sie sich mit viel Geld und Gewinn am Überseehandel beteiligt hatten. Nicht nur die Leute von Comacchio, sondern auch die griechischen und jüdischen Händler von Byzanz, die so lange die Handelswege des Mittelmeers beherrscht hatten, begannen die venezianische Konkurrenz zu fürchten.

Der Handel war jedoch nicht der einzige Zweig der sich entwickelnden venezianischen Wirtschaft. Durch die Beziehungen zu Byzanz kamen griechische Kunsthandwerker nach Venedig, und manche ließen sich dort nieder, während Venezianer nach Byzanz gingen, um die Künste des zivilisierten Ostens zu erlernen, als da waren Email- und Metallarbeiten, Elfenbeinschnitzerei und sogar Orgelbau. Ein Venezianer namens Giorgio soll die Orgel für das Aachener Münster 826 gebaut haben, und neuere Grabungen in Torcello haben nicht nur Mosaiken, Bronze- und Bernsteingefäße sowie Terrakottalampen zutage gefördert, sondern auch einen Glasbläserofen aus der Zeit vor dem Jahr 800, das erste Anzeichen für eine venezianische Industrie, die sich bis heute erhalten hat.

Noch wichtiger war die Entwicklung des Schiffbaus. Es wurden größere und immer größere Schiffe gebaut, denn der Handel wuchs rasch und warf den größten Gewinn ab, der allerdings unter Schwierigkeiten und Gefahren erlangt werden mußte. An der dalmatinischen Küste lagen Piraten auf der Lauer, um Handelsschiffe in der Adria zu überfallen; die Gefahr, im Sturm zu kentern oder an Felsen oder Untiefen zu zerschellen, bestand immer, und um ihre lebenswichtigen Beziehungen mit Byzanz aufrechtzuerhalten, mußten die Venezianer oft genug ihre Schiffe dem Handel entziehen und dem Kaiser bei kriegerischen Verwicklungen helfen. So etwa im Jahre 827, als der Doge vergeblich eine Flotte aussandte, um die Sarazenen am Überrennen des byzantinischen Siziliens zu hindern.

Byzantinische Befehle konnten auch auf andere Weise den venezianischen Handel behindern. So verbot der Kaiser im Jahre 814 seinen Untertanen, mit Syrien und Ägypten Handel zu treiben, weil diese Länder von den Sarazenen beherrscht wurden. In diesem Fall gelang es den Venezianern jedoch, das Embargo zu brechen. Die Konkurrenz nahm ganz allgemein zu, denn nun waren auch Händler von Amalfi, an der Westküste Italiens gelegen, am Handel beteiligt, ganz abgesehen von den Leuten von Comacchio und den Juden und Griechen des Mittelmeers. Die Kaufleute der Lagune waren aber keineswegs willens, ihren Rivalen das Feld zu überlassen, einerlei was die gesetzmäßigen Gewalten dazu meinten, und so blühte der Handel trotz aller Hemmnisse weiter.

Der erzielte Gewinn machte den Bau einer großen neuen Siedlung auf der Rialto-Sandbank möglich. Der Doge Agnello Partecipazio baute dort sein Haus direkt neben einer kleinen, dem örtlichen Heiligen St. Theodor geweihten Kirche auf dem gleichen Platz, wo heute der majestätische Dogenpalast steht. Aber auch ein allgemeines Bauprogramm wurde in Angriff genommen und gründlich organisiert; etwas von dem alten kooperativen Geist war noch immer lebendig. Den Chronisten zufolge wurden drei Kommissare ernannt: einer, um die Trockenlegung des Rialto und der Sümpfe, die Anlage von Kanälen und das Aufschütten von Wällen zu überwachen, ein zweiter zur Beaufsichtigung der eigentlichen Bauarbeiten und ein dritter, um den Deichbau am Lido zu organisieren, denn die Kraft der periodisch auftretenden Hochwasser sollte gebrochen werden. Der Rialto, vor kurzem noch ein öder, ja fast menschenleerer Ort, wurde in Baugelände verwandelt. Männer und Frauen arbeiteten überall verstreut bei der Landgewinnung, beim Roden des Buschwerks, beim Bau ihrer einfachen Behausungen oder bei der Erstellung primitiver Schutzwälle gegen die Gewalt des Wassers. Wenngleich es sich noch immer nur um einen primitiven Vorläufer der späteren glanzvollen Stadt handelte, so war damit doch mit dem Aufbau Venedigs begonnen worden.

Auch der Stadtstaat befand sich im Werden. Der Doge war

zwar noch ein byzantinischer Beamter, aber er wurde von der örtlichen Bevölkerung gewählt. Obgleich er klingende kaiserliche Titel wie *protoedrus* und *protospatharius* führte und sein Gehalt von der byzantinischen Schatzkammer bezog, hieß er mittlerweile »Herzog der Venezianer« und nicht mehr »Herzog der Provinz Venetien«. Venedig war noch kein unabhängiger Stadtstaat, erfreute sich aber einer *de-facto*-Unabhängigkeit in den meisten Entscheidungen.

In kirchlichen Angelegenheiten war die Lage allerdings weniger klar. Eine im Jahr 827 in Mantua zusammentretende Synode beschloß, die Autorität von Grado aufzuheben und Venedig statt dessen dem neuen Patriarchen von Aquileia auf dem fränkisch beherrschten Festland zu unterstellen. Das war ein Angriff auf die byzantinische Autorität in der Lagune und bedrohte die byzantinische Kultur der Gegend. Daher wurde diesem Schritt heftigster Widerstand entgegengesetzt. Die venezianischen Führer wollten in kirchlichen Fragen genauso autonom sein wie in politischen, und sie verfielen auf die Idee, sich als autonomes religiöses Zentrum zu etablieren. Dazu brauchten sie eine wesentliche Steigerung des Prestiges ihrer Stadt. Das konnte am ehesten durch den Erwerb der Reliquien eines großen Heiligen erreicht werden. Zwar hatte der byzantinische Kaiser Venedig schon die Gebeine des heiligen Zacharias überlassen, aber es war ein stärkerer Heiliger vonnöten, etwa Zacharias' Sohn, Johannes der Täufer, oder – besser noch – die Überreste eines Apostels, wie die des heiligen Markus.

Von Markus hieß es irrtümlich, er habe vor seiner Abreise nach Rom und seinem Märtyrertum in Alexandria in Aquileia gelebt. Wenn man es sich im Lichte der damaligen Glaubensvorstellungen und Gefühle besah, mußte der Besitz seiner Gebeine im Kampf um die religiöse Autonomie von großem Gewicht sein und dem Patriarchen von Aquileia die denkbar schroffste Abfuhr erteilen, war doch der heilige Markus gewissermaßen der erste dortige Amtsinhaber gewesen.

Die Schwierigkeit war nur, daß sich die Überreste des Heiligen in einer Kirche in Alexandria befanden. Das war jedoch kein Hindernis für eine Gruppe kühner venezianischer Kaufleute, die 827 in zehn Schiffen nach Alexandria segelte, und zwar trotz des kaiserlichen Handelsembargos gegen Ägypten, dafür aber sicherlich mit Wissen des Dogen und vielleicht auf sein Betreiben.

Zwei der Kaufleute – Buono von Malamocco und Rustico von Torcello – machten sich zu der betreffenden Kirche auf und stemmten den Sarkophagdeckel hoch. Sie hoben St. Markus' Mumie heraus, schnitten das Totengewand im Rücken auf und bekleideten damit die Leiche des heiligen Claudius, die sie einem benachbarten Grabmal entnommen hatten. Die Gebeine des heiligen Markus verstauten sie in einem Faß, das sie mit Kohl und Schweinefleisch auffüllten, um die Aufmerksamkeit der muslimischen Zöllner und der Christen der Stadt abzulenken, und schmuggelten so ihre Kontrabande aufs Schiff und weiter über See.

So wurde, nach den Worten des Diakons Johannes, am 31. Januar 828 der Doge Giustiniano Partecipazio »für würdig erachtet, die Gebeine des allerheiligsten Evangelisten Markus in Empfang zu nehmen, welche die Venezianer aus Alexandria mitgebracht hatten«. Als der heilige Markus ankam – wenn er es wirklich war und nicht irgendeine unbekannte ägyptische Mumie –, strömten die Leute von der Lagune herbei, um ihn mit Gesang und Tanz zu begrüßen. Sie hatten Grund zur Freude, hatte doch Gott ihnen erlaubt, den Heiligen an sich zu bringen. Also mußte ihm am Wohlergehen ihrer Stadt liegen! Es erschien alles größer als ein Wunder. Ihren Patron St. Theodor vergaßen sie auf der Stelle. »San Marco!« lautete der Ruf von nun an, und die ganze Lagune triumphierte über das neue Treueverhältnis.

Das Nachwort zu dieser Geschichte ist bedeutsamer als die Geschichte selbst. Ehe ihm eine neue Ruhestätte geschaffen werden konnte, wurden die Gebeine des heiligen Markus nicht in einer Kirche untergebracht, wie man das wohl hätte erwarten können, sondern in einer Ecke des Hauses, das dem Dogen gehörte. St. Markus sollte nicht nur als ein Symbol kirchlicher Unabhängigkeit dienen und das bürgerliche Bewußtsein der Menschen in der Lagune stärken – seine Anwesenheit sollte auch der weltlichen Macht des venezianischen Dogen ein Charisma verleihen.

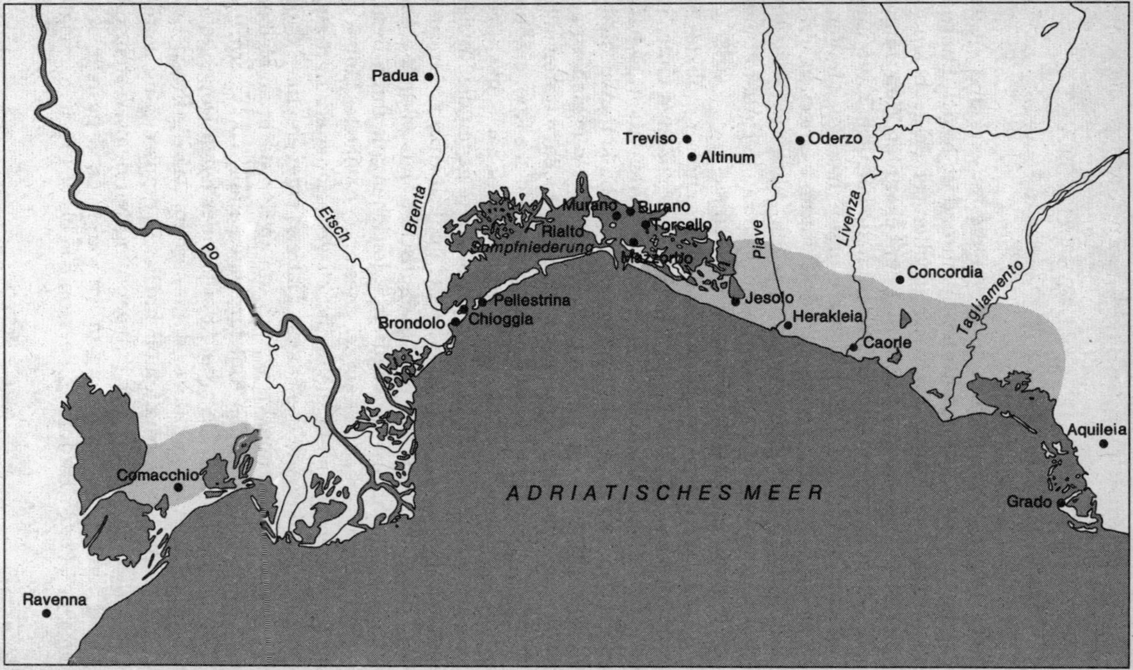

Die Lagune und das Hinterland

KAPITEL 2

ENTWICKLUNG ZUM STADTSTAAT

Seit Anfang des 9. Jahrhunderts war die Entwicklung an der Lagune rascher vorangeschritten. Während im fernen England König Alfred die Dänen in Schach zu halten versuchte, befanden sich die Venezianer im Mittelpunkt der bekannten Welt. Immer zahlreicher wurden die Ausländer, hauptsächlich Kauf- und Seeleute, die die Lagune besuchten, und je häufiger die Venezianer mit Menschen verschiedener Kulturen – Griechen, Franken, Langobarden, Dalmatinern, Slawen, Muslimen – zu tun hatten, um so weltläufiger und geschickter in der Ausnutzung gewinnbringender Gelegenheiten wurden sie.

Dementsprechend trat auch in der Art ihrer Konflikte ein Wandel ein. Die relative Seltenheit eines geschätzten Gutes ist stets die Ursache für Kämpfe zwischen den Menschen. Es hatte eine Zeit gegeben, als das Salz die einzige Einkommensquelle gewesen und zu Streitigkeiten zwischen den Venezianern geführt hatte. Aber die Möglichkeiten Geld zu machen waren mittlerweile viel zahlreicher und verlangten größere Kooperation. Daher richtete sich der Angriffsgeist jetzt mehr nach außen, gegen auswärtige Konkurrenten, insbesondere gegen die Rivalen in Comacchio, das etwa 80 km weiter südlich an der Mündung des Po lag, der wichtigsten norditalienischen Handelsstraße. Die politische Macht war für begüterte Menschen, die ihren Besitz sichern wollten, ebenfalls ein seltenes und geschätztes Gut – daher kämpften nunmehr die reicheren Venezianer erbittert miteinander um das Amt des Dogen. Hatte es einer ergattert, dann kämpfte er erbarmungslos weiter, um an der Macht zu bleiben und, wenn möglich, das Amt für seine Familie zu sichern.

Zu überleben war die größte Sorge eines jeden Dogen, aber um das zu können, mußte er dafür sorgen, daß die Prosperität des Gemeinwesens erhalten blieb. Diese Voraussetzung wurde durch die Beendigung der Entspannung mit dem Westen, die bisher von Byzanz betrieben worden war, in Frage gestellt, aber der Doge Pietro Tradonico, der von 836 bis 864 regierte, zeigte sich der Lage gewachsen. Ihm gelang es, die Handelsverträge, auf denen Venedigs wirtschaftliches Wachstum beruhte, zu erneuern und Venedigs Beziehungen zum westlichen Kaiserreich auf eine dauerhafte Basis zu stellen.

Abkommen, die zwischen 840 und 845 mit Nachfolgern Karls des Großen geschlossen wurden, bestätigten den Verlauf der alten venezianischen Territorialgrenze auf dem Festland und setzten ein Schlichtungsverfahren für den Fall von Streitigkeiten fest. Der Westen versprach, Venedigs Feinden nicht zu helfen, wohl aber Venedig in seinem Kampf gegen die Slawen jenseits der Adria beizustehen, die 842 Caorle verwüstet hatten, woraufhin die Venezianer eiligst zwei große Schiffe, *falandrie* genannt, erbauten, die die gefährdetsten Zufahrten zur Lagune blockieren sollten. Im gleichen Abkommen verpflichteten sich die Venezianer, Entlaufenen vom Festland keinen Unterschlupf zu gewähren und keine Christen in die Sklaverei zu verkaufen. Allerdings fuhren die Venezianer trotzdem fort, mit Sklaven zu handeln, die sie an der dalmatinischen Küste erwarben, wenn sie nicht Bauern aus dem Hinterland einfangen konnten. Auch zögerten sie keineswegs, Christen in islamische Länder zu verkaufen, wo man gute Preise für sie erzielen konnte.

Vor allem wurde in diesem Vertrag Venedigs Recht anerkannt, die Zugänge zum Po zu kontrollieren, und den Venezianern der Handel mit den binnenländischen Territorien der Karolinger gegen eine geringe Zollgebühr von nur 2,5 % des Warenwertes an jedem Landeplatz gestattet. Sie selbst mußten die gleichen Rechte gewähren und einen bescheidenen jährlichen Tribut entrichten. Damit waren sie ihren Rivalen von Comacchio endgültig zuvorgekommen. Der Doge Pietro Tradonico konnte vielleicht nicht lesen und schreiben, aber sein Blick für ein gutes Geschäft war sicherlich scharf.

Dieser Vertrag, der ursprünglich auf fünf Jahre geschlossen wurde, blieb beim Zusammenbruch des fränkischen Reichs auch für die Nachfolgestaaten gültig. In den nächsten 150 Jahren wurde er häufig erneuert und blieb der stabile Rahmen, in dem sich Handel und Transportwesen Venedigs entfalten konnten, die der Stadt Profite aus dem Wachstum des im norditalienischen Hinterland zentrierten europäischen Handels brachten.

Dieser Freundschaftspakt mit dem Westen führte jedoch zu keiner Verschlechterung der Beziehungen mit Byzanz. In einen heftigen Kampf mit den Sarazenen verwickelt und von Feinden rundum bedroht, empfand es der oströmische Kaiser nur angenehm, daß sein kleiner Untertan auf eigenen Beinen stehen konnte. So blieben der eigenen Staatskasse Ausgaben erspart, und Venedigs guter Wille wurde nicht strapaziert, sondern die Venezianer kamen dem Kaiser auf Verlangen mit ihren Seestreitkräften zu Hilfe. 840 entsandten sie sechzig kleine Schiffe, um den kaiserlichen Streitkräften bei Tarent beizustehen. Allerdings siegte der Feind und erbeutete die meisten der venezianischen Schiffe. Auch 842 erlitten ihre Schiffe bei der Insel Sansego an der Südspitze Istriens eine Niederlage durch die Sarazenen. Aber trotz dieser Rückschläge wurde Venedig bald weit und breit als die stärkste Seemacht in Italien betrachtet.

Venedig baute immer mehr Schiffe aller Art – solche für lange Seereisen, die mit Rudern und Segeln ausgerüstet waren, und kleinere Schiffe, um die Flüsse des Hinterlandes befahren zu können, Schiffe, die sich zur Kriegführung eigneten, und Schiffe zu friedlichen Handelszwecken. Den Sarazenen und Slawen gelang es nicht, die Venezianer vom Meer zu vertreiben. Die Händler der rivalisierenden Hafenstädte Ancona und Amalfi konnten nicht verhindern, daß der Handel zunahm und Venedig als Markt immer größer wurde. Sogar in dem kalten Winter von 860, als die Zufahrten zu den Flüssen gefroren, waren weite Flächen der Lagune von Kaufleuten bevölkert, die ihre Waren mit Wagen beförderten.

Das Wachstum des Handels brachte Einwanderer ins Land und begünstigte eine entsprechende städtische Entwicklung. Trotzdem herrschte eine ländliche Atmosphäre in der neuen Stadt. Der größte Teil des trockenen Landes war von Buschwerk bedeckt, und es gab viel Wiesen, aber wenig Häuser. Obgleich örtlich hergestellte Backsteine zum Kirchenbau verwendet wurden, waren die meisten Wohnhäuser aus Holz und trugen Schilfdächer. Fast alle waren von Gärten umgeben, sogar die Residenz des Dogen besaß einen Obstgarten.

Doch trotz dieser idyllischen, fast ländlichen Atmosphäre, den sich ausweitenden kommerziellen Möglichkeiten und dem

Geist der Zusammenarbeit, der dadurch gefördert wurde, war das venezianische Gemeinwesen andererseits durch Parteigeist und Intrigen völlig zerrissen. Die Barozzi intrigierten gegen die Barbolani, die Iscoli gegen die Selvi, die Selvi gegen die Guistiani, und diese gegen den Klan der Polani. Sogar die Stellung eines so erfolgreichen Dogen wie Tradonico, der selbst seinen Vorgänger von der Macht verdrängt hatte, war ständig von Verschwörungen bedroht. Seine Regierungszeit wurde häufig durch gewaltsame Erhebungen unterbrochen, die seine Feinde und Rivalen anzettelten, und schließlich wurde er selbst ermordet. Mitglieder der Familie Barbolani metzelten ihn am Ostermontag des Jahres 864 in der Kirche San Zaccaria nieder.

Das Gefolge des gefallenen Dogen verbarrikadierte sich im Palast und wehrte sich noch fast eine Woche gegen die Aufständischen. Dann intervenierten neutrale Kräfte. Führende Mitglieder der rivalisierenden Gruppen wurden ins Exil auf einige der sumpfigen Inseln der Lagune geschickt, und das entstandene Machtvakuum durch Orso Partecipazio gefüllt, der dank seinem Gefolge aus starken Männern zum Dogen gewählt wurde.

Orso hielt sich siebzehn Jahre, und zu seinen Haupterrungenschaften, ganz abgesehen vom einfachen Überleben, gehört, daß er bessere Vorkehrungen zur Aufrechterhaltung von Recht und Ordnung traf. Die Bevölkerung der Lagune war rasch gewachsen – die Bildung von fünf neuen Bischofsitzen legt Zeugnis davon ab. Sie war viel zu groß geworden, als daß ein einziger Mann noch alles Unrecht und alle Streitigkeiten schlichten konnte. Hätte man jedoch den Inseltribunen auch die Rechtsprechung überlassen, so hätten sie ihr Prestige und ihre Macht auf Kosten der Zentrale vergrößert. Deshalb wurden spezielle Richter ernannt, die, abgesehen von ihren richterlichen Funktionen, noch als Gehilfen des Dogen zu wirken hatten, ihn über die öffentliche Meinung auf dem laufenden hielten, ihm über die Stärke der Parteien berichteten und ihm bei seinen Regierungsgeschäften beratend zur Seite standen.

Auch im Kriege war Orso erfolgreich, denn er besiegte die dalmatinischen Slawen und half den Byzantinern, die Sarazenen zurückzudrängen, die in der Adria viele Überfälle verübt hatten. Grado wurde vor einem Sarazenenangriff gerettet, und

867 halfen die Venezianer mit, die Ungläubigen vor Tarent vernichtend zu schlagen und vier Jahre darauf Bari zu erobern.

Zum Ausgleich für die Dienste, die die Venezianer dem byzantinischen Kaiser erwiesen hatten – und die sich so glücklich mit ihren eigenen Verteidigungswünschen deckten –, erhielt der venezianische Handel in Byzanz den Vorrang vor jeglichem anderen Handel mit dem Westen. Doch obgleich die Ausfuhr strategischer Güter, wie Bauholz und Eisen, in von Sarazenen kontrollierte Länder von Byzanz verboten war, fuhren die Venezianer mit diesem Export fort, desgleichen mit dem Schmuggel von Sklaven ins Ausland, und das trotz des offiziellen Verbots dieses Handels durch den Dogen, der vorgab, sich den byzantinischen Wünschen ganz zu beugen. Doch den wichtigsten Erfolg auf dem Gebiet des Handels errang Orsos Sohn und Nachfolger Giovanni durch die endgültige Niederwerfung von Comacchio im Jahre 881.

Kommunale Wirtschaftsinteressen und private dynastische Wünsche waren, wie so oft im Venedig jener Zeit, bei der Vorgeschichte dieses Anschlags auf eine unentwirrbare Weise beteiligt. Bald nach seinem Amtsantritt überredete der Doge Giovanni den Papst, seinem Bruder die Herrschaft über Comacchio zu übertragen. Doch der Markgraf von Este beanspruchte Comacchio für sich selbst, schnitt Giovannis Bruder den Weg ab und verwundete ihn so schwer, daß er nach seiner Rückkehr nach Venedig starb. Daraufhin führte der Doge einen Schlag gegen Comacchio, der die Stadt zwar nicht ganz zerstörte, von dem sie sich jedoch niemals mehr erholte. Venedigs Vorherrschaft auf dem Gebiet des Transports von Überseegütern zu den Handelszentren am Po konnte von dort aus niemals mehr ernstlich in Frage gestellt werden. Trotzdem sollten die Venezianer sie fünfzig Jahre später doch noch niederbrennen – auf alle Fälle!

Eine neue Periode politischer Unsicherheit hinderte die venezianischen Kaufleute an der vollen Ausnützung dieser neu erworbenen Vorteile. Die schlechte Gesundheit des Dogen und das Fehlen eines Erben verursachten eine latente Unruhe, die leicht wieder in Anarchie umschlagen konnte. Im Jahre 887 trat der Doge Giovanni zurück und bestimmte Pietro Candiano zu seinem Nachfolger. Doch obgleich Candiano ein tüchtiger und frommer Mann war, der morgens und abends, und wann immer die Kirchenglocken zum Gebet riefen, auf die Knie fiel, kam er fünf Monate später bei einer Schlacht gegen die Slawen ums Leben, und der kranke Giovanni Partecipazio mußte sich wieder um die Regierungsgeschäfte kümmern, in der Hoffnung, daß ein kraftvoller Führer auftauchen würde. Solch ein Mann mit Namen Pietro Tribuno wurde schließlich 888 gefunden.

Von seinem kleinen Palast am Rialto regierte Tribuno die Lagune wie ein Despot. Mit Rivalen ging er erbarmungslos um und entkleidete die Tribunen der einzelnen Siedlungen fast ihrer ganzen noch verbliebenen Autorität. In Zeiten der äußeren Gefahr ließ sich ein eiserner Griff leichter durchhalten, und in diesem Fall drohte der Angriff der Ungarn, wilder schnurrbärtiger Reiter aus den Ebenen des Ostens, die sich Venedig näherten.

Im Jahre 900 waren sie durch Friaul gekommen und hatten sich plündernd und zerstörend durch Norditalien bis nach Pavia durchgeschlagen. Dann hatten sie sich ostwärts gewandt, das Meer erreicht und Brondolo, dann auch Chioggia und Pellestrina auf dem äußeren Lido erobert.

Was die Inselbewohner an Verteidigungsmöglichkeiten besaßen, wurde aufgeboten. Man sammelte Pfeile und Bogen, Feuerbrände, Speere und Steine für die Schleudern. Alle vorhandenen Schiffe wurden zusammengezogen. Die große Mauer, die an der Wasserfront von Castello am Dogenpalast vorbei bis nach Santa Maria Zobenigo verlief, wurde befestigt. Eine riesige eiserne Kette wurde über den Canal Grande gespannt, die Burg von Olivolo mit Bewaffneten vollgestopft, und so erwartete der Rialto, von Waffen starrend, den Feind.

Der Zusammenstoß erfolgte auf dem Wasser, wo die überlegene Zahl und der Kampfgeist der Angreifer der Seemannskunst der Venezianer unterlag! Arpad, der Führer der Ungarn, ordnete den Rückzug an. Venedig war gerettet. Dieser Sieg führte zu einem weiteren Anwachsen des Bürgerstolzes, der durch ein schickliches Maß frommer Demut ein wenig gemildert wurde. Ein Sieg von solchen Ausmaßen mußte doch Gottes Einschreiten und insbesondere der Gunst des heiligen Markus zuzuschreiben sein. Er führte zu einem neuen Selbstvertrauen und leitete ein Zeitalter fast ununterbrochenen Friedens ein, den die

Venezianer damit feierten, daß sie noch ungehemmter nach überseeischen Profiten strebten.

Nun zogen sie noch häufiger nach fernen Städten wie Kairo, Aleppo und Damaskus, wohin Güter aus dem Fernen Osten von Karawanen gebracht wurden. Aber sie begaben sich auch nach Sizilien und Kairuan. Und überall versuchten sie, ihre Handelsrechte durch Verträge zu sichern. Sie verhandelten mit den ägyptischen Fatimiden, den syrischen Abbasiden, den Herren von Córdoba und den Sultanen des Maghreb. Sie versprachen, schmeichelten, bestachen, brauchten jeden Trick der Levante, um ein Privileg zu erhalten oder Konkurrenten zuvorzukommen, einen Rivalen zu unterbieten oder ihn aus dem Geschäft zu drängen.

Die Güter des Orients flossen in größeren Mengen nach Venedig als je zuvor, denn Europas wirtschaftliche Blüte stärkte die Nachfrage. Man wünschte vor allem Pfeffer, Zimt und Ingwer, um das gräßliche Salzfleisch zu würzen, das in den vornehmsten Häusern gereicht wurde, ferner Räucherwerk für den Gottesdienst und Spezereien zum Einbalsamieren der Toten. Doch die Nachfrage galt auch anderen Gütern. Von Byzanz bezog Venedig die Purpurseiden und Zierate, die die italienischen Priester und Prostituierten verlangten. Hermelin und Zobel kamen aus Rußland und exotische Teppiche von den Webstühlen Turkestans. Dementsprechend nahm der Verkehr auf dem Po, der Brenta und Piave zu. Wagenzüge wurden zusammengestellt, die die Güter über die gefährlichen Alpen nach Deutschland schaffen mußten. Aber noch immer war Pavia im 10. Jahrhundert der Haupthandelsplatz von Europa.

Die Messen von Pavia wurden regelmäßig von den Venezianern besucht, die ihre Zelte am Stadtrand aufschlugen, ihre Gebühren den örtlichen Zollbeamten zahlten und sie mit Elfenbeinkämmen und Spiegeln für ihre Frauen bestachen. War das erledigt, dann wandten sie sich den Problemen des Handels zu. Sollten sie ihre Seiden, Gewürze und Luxusgüter gegen bare Münze verkaufen oder sie gegen örtliche Produkte oder aus Nordeuropa hereingebrachte Güter tauschen? Gab es einen Markt für grobes Tuch im Osten? Welchen Preis würde man in Ägypten für Schwerter, Schilde und Speere aus dem Norden zahlen? Wieviel sollte man für Bernstein aus Deutschland, für Pferde und Windhunde verlangen? Waren die Nordländer, die als Sklaven angeboten wurden, fähig, den Transport nach Afrika oder in den Osten zu überstehen? Und wieviel würde es kosten, sie unterwegs zu ernähren?

Das 10. Jahrhundert ist das heroische Zeitalter des Handels genannt worden, und wenngleich sein Umfang nach modernen Maßstäben unerheblich war, waren die Profite nach damaligen Maßstäben enorm. Eine oder zwei erfolgreiche Reisen konnten einen Händler reicher machen, als es sich ein Bauer in seinen wildesten Träumen vorstellen konnte; sie konnten aber auch mit dem Tode oder der Sklaverei des Händlers enden. Viele Venezianer wurden durch ihre Unternehmungen ruiniert, von Banditen ausgeraubt oder fanden den Tod auf See.

Der Handel mit orientalischen Luxusgütern war jedoch keineswegs die einzige und wahrscheinlich nicht einmal die wichtigste Grundlage des Wohlstands von Venedig. Die weniger Wagemutigen konnten durch den Handel mit Massengütern in einem näheren Umkreis ebenfalls gut verdienen – mit Öl von Aquileia, Getreide aus der Lombardei, Salz aus den eigenen Salinen und Bauholz aus Dalmatien. Auch hier waren die Mengen nicht groß. Aber die Venezianer hatten den Löwenanteil am Gesamthandel innerhalb der Region, und im Laufe der Jahre nahm sowohl dieser als auch ihr Anteil daran immer weiter zu.

Die Kaufleute und die Seeleute machten jedoch nur den kleineren Teil der arbeitenden Bevölkerung aus. Der Fischfang und die Salzgewinnung, diese hauptsächlich Frauenarbeit, waren nach wie vor von Bedeutung, ebenso der Schiffbau. Die Wirtschaft als Ganzes wurde immer komplizierter und vielseitiger. Mittlerweile gab es schon Tuchfärber, die mit der traditionellen blauen Farbe umzugehen verstanden, und Eisengießer, die Glocken von solcher Güte gossen, daß man sie in Byzanz läuten ließ. Es gab Glasbläser und Sattler, Goldschmiede, Schmiede und Maurer, Metzger und Wasserträger, Tischler, die die schweren Truhen für kostbare Handelsgüter herstellten, und Zollbeamte, die die Landegebühr für alle hereinkommenden Güter kassierten und von jeder hinausgehenden Ladung Salz eine Abgabe verlangten. Stauer und Kahnschiffer nahmen die ankommenden Güter in Empfang; es gab auch noch genügend Bauern und Schafhirten, die ihre Herden an der sumpfigen Küste und auf entfernteren Inseln weideten.

Das Leben der Menschen verlief einfach und regelmäßig und fast ebensosehr zu Wasser wie zu Lande. Mit Ausnahme der Festtage gab es nur frugale Kost, und man trug einfache Kittel und Gewänder. Auch die Reichen, die solidere Häuser besaßen, sich Schmuck und ein Gefolge leisteten, lebten ganz einfach. Jedermann stand mit den Vögeln auf, und mit dem Abendläuten verebbte jeder Verkehr. Das Tempo des Lebens richtete sich nach den Jahreszeiten und den Vorschriften des kirchlichen Kalenders, wie überhaupt die Kirche die Nabe war, um die sich das kulturelle Leben in der Lagune drehte. Die Reichen prunkten mit ihrem Überfluß, indem sie Kirchen verschönerten oder Kirchenstiftungen machten. Die Armen wiederum suchten die Tröstungen der Kirche, und es gab nicht wenige, die ihren Lebensunterhalt durch die Kirche verdienten.

Ein solcher war der Sohn des Dogen Tribuno, der, vielleicht als Reaktion auf das weltliche Wesen seines Vaters, in den geistlichen Stand trat und 929 Bischof von Olivolo wurde. Daher ging das Dogenamt nach Tribunos Tode an Orso II., wieder einen Partecipazio. Doch diesem Orso fehlte die Standfestigkeit seines Vorfahren, und so fiel es dem aggressiveren Pietro Candiano II., ebenfalls Sohn eines früheren Dogen, zu, die Blutrachefehden zu unterdrücken, die schon wieder übel ins Kraut geschossen waren, und der gegenüberliegenden Küste der oberen Adria Venedigs Willen aufzuzwingen.

Istrien, das schon lange eine nützliche Sklavenquelle gewesen war, wurde gezwungen, sich den venezianischen Handelsbedingungen zu beugen, aber die slawischen Stämme im istrischen Hinterland und in Dalmatien fuhren fort, die Küstenstädte, mit denen Venedig Handel trieb, zu bedrohen, Piratenstücke auf den venezianischen Seewegen zu verüben und sogar kleinere Überfälle bis in die Lagune hinein vorzutragen. Die Legende behauptet sogar, eine Gruppe slawischer Räuber habe ein Dutzend venezianischer Bräute, die, weißgekleidet und ihre Mitgift bei sich tragend, auf den Segen des Bischofs warteten, geraubt und fortgeschleppt. Glücklicherweise konnten die Bräutigame sie bei

Caorle einholen, die Piraten erschlagen und die Bräute retten – eine Heldentat, die für wert erachtet wurde, jedes Jahr an Mariä Lichtmeß von zwölf armen und tugendhaften Mädchen in einer merkwürdigen Zeremonie in der Kirche Santa Maria Formosa nachgespielt zu werden. Aber nicht alle Überfälle gingen so günstig für die Venezianer aus wie dieser.

Auch während der Regierungszeit des übernächsten Dogen, des unglücklichen Pietro Candiano III., fuhren die slawischen Piraten mit ihren Überfällen auf venezianische Schiffe fort. Sogar sein Sohn Pietro IV., den er an den Regierungsgeschäften teilnehmen ließ, intrigierte gegen ihn, und obgleich der Sohn nach einem großen Gefecht der beiderseitigen Gefolgsmänner auf dem Rialto 959 ins Exil geschickt wurde, gelang es ihm doch, Nachfolger seines Vaters zu werden. Der Opportunismus dieses Sohnes ging aber noch weiter. Er verbannte seine Frau in ein Nonnenkloster und seinen Sohn in ein Mönchskloster und heiratete Gualdrada, eine Dame von beachtlichem Vermögen und mächtigen Verbindungen.

Gualdrada war eine Nichte Kaiser Ottos, dessen Vasall Pietro nun wurde. Sie brachte beträchtliche Ländereien in Friaul und Treviso und Burgen bei Ferrara mit in die Ehe. Auch früher war es schon vorgekommen, daß einzelne Venezianer und religiöse Institutionen Höfe und Mühlen im Hinterland als Lehensbesitz erworben hatten, doch niemals in solchem Maßstab. Pietro Candiano IV. war ein Mann von feudalem Zuschnitt, der anscheinend größeres Interesse daran hatte, ein Festlandpotentat zu werden als Doge von Venedig zu sein. Es schien sogar, als plane er möglicherweise, Venedig mit seinen Besitzungen im Hinterland zu verschmelzen.

Der fremdartige Lebensstil des Paares machte den Dux und seine Frau unpopulär. Sie lebten in ungewöhnlicher Pracht, von Sklawen, Wächtern und Gefolge umgeben, die das Volk fernhielten. Ihr Verkehr beschränkte sich hauptsächlich auf die Feudalherren von Padua und Vicenza. Der Doge bestand auf die Anrede: »Mein Herr«, eine Form, die vom feudalen Festland übernommen war, und seine Frau gebärdete sich ebenso hochfahrend wie er selbst. Dieser lehensherrliche Stolz vertrug sich nicht mit dem Instinkt der Venezianer, die, wie es ein späterer

Chronist ausdrückte, »gewöhnt waren, auf gleichem Fuß miteinander zu verkehren«. Aber es gab auch noch handfestere Gründe zur Unzufriedenheit.

Den Venezianern paßte die Anwesenheit von Truppen durchaus nicht, die auf den Ländereien der Frau des Dogen ausgehoben worden waren. Ebensowenig paßte es ihnen, für die Interessen des Dogen auf dem Festland kämpfen zu müssen. Einige fürchteten, er werde Venedig zu seinem persönlichen Besitz machen, andere meinten, er werde womöglich die byzantinischen Verbindungen dem Westen zuliebe opfern.

Der Doge drehte seine Segel nach dem Wind. Als der byzantinische Kaiser 971 »die schrecklichsten Drohungen« gegen die Venezianer ausstieß, weil sie seine Feinde, die Sarazenen, mit Waffen und Holz versorgt hatten, da rief Pietro einen Rat aus einundachtzig Personen aller Schichten zusammen: Geistliche, *maiores, mediocres* und Arme – von denen nur achtzehn ihren Namen schreiben konnten –, um das Verbot bestätigen zu lassen. Da er die zunehmende Unzufriedenheit und Uneinigkeit spürte, wollte der Doge eine allgemeine Übereinstimmung herbeiführen. Aber weder dieser Schritt noch die Verstärkung seiner persönlichen Leibwache durch ein Kontingent kroatischer Sklawen konnten ihn letzten Endes retten.

Im August 976 stürmte eine Menschenmenge den Palast und überwältigte die Wächter. Ein Feuer brach aus, und die Flammen griffen vom Palast auf die Umgebung über. Drei Kirchen und an die dreihundert Häuser brannten aus. Für einen Augenblick waren der Doge, seine Frau und sein kleiner Sohn in dem Getümmel verschwunden, doch der Mob erreichte sie im Vestibül der Markuskirche. Der Doge fiel um Gnade flehend auf die Knie, wurde aber zusammen mit seinem Sohn niedergemetzelt.

Während der nächsten 15 Jahre wurde das venezianische Gemeinwesen von inneren Kämpfen geschüttelt. Gualdrada, die Zuflucht bei Kaiser Ottos Witwe gefunden hatte, schwor Rache. Während sie durch das Angebot der Rückgabe ihres gesamten Besitzes – Ländereien, Häuser, Gold- und Silbergeschirr, Sklaven, Betten, eiserne Töpfe und Geräte aus Blei – besänftigt wurde, sammelte sich eine mächtige Gruppe von Exilierten um ihren Stiefsohn Vitale Candiano, Patriarch von Grado, den das neue

Regime enteignet hatte. Gestützt von Kaiser Otto II., riefen diese Leute schon bald nach dem Blut desjenigen Mannes, der die Erhebung angeführt hatte, des neuen Dogen von Venedig, Pietro Orseolo.

Unterdessen hatte der Doge Pietro begonnen, die ausgebrannte Kirche von San Marco zu restaurieren. Für die in Email, kostbaren Steinen und Gold auszuführenden Verschönerungsarbeiten hatte er griechische Kunsthandwerker angeheuert. Die Gebeine des heiligen Markus waren jedoch mit zu Asche verbrannt, und dies erwies sich als ein böses Omen. Zwei Jahre lang mühte sich der Doge, die Herrschaft festzuhalten. Doch in der Nacht des 1. September 978 floh er. Nach alter Tradition trat er in ein Kloster ein, lebte noch weitere neun Jahre und wurde schließlich heiliggesprochen.

Seinen Platz als Doge nahm ein Vertreter des rivalisierenden Klans der Candiano ein, unter dem sich die Beziehungen zu Byzanz wieder verschlechterten. Es wurde sogar mit dem Brauch gebrochen, Dokumente nach dem Regierungsjahr des byzantinischen Kaisers zu datieren. Dieser Doge hielt sich jedoch nur vierzehn Monate, und 979 war Tribun Memmo an der Reihe, es mit den zwei sich bekämpfenden Parteien aufnehmen zu müssen. Kurz nachdem Memmo Doge geworden war, wurde Domenico Morosini von Stefano Caloprini erstochen, als er die Kirche Pietro di Castello verließ. Es ging um Blutrache zwischen den beiden großen Klans, handelte sich aber um mehr als nur um Familiengefühle und Rachedurst.

Die Caloprini unterstützten die prowestlichen Interessen der Candiano, während die Morosini den kürzlich exilierten Orseolo und die Verbindungen zu Byzanz stärken wollten. Tribuno Memmo, der mit der Tochter Pietro Candianos IV. verheiratet war, hielt zu den Caloprini, erstattete Vitale Candiano seinen Besitz zurück und schlug vor, sich dem westlichen Kaiser trotz erniedrigenden Bedingungen zu unterwerfen. Als Otto II. jedoch 983 gestorben war, erwiesen sich die Morosini als die stärkere Partei, und da auch der verbannte Orseolo von Tag zu Tag mehr Macht gewannn, schlug sich der Doge schließlich auf die andere Seite.

Nun wandte er sich gegen die Caloprini, die nach Verona flohen, und rief Byzanz zu Hilfe, um den inneren Frieden wiederherzustellen. Nach einiger Zeit schien sich die Situation soweit abgekühlt zu haben, daß man die Exilierten wieder heimkommen lassen konnte – doch die Blutrachefehden flammten heftiger auf als je zuvor. Im Jahre 991 ermordeten die Morosini an einem einzigen Tage drei Brüder Caloprini. Der Doge war hilflos, er hatte sich beiden Seiten entfremdet und konnte nun nichts anderes mehr tun, als die Mönchskutte anzuziehen.

Sein Nachfolger Pietro Orseolo II. wird von einem Zeitgenossen als »in seinen tugendhaften Taten seinem heiliggesprochenen Vater nicht nachstehend und dennoch alle früheren Dogen in der Kenntnis des Menschengeschlechts übertreffend« dargestellt. Dieses Kompliment – das eine interessante Aufspaltung zwischen den zeitgenössischen Idealen Tugend und Menschenkenntnis ahnen läßt – ist vom Chronisten Diakon Johannes niedergeschrieben worden, der Pietros Hausgeistlicher und sein Freund war. Dennoch erscheint es wohlverdient. Der neue Doge beendete die Vendetta, indem er seinen Sohn Domenico mit der Enkelin Pietro Candianos III. verheiratete. Er stellte die politische Stabilität wieder her, und er verringerte auch die Spannungen, die durch die rivalisierenden Parteigänger der beiden Großmächte hervorgerufen worden waren, indem er die guten Beziehungen zum Osten wie zum Westen wieder herstellte.

Ein Abkommen mit dem westlichen Kaiserreich, das 992 geschlossen wurde, bannte die Furcht vor einer Intervention vom Festland her, und als Otto III. 996 in Rom gekrönt wurde, erlaubte er Venedig, drei ständige Handelsniederlassungen im Festland nördlich der Lagune zu errichten, die als Basen für einen Handel über die Ostalpen nach Süddeutschland entwickelt werden konnten. Später empfing der Doge den Kaiser in den Mauern von Venedig, und ihre Unterhaltung soll sich ebensosehr um Metaphysik wie um Politik gedreht haben. Der Doge schenkte seinem Gast eine silberne Schale und einen geschnitzten Elfenbeinstuhl, und der Kaiser zeigte sich erkenntlich, indem er den Venezianern die fünfzig Pfund Silber erließ, die sie bisher jährlich für ihre Handelsprivilegien gezahlt hatten.

Aber auch die Beziehungen zum Osten wurden nicht vernachlässigt. Der Doge taufte zwar seinen jüngeren Sohn Ottone, um den Kaiser der westlichen Welt zu ehren, aber er folgte alten Traditionen durch Entsendung seines älteren Sohnes Giovanni an den Hof von Byzanz, damit er dort seine Ausbildung vollende, und verheiratete ihn dann mit einer Großnicht des Kaisers Basileios II. Außerdem überredete er Byzanz im Jahre 992, den Venezianern eine privilegierte Stellung im Handel mit dem gesamten östlichen Kaiserreich zu garantieren, ohne dabei das Treueverhältnis, in dem Venedig zu Byzanz stand, näher zu definieren. Obgleich Venedig fortfuhr, Schiffe für byzantinische Truppen im Kampf gegen die vorrückenden Sarazenen zu stellen, hatte es nun freie Hand, unabhängige Verträge abzuschließen und mit den Sarazenen Handel zu treiben, nicht anders als mit Konstantinopel, wo Venedig nun eine ständige Handelsvertretung aus ortsansässigen Kaufleuten besaß. Dieses Übereinkommen gab Venedig einen direkten Vorsprung vor den Kaufleuten von Apulien und insbesondere vor den Händlern von Amalfi, die in jenen Tagen ihre stärksten Konkurrenten im Mittelmeerhandel waren. Der Doge Pietro war nicht nur Bauherr und Krieger, sondern auch Diplomat. Die Restauration der Markuskirche, die sein Vater begonnen hatte, wurde in seiner Regierungszeit vollendet. Außerdem baute er Paläste in Grado und Herakleia. Im Mai des Jahres 1000 machte er sich mit sechs Schiffen voller Bewaffneter von Grado aus auf den Weg. »Die Wogen des Meeres pflügend«, wie der Diakon Johannes schreibt, segelte er über die Adria, um die Slawen zu vernichten, die noch immer venezianische Schiffe und mit Venedig handelnde dalmatinische Siedlungen zu überfallen pflegten.

Wahrsager hatten vorausgesagt, die Welt werde im Jahre 1000 ins Chaos zurücksinken, und es gab viele, die nicht zu hoffen wagten, ihren Dogen lebend wiederzusehen. Aber er kehrte im Triumph zurück mit vierzig Geiseln in seinem Gefolge als Beweis dafür, daß die Piraten zerschmettert waren. Er hatte die Bewohner Zaras und anderer Küstensiedlungen von den Tributzahlungen an die Slawen befreit; allerdings durften sie nun für das Privileg des venezianischen Schutzes Tribut an Venedig zahlen. Zur Erinnerung an diese Heldentat wurden dem Titel des Dogen die Worte Dux Dalmatiae hinzugefügt. Von nun an sollte dieser Triumph alljährlich am Himmelfahrtstage durch eine

Ausfahrt des Dogen bis jenseits des Lido gefeiert werden – die sogenannte »Hochzeit Venedigs mit dem Meer«. Dieser Festtag ist zum größten im Kalender geworden, war jedoch stets mehr als nur eine Siegesfeier. Die Zeremonie bedeutete eine Reinigung der Venezianer von ihren Sünden, eine symbolische Warnung an die Slawen, ein Dankfest und einen magischen Akt zur Besänftigung des wilden Meeres.

Der Kampf mit dem Meer war der beherrschende Faktor in der Entwicklung Venedigs in diesem Zeitalter der Expansion. Von ihm zeugten die Bollwerke, die zum Schutz gegen Hochwasser vor den zerbrechlichen Bauten in der Lagune errichtet wurden, und er spielte sich auf den weiten Handelsreisen und in Seegefechten ab, besonders bei Bari und vor Sizilien, wo die Sarazenen die Gegner waren. Wie ein Zeitgenosse vermerkt, war Venedig nicht nur »reich an Geld und reich an Männern«, sondern es konnte keiner »tapferer in der Seekriegsführung oder geschickter in der Steuerung von Schiffen auf dem Ozean sein«.

Als der Doge Pietro Orseolo II. schließlich nach vielen Erfolgen starb, wobei er ein Drittel seines Besitzes der »*festa* der Bräute« stiftete, damit arme Jungfrauen mit einer Aussteuer ausgestattet würden, und ihm sein zweiter Sohn Ottone sechzehnjährig folgte – der ältere Giovanni war zwei Jahre vorher gestorben –, da war Venedig aufs beste gerüstet, sich den gewaltigen Aufschwung der europäischen Wirtschaft zunutze zu machen. Man schätzt, daß die Produktivität zwischen 1000 und 1200 n. Chr. um das Zehnfache anstieg. Landwirtschaftliche Überschüsse wurden häufiger, der interregionale Tauschhandel nahm zu, und die Nachfrage nach orientalischen Luxusartikeln wuchs gewaltig an. Einen guten Teil dieser Nachfrage befriedigten die Amalfitaner, und Pisa und Genua fingen auch an, sich stark in der Schiffahrt und im Handel zu engagieren, aber Venedig war am günstigsten gelegen und am stärksten gesichert und konnte daher die größten Gewinne einheimsen.

Es hatte richtige Handelsverträge mit fast allen großen Staaten in Europa, der Levante und Nordafrika. Der größte Teil des Handelsverkehrs zwischen Europa und Byzanz fand mit Hilfe venezianischer Schiffe statt, Ägypten hing für den Bezug dalmatinischen Holzes ebensosehr von ihnen ab wie die Staaten Nordeuropas für den Bezug von Gewürzen und Seiden aus Übersee. Venezianische Kaufleute wohnten in Byzanz, Ägypten, der Lombardei und Dalmatien, wo sie als Handelsvertreter wirkten, und bald tauchten sie auch am Schwarzen Meer, in Syrien, Marseille, Aigues-Mortes und Toulouse auf. Es war der Anfang des großen venezianischen Handelssystems im Mittelmeerraum, die Basis für die wirtschaftliche Macht dieser Stadt.

Reiche Venezianer fuhren fort, ihr Geld in sicheren Ländereien anzulegen; aber die Handelsgewinne wurden so verlokkend, daß immer mehr von ihnen ihren Besitz als Sicherheit für Anleihen verpfändeten, für die sie bereit waren, 20 % Zinsen zu zahlen. Das wirtschaftliche Bild hatte sich seit der Zeit bis zur Unkenntlichkeit gewandelt, als man noch ärmliche Ladungen einige Meilen stromaufwärts in der Hoffnung ruderte, ein klein wenig Überschußgetreide dafür eintauschen zu können. Das Aussehen von Venedig änderte sich gleichfalls in raschem Tempo. Die Bevölkerung nahm stetig zu, denn der Unterdrückung müde Bauern aus der Lombardei und Dalmatien strömten herbei in der Hoffnung auf Aufstiegsmöglichkeiten und ein sicheres Leben. Das Stadtzentrum war dichter besiedelt als je zuvor, und obgleich die meisten Gebäude noch immer aus Holz, grobem Putz und Schilfdächern bestanden, gab es doch mehr und mehr solche mit Teilen aus Backsteinen und sogar aus von Istrien importiertem Hausstein. Die Rialto-Siedlung hatte sich ausgedehnt und wurde von neuen Kanälen entwässert. Der Dogenpalast war fertiggestellt, wenn auch unendlich viel weniger prunkvoll als das heutige Bauwerk. Die St. Markus-Kirche daneben befand sich im Wiederaufbau, und auch ein kleines Hospital war errichtet worden. Trotz dieser Neuerungen wurden die Streitigkeiten der Gemeinde noch immer unter freiem Himmel geschlichtet, und zwar im Hof des Dogenpalastes, wo sich die Menge zu sammeln pflegte zum Feste feiern oder in Notzeiten, im Taumel des Sieges oder um einen Dogen zu stürzen.

Noch immer waren die Volksmenge und die Parteiungen Kräfte im Leben Venedigs. Wenn auch der Doge Ottone Orseolo seinem Vater nacheiferte, indem er gegen die Slawen zog und neue Tributverpflichtungen der dalmatinischen Siedlungen an der Küste mit heimbrachte, so fiel er schließlich doch seinen

Feinden in der Heimat zum Opfer. Sie ergriffen ihn, schoren ihm Haare und Bart zur Vorbereitung auf das Kloster und schickten ihn nach Byzanz. Als Ottone gegangen war, kehrte die Anarchie zurück.

In den nächsten sechs Jahren kämpften die Orseolo mit den Cantranigi um die Führung in Venedig, bis endlich 1032 ein neuer Mann die Zügel der Regierung ergriff – Domenico Flabianico, ein Salzhändler. Den dynastischen Ambitionen in der venezianischen Politik war damit ein Ende gesetzt. Nie wieder wurde das Amt des Dogen zum Monopol einer einzigen Familie, zu dem es die Orseolo um ein Haar gemacht hätten. Niemals wieder wurde es den Dogen erlaubt, ihre Söhne mit in die Regierungsgeschäfte hineinzunehmen.

Der Wandel war das Ergebnis der Entwicklung des Handels. Eine neue große Klasse von Kaufleuten, die Flabianico repräsentierte, war zu beherrschender Position in der venezianischen Gesellschaft aufgestiegen. Diese Männer waren viel mehr Unternehmer aus Profession als es ihre Vorgänger gewesen waren. Es waren nicht einfach Männer der besitzenden Klasse, die sich im Handel versuchten, sondern sie waren es, die anderen Arbeit und Brot gaben und als Gönner das meiste zu bieten hatten.

Von nun an scheint die Beratung mit führenden Bürgern im Regierungsprozeß eine größere Rolle gespielt zu haben; aber auch die gewöhnlichen Leute hatten ein größeres Mitspracherecht in öffentlichen Angelegenheiten als sie jahrzehntelang besessen hatten, und der *arrengo* hatte wieder Bedeutung als Volksversammlung, insbesondere bei der Wahl eines neuen Dogen. An die Stelle der Klans und ihrer Gefolgsleute war die Allianz zwischen kaufmännischem Interesse und Handwerk getreten und hatte die Macht übernommen.

Beim Tode von Flabianicos Nachfolger Domenico Contarini im Jahre 1071 versammelten sich die Venezianer in ihren Booten in der Nähe von San Pietro di Castello und riefen nach dem Manne, den sie sich wünschten. Domenico Selvo erhielt die überwältigende Mehrheit der Stimmen und wurde auf den Schultern der Leute zu den Booten getragen. Sie ruderten ihn zur Piazza, wo der erwählte Doge zum Zeichen seiner Demut Schuhe und

Strümpfe auszog und barfuß in die Markuskirche ging, um die Insignien seines Amtes in Empfang zu nehmen.

Der Doge Selvo fuhr fort, die Markuskirche zu verschönern, deren Stiftung mittlerweile so reich geworden war, daß ein Prokurator zur Vermögensverwaltung und Überwachung der Bauarbeiten eingesetzt werden mußte. Handwerker waren von Konstantinopel und aus der Lombardei herbeigebracht worden, um an ihr zu arbeiten, und Selvo schickte Sachverständige »nach allen Seiten, die nach Marmor und Edelsteinen suchen und Meister-Steinmetzen herbeischaffen sollten, die fähig wären, seine großen und wunderbaren Entwürfe auszuführen«. Die Kirche nahm allmählich die heutige Form an mit ihren fünf großen Kuppeln, den Spitztürmen und Mosaiken, steifen Madonnen und abgezehrten Heiligen. Vor allem jedoch spiegelte die Markuskirche den byzantinischen Einfluß wider, ein Band, das durch Selvos Vermählung mit Theodora, der Schwester des Kaisers Michael, noch gestärkt wurde.

Die Chronisten haben ein furchteinflößendes Bild von ihr überliefert – wie ein Idol geschmückt, träge und genußsüchtig. Der Mönch Peter Damian berichtet, sie habe es verschmäht, in gewöhnlichem Wasser zu baden. Ihre Diener mußten »den Tau des Himmels« zu diesem Zwecke sammeln. Nahrung berührte sie nicht mit der Hand wie ein gewöhnlicher Sterblicher. Ihre Eunuchen mußten das Essen vielmehr in kleine Stückchen schneiden, die sie mit einer goldenen Gabel zum Munde führte. Die von ihr bewohnten Räume waren immer aufs kostbarste parfümiert. Allein die Vorstellung eines so luxuriösen Lebens war dem mönchischen Gemüt schon ein Ärgernis, und so wurde von ihrem Ende entsprechend Gräßliches berichtet – sie sei von einer entsetzlichen Krankheit niedergeworfen worden, die ihren Körper in eiternden Wunden verzehrte und einen so fürchterlichen Geruch verbreitete, daß sich keiner zu ihrer Pflege fand. Allein, in grauenhaften Qualen, habe sie ihren Geist aufgeben müssen.

So zum mindesten lauteten die warnenden Erzählungen der Mönche über ein Leben im Luxus. Andere Berichte lassen erkennen, daß das Volk ihren Tod betrauerte; auch scheint sie Selvos Popularität keinen Abbruch getan zu haben. Aber Selvo hatte ohnedies genügend Schwierigkeiten. Papst Gregor VII., der als der Mönch Hildebrand die Autorität des Dogen gegen seine Feinde in der Kirche verteidigt hatte, nahm nun eine andere Haltung ein, weil Venedig mit seinem Feinde, dem Kaiser des Westens, auf gutem Fuße stand. Selvo mußte auch den plötzlichen Einfall der Normannen ins Mittelmeer in Rechnung stellen.

Diese harten Krieger, die, gierig nach Land und ohne Rücksicht auf Verluste, schon Nordfrankreich erobert und unter Wilhelm dem Eroberer ihre verhaßte Herrschaft nach England getragen hatten, machten sich nun in Süditalien und auf Sizilien breit. Um 1073 hatten sie Amalfi genommen, bedrohten die byzantinischen Vorposten und waren insbesondere eine Gefahr für Venedigs Besitz in der Adria und seine Handelsstraßen in Richtung Osten.

Der byzantinische Kaiser war absolut nicht in der Lage, mit dieser neuen Bedrohung fertig zu werden. Die Seldschuken hatten 1071 seine Armee bei Mantzikert vernichtend geschlagen und bedrohten nun den Bosporus. Venedig mußte sich selbst verteidigen. Es machte sich auf eine Bedrohung seiner Besitzungen in Dalmatien gefaßt; doch als die Normannen 1082 wirklich angriffen, taten sie das mehr östlich, im Gebiet des Kaisers.

Der Normannenherzog von Apulien Robert Guiscard war zusammen mit seinem Sohn Bohemund der Führer dieses Angriffs. Epirus, Durazzo und Korfu wurden überfallen. Von den Barbaren auf dem Balkan und von den Türken in Asien bedrängt, bat Kaiser Alexios verzweifelt um venezianische Hilfe, und der Doge Selvo kam seinen Bitten nach. Schließlich war Konstantinopel die größte Stadt der Welt mit einer Bevölkerung von einer Million Menschen, das größte Fabrikationszentrum, der geschäftigste Hafen und der Sammelpunkt für die aus Zentralasien importierte Seide, bulgarische Sklaven, russisches Wachs und russischen Honig sowie Weizen von der Krim. Mit einem Wort, es war der Knotenpunkt des venezianischen Handelssystems. Hunderte von Venezianern benutzten die Stadt als Basis für Seereisen zu kleinasiatischen Häfen, nach Griechenland, Syrien und Ägypten. Venedig mußte helfen – aber es verlangte einen hohen Preis für seine Dienste.

Als Gegenleistung mußte der Kaiser den Venezianern völlige

Zollfreiheit versprechen, ihren Präferenzen vor allen Konkurrenten, besonders vor den Genuesen und Pisanern, einräumen und ihnen Handelsfreiheit im gesamten östlichen Kaiserreich mit Ausnahme von Kreta, Zypern und einigen Schwarzmeerhäfen garantieren, dazu das direkte Besitzrecht an Läden, Lagerhäusern und Landungsstegen in Byzanz. Zusätzlich bot der Kaiser an, zugunsten der Markuskirche jährlich zwanzig Pfund Gold zu stiften – der Tribut eines ehemaligen Herrn an eine einstmals untertänige Stadt.

Erst dann, im Sommer 1082, führte der Doge Selvo seine Flotte zur Rettung der von den Normannen bei Durazzo belagerten byzantinischen Streitkräfte heran. Ein lebhaftes Gefecht ergab sich an der Einfahrt zum Hafen. Die Venezianer hatten aus ihren zusammengebundenen großen Schiffen eine schwimmende Festung gemacht und die kleinen Boote voller Bewaffneter in die Masten hochgezogen. Als die normannischen Schiffe unter Bohemund angriffen, schleuderten die Venezianer ihre Speere mit eisernen Spitzen und ihre von Nägeln starrenden Keulen auf sie hinunter, und es gelang ihnen dabei, in Bohemunds Schiff ein Leck zu schlagen. Als es sank, wandten sich die übrigen zur Flucht, und die Venezianer verfolgten den Feind bis zum Lager Robert Guiscards, wobei sie viel Beute machten. Der byzantinische General machte einen Ausfall, doch obgleich die Verbündeten einen Sieg errangen, blieben die Normannen vor Durazzo, das sie 1083 eroberten.

Als Robert fortgerufen wurde, um dem Papst gegen den Kaiser des Westens beizustehen, verminderte sich der Druck auf Byzanz, allerdings nicht auf lange. Im Oktober 1084 kehrte Robert zurück, um Epirus anzugreifen und Korfu und Kephalonia einzunehmen. Die Kämpfe gingen hin und her, zunächst erging es den Normannen schlecht, doch dann wurden die Venezianer bei Korfu überrascht und vernichtend geschlagen. Der Doge Selvo mußte die traurigen Überreste seiner Flotte in die Heimat zurückführen.

Er wurde sofort seines Amtes enthoben. Aber der neue Doge, von dem es hieß, er habe »durch Versprechungen und Geschenke das Volk veranlaßt, seinen Vorgänger abzusetzen«, fuhr in dessen Politik fort. 1085 war eine neue Flotte ausgerüstet, und sie segelte dem Sieg über Robert entgegen. Der alte Normannenkrieger wurde geschlagen und starb bald darauf.

Darüber herrschte große Freude sowohl in Byzanz als auch in Venedig, besonders aber bei den Kaufleuten, die nun die im Kriege erlangten Privilegien voll ausnutzen konnten. Der äußere Rahmen für die Freudenfeiern war vorhanden, denn die Verschönerung der Markuskirche, auf die der Doge Selvo soviel Mittel verwandt hatte, war nun vollendet. Eigentlich störte nur eines bei diesem glorreichen Fest – das Fehlen der Gebeine des heiligen Markus, die während des großen Brandes vor mehr als hundert Jahren abhanden gekommen waren.

Drei Tage lang fasteten und beteten der Doge, der Partriarch von Grado und alle Bischöfe und flehten den Himmel an, ihnen ihren Heiligen doch wieder zurückzugeben – und siehe da, ihre Gebete wurden erhört. Die Erde erzitterte, eine Marmorsäule neben einem Altar erbebte, ein Stück Stuck fiel herab, und in der Höhlung ward ein bronzener Sarkophag sichtbar, aus dem eine menschliche Hand hervorragte. Nun erst herrschte vollkommene Freude.

Die Venezianer feierten bereits die Ankunft des heiligen Markus in Venedig am 31. Januar, seine Passion am 25. April und seine erneute Grablegung und Weihung am 8. Oktober. Von nun an gab es eine weitere Gelegenheit zu feiern – die Erscheinung des heiligen Markus. Man hätte diesen Kult nicht tiefer verankern können. Das Banner des Heiligen wurde herumgetragen, geschwenkt und in die Luft geworfen, wo immer sich eine Gelegenheit bot, dem Volk den Heiligen nahezubringen. Doch sein Motto, das »Frieden« geheißen hatte, paßte weniger dazu als der geflügelte Löwe, Symbol venezianischer Wildheit als handeltreibendes und kriegführendes Volk. Das Banner mit diesem beherrschenden Symbol sollte in dem heraufziehenden Zeitalter der Kreuzzüge noch viel drohender und stolzer wehen.

Venedig und die venezianische Welt

III

DAS ZEITALTER DER KREUZZÜGE

1095 rief Papst Urban II. die Christenheit auf, das Heilige Land aus den Händen der Muslime zu befreien. Zwei Jahre später zog ein gewaltiges Heer von Konstantinopel aus, diese Mission zu erfüllen. Der erste Kreuzzug hatte begonnen. Dem Papst kam er sehr gelegen, um seinem Prestige aufzuhelfen, für die landhungrigen normannischen Ritter bot er wunderbare Möglichkeiten, zu eigenen kleinen Imperien in der Levante zu kommen, und er ermöglichte bestimmten Mittelmeerstädten, aus dem plötzlichen Bedarf an Schiffsraum Profit zu ziehen. Genua und Pisa waren von Anfang an am Geschäft beteiligt, nur die Venezianer standen abseits. Erst 1099, als die Kreuzfahrer Jerusalem einnahmen und Genua und Pisa sich an der Beute beteiligten, verstanden sie, welche Chance sie sich hatten entgehen lassen, welche Gewinne sich durch Versorgung der Christen im Heiligen Land und durch Transport von Pilgern nach dem von Christen besetzten Jerusalem erzielen ließen. Sofort rüsteten sie eine Expedition aus.

Von dem Dogen Vitale Michiele I. hieß es, er sei ein frommer Mann, aber die venezianischen Kreuzfahrer wurden von seinem Sohn und von Enrico Contarini, dem Bischof von Olivolo, angeführt. Sie kamen in Jaffa im Juni 1100 an und konnten so an der Belagerung Haifas teilnehmen. Als es im Oktober fiel, erhielten sie ihren vorab festgelegten Teil an der Beute, nämlich eine Kirche und einen Marktplatz, Befreiung von den örtlichen Steuern und das Recht des Abwrackens im gesamten Königreich Jerusalem.

Aber auch die Seereise als solche war nicht ohne Gewinn gewesen. Bei Rhodos hatten sie der Flotte von Pisa einen Hinterhalt gelegt und ihr die auf dem Schlachtfeld gemachte Beute abgenommen. In Myra in Lykien stahlen sie die Gebeine des heiligen Nikolaus, nachdem der Wächter so lange gefoltert worden war, bis er bekannte, wo sie lagen. Außerdem ließen sie auch die Gebeine des heiligen Theodorus mitgehen. Stürmisch begrüßt liefen die Schiffe im Dezember 1100 wieder in Venedig ein, beladen mit Beute, Reliquien und als Überbringer guter Nachrichten.

Venedig war spät auf dem Schauplatz erschienen, hatte aber keine Zeit verloren und den neuen christlichen Machthabern in der Levante gewaltige Handelsprivilegien entrissen. Indem sie nun ihre Rivalen Genua und Pisa unterboten, sicherten die Venezianer sich einen großen Anteil im Transportgeschäft mit Nachschub für Palästina und der Beförderung von Pilgern. Das war teilweise auf den kürzeren Seeweg von Venedig nach dem Osten zurückzuführen, teilweise auch auf die Reliquien, die Venedig zu erwerben fortfuhr.

Im Jahre 1105 ließ z. B. der Prior von San Giorgio in Venedig, der eine ihm unterstellte Kirche in Konstantinopel leitete, die Gebeine des Märtyrers St. Stephan von dort verschwinden. Im gleichen Jahr gelangten auch ein Splitter des Kreuzes Christi und Gebeine von St. Plautius und dem heiligen Jakob nach Venedig. Sie wurden vom Dogen persönlich an der Spitze einer großen Menschenmenge entgegengenommen, denn solche Reliquien erhoben die Herzen, bedeuteten einen Zuwachs an Prestige und belebten das Geschäft. Fromme Christen, die Verdienst erwerben wollten, pilgerten zu Kirchen, die Heiligenschreine enthielten, und gaben ihr Geld daher lieber in Venedig als in anderen Einschiffungshäfen aus, die weniger Heilige aufzuweisen hatten.

Mehrere Jahre lang beteiligte sich Venedig nicht mehr aktiv an den Kreuzzügen, und da Pisa und Genua mit den Sarazenen in Nordafrika zu tun hatten, konnte Venedig sich friedlicheren Geschäften und der Entwicklung der Stadt zuwenden. Das ausgedehnte Gebiet südlich und westlich des Canal Grande, das im vorigen Jahrhundert so gut wie unbewohnt gewesen war, wurde nun rasch dem Anwachsen der Bevölkerung entsprechend zugebaut, und im Jahre 1099 wurde der Markt von Rialto, der die alten Handelszentren wie Torcello überholt hatte, wesentlich erweitert, um mit der Entwicklung des Handels Schritt zu halten. Ein großer Teil der Wiederaufbautätigkeit war allerdings auch durch Naturkatastrophen bedingt.

Die Lagune hatte immer unter Überschwemmungen und Erdbeben zu leiden. Im Jahre 1102 versank die Insel Malamocco langsam bis unter den Wasserspiegel, und ihre Bevölkerung mußte nach Chioggia übersiedeln. Hinzu kam noch, daß Feuersbrünste in den aus Holz und Stroh errichteten Gebäuden häufig und verheerend wüteten. Eine große Feuersbrunst legte ausgedehnte Teile der Osthälfte von Venedig in Schutt und Asche, und eine zweite erfaßte den Südteil, wobei auch der Dogenpalast und die Markuskirche teilweise zu Schaden kamen. Furchtbare Zerstörungen durch Feuer fanden auch 1115, 1120 und 1149 statt, und trotz großer Vorsichtsmaßnahmen, zu denen auch das Verbot gehörte, nach der ersten Nachtstunde Kerzen zu brennen, wurden allein im Jahre 1174 dreitausend Gebäude vom Feuer vernichtet. Die Venezianer waren ständig mit dem Bauen und Wiederaufbauen beschäftigt. Von allen Entwicklungen der damaligen Zeit war jedoch die Errichtung der »Arsenal« genannten großen Werft die bedeutsamste. Als erstes vom Staat betriebenes Industrieunternehmen im frühen modernen Europa wurde die Werft im Jahre 1104 auf zwei sumpfigen Inseln östlich des Stadtzentrums gegründet. Die Bauarbeiten zogen sich 50 Jahre hin und umfaßten u. a. die Trockenlegung des Geländes mit Hilfe von Windrädern und Durchstichen, den Bau von Docks und das Anlegen von Gräben für das kochende Pech. Für den kleinen Stadtstaat war es ein gewaltiges Unternehmen, das jedoch gute Erträge abwarf. Das »Arsenal« wurde zur Grundlage der späteren Machtentfaltung Venedigs zur See. Seine Schiffbaumeister bauten Galeeren und zimmerten Masten und Ruder. Hier wurden auch die Segel hergestellt, die Schiffe mit geteertem Werg abgedichtet, repariert und mit Katapulten, Steinschleudermaschinen, Rohren für das »griechische Feuer« und anderen Waffen ausgerüstet.

Daß eine so große Unternehmung überhaupt in die Wege geleitet wurde, hatte seinen Grund in der Notwendigkeit, das Gleichgewicht mit Genua und Pisa aufrechtzuerhalten, genügend Schiffe für den Handel mit dem lateinischen Syrien bereitzustellen, wohin der Transasien-Handel nun großenteils floß, und, bei der damaligen politischen Lage im Mittelmeer, eine Kriegsflotte zu bauen, die in ihrem Umfang über die Möglichkeiten privater Schiffswerften weit hinausging.

Der Beginn des 12. Jahrhunderts war für Venedig durch

Kämpfe an vielen Fronten gekennzeichnet. 1108 nahmen die Venezianer an dem Angriff der Kreuzfahrer auf Sidon teil; danach halfen sie, Byzanz gegen den normannischen Fürsten von Antiochien zu verteidigen, und nach der Rebellion von Zara im Jahre 1111 verwendeten sie fünf Jahre darauf durch militärische und diplomatische Aktionen Zara zurückzugewinnen. Die Kontrolle über die dalmatinische Küste war für die Venezianer nicht nur wegen Dalmatiens Holzreichtum wichtig und weil die Piraten in Schach gehalten werden mußten, sondern auch wegen der Zwischenlandehäfen an der Küste, denn die venezianischen Schiffe segelten nur am Tage und suchten abends den Schutz eines dalmatinischen Hafens auf. Dalmatien – und insbesondere Zara – waren für Venedigs Interessen in einem weiter gesteckten Rahmen von besonderer Bedeutung.

Im Jahre der Rebellion von Zara erlaubte der Kaiser den Pisanern, eine Niederlassung in Konstantinopel zu gründen, und setzte die von ihnen zu zahlenden Zölle auf 4 % herab. Venedigs Privilegien waren nunmehr nicht mehr exklusiv, und da Genua und Pisa wichtige Basen in Palästina erwarben – Genua hatte schon Niederlassungen in Akko, Antiochia und Jerusalem –, so machte sich der Doge Domenico Michiel daran, für Ausgleich zu sorgen.

Im Jahre 1122 kam er den hart bedrängten Kreuzfahrern gegen die Sarazenen mit 28 großen Galeeren, die mit Rammen ausgerüstet waren, sowie mit 40 kleineren Galeeren, vier großen Transportschiffen und ungefähr 30 anderen Fahrzeugen zur Hilfe. Der Erfolg war auf seiner Seite. 1123 schlugen die Venezianer die ägyptische Flotte bei Askalon, eroberten vier Handelsschiffe bei El Arish und machten sich darauf an die Belagerung des Hafens von Tyrus. Hier ging dem Dogen das Bargeld aus, mit dem er sein Gefolge hätte bezahlen müssen. Er überredete die Leute, Lederstückchen anstelle von Münzen anzunehmen, die nach der Rückkehr in Venedig eingelöst werden sollten.

Tyrus fiel nach fünf Monaten, und dieser Sieg brachte den Venezianern ein Drittel des Hafens von Tyrus und ein Drittel von Askalon ein. Diese Stadtteile wurden ihnen als eigenständige Kolonien überlassen, in denen sie ihre eigenen Bäckereien, Mühlen, Lagerhäuser und Bäder besaßen, und wo die Venezianer ihre eigenen Herren waren, mit eigenen Maßen und Gewichten, eigenen Gerichten unter einem Bailo und eigenem *vicecomes*, der über ihren Anteil an der Verteidigung bestimmte. Zusätzlich befreite König Balduin von Jerusalem die Venezianer von allen Abgaben in christlichen Gebieten, mit Ausnahme von einem Drittel der üblichen Pilgerabgabe, und gab ihnen Grundbesitz in Akko zu Lehen. Zusammen mit Genua und Pisa war Venedig nun einer der größten Grundbesitzer im Heiligen Lande.

Zu diesem Zeitpunkt versuchte der von Venedigs Rivalen aufgestachelte byzantinische Kaiser, die venezianischen Privilegien in seinem Reich zurückzuschneiden, und nahm zu diesem Zweck in Konstantinopel lebende Venezianer als Geiseln. Doch der Doge ließ sich nicht erpressen. Er unterbrach seine Heimfahrt und überfiel das byzantinische Chios, Rhodos und Kos und entführte die Gebeine der Heiligen Donatus und Isidor im Triumph nach Venedig. Innerhalb von zwei Jahren mußte Byzanz seinem früheren Untergebenen zugestehen, was dieser wollte, denn es blieb auf die venezianische Seemacht angewiesen und konnte die durch den Bruch mit Venedig entstandenen Handelsverluste nicht verkraften.

Wenngleich Venedig viel überseeische Interessen besaß, lag ihm sein Hinterland doch sehr am Herzen. Das Wachstum der Stadt und die Neigung, das brauchbare Land am Rande der Lagune zur Anlage von Obst- und Gemüsegärten zu benutzen, machte Venedig sehr abhängig vom Festlandgetreide. Dieser Bedarf hatte zur Gründung von Niederlassungen in Ferrara und Fano zu Anfang des 12. Jahrhunderts geführt, und 1141 zielte die erste Reihe von Handelsverträgen mit dem Grenzland darauf ab, der Stadt eine ausreichende Versorgung mit Getreide, Öl und Wein zu sichern, mitunter auch in Form von Tributzahlungen. Die Beziehungen mit dem benachbarten Padua betrafen andere, nicht weniger wichtie Fragen.

Eine Grenzstreitigkeit war 1111 durch Vermittlung Kaiser Heinrichs V. geschlichtet worden, aber die Reibungen hielten an und verstärkten sich noch sehr, als die Paduaner zu Anfang der 1140er Jahre einen Kanal anlegten, der die Brenta, die durch ihre Stadt floß und Überschwemmungen verursachte, ableitete. Daraufhin versandeten einige Kanäle der Lagune. Jahrhundertelang hatten die Venezianer den Kampf mit ihrer vom Wasser geprägten Umgebung geführt, und nun war das mühsam gewonnene Gleichgewicht bedroht. Sie erklärten Padua sofort den Krieg, schlugen die Paduaner tüchtig in einem kurzen Feldzug und zwangen sie zum Nachgeben.

Da Venedig in der Kriegführung zu Lande unerfahren war, hatte es in diesem Fall Söldner angeworben. Doch für die überseeischen Schlachten wurden Venezianer eingesetzt. 1146, als der Normannenkönig Roger von Sizilien in Griechenland einfiel, rief die byzantinische Regierung die Venezianer um Hilfe und bot ihnen dafür einen größeren Besitz in Konstantinopel und höhere jährliche Zahlungen zur Verschönerung der Markuskirche an. Diese Bedingungen wurden angenommen, und eine venezianische Flotte schlug die Normannen bei Kap Malea; doch danach begannen Streitigkeiten unter den Verbündeten. Die Venezianer setzten sich in Besitz eines byzantinischen Schiffs, schmückten es wie die Galeere des Kaisers und ließen einen schwarzen Sklaven in kaiserlicher Kleidung darauf paradieren. Diese banale Spötterei spiegelte den wachsenden Haß zwischen den beiden wider, der noch bitterer wurde, als Venedig mit den Normannen einen Separatfrieden schloß, um der Piraterie in der nördlichen Adria ein Ende zu machen. Der Kaiser näherte sich daraufhin den Genuesen und verhielt sich immer feindseliger gegenüber den in Konstantinopel lebenden Venezianern.

Um die Mitte des 12. Jahrhunderts war die venezianische Politik sowohl zu Hause als auch in Übersee so kompliziert geworden, daß der Doge und seine wenigen Berater allein damit nicht mehr fertig werden konnten. Langsam bildete sich daher eine Anzahl von Regierungskörperschaften heraus: der Rat der Weisen – eine Gruppe von Prominenten, die den Dogen zu beraten und die Exekutive zu überwachen hatte; ein gewählter Großer Rat – wohl eine Art Nachfolger der alten zügellosen Volksversammlung – und der exklusivere Kleine Rat. Diese Institutionen bildeten sich *ad hoc*, um bestimmten Umständen gerecht zu werden, doch mit der Zeit wurden sie zu ständigen Einrichtungen. Viele ihrer ursprünglichen Formen und Funktionen änderten sich, und wirklich mächtige Regierungsorgane sollten sich erst noch herausbilden, aber immerhin war damit die Grundlage zu der ausgezeichnet ausbalancierten venezianischen Verfassung gelegt, die in späteren Jahrhunderten soviel Bewunderung ernten sollte. Die fast monarchische Macht des Dogen und der immer wieder vorübergehend ausgeübte Einfluß des Mobs wurden damit fühlbar zurückgeschnitten. Ein System der Auswahl von Führerpersönlichkeiten, das auf Stadtbezirken und Wahlmännerausschüssen beruhte, bildete sich langsam heraus; die politische Linie sollte hinfort von einer mehr oder weniger exklusiven Gruppe von Männern aus etwa 30 Familien bestimmt werden, Männern, die gemeinsame Interessen hatten, meistens reichen Kaufleuten, die sich in politischer Administration und Seekriegführung auskannten. Auch in Zukunft sollten die Dogen durch Zurufe der Menge in ihrem Amt bestätigt werden, doch sie entstammten stets der führenden Gruppe, einer Gruppe, die zwar eine schmale Basis hatte, aber doch auf ihre Weise den alten Gemeinschaftsgeist manifestierte. Diese Gruppe war nicht völlig exklusiv, doch die Einstellung, nach der sie handelte, faßte ein venezianischer Schriftsteller des 16. Jahrhunderts so zusammen: »Handwerker . . . Lohnarbeiter und Diener sind zwar für das Funktionieren einer Stadt unerläßlich, können aber nicht eigentlich als Bürger bezeichnet werden.« Die große Masse der Venezianer verlor schon bald jeden Anteil an der Führung der öffentlichen Angelegenheiten, doch das Zugehörigkeitsgefühl zur Gemeinschaft blieb und äußerte sich in der Freude bei jedem venezianischen Sieg und beim Eintreffen jedes entwendeten Heiligen. Auch die bürgerlichen Feste hatten eine ähnliche Funktion. Das Dutzend Schweine und der Bär, die der Patriarch von Aquileia alljährlich als Tribut an den Dogen sandte, wurden dem Volk übergeben. Mit patriotischem Überschwang wurden diese zunächst als »Patriarch und seine Kanoniker« bezeichneten Tiere durch die Straßen gejagt, ehe man sie schlachtete und sich um ihr Fleisch balgte.

Das alljährliche »Fest der Bräute«, das um 1140 schon zu einer kunstvollen Feier geworden war, vollzog sich in einem gehobeneren Stil. Junge Männer mit Trommeln und Trompeten, angeführt von Priestern in goldenen Chormänteln, zogen vom Dogenpalast zur Kirche Santa Maria Formosa. Dort wurden sie von den zwölf auserwählten Bräuten aus zwölf verschiedenen Pfarrbezirken begrüßt, denen sie Süßigkeiten und Wein anboten. Der Nachmittag verging mit Festessen in den Häusern der Bräute, und die Festlichkeiten steigerten sich weiter, bis nach einigen Tagen die Bräute, begleitet von einem Boot voller Geistlicher und Bewaffneter, nach Castello hinaussegelten, um den Segen des Bischofs zu erbitten, und von dort zur Piazzetta, wo der Doge in seiner Maestra genannten Staatsbarke sich ihnen zu einer großen Prozession auf dem Canal Grande anschloß. Den Schluß machte ein herrliches Bankett im Dogenpalast.

Solche Zeremonien waren eine Schau und Volksbelustigung, und da alle Schichten der Gesellschaft vom Dogen abwärts dabei irgendeine Rolle zu spielen hatten, wurde der Gemeinschaftssinn dadurch gestärkt. Wieweit jedoch Neuankömmlinge von dieser Gemeinschaft aufgenommen wurden, ist sehr die Frage. Venedig, das immer eine mehrsprachige Stadt gewesen war, war es nun mehr dennn je. Pilger kamen in Massen, ebenso Alte und Kranke, die Heilung und Gnade vor den vielen Schreinen der Stadt zu erlangen hofften. Einwanderer strömten von allen Ecken und Enden des Mittelmeeres herbei – importierte Sklaven, Entlaufene, die nach einem besseren Leben verlangten, hungernde Bauern nach einer Mißernte, Entwurzelte aller Art. Manche ließen sich endgültig nieder, andere zogen weiter, aber es gab immer einen beträchtlichen Anteil von vorübergehend Anwesenden in der Stadt.

Wie jede blühende Großstadt zog Venedig die Unzufriedenen und Verzweifelten wie ein Magnet an. Mittellose Frauen verkauften ihre Gunst, Kinder wurden prostituiert, entschlossene Arme lebten vom Raub, und die zu alt oder zu krank zum Rauben waren, erniedrigten sich so weit, um Mildtätigkeit zu bitten. Irgendwie mußte man ja leben.

Wer irgend etwas besaß, achtete darauf, nur bewaffnet auf die Straße zu gehen, und die Behörden gingen hart mit den Missetätern ins Gericht, die sie fangen konnten – mit Prügelstrafe, Brandmalen, Gefängnis und Exekution.

Drakonische Strafen standen auch auf anderen Vergehen. Eine Ehebrecherin konnte mit lebenslänglichem Gefängnis bestraft werden, Vergewaltigung einer Minderjährigen mit dem Verlust einer Hand, Kindermord mit dem Tod auf dem Scheiterhaufen. Aber man ließ auch Gnade walten, manchmal in höchst merkwürdiger Weise. Die Tochter des Dogen Vitale Michiel, die Nonne war, erhielt die Erlaubnis, einen Mönch, den letzten Sproß der Giustiniani, zu heiraten, weil seine Familie sonst ausgestorben wäre. Und erst als die beiden zwölf Kinder in die Welt gesetzt hatten, nahmen sie ihren geistlichen Dienst wieder auf. Die Familie zählte in Venedig eben nicht weniger als Frömmigkeit und Ordnung.

Was die Menschen jedoch am meisten beschäftigte, war ihre Arbeit. Während Venedigs spektakuläres wirtschaftliches Wachstum andauerte, versuchte man, den Ausstoß der eigenen handwerklichen Produkte immer mehr zu steigern. Im Ausland stieg die Nachfrage nach dem undurchsichtigen venezianischen Glas und den Produkten seiner Färbereien. Handwerker aller Richtungen fanden Arbeit, nicht zuletzt die Goldschmiede, die Reliquiare herstellten, und die Waffenschmiede, von denen einer eine Armbrust-Maschine konstruierte, die fünfzehn Pfeile auf einmal abschießen konnte. Doch der führende Wirtschaftssektor war und blieb der Handel.

Schon bald wagten sich die Venezianer aus dem wohlbekannten Mittelmeer hinaus in den Atlantik und liefen Lissabon, den ersten christlichen Hafen jenseits der Meerenge von Gibraltar, an. Obgleich der Handel seine abenteuerlichen Seiten behielt, war das finanzielle Risiko oft gemildert. Lange Seereisen wurden häufig von Gruppen von Kaufleuten unternommen, die Gewinn und Gefahr miteinander teilten. Die Gefahren, die von Schiffbruch und Piraterie drohten, ließen sich gelegentlich auch auf die Schultern eines Finanziers abladen, der zu Hause geblieben war. Allerdings betrug die Prämie, die für solche Seeversicherung gefordert wurde, wesentlich mehr als die üblichen zwanzig Prozent.

Anleihen wurden im großen und im kleinen gemacht, um eine Galeere voll von kostbarem Pfeffer zu finanzieren oder einer Witwe über ein paar schwierige Wochen hinwegzuhelfen. Alle möglichen Menschen liehen oder verliehen Geld – z. B. verlieh der Färber Giovanni im Jahre 1176 zwanzig Soldi an Carlotta aus dem Pfarrbezirk San Zulian gegen die Sicherheit ihres Holzhauses. Auch in der Kaufmannschaft gab es große Unterschiede nach Reichtum und Ansehen. Es gab Unternehmer und Financiers großen Maßstabs, die riesige Vermögen erwarben, aber die Mehrzahl waren vergleichsweise kleine Leute, und für diese kann Romano Mauro als ein Modellfall gelten.

Romano war ein nicht unvermögender Kaufmann, und seine Karriere ist als solche nicht uninteressant. Mit ungefähr 25 Jahren zog er 1155 nach Konstantinopel, wo schon 10000 Venezianer neben Genuesen und Pisanern wohnten. Von dort unternahm er Handelsreisen nach Smyrna, Thessalien und Mazedonien und ab 1162 auch nach Akko und sogar Alexandria. Für diese letzte schwierige Operation benötigte er zwei Schiffe und acht Anleiheverträge, und da vier der Geldgeber darauf bestanden, ihn nach Alexandria zu begleiten und dort ausgezahlt zu werden, brauchte er noch einen, der den Rest der Reise finanzierte.

1169 kehrte Romano endlich nach Venedig zurück; aber ein seßhaftes Leben in der Heimat scheint diesem kaufmännischen Abenteurer zu langweilig gewesen zu sein, jedenfalls verließ er Venedig schon nach sechs Monaten, um Pacht- und Steuergelder für den Patriarchen von Grado gegen eine jährliche Gebühr in Konstantinopel einzuziehen. Er kam gerade recht, um in Konstantinopel das ganze Mißgeschick mitzuerleben, das alle Venezianer dort im Jahre 1171 betraf.

Die Beziehungen zwischen Venedig und Byzanz waren jahrzehntelang kühl gewesen und hatten sich stetig verschlechtert. Die Venezianer waren mit den steigenden Abgaben unzufrieden, die sie für ihre Läden und Lagerhäuser zahlen mußten. Der Kaiser war empört über Venedigs Allianz mit dem Papst, die sich gegen den westlichen Kaiser richtete und 1167 geschlossen wurde, ganz besonders jedoch über Venedigs Verbindungen mit Ungarn. Als er den Genuesen in Konstantinopel einen Stadtbezirk zubilligte, kam es zu Reibungen. Die Venezianer waren wütend; einige Hitzköpfe griffen ein paar Genuesen an, und schon wurde der ganzen venezianischen Kolonie die Schuld daran in die Schuhe geschoben. Am 12. März 1171 wurden sie alle umzingelt, ihre Güter und ihre Schiffe beschlagnahmt.

Romano Mauro gelang es, sein Schiff zu erreichen, den Anker zu kappen und zu entkommen. Er war einer von wenigen, denen das glückte, aber seine Verluste waren schwer, und die ganze Angelegenheit wirkte sich sehr ungünstig für Venedig aus.

Die Regierung erhob eine Zwangsanleihe, um eine Expedition auszurüsten, und nach einer gewissen Zeit segelten hundert Galeeren und zwanzig Transportschiffe aus, um Rache zu nehmen. Vor der griechischen Küste wurden sie von einer schweren Seuche heimgesucht, die Tausenden das Leben kostete. Der Rest zog sich ungeordnet in die Heimat zurück und schleppte dabei die Seuche ein.

Eine solche Katastrophe verlangte nach einem Sündenbock, der in der Person des Dogen gefunden wurde. Er versuchte Zuflucht in San Zaccaria zu finden, doch die Menge lynchte ihn, bevor er das Kloster erreichte. Sechs Monate verstrichen, ehe der große Kaufmann und Finanzier Sebastiano Ziani als Nachfolger endgültig feststand, aber die Aussichten blieben düster. Die Regierung war bankrott, die Zurückzahlung der staatlichen Anleihen mußte aufgeschoben werden, militärische Operationen kamen nicht in Frage, die zum byzantinischen Kaiser Manuel entsandten Botschafter wurden übel empfangen, und, um das Maß vollzumachen, stiegen die Lebensmittelpreise und damit die Unzufriedenheit der Bevölkerung.

Zianis Regierung gelang es allmählich, mit der Situation fertigzuwerden. Eine neue Art der Anleihenbeschaffung wurde erdacht. Die Bürger wurden von dazu ernannten Inquisitoren veranlagt und gezwungen, ein Prozent ihres Nettoeinkommens an das Amt für Staatsanleihen zu zahlen. Dafür sollten sie halbjährlich vier Prozent Zinsen erhalten, wobei die sechs Stadtbezirke durch das Los die Reihenfolge festlegten, in der ihnen ihr Kapital zurückgezahlt wurde. Eine bessere Ordnung der Handels- und Marineangelegenheiten wurde durch neue Gesetze erzielt. Den Venezianern wurde ein größerer Anreiz für den Dienst auf See geboten, teilweise dadurch, daß sie von nun an einen Anteil an den Prisengeldern und vom Bergungsgut erhalten sollten. Vor allem wurden die politischen Spannungen abgebaut. »Man lasse eine ehrenvolle Amtskarriere für die mächtigeren Bürger offen«, lautete eine Ziani zugeschriebene Äußerung, »und sorge dafür, daß das Volk niemals hungert.« Er selbst hielt sich jedenfalls daran, denn er brachte ein Gesetz zur Kontrolle der Lebensmittelpreise durch. Rindfleisch durfte nicht mehr als zwei Soldi das Pfund kosten, Fisch zwischen zweieinhalb und dreieinhalb Soldi, Getreide höchstens siebzehn Soldi der Scheffel, und die Preise für Öl, Wein, Eier und andere Erzeugnisse wurden ähnlich niedrig festgesetzt.

Während der Doge die kommunalen Angelegenheiten regelte, kümmerte sich Romano Mauro um das, was von seinem Unternehmen noch übrig war. 1173 beschaffte er sich genügend Kapital, um ein mit Holz beladenes Schiff nach Alexandria zu segeln. Zurück kam er mit einer Ladung Pfeffer und Alaun und fand einen neuen Geldgeber in Pietro Ziani, dem Sohn des Dogen, dem mittlerweile die halbe Merceria, die Hauptstraße Venedigs, gehörte. Eine neue Seereise nach Alexandria, Bougie und Ceuta im Jahre 1177 schlug fehl, aber Romano ließ sich nicht beirren und fuhr 1179 nach Syrien, Palästina und Ägypten. Fünf Jahre später baute er ein neues Schiff, und kurz darauf – als Venedig, durch die Allianz mit den Normannen gestärkt, Byzanz dazu zwang, die alten Privilegien wiederherzustellen und Schadenersatz in Höhe von 1500 Pfund Gold zu leisten – wagte er sich wieder nach Konstantinopel.

Erst mit zweiundsechzig Jahren zog sich Mauro zurück. Innerhalb von neun Jahren scheint er seine Ersparnisse aufgebraucht zu haben, zumindest leiht ihm 1201 sein Vetter fünfzig Lire zinsfrei, »aus Liebe«, wie er sich ausdrückt. Überlebt hat ihn nur eine Tochter, die in ein Nonnenkloster eingetreten war. Sein Sohn ist anscheinend vor ihm gestorben, vielleicht mit seinem Schiff untergegangen, was die Schwierigkeiten des Vaters erklären würde.

Es gab viele von der Art Romanos – Kauf- und Seeleute, die mit einer Vielzahl von Waren handelten. Der venezianische Markt zu jener Zeit befaßte sich mit so unterschiedlichen Gütern wie Zinn und Met, Eisen und Schmirgel, Messing und Alaun, Glas und Vitriol. Zucker und Reis wechselten ebenso den Besitzer wie getrocknete Pflaumen und Mandeln, Muskat, Aloe, Nelken und Kardamom; Wein, Myrrhen und Indigo, Gummiarabikum und Galangawurzeln waren genauso erhältlich wie Öl, Ammoniak, Kampfer und Kubeben. Galläpfel und Mastixharz fanden ihre Käufer wie Bauholz, Häute und Leder aller Art, Leinen und Wolle, Seiden und Baumwolle und die überall gültige Währung – der Pfeffer. Waren aus allen Teilen der bekannten Welt wurden auf den Landeplätzen von Venedig umgeschlagen, und während venezianische Kaufleute mit ihresgleichen auf den Märkten Geschäfte abwickelten oder sich als Leiter ihrer Lagerhäuser und Kontrakte und Rechnungen kümmerten, mühten sich venezianische Handelsagenten in Dutzenden von Häfen um Waren, die Venedig nie berührten und dennoch einen Profit für die Stadt abwarfen.

Ein Teil dieser Profite hat im Stadtbild Gestalt gewonnen – im Glockenturm der Markuskirche, der 1148 begonnen wurde, in der neuen Kirche von Jesolo, dem Wiederaufbau von San Zaccaria und der Vergrößerung der Piazza, um die der Doge Sebastiano Ziani Häuser mit Kolonnaden und bildhauerisch verzierten Fenstern errichten ließ. Er gab auch der Kanalseite des Palastes eine schöne Front und ließ auf der Piazzetta zwei griechische Säulen errichten, eine Ingenieursleistung des opportunistischen Niccolo Barattieri, der sich dafür nicht mit einem Honorar bezahlen, sondern das Recht geben ließ, zwischen den Säulen einen öffentlichen Spieltisch aufzustellen.

Emsig, kämpferisch, reich und stolz entwickelte sich Venedig zu einem bunten Edelstein unter den Städten. Als bequemer Wohnort mit engen Straßen und schützenden Arkaden erbaut, fielen doch in erster Linie die großen byzantinischen Kuppeln und gotischen Türme ins Auge, die, von unten gesehen, so unerhört eindrucksvoll waren, von oben aber vielleicht noch schöner. Ja, der Venezianer des Mittelalters wußte wohl, wie man Gott wohlgefällige Dinge bauen mußte.

Venedig erreichte den Höhepunkt seines Ansehens, als es im Jahre 1177 Schauplatz der wichtigsten Begegnung des Jahrhunderts wurde – des Treffens zwischen Papst Alexander III. und Kaiser Friedrich Barbarossa, die übereingekommen waren, ihre langen und erbitterten Kämpfe zu beenden. Venedig hatte sich zuerst gegen den Kaiser gestellt und war dann neutral geworden, und seine Neutralität machte es nun zum einzig denkbaren

Vermittler zwischen den beiden argwöhnischen Parteien, als Friedrich schließlich zum Frieden bereit war.

Es war eine delikate Verhandlung. Im Mai 1177 erschien der Papst, um sich mit den Gesandten des Lombardenbundes und dem Kanzler des Kaisers, dem Erzbischof von Mainz, zu besprechen. Doch als der Kaiser im Juli Chioggia erreichte, erfaßte den Papst und die Gesandten der lombardischen Städte die Angst. Die Gesandten flohen nach Treviso, und nur durch das Versprechen, daß vier sizilianische Galeeren bereitstünden, um ihn zu retten, konnte der Papst veranlaßt werden zu bleiben. Der Doge brachte Waffenstillstandserklärungen zwischen dem Kaiser einerseits, dem Bund und Sizilien andererseits sowie schließlich zwischen dem Kaiser und dem Papst zustande. Friedrich bereute seinen Ungehorsam, und Alexander stimmte zu, ihm die Absolution zu erteilen. Alles war bereit für eine pompöse Aussöhnungsfeier.

In der Frühe des 23. Juli, eines Montags, versammelten sich die Geistlichen, Gesandten und eine Menge von Notabeln vor der Markuskirche, wo der Papst auf einem Throne saß. Um zehn Uhr traf Friedrich in der Barke des Dogen mit dem Patriarchen von Grado und dem Dogen ebenfalls ein. Er ging auf den Papst zu, warf seinen purpurnen Mantel ab und kniete nieder, um den Fuß des Papstes zu küssen. Dieser gab ihm einen Friedenskuß, und alles verfügte sich in die Markuskirche, um dem Te Deum zu lauschen. Am nächsten Tage, als der Papst die Messe las und eine Predigt hielt, war Friedrich als Meßgehilfe tätig, und nachdem er nochmals den päpstlichen Fuß geküßt und den Steigbügel seines Maultiers gehalten hatte, während Alexander aufstieg, erhielt er den päpstlichen Segen und wurde in Gnaden entlassen.

Der Friede wurde am 1. August ratifiziert, und zwei Wochen später endete der Kongreß. Trotzdem blieben die Vertreter beider Seiten noch mehrere Wochen in Venedig, der Kaiser bis zum 18. September, der Papst bis zum 16. Oktober. Während dieser ganzen Zeit wimmelte die Stadt von Ausländern. Allein der Erzbischof von Köln hatte 400 Mann Gefolge – und nicht geringe Mengen Geldes flossen in die Taschen der venezianischen Ladeninhaber.

Doch es wurden auch dauerhafte Vorteile gewonnen. Friedrich garantierte den Venezianern sicheres Geleit im gesamten Kaiserreich und eine Zollabgabe von nur zweieinhalb Prozent auf ihre Waren, während der Papst seinem »teuersten Freund«, dem Dogen, eine Belohnung in der Form zukommen ließ, daß Christen, die die Markuskirche und andere venezianische Kirchen besuchten, Ablaß erhielten. Das brachte noch mehr Geld in die Stadt. Hinzu kam der gewaltige Zuwachs an Prestige durch den diplomatischen Triumph von 1177. Die Welt bemerkte nicht nur den anhaltenden venezianischen Wirtschaftserfolg, sondern auch die politische Stabilität Venedigs, die um so wunderbarer erschien, als so viele italienische Städte damals von Fehden geschüttelt wurden.

Während einige neue italienische Kommunen aus Neid auf Venedigs wirtschaftliche Erfolge vorübergehend anwesende venezianische Kaufleute schlecht behandelten, fingen andere, die besonders unter den mörderischen inneren Kämpfen litten, damit an, neutrale Außenseiter zur Schlichtung heranzuziehen, und da Venedig so reich an erfahrenen Richtern und Administratoren zu sein schien, waren Venezianer bald sehr gesucht für solche Posten. Matteo Querini, der 1186 als praetor nach Treviso gerufen wurde, scheint die erste venezianische Magistratsperson in einer fremden Stadt gewesen zu sein. Doch so viele andere folgten seinem Beispiel, daß die venezianische Regierung die Annahme eines solchen Rufes verbieten mußte, weil Venedig Gefahr lief, in Zeiten der Not selbst Mangel an tüchtigen Männern zu haben. Der Doge Sebastiano Ziani, der Venedig so treu gedient hatte, war am 12. April 1178 ins Kloster San Giorgio eingetreten. Bald darauf starb er unter Hinterlassung eines riesigen Vermögens und eines so komplizierten Testaments, daß ein zusätzlicher Prokurator zur Vollstreckung eingesetzt werden mußte. Zu den Legaten gehörten Renten zum Unterhalt armer Gefangener, Geld für eine ewige Lampe über den Gebeinen des heiligen Stephan, ein Mittagessen für zwölf Arme, das jeden Dienstag zu verteilen war, und an jedem St. Stephanstag ein Mittagessen aus Linsen und billigem Fisch für seine Familie.

Frömmigkeit solcher Art wie die des Dogen Ziani war unter Venezianern durchaus üblich und konnte oft extreme Formen annehmen. Ein gewisser Pietro Acotanto gab z. B. sein ganzes Vermögen den Armen und starb selbst 1187 als Bettler. Manchmal zog eine ganze Familie die Mönschskutte an. Es scheint, als ob Venedig der steifen, mystischen Madonna und der Unmenge tugendhafter Heiliger nachgeeifert hätte, die in den Malereien und Mosaiken der Zeit dargestellt wurden. Die Kirchen waren voll von Menschen, die sich vor den Schreinen und Ikonen niederwarfen und inbrünstig mit erhobenen Armen beteten, als wollten sie den Segen des Herrn zu sich herunterziehen. Aber trotz der Intensität religiösen Fühlens war Geschäft immer Geschäft. Die Kirche mochte den Wucher 1179 verbieten und Wucherern ein christliches Begräbnis verwehren, führende Venezianer zusammen mit nicht geringen Angehörigen der päpstlichen Kurie fuhren trotzdem fort, hohe Zinssätze zu fordern und wurden nichtsdestoweniger ehrenvoll in geweihtem Boden beigesetzt. Auch zögerten religiöse Stiftungen keineswegs, ihre Bauern bis zum letzten auszupressen. 1183 verlangte die Leitung von Santa Maria della Carità ein Drittel der Getreideernte der Bauern in ihrem Hinterland oder die Hälfte der Ernte, falls die Stifung die Hälfte des Saatgetreides bereitgestellt hatte. Die Venezianer nahmen einen Zwiespalt zwischen Religion und kommerziellem Interesse einfach nicht zur Kenntnis. Doch trotz ihres Reichtums lebten wohlhabende Venezianer gewöhnlich bescheidden – eine Sitte, die auf Tradition, Frömmigkeit und Sparsamkeit beruhte, aber auch dem Zweck diente, das Ressentiment gegen die Reichen etwas abzubauen. Solche Gefühle konnten nur allzuleicht entstehen, wo die Menschen so eng beieinander lebten, aber ein frugaler Lebenszuschnitt ließ die Kluft zwischen den Mächtigen und den Schwachen nicht so groß erscheinen und half öffentliche Unruhe abzuwenden. Dem gleichen Zweck diente auch die sorgfältige Lebensmittelvorratshaltung und die Veranstaltung öffentlicher Schauspiele, insbesondere solcher, die der Macht Venedigs galten und dem Stolz aller Bürger gleichermaßen schmeichelten.

Die Schauspiele wurden immer prächtiger, besonders die Feier am Himmelfahrstag. Dann zog der Doge in seinen Staatsgewändern unter einem riesigen Schirm (einem Geschenk des Papstes) vom Palast zu seiner geschnitzten, von Gold schimmernden Barke. Umgeben von einer Menge venezianischer Notabeln, Kanonikern der Markuskirche, Gesandten fremder Staaten und gefolgt von Scharen von Galeeren, Barken und Gondeln, segelte der Doge sodann nach Sant' Elena, wo ihn der Bischof von Castello begrüßte und Mönche ihm Damaszener Rosen in einem silbernen Becher überreichten. Danach segelte die Flotille jenseits des Lido aufs Meer hinaus, der Doge stieg aufs Heck seiner Barke und richtete die folgenden Worte an den Ozean: »Wir vermählen uns Dir, o Meer, zum Zeichen unserer wahren und dauernden Herrschaft über Dich.« Bei diesen Worten warf er einen Ring ins Wasser – der 1177 vom Papst und danach vom jeweiligen Patriarchen von Grado gesegnet worden war –, und alle begaben sich auf den Heimweg, um an der Messe in der Markuskirche, einem Bankett im Palast und vierzehntägigen Feiern teilzunehmen, wie sie die alljährliche Messe kennzeichneten.

Dalmatien, dessen Unterwerfung durch diese Zeremonie eigentlich gefeiert wurde, war noch immer unruhig, und in den 1180er Jahren rebellierte Zara noch einmal, weil die Venezianer die Steuerschraube unerträglich angezogen hatten. 1187 machte der Doge sich auf, Zara zurückzuerobern. Eine Anleihe bei den Bürgern finanzierte die Expedition, an der sich auch die weniger Begüterten beteiligten, da die Verzinsung von vier Prozent durch die Salzsteuer garantiert war. In diesem Fall zahlten sie sogar umsonst, denn 1188 hob der Doge die Belagerung von Zara wieder auf.

Sein Rückzug war durch eine Krise im Heiligen Land bedingt. 1187 hatte Sultan Saladin Jerusalem erobert. Akko, wo auch Venedig einen Teil der Stadt besaß, war ebenfalls verloren. Als daher Papst Gregor VIII. einen neuen Kreuzzug ausrief, schloß sich der Doge an und rief alle venezianischen Schiffe aus Übersee zurück. Der dritte Kreuzzug 1189 ging teilweise über Venedig und Pisa. Sein erstes Ziel war die Wiedereroberung von Akko, welches auch tatsächlich in christliche Hand fiel, so daß Venedig seinen Stadtbezirk zurückerhielt.

Bald darauf, zu Beginn des Jahres 1193, wurde ein neuer Doge gewählt, und zwar nach einem neuen Verfahren. Vertreter der sechs Stadtbezirke und der äußeren Lagunensiedlungen trafen sich zur Wahl von vierzig Wahlmännern. Diese vierzig wählten ihrerseits vier, die wiederum vierzig andere wählten, von denen drei Viertel sich darüber einigen mußten, wer der neue Doge sein sollte. Der Kandidat, der auf diese ungewöhnlich verzwickte Weise schließlich gewählt wurde, war Enrico Dandolo.

Er war ein alter Mann, als Diplomat erfahren, ehemaliger Soldat und Angehöriger des inneren Kreises mächtiger Familien, aber mit so schlechter Sehschärfe, daß man ihn als blind bezeichnete. Er leistete seinen Amtseid oder *promissione* (auch eine Neuerung, die die Macht des Dogen einschränken sollte) und wurde von der Menge durch Zuruf bestätigt.

Die Probleme, die er zu lösen hatte, waren mittlerweile zu lästigen Dauerschäden geworden. Wie sollte man die Flußschiffahrt im Hinterland und die Handelsrechte in den norditalienischen Städten sichern? Wie eine Bestätigung venezianischer Privilegien in Byzanz durchsetzen? Wie mit Zaras Unbotmäßigkeit fertig werden, und woher die Mittel dafür auftreiben? Die drei letzten Probleme waren die schwierigsten, und doch lösten sie sich rasch infolge einer unerwarteten Veränderung.

1198 wurde ein eifriger Kreuzfahrer zum Papst erkoren, und seine Gesandten zogen schon bald den Krieg predigend durch Europa. Die Ritter von Nordfrankreich und Flandern griffen die Idee am begierigsten auf, und ihre Führer, die Grafen Louis von Blois, Thibaut von der Champagne und Balduin von Flandern fragten in Venedig an, ob der Doge den notwendigen Schiffsraum für Transporte ins Heilige Land stellen könne und zu welchem Preis. Der Doge Dandolo empfing die Abgesandten mit Ehrenbezeugungen, denn sie vertraten Männer, die zu den höchsten ungekrönten Häuptern Europas zählten und bereit waren, gutes Geld für die venezianischen Dienste zu bezahlen. Es war ein gutes Geschäft für eine heilige Sache.

Im April 1201 hatte man sich geeinigt. Venedig würde den Kreuzfahrern genügend Schiffe für ein Jahr verpachten und Proviant für neun Monate liefern. Die Kreuzfahrer, die auf 30000 Mann geschätzt wurden, wozu noch die Pferde kamen, würden 85000 Silbermark dafür zahlen, und zwar die letzte Teilzahlung von 50000 zwei Monate vor der Abfahrt. Außerdem erklärte sich Venedig freiwillig bereit, 50 bewaffnete Galeeren zur Verfügung zu stellen gegen die Hälfte aller Ländereien und Besitztümer, die die Kreuzfahrer erobern würden.

Von nun an lief alles verkehrt, wenn auch mehr vom Standpunkt des Papstes als von dem Venedigs aus. Der vorgesehene Führer der Expedition, der Graf der Champagne, starb, und Bonifatius Marquis von Montferrat trat an seine Stelle. Es ergaben sich Meinungsverschiedenheiten darüber, ob in Syrien oder in Ägypten, mit dem Venedig gerade in Verhandlungen über ein Handelsabkommen stand, gelandet werden sollte. Nur die Hälfte der erwarteten Anzahl von Kreuzfahrern stellte sich ein – und das war ein so roher Haufen, daß die Venezianer sie auf den Lido verbannten, damit sie kein Unheil anrichteten. Schließlich, und das war das schlimmste, konnten die Kreuzfahrer die versprochene große Summe Bargeld nicht aufbringen.

Der Doge beriet sich mit seinen Ratgebern und machte einen neuen Vorschlag. Venedig würde mit der Ausstehenden Summe von 34000 Silbermark warten, bis sie aus der Beute bezahlt werden könnte, allerdings unter der Bedingung, daß die Kreuzfahrer unterwegs Zara zur Raison brächten. Nachdem man sich über diesen Plan geeinigt hatte, machten sich die Venezianer daran, das Silber und sonstige Geld der Kreuzfahrer zu schmelzen und eigene Münzen zu prägen, die ersten Münzen Venedigs, mit einem Silbergehalt von 0,965. Die winzigen Münzen trugen die Darstellung Christi auf dem himmlischen Thron auf der einen Seite und die Einsetzung des Dogen durch den heiligen Markus auf der anderen.

Im Juli erschien jedoch der Kardinal Pietro Capuano, um im Auftrage des Papstes den Angriff auf das christliche Zara zu verhindern. Doch wenngleich es ihm gelang, die Prostituierten für eine Weile aus dem Lager der Kreuzfahrer zu vertreiben, konnte er den Dogen nicht überreden, Zara ungeschoren zu lassen, und als er darum bat, den Kreuzzug als päpstlicher Legat mitzumachen, erklärte man ihm, er sei nur als Prediger willkommen. Schließlich gab Capuano in der Angelegenheit Zara unter der Bedingung nach, daß die Venezianer auch als Kreuzfahrer und nicht nur als Hilfstruppen an der Expedition teilnähmen. Das wurde zugestanden, am 25. August 1202 schifften sich die Kreuzfahrer mit sechsmonatiger Verspätung ein.

Es war ein bemerkenswertes Schauspiel. Der Doge segelte voraus in einer weithin erkennbaren, leuchtend rot gestrichenen Galeere, aufrecht stehend unter einem scharlachroten seidenen Sonnenzelt. Vier Mann im Bug bliesen silberne Trompeten, Priester intonierten das *Veni Creator*, und das riesige karmesinrote und goldene Banner von St. Markus wehte stolz von der Mastspitze. Mindestens 200 Schiffe segelten hinterher – vollgestopft mit Katapulten und Steinschleudermaschinen und wimmelnd von Kriegern, die ihre Siegesfreude im voraus hinausschrien. Reihen von Schilden hingen über die Schiffsseiten herab, und die Lanzenfähnchen Tausender von Rittern wehten im Wind. Allmählich verklangen die Trommeln und Zimbeln, das Gebrüll und die schrillen Laute von Hunderten von Trompeten in der Ferne, die Umrisse der Schiffe verschwammen, die Farben verblaßten, und so entschwand die große Flotte allmählich den Blikken der Menschenmenge am Ufer.

Die Flotte erschien im November vor Zara, zerriß die Kette, die den Zugang zum Hafen sperrte, und zwang die Stadt, sich zu ergeben. Die Kreuzfahrer verbrachten den Winter in ihrem Lager bei Zara, während die Venezianer die Befestigungen der Stadt niederrissen und der schlaue alte Doge sich den nächsten Schachzug überlegte.

Die Lage war so verwickelt wie die abstrakten Illuminationen in einer frühmittelalterlichen Handschrift. Schon ein Jahr lang hatte Dandolo gewußt, daß der byzantinische Kaiser Alexios III. mit den Genuesen in Verhandlung stand, die gewichtige Vorteile zum Schaden Venedigs zu erringen hofften. Er wußte auch, daß 1201 der Sohn des Ex-Kaisers Isaak, den Alexios III. gestürzt und geblendet hatte, entkommen war. Dieser, ebenfalls Alexios genannte Sohn, war schon mit Bonifatius von Montferrat in Verbindung getreten und nun war die Nachricht eingetroffen, daß Alexios bereit war, die Riesensumme von 200000 Silbermark zu bezahlen, wenn die Kreuzfahrer ihm bei der Eroberung des byzantinischen Thrones zur Hilfe kämen. Außerdem wollte Alexios 10000 Mann für den Kreuzzug stellen, 500 Ritter in Jerusalem halten, wenn diese Stadt erst erobert wäre, und, als hätte er Einwendungen seitens des Papstes erwartet, sich verpflichten, die östliche mit der westlichen Kirche zu vereinen. Der Köder wirkte: Dandolo war nur zu froh, 100 000 Mark für Verpachtung der venezianischen Flotte auf ein weiteres Jahr einzustreichen; Bonifatius wollte zu gerne in den Genuß des Nebengewinns kommen – ihm war Saloniki als Geschenk versprochen worden –, und zusammen kamen sie überein, sich zunächst Konstantinopel zuzuwenden und dann erst dem Heiligen Lande.

Im April 1203 segelten die Kreuzfahrer von Zara nach Korfu, wo der junge Alexios sich ihnen anschloß, seine Versprechungen bekräftigte und Bonifatius noch Kreta als besonderen Anreiz anbot. Am Mitsommertage des Jahres 1203 erreichten sie den Bosporus und umsegelten Konstantinopel, wobei sie Alexios dem Volke als den rechtmäßigen Kaiser präsentierten. Die Bewohner waren von ihm jedoch wenig beeindruckt; die Kreuzfahrer aber erschütterte der Anblick, der sich bot.

Dandolo, wie viele andere Venezianer auch, kannte die Stadt von früher her. Aber diejenigen, die sie noch nicht gesehen hatten, »sperrten vor Staunen den Mund auf«, wie ein Augenzeuge nachträglich schrieb, »denn sie hatten es sich nicht träumen lassen, daß es eine so reiche Stadt überhaupt geben könne«. Sie staunten die riesigen Paläste und Kirchen an, und als ihre Augen auf die hohen Mauern und mächtigen Türme fielen, die noch nie einem Angriff erlegen waren, »da gab es keinen unter den Männern, und sei er noch so tapfer gewesen, der nicht gezittert hätte«.

Aber im Juli wurde angegriffen. Die Kreuzfahrer stürmten den Turm von Galata, öffneten die große Kette, die das Goldene Horn sperrte, und begannen mit der Zerstörung der kaiserlichen Galeeren im Hafen. Ein allgemeiner Angriff wurde am 17. Juli vorgetragen, wobei die Venezianer vom Wasser aus angriffen, die anderen von der Landseite.

Während einige von Dandolos Männern die Kriegsmaschinen an Bord der Schiffe bedienten und Geschosse gegen die mächtigen Mauern abfeuerten, setzten andere eine Ramme ein oder brachten Sturmleitern an die Mauern heran. Der Feind war für den Empfang bereit. Griechisches Feuer, Pfeile und heißes Öl stürzten auf die Schutzdächer aus rohen Häuten hernieder, unter denen die Angreifer arbeiteten, denen es schließlich doch gelang, an einer Stelle einzudringen und eine Bastion zu besetzen.

Unterdessen kämpften die Ritter in ihren schweren Rüstungen auf schwitzenden Pferden in der heißen Julisonne. Ihnen entgegen warfen sich die Genuesen und Pisaner, die dänischen und die schnurrbärtigen englichen Söldner mit ihren gewaltigen Äxten. Auf dem Schlachtfeld herrschte Durcheinander, Männer warfen ihre Lanzen, Bogenschützen und Schleuderer schossen sich ein, Pferde wieherten, Trompeten schmetterten, Männer schrien – es herrschte ein vollständiges Durcheinander.

Aber schon in dieser Nacht schlief Graf Balduin im scharlachroten Zelt des Kaisers, und am nächsten Morgen hatte die Garnison die Wälle verlassen, und der Palast war ungeschützt. Kaiser Alexios war entkommen; nun wurde der blinde Exkaiser Isaak aus seinem Verlies herausgeführt und wieder auf den Thron gesetzt.

Das war weder in Dandolos noch Bonifatius' Sinne. Es war ihr Schützling Alexios, nicht sein Vater Isaak, der ihnen verpflichtet war, und auf ihr energisches Betreiben wurde er zum Mitkaiser an der Seite seines Vaters gemacht. Aber Alexios konnte seine Rechnung nicht bezahlen. Die Hälfte des Geldes wurde aufgetrieben und nach einiger Zeit nochmals 34000 Mark, aber das war auch alles.

Die Kreuzfahrer, die Alexios mittlerweile als Geisel genommen hatten, wurden überredet, ihn wieder freizulassen und sich aus der Stadt hinauszubegeben. Doch bis zum Oktober 1203 verstärkte sich die Unzufriedenheit des Volkes mit Alexios. Brände wurden gelegt, in der Stadt kam es zu Kämpfen, und der verzweifelte Alexios flehte nun die Kreuzfahrer an, bis zum Frühling 1204 zu bleiben und ihn zu schützen. Das wurde ihm zugestanden, aber die öffentliche Unzufriedenheit wuchs.

Am 25. Januar 1204 versammelte sich eine große Anzahl Griechen unter den Gewölben der Hagia Sophia. Eine Volksbewegung hatte sich gegen die Kreuzfahrer und ihre Klienten, die Kaiser, gebildet. Sie wurde von Alexios Dukas angeführt, dem Schwiegersohn Alexios' III., der den Spitznamen Murtzuphlos führte, weil seine Augenbrauen in der Mitte der Stirn zusammengewachsen waren.

Die Griechen ließen Feuerschiffe gegen die Kreuzfahrerflotte antreiben, aber die Venezianer hielten sie mit eisernen Bootshaken ab und machten sie unschädlich. Mit Hilfe der Palastgarde gelang es Murtzuphlos im Februar, Alexios zu ermorden. Dessen Vater Isaak starb ein paar Tage später, und Murtzuphlos wurde Kaiser.

Die Kreuzfahrer waren erbittert. Entschlossen, einzutreiben, was von Alexios' Schulden noch nicht bezahlt war, machten sie sich daran, der Stadt ihren Willen aufzuzwingen. Gedanken an das Heilige Land tauchten bei manchen von ihnen zwar noch auf, aber Dandolo fand einen Ausweg bezüglich seines Kreuzfahrergelübdes mit dem phantastischen Argument, Gott habe ihn ganz offensichtlich in seinen Diensten nach Konstantinopel geführt; Balduin suchte sich dadurch zu rechtfertigen, daß er die Griechen »die dreckigsten aller Nichtjuden« nannte, die »den Abscheu Christi hervorgerufen« hätten. Außerdem gab es ja auch Juden und einige Muslime in der Stadt.

Die Kreuzfahrer griffen Anfang April 1204 an und wurden zum Rückzug gezwungen. Sie versuchten es vier Tage später und hatten Erfolg. Indem sie ihre Schiffe untereinander vertäut und Deckaufbauten daraufgesetzt hatten, war es den Venezianern gelungen, von diesem erhöhten Stadtort aus auf die Festungsmauern der Stadt zu springen. Schon gegen Abend hatten sich die Kreuzfahrer innerhalb der Stadtmauern verschanzt. Bald darauf floh Murtzuphlos, und Byzanz war der Gnade und Barmherzigkeit der Invasoren ausgeliefert.

Dieses Mal wurde nichts verschont. Eigentlich war eine geordnete Plünderung vorgesehen gewesen, und Exzesse sollten durch Exkommunikation geahndet werden. Aber letzten Endes wurde nur ein Ritter wegen Plünderns gehenkt, dann brachen alle Dämme der Selbstbeherrschung.

Unzählige Greueltaten wurden von diesen Schildträgern Christi begangen. Wie der Papst persönlich später erklärte, hatten die Kreuzfahrer »in christlichem Blut gebadet . . . Ehebruch, Unzucht und Inzest getrieben, Frauen und Jungfrauen vergewaltigt, sogar die Gott Angelobten«. Sie plünderten die Kirchen und ermordeten die Schutzlosen. Die heilige Bibliothek in der Hagia Sophia wurde zerstört; die Soldaten tranken aus geweihten Kelchen, rissen Edelsteine aus den Altären, zerstörten Reliquiare und rauften sich um die Überreste der Heiligen. Sie setzten sogar eine Prostituierte auf den Thron des Patriarchen und tanzten zu ihrem zotigen Gesang.

Die Plünderung von Konstantinopel brachte Venedig nochmals Trophäen ein – den Kopf des heiligen Philipp, den Arm von St. Stephan, etwas vom Fleisch des Apostels Paulus, einen Zahn von Johannes dem Täufer und einen Teller vom Heiligen Abendmahl. Aber das war nur ein kleiner Teil der Beute. Das ganze byzantinische Kaiserreich war den Kreuzfahrern ausgeliefert, und sie hatten schon beschlossen, wie sie es verteilen wollten.

Einen Monat vor dem letzten Angriff hatten sie sich darüber geeinigt, daß einer von ihnen Kaiser werden sollte. . Die Wahl fiel auf Balduin von Flandern – daher wurde ein Venezianer zum Patriarchen bestimmt. Balduin sollte ein Viertel aller byzantinischen Territorien beherrschen, der Rest sollte gleichmäßig zwischen Venedig und den lateinischen Rittern aufgeteilt werden. Auf diese Weise erhielt Venedig das Recht auf die gesamte Küstenlinie von Epirus bis zur Peloponnes (Morea), Adrianopel in Thrakien, Gallipoli, die große Insel Euböa und viele Inseln der Ägäis. Außerdem kaufte Venedig Montferrat das Recht auf Kreta für tausend armselige Mark ab.

Aber das Recht auf etwas und der tatsächliche Besitz waren ganz verschiedene Dinge, und das Problem, die neuen Besitzungen auch zu unterwerfen, verdrängte alle Gedanken an einen Feldzug im Heiligen Lande. Dandolo ersuchte sogar um Befreiung von seinem Kreuzfahrergelübde wegen hohen Alters und angegriffener Gesundheit. Der Papst weigerte sich zunächst, stimmte dann aber einem zeitlich unbeschränkten Aufschub zu. Aber weder sein Alter noch seine Gebrechlichkeit verhinderten Dandolo, an einem letzten Feldzug teilzunehmen – Ostern 1205 befand er sich im Kriege mit dem König der Walachei, weil er sich in den Besitz von Adrianopel setzen wollte. Er starb im Juni und wurde in der Hagia Sophia beigesetzt.

Der vierte Kreuzzug hatte Venedigs uralte Probleme der Sicherung der Schiffsrouten in der Adria und der bevorzugten Behandlung auf den Märkten von Byzanz gelöst. Er hatte das Rad des Glücks eine volle Umdrehung vollführen lassen. Noch vor einigen Jahrhunderten war Venedig ein kleiner Außenposten von Byzanz gewesen; nun hatte es das Kaiserreich besiegt. Ein venezianischer *podestà*, Mario Zeno, stolzierte in Konstantinopel in roten Stiefeln herum, wie sie die Kaiser getragen hatten. Das war ein Symbol der neuen imperialen Rolle, die Venedig plötzlich zu spielen begonnen hatte.

IV

IMPERIALE AUFGABEN

Die plötzliche Inbesitznahme eines riesigen Mittelmeer-Imperiums stellte den neuen Dogen Pietro Ziani vor unerwartete Aufgaben. Wie sollte man diese weiten Gebiete sichern? Wie sie regieren? Und wo sollte das Verwaltungszentrum liegen, wenn man in Betracht zog, daß Venedig selbst im äußersten Westen dieser Territorien lag?

Indem sie ihren eigenen *podestà* ohne Rücksicht auf Venedig gewählt hatten, schienen die Venezianer von Konstantinopel schon eine Vorentscheidung getroffen zu haben. Dem neuen Dogen blieb nichts anderes übrig, als ihn in seinem Amt zu bestätigen. Was die weitere Mächtübernahme im neugewonnenen Imperium anging, so gab es genügend Mittel zur Sicherung strategisch besonders wichtiger Punkte, die als Marinebasen wertvoll zu sein versprachen oder sich als Zwischenlandehäfen für Handelsschiffe eigneten.

Im Jahre 1206 segelte eine Flotte hinaus, um an der Südwestspitze der Peloponnes die in den Händen einiger lateinischer Ritter befindlichen Orte Methoni und Korone zu besetzen, die von Venedig »als spezielle Zufluchtsorte für unsere Galeeren . . . auf dem Wege zur Levante« begehrt wurden. Auch in Chalkis entstand schon bald eine Kolonie, wenngleich die Unterwerfung des übrigen Euböas, das von den Venezianern Negroponte genannt wurde, noch Jahrzehnte in Anspruch nehmen sollte. In den meisten Fällen mußte Venedig jedoch zu lehensstaatlichen Methoden greifen und einzelnen Bürgern Gebiete zu Lehen geben, die diese sich auf eigene Faust erobern mußten und die sie dann unter der Oberhoheit Venedigs nach eigenem Gutdünken ausbeuten durften.

Gallipoli, Korfu, Kreta und Lemnos, Skyros und viele andere ägäische Inseln wurden auf diese Art kolonisiert, denn es fehlte nicht an Venezianern, die gern auf solche Bedingungen eingingen. Der enge Kontakt mit Kreuzfahrern aus dem feudalistischen Europa hatte viele von Dandolos Männern mit dem

Wunsch erfüllt, auch eine solche Herrnrolle zu spielen, und der Mann, der diese neue Rolle am selbstherrlichsten verkörperte, war der skrupellose Marco Sanudo.

Er steckte sein gesamtes Vermögen in acht Galeeren, rief seine Freunde zusammen und machte sich daran, ein eigenes Imperium in den Kykladen zu begründen, indem er Andros, Melos, Naxos und vierzehn andere größere und kleinere Inseln eroberte. Der neue lateinische Kaiser Heinrich bestätigte ihn in seinem Besitz, und Sanudo beendete sein Treueverhältnis zum Dogen. Andere Venezianer machten sich zum Grafen und Markgrafen. Von nun an konnten die Söhne der führenden venezianischen Familien einen neuen Weg zum Reichtum einschlagen – nämlich die Erbin einer solchen Insel heiraten oder entführen.

Die Aufteilung des alten byzantinischen Kaiserreichs war ein allgemeiner Wettkampf, in dem Soldaten aus aller Welt an sich rissen, was sie erraffen konnten. Aber obgleich die Beute reich war, fehlte es nicht am Risiko. Der Widerstand war immer groß, sei es von den örtlichen Griechen, den rivalisierenden Lateinern oder gar den Genuesen, und viele Venezianer verkauften letzten Endes ihre Rechte und kehrten zu ihrem früheren Leben als einfache Kaufleute zurück.

Venedig selbst kämpfte verzweifelt um die exklusive Beherrschung der wenigen Territorien, die es als wertvoll ansah, insbesondere Kretas, wo die rivalisierenden Genuesen schon eine Kolonie besaßen. Die Venezianer landeten dort im Jahre 1205, doch schon im nächsten Jahr fiel der genuesische Graf von Malta, Enrico Pescatore, ein, wiegelte die örtliche Bevölkerung auf und überwältigte die Insel, woraufhin Venedig 1207 eine große Streitmacht entsandte und ihn verjagte.

Die venezianische Regierung setzte einen eigenen Gouverneur, namens Jacopo Tiepolo, auf Kreta ein. Doch seine Mittel reichten nur aus, die Hauptstadt Candia, den Küstenstreifen um diese Stadt und noch ein oder zwei Punkte zu kontrollieren. Der Rest wurde in Lehen aufgeteilt; sie wurden venezianischen und veronesischen Adligen angeboten, die bereit wären, sich diese Gebiete zu unterwerfen. Allerdings mußten auch noch unabhängige Kriegsherren, allen voran Marco Sanudo, angestellt werden, um mit den Bewohnern von Kreta fertig zu werden. Sanudo erwies sich jedoch als so lästig, daß eine weitere venezianische Armee und eine *douceur* von dreißig Lehensgütern nötig waren, um ihn wieder loszuwerden.

Die Verwaltung von Kreta entwickelte sich zu einer sonderbaren Mischung aus monarchischen, feudalen und demokratischen Elementen. Der Gouverneur wurde vom Großen Rat in Venedig gewählt, hatte aber den Titel eines Herzogs. Die Insel wurde in sechs *sestiere* gegliedert, was der Einteilung Venedigs entsprach, und jeder dieser Bezirke besaß seinen eigenen demokratischen Rat, der der Vaterstadt Treue schuldete.

Die eingeborene Bevölkerung hatte jedoch nichts zu sagen und rebellierte im Jahre 1217. Venedig kaufte sich die Anführer durch Verteilung einiger Landgüter, aber die Mehrheit der Bewohner blieb unzufrieden. Sie waren Lehensherren und arrogante venezianische Gouverneure nicht gewöhnt und lehnten sich derart leidenschaftlich und unablässig auf, daß die Venezianer schließlich zu der Überzeugung kamen, sie müßten mit einer doppelten Dosis der Erbsünde belastet sein.

Während die Bewohner von Kreta hart angefaßt wurden, achteten die Venezianer anderswo sehr darauf, sich die örtliche Bevölkerung nicht zu entfremden. Als etwa im Jahre 1207 Korfu zwischen zehn venezianischen Herren aufgeteilt wurde, die auch für die Verteidigung aufzukommen und eine jährliche Abgabe zu zahlen hatten, machte Venedig es ihnen zur Auflage, daß die Inselbewohner nicht höher als unter byzantinischer Herrschaft besteuert werden durften. 1209, als Ravano, Fürst von Euböa, venezianischer Vasall wurde, mußte er versprechen, sein Volk nicht schlechter zu behandeln, als es unter seinen byzantinischen Vorgängern üblich gewesen war.

Bei alledem gab es kein festes System, sondern ein Flickwerk aus ganz unterschiedlichen Systemen – direkte venezianische Kontrolle, demokratische Siedlerversammlungen, abhängige Feudalherrschaft, die von Venezianern, örtlichen Griechen oder sogar völlig Fremden ausgeübt wurde, unabhängige Regierung durch einzelne Venezianer und venezianische Bezirke in Städten, die ganz verschiedenen Mächten gehörten. Es gab venezianische Kolonialherren, deren Stimme, wenn sie sich in Venedig befanden, kein größeres Gewicht hatte als die eines jeden anderen Bürgers, und »weiße« Venezianer – Griechen oder Syrer, die in bestimmter Hinsicht ebensolche Rechte hatten wie echte Venezianer.

Im Grunde genommen waren die Venezianer überall unbeliebt, insbesondere auch Tommaso Morosini, der neue Patriarch von Byzanz. Er war rasiert – ein unglaubliches Verhalten für einen Geistlichen der Ostkirche –, trug modisch enge Ärmel und Lederhandschuhe wie ein Krieger und nicht wie ein Mann Gottes. Dazu aß er noch, wie die Griechen behaupteten, mehr als ein Mastschwein. Erst allmählich fand Venedig zu einer freundlicheren Einstellung gegenüber der griechisch-orthodoxen Kirche in seinen Kolonien.

Venedigs Anliegen, die Schiffsrouten offenzuhalten und den Handel zu schützen, blieb unvermindert bestehen, und zwar als eine um nichts leichtere Aufgabe. Die Meere waren voller Piraten, kein Schiff wagte es, Venedig ohne Soldaten an Bord zu verlassen, und sogar bewaffnete Schiffe taten besser daran, nie allein zu segeln. Daher entwickelte die Regierung ein regelrechtes Konvoisystem und setzte besondere Geschwader zur Patrouille in der Adria und auf dem Schwarzen Meer ein. Außerdem wurden die venezianischen Gouverneure und Vasallen in Griechenland dazu angehalten, für die Sicherheit venezianischer Schiffe vor ihren Küsten zu sorgen.

Inmitten dieses ganzen Kampfes um die Stabilisierung der Lage in Übersee wurde Venedig am Weihnachtstage 1223 von einem großen Erdbeben überrascht. Das Kloster San Giorgio stürzte zusammen, zwei Inseln zwischen Venedig und Burano mußten geräumt werden, und die öffentliche Moral hatte einen solchen Stoß erlitten, daß die Auswanderung der gesamten Bevölkerung nach Konstantinopel erörtert wurde. Es dauerte eine ziemliche Zeit, bis das alte Selbstgefühl zurückkehrte, aber das Vertrauen zum Dogen stellte sich nicht wieder ein.

Das venezianische Staatsoberhaupt erfreute sich wohltönender Titel. Er war nicht nur Doge, sondern auch Herzog von Dalmatien und neuerdings »Despot eines Viertels und der Hälfte eines Viertels des Römischen Reiches«. Seine tatsächliche Macht war geringer als die Titel vermuten ließen. In England hatten die Barone 1215 König Johann gezwungen, die Magna Charta zu unterzeichnen. Im zeitgenössischen Venedig hatte die schleichende Furcht vor der Möglichkeit, daß der Doge sich in einen lehensherrlichen Monarchen verwandelte, dadurch neue Nahrung erhalten, daß so viele prominente Venezianer durch ihre Erfahrungen im Osten einen offensichtlichen Geschmack am Feudalsystem entwickelt hatten. Als daher Jacopo Tiepolo 1229 mit einer nur geringen Mehrheit gewählt wurde, ernannte man »Korrektoren«, die die Grenzen der Macht des Dogen definieren sollten.

Diese Begrenzungen wurden im *promissione*, der Wahlkapitulation, genau dargelegt und durch eine Prozedur untermauert, in der Inquisitoren die Regierung eines Dogen am Ende seiner Amtszeit unter die Lupe nahmen und sein Vermögen konfiszierten, wenn Überschreitungen der Grenzen festgestellt wurden – fürwahr eine harte Maßnahme gegen einen treusorgenden Familienvater. Die Wahlkapitulation des Dogen Tiepolo verpflichtete ihn, unparteiisch Recht zu sprechen, selbst das Gesetz zu achten und Ruhm und Reichtum seines Volkes zu mehren. Er durfte mit fremden Herrschern ohne Zustimmung des Senats nicht verhandeln und keinen öffentlichen Besitz ohne Zustimmung des Rates vergeben. Um sicherzugehen, daß er nicht bestochen werden konnte, war es ihm verboten, andere Geschenke als Rosenwasser, Blumen, duftende Kräuter und Balsam anzunehmen, und diese Einschränkung bezog sich gleichermaßen auch auf seine Frau. In der Wahlkapitulation waren auch politische Direktiven enthalten, die den Dogen z. B. verpflichteten, alljährlich eine bestimmte Mindestmenge an Getreide einzuführen, und außerdem auch sein Einkommen festlegten. So bestand Tiepolos Gehalt unter anderem aus zwei Dritteln der auf lombardische Äpfel erhobenen Steuer, einem Vierzigstel des Importzolls auf Krabben und zwei Dritteln der Summe, die auf Kirschen von Treviso erhoben wurde. Von nun an war der öffentliche Haushalt vom privaten Haushalt des Dogen finanziell getrennt, und man verlangte von ihm, daß er seinen Anteil an Zwangsanleihen genauso bezahlte wie jeder andere Bürger auch.

Im Verlauf der Zeit wurde die Macht des Dogen immer mehr eingeschränkt. Als Tiepolo 1249 zurücktrat, mußten die Wahlmänner – dieses Mal einundvierzig, um Stimmengleichheit zu vermeiden – versprechen, unparteiisch zu wählen und sich nicht durch Stimmenwerber oder Bestechung beeinflussen zu lassen, und auch von dem Gewählten wurden zusätzliche Versprechungen verlangt. Alle ihm außerhalb der Stadt angetragenden Ämter hatte er abzulehnen, dem Großen Rat sich zu beugen und keine Treueide entgegenzunehmen. Auch am Handel durfte er sich nicht beteiligen. Alle diese Vorschriften lassen vermuten, daß sein Vorgänger sich eben diese Dinge zum Schaden der Gemeinschaft hatte zuschulden kommen lassen.

Diese Beschneidung der Macht des Dogen ging Hand in Hand mit der zunehmenden Wichtigkeit von Senat und Rat und einer Flut neuer Gesetze. Im Jahre 1242 wurde das Recht in fünf großen Bänden kodifiziert. Ihre Seiten spiegelten die Kompliziertheit wider, die das venezianische Leben mittlerweile erreicht hatte, sowie die Prioritäten, die darin herrschten, bezogen sich doch drei der fünf Bände und noch ein gut Teil des vierten auf Eigentum, Handel, Mitgift, Verträge, Testamente, Sicherheiten, Hypotheken und andere mit dem Besitz zusammenhängende Dinge.

Um 1255 war auch das Seerecht revidiert worden. Gesetze, die das Überladen und ähnliches verboten, hatte es schon lange gegeben; jetzt wurden sie viel genauer und feiner gefaßt. Ein Schiff von 240 t hatte z. B. eine Mannschaft von 50 über achtzehn Jahre alte Männer aufzuweisen. Zwischendecksfracht wurde eingeschränkt außer für Schiffe, die Wein und Lebensmittel transportierten. Nach der Levante segelnde Schiffe mußten allen Raum zwischen den Decks für Passagiere, Vorräte und Waffen frei haben. Auf Deck durften keine Warenballen liegen, die bei schlechtem Wetter oder im Kampf die Mannschaft behindern konnten. Neue Schiffe mußten nach einem bestimmten Muster gebaut werden, um sicherzustellen, daß alle sich im Konvoi auf die gleiche Weise handhaben ließen.

Vorschriften über die Ausbildung, die Heuer und die allgemeinen Lebensbedingungen der Matrosen wurden erlassen. Seeleute mußten Venezianer oder Griechen sein; sie hatten Anspruch auf genügend Verpflegung und angemessenen Raum im Zwischendeck und auf eine kleine Menge zollfreier Waren, die sie als Extra-Anreiz mitnehmen durften. Sie mußten anständig entlohnt werden. Um 1268 erhielten sie eine Silbermark für fünfundzwanzig Tage auf See.

Die große Menge neuer Beamter, die die Frachten kontrollierten und Geldbußen eintrieben, muß ein Ärgernis gewesen sein. Aber es findet sich kaum irgendwo ein Hinweis auf besondere Unzufriedenheit mit allen diesen Vorschriften trotz der Beschränkungen, die sie den Unternehmern auferlegten. Doch die Gesetzgeber hatten ja selbst Handels- und Schiffahrtsinteressen, und ihre Furcht vor den Gefahren, die ihnen allen auf See drohten, war die gleiche.

Trotz der unvergleichlichen Möglichkeiten, die sich nun für Mitglieder der führenden Familien auftaten – als Lehensträger in Übersee, als Marinekommandeure, Administratoren, Gouverneure –, bestand die von ihnen bevorzugte Beschäftigung nach wie vor im Handel, der Schiffahrt und im Geldverleih. Angefangen von den Docks am Goldenen Horn bis hin zu den Wagenkolonnen, die mit Waren aus Nordeuropa über die Alpen zogen, war es die Aufgabe der Kaufleute, die Entwicklungen des Marktes im voraus einzuschätzen und die Transportart für die Waren klug abwägend zu bestimmen. Die meisten Waren wurden in kleinen Schiffen befördert, von denen keines mehr als 500 t transportierte, die meisten beförderten viel weniger. Und doch waren gerade diese kleinen Schiffe an der Mehrung des venezianischen Wohlstandes besonders stark beteiligt. Sie luden jede Fracht – Pelze oder Häute, Seife oder Gewürze, Bauholz oder Gewebe, fettes Schlachtvieh oder Gefangene, die in die Sklaverei verkauft werden sollten, außerdem natürlich Pilger – Muslime oder Christen; ein venezianischer Frachter machte keinen Unterschied, solange nur jeder Passagier pro Kopf eine Silbermark für einen Platz hinter dem Hauptmast bezahlte.

Venedigs Lage war natürlich zum Abfangen dieses Verkehrs ideal. Indem die Pilger den Weg über Venedig wählten, konnten sie nicht nur ins Heilige Land gelangen, sondern unterwegs noch den Kopf des heiligen Abdon oder Sennon, die Armknochen von St. Sergius und die Füße des heiligen Georg anbeten. Aber rivalisierende Häfen hatten auch Heilige anzubieten, und das Geschäft litt durch erbarmungsloses Unterbieten. Um 1268 hatte Venedig sowohl Ravenna als auch Ancona aus dem Felde geschlagen. Marseille versuchte, das Geschäft an sich zu bringen, durch Senken der Preise für eine erstklassige Überfahrt auf 60 Soldi, und indem es Passagieren, die bereit waren, bei den Pferden zu schlafen, nur 25 Soldi berechnete.

Besonders um große Aufträge entbrannte ein hitziger Wettbewerb. So hatte Venedig im Jahre 1216 angeboten, König Andreas von Ungarn und seine Truppen für den bescheidenen Preis von 550 Silbermark je Schiff nach Palästina zu bringen, vorausgesetzt er verzichtete auf Zara und gewährte den Venezianern freien Handel in Ungarn. Während des 13. Jahrhunderts scheint der Preis jedoch hinaufgegangen zu sein. Die angeführten Beträge für das Übersetzen der Armee Ludwigs IX. von Frankreich nach Nordafrika belaufen sich auf 1400 Silbermark pro Schiff – allerdings wählte Ludwig dann doch den Weg über Genua. Doch wenn auch Venedig mitunter im Wettbewerb unterlag, im allgemeinen scheint es sich behauptet zu haben.

Männer von Gewicht, insbesondere solche, die zu alt waren, um aktiv als reisende Kaufleute oder Schiffseigner hinauszugehen, machten mehr und mehr ein Geschäft aus dem Geldverleih, der Finanzierung von Unternehmern oder sogar Königen. Im letzten Fall legten sie großen Wert auf gute Sicherheiten. Als die Capellos dem lateinischen Kaiser Balduin II. Geld liehen, nahmen sie seinen Sohn Philipp als Geisel; die Dächer seines Palasts und die Dornenkrone Christi dienten als weitere Pfänder. Zumeist ging es jedoch um kleinere Geschäfte, oft auch innerhalb einer Familie. So wurden im Jahre 1213 der verwitweten Mutter des prominenten Gradenigo von Familienmitgliedern 10 Prozent für den Gebrauch ihres Geldes geboten, ein bescheidener Zinssatz, wenn man bedenkt, daß für kommerzielle Investitionen sonst 50 Prozent üblich waren. Später bot der Sohn ihr allerdings 75 Prozent der Gewinne, die ihr Geld erbringen würden, unter der Voraussetzung, daß sie sich auch an den Risiken der Seetransporte beteiligte. In den 1230er Jahren geriet Venedig durch das erneute Aufflackern der Feindseligkeiten zwischen Kaiser und Papst in eine schwierige Lage. Kaiser Friedrich II. war Herr von Sizilien und der mächtigste Herrscher im Norden, der Papst befahl über Mittelitalien. Venedig wünschte gute Beziehungen zu beiden, aber gerade die Neutralität wurde ihm gefährlich, und so berieten die weisen Männer von Venendig – und entschieden sich für den Papst.

Als die kaiserlichen Soldaten die Alpen überschritten, griff ganz Norditalien zu den Waffen, und hölzerne Forts erstanden an der Lagune. Verona wurde angegriffen, Vicenza verbrannt, ein gefährlicher Kampf tobte um Este und durch die Marken bis in den Süden. Venedig entging zwar einem Angriff, aber der Krieg berührte es dennoch. Der Kaiser verbot den Export von Vieh und Getreide nach Venedig, und sein Admiral, der genuesische Renegat Nicolino Spinola, verhinderte das Anlaufen von Tunis durch venezianische Schiffe. Noch schlimmer war, daß Ferrara, welches schon einigen Handel durch die Comacchio-Lagune von Venedig abgezogen hatte, nun ermutigt wurde, sich als ernster Konkurrent aufzuführen und venezianische Schiffe zu vertreiben, die das Po-Delta blockierten.

Venedig schlug zurück. Nach einer viermonatigen unablässigen Belagerung eroberten venezianische Truppen Ferrara und zwangen es, einschneidenden Handelsbeschränkungen zuzustimmen. Dieser Erfolg war eine reichliche Wiedergutmachung für die beträchtlichen Kriegskosten. Aber kaum hatte sich die Lage im Hinterland gebessert, als auch schon Schwierigkeiten im Gebiet jenseits des Meeres ausbrachen.

Zara erhob sich erneut im Jahre 1242. Wieder wurde die Stadt besetzt, aber einige Schiffe der Rebellen entkamen und begannen, die venezianischen Handelsschiffe in der nördlichen Adria zu überfallen und auszuplündern. Daraufhin konfiszierte Venedig die Ländereien der Rebellen und verteilte sie an zuverlässige Kolonisten. Doch nun brach der Kampf mit den Genuesen aus.

Venedig und Genua waren Verbündete des Papstes im Kriege mit dem Kaiser gewesen, sie hatten auf See sogar gelegentlich jeder die Flagge des anderen gezeigt. Aber ihre Rivalität war nie erloschen und brach im fernen Palästina zu lodernden Flammen auf. Ein Venezianer hatte in Akko einen Genuesen ermordet, woraufhin dessen Landsleute das Stadtviertel der Venezianer angriffen. Sechs Jahre später verbrannte eine venezianische Flotte genuesische Schiffe im Hafen von Akko. Obgleich es hin und wieder Zusammenarbeit zwischen Einzelpersonen gab, wie etwa in den 1250er Jahren, als ein Genuese und ein Venzianer gemeinsam die Alaunproduktion in Anatolien monopolisierten und die Preise anhoben, so nahm die Feindseligkeit zwischen diesen beiden führenden Mittelmeermächten langsam derart zu, daß es schließlich zu einem Kampf auf Leben und Tod kam.

Unterdessen zeigte die venezianische Regierung im eigenen Land großes Interesse an der Qualität der Waren und am Schutz der sich entwickelnden Industrien. Die Einführung des Trittwebstuhls und des Spinnrades führte zur Entwicklung einer Textilmanufaktur in Italien, und Venedig machte sich daran, Vorteile daraus zu ziehen. Von 1244 an hatte es diesbezügliche Gesetze erlassen. Das vom Festland importierte Tuch wurde mit Zoll belegt. Der Export von Wolle und anderen Rohmaterialien in Gegenden, wo es konkurrierende Industrien gab, war nicht gestattet. Da die Handwerker gerne von einer Stadt zur anderen zogen, war es den venezianischen Wollarbeitern von 1281 an verboten, nach Padua oder Treviso zu ziehen, damit sie nicht durch ihr Fachwissen die Konkurrenz stärkten.

Die Regierung fing auch an, sich in alle möglichen anderen Dinge außer Handel und Industrie einzumischen. Nach 1281 wurden die Ärzte sehr genau überwacht, und Chirurgen durften nicht praktizieren, bevor sie einen Eid vor den Richtern abgelegt hatten. Wer im Stadtzentrum zu Pferde angetroffen wurde, mußte eine Geldbuße zahlen, und im Jahre 1293 wurden alle Spiele außer Schach und einer Art Halma verboten.

Offensichtlich war man um die öffentliche Ordnung und Moral besorgt, ebenso um die Gesundheit und Prosperität, und die Maßnahmen konnten dank einem besseren Polizeisystem auch durchgesetzt werden. Sechs *Signori die Notte*, statt der bisherigen zwei, waren von 1262 an damit beschäftigt, während der Nachtstunden für die öffentliche Ordnung zu sorgen, und es gehörte auch zu ihren Aufgaben, Mörder und Diebe abzuurteilen, deren Geständnisse durch Anwendung der Tortur im Obergeschoß des Dogenpalastes erlangt wurden. Gemeindeälteste mußten den *Signori di Notte* auf Anforderung zur Seite stehen, und eine Miliz aus 500 zuverlässigen Männern wurde in jedem der Stadtbezirke (*sestiere*) gebildet, um mit Krawallen und Aufständen fertig zu werden; die Achtung vor dem Gesetz konnte mit der üblichen Sippenhaft nachdrücklich erzwungen werden.

Martino da Canal mag übertrieben haben, als er gegen Ende des 13. Jahrhunderts schrieb, kein Häretiker, Wucherer, Mörder oder Dieb wage in Venedig zu leben. Zumindest der Wucher blühte, trotz der vom Staat 1254 erlassenen Gesetze. Aber Venedig scheint tatsächlich eine bessere Ordnung gehabt zu haben als andere Städte in Italien.

Was die angenehmeren Seiten des Lebens betraf, so gab es in Venedig und im Hinterland Festivitäten, wo sich die Venezianer amüsieren konnten. So fand im Jahre 1214 in Treviso eine »Schlacht« zwischen Kinderheeren statt, die mit Düften und Blumen um den Besitz eines »Schlosses der Liebe« kämpften. Das Vergnügen daran wurde allerdings durch einen ernsthaften Zusammenstoß zwischen erwachsenen Paduanern und Venezianern gestört, die dem Schauspiel beiwohnten. Die Ankunft des neugewählten Dogen Rainiero Zeno in Venedig im Jahre 1253 wurde dagegen viel friedlicher durch ein Turnier gefeiert, das zwischen Rittern vom Festland und Venezianern ausgetragen wurde.

Die Idee der Ritterlichkeit gewann überhaupt an Boden. Sogar Handwerker liebten es, die Rolle von Rittern zu spielen. Als der Doge Lorenzo Tiepolo sich zum zweiten Mal verehelichte und die Handwerker von Venedig in ihrem besten Staat und mit ihren verschiedenen Fähnlein ihm zu Ehren einen Umzug veranstalteten, da traten zwei Barbiere als Ritter auf. Sie ritten auf Schlachtrossen und führten vier »ausländische« Edelfräulein mit sich, die sie angeblich im Kriege erbeutet hatten. Der Rolle entsprechend forderten sie jeden anwesenden Ritter heraus, seinen Mut durch einen Kampf um die Edelfräulein zu beweisen. Woraufhin der Doge gemessen erklärte, niemand an seinem Hofe wünsche aus diesem Anlaß zum Zweikampf anzutreten. Danach konnte der Umzug seinen vorgesehenen Weg weiter fortsetzen.

Schauspiele solcher Art imitierten den Pomp und die Würde der offiziellen Zeremonien, die den Ablauf eines jeden Jahres begleiteten und von allen genossen wurden. »Solange ich im schönen Venedig war«, schrieb Martino da Canal, »habe ich mir die Umzüge angesehen, die mein Herr, der Doge, an hohen Feiertagen veranstaltete.« Am Ostertage »kommt der Doge aus seinem Palast geschritten. Ihm voraus acht Männer mit seidenen Bannern, deren Wappen die Insignien des heiligen Markus mit darüber schwebenden Kaiseradlern zeigen. Hinter ihnen folgen zwei Knaben, die den Schemel des Dogen und sein Kissen tragen. Danach sechs Trompeter mit silbernen Trompeten und zwei Männer mit silbernen Becken. Hinterher schreitet ein Geistlicher, der den Reichsapfel aus Silber, Gold und Edelsteinen trägt. Ein zweiter trägt die Evangelien, ein dritter das silberne Weihrauchfaß, und alle drei sind in Goldbrokat gekleidet. Ihnen auf dem Fuß folgen unter Gesang die zweiundzwanzig Domherren von St. Markus in ihren schönen Roben, und den Schluß bildet mein Herr, der Doge, im Schatten seines Goldbrokatschirmes.

Neben dem Dogen geht der *primiceriv* von St. Markus mit der Bischofsmitra auf dem Haupt, auf seiner anderen Seite der Priester, der die Messe lesen wird. Dicht hinter dem Dogen geht ein Herr, der ein Schwert von hervorragender Machart trägt, gefolgt von den vornehmen Herren von Venedig.

Also betritt mein Herr, der Doge, den Markusplatz . . . geht bis zur Kirche San Gimignani und kehrt in der gleichen Ordnung mit einer weißen Wachskerze in der Hand wieder zurück. Der Zug hält in der Mitte des Platzes, und drei Kaplane treten vor den Dogen und singen ihm schöne Verse und Responsorien. Danach betreten alle die Kirche des hiligen Markus.« In diesem Moment pflegten drei Kaplane zum Altargitter zu treten und mit lauter Stimme auszurufen: »Möge Christus siegen, laßt Christus herrschen, laßt Christus regieren. Möge unserm Herrn Rainiero Zeno, durch Gottes Gnade erhabener Doge von Venedig, Dalmatien und Kroatien, Eroberer eines Viertels und der Hälfte eines Viertels des Römischen Reiches, Heil, Ehre, Leben und Sieg beschieden sein. Möge Christus siegen, laßt Christus herrschen, laßt Christus regieren!«

Martino da Canal überschlägt sich fast vor vaterländischem Stolz bei der Beschreibung der Zeremonien und des Gepränges. Für ihn war der Markusplatz »der schönste Platz der Welt«, St. Markus »die schönste Kirche der Welt« und der Dogenpalast »großartig und wunderbar«, obgleich das Untergeschoß noch immer als Pferdestall benutzt wurde und ein dichtes Erlengebüsch die Stelle einnahm, wo heute der Glockenturm steht.

Zur gleichen Zeit, die von Martino in so hellen Farben beschrieben wird, und in auffälligem Kontrast dazu, hatte die Invasion der Bettelmönche und Flagellanten in Venedig eingesetzt. Anhänger des heiligen Franziskus waren nach dessen Tode 1226 als erste erschienen. Sie bettelten von Tür zu Tür im Dienst der Armen und Kranken und hatten bald genügend zusammen, um mit dem Bau der strengen, aber riesigen Klosterkirche zu beginnen, die der Santa Maria Gloriosa geweiht und unter dem Namen die Frari-Kirche bekannt wurde. Ihre karitative Arbeit war beträchtlich. Sie brachten billige Kredite für die Armen auf und halfen mit, den Dritten Orden zu begründen, der unverheirateten Frauen, die nicht das nötige Geld für ein Nonnenkloster besaßen, ein sicheres, wenn auch asketisches Leben der guten Taten ermöglichte. Der Klosterbruder Lorenzo gründete 1272 ein Hospital für Frauen, und andere Brüder des gleichen Ordens veranlaßten auch Laien zu wohltätigen Werken. 1262 hatte Leone Paulino ein Isolationshospital für Leprakranke auf der Insel San Lazzaro gegründet, und angesichts solcher Vorbilder konnten auch der Doge und seine Frau nicht abseits stehen – als die Frau des Dogen Zeno starb, hinterließ sie all ihr Bargeld, Kleider, Pelze, Roben, Betten, Matratzen, Decken nd Federbetten den armen Patienten des St. Markus-Hospitals.

Während die barfüßigen Bettelmönche ihre Arbeit zur Linderung der Not fröhlich verrichteten, breitete sich durch das Erscheinen der Flagellanten eine gedrückte Stimmung in der Stadt aus. Sie pflegten durch die engen Straßen in dichte Schleier gehüllt, stöhnend und schreiend zu ziehen und dabei mit Peitschen und eiseren Ketten auf den jeweiligen Vordermann einzuschlagen. Die Regierung verabscheute sie ebenso wie den Zug ins Mystische, den sie verkörperten. Der Geistlichkeit der Stadt wurde verboten, sich den Spitzen dieser Bruderschaften anzuschließen. Trotzdem griff die Bewegung um sich. Die Flagellanten zogen besonders die Armen und Krüppel an, solche, die weder an der Regierung noch am Handel beteiligt waren, und die armen Frauen, die ihr schweres Los mit äußerster Ergebung trugen und nicht einmal in der Kirche Trost fanden, wo sie weinten und flehten und mit ausgestreckten Armen theatralisch Gott ihr Leid klagten.

Auch einige der Reichen wurden vom Geißlertum angezogen, denn Mitgliedschaft in der »Bruderschaft der Kasteiung« und Teilnahme an den rituellen Geißelungen zu bestimmten Tageszeiten diente als Sühne für eigene Sünden und die Sünden der Welt und ließ hoffen, daß die eigene Seele nach dem Tode rasch in den Himmel gelangen werde, während andere im Fegefeuer schmachten müßten. In sozialer Hinsicht waren die frommen Geißelbruderschaften insofern von Bedeutung, als sie zu der Entstehung einer wichtigen neuen sozialen Institution, der *Scuole*, führten.

Die *Scuola San Giovanni Evangelista*, im März 1261 gegründet, davor die *Scuola di Santa Maria della Carità* und danach die *Valverde della Misericordia* und *Scuola die San Marco* scheinen sämtlich als mehr oder weniger wohlhabende Bruderschaften entstanden zu sein, die sich dem Dienst der Mutter Gottes, der Kasteiung und guten Taten geweiht hatten. Um 1300 änderte sich die ursprüngliche Funktion dieser Institution ganz allmählich. Zwar schworen die Mitglieder noch immer, jeden Tag die Messe zu hören, sich einfach zu kleiden, oft zu fasten, öffentliche Vergnügungen zu meiden, nicht zu raufen, fluchen, spielen oder ähnliches und auch nicht zu heiraten oder, falls sie schon verheiratet waren, keinen ehelichen Verkehr zu haben. Aber auf die öffentliche Geißelung wurde viel weniger Gewicht gelegt, dafür um so mehr auf die Wohltätigkeit – insbesondere auf die Verteilung von Almosen an die bedürftigen Mitglieder dieser Bruderschaften.

Auch andere Gruppen begannen mit Sozialversicherungsexperimenten. Die Seeleute auf venzianischen Schiffen luden z. B. »St. Phocas jeden Tag zum Nachtmahl« ein und legten den Geldeswert seiner Mahlzeit zur Verteilung an arme oder arbeitsunfähige Seeleute bis zum Ende der Reise beiseite. Doch die *arti* oder Gewerbeverbände, die damals gerade entstanden, waren in dieser Hinsicht wichtiger. Mitglieder einer *arte*, die ihr Zentrum immer in einer bestimmten Kirche oder einem Kloster hatte, wo sich ein Schrein mit dem Heiligen dieses speziellen

Gewerbezweiges befand, halfen ihren Armen und Kranken auf kooperativer Basis und ließen für ihre Toten Messen lesen, wobei sie die Kosten aus Mitgliedsbeiträgen oder solchen Einrichtungen wie dem Verkauf der Überreste ihrer kommunalen Feste bestritten.

Aber ihre Funktionen reichten viel weiter, denn jeder Verband arbeitete Regeln für seinen Gewerbezweig aus, die sich ebenso auf das Verhalten der Mitglieder wie auf die Qualität ihrer Produkte bezogen. Da der Staat sich oft aufsichtführend einschaltete, arbeiteten sie schließlich als Regierungsbeauftragte, die alles regelten, angefangen von der Bezahlung der Lehrlinge und den Arbeitsbedingungen bis hin zu beruflichen Befähigungsnachweisen und der Schlichtung von Streitigkeiten.

Dieses war im lebenswichtigen Schiffbau von besonderer Bedeutung. Zimmerleute, Kalfaterer und Säger – jede dieser Gruppen hatte ihre eigene *arte* und ihren eigenen *gastaldo, Diakon und Richter*, die bei jedem Streit die Mitglieder vertraten, die Mitgliedsbeiträge eintrieben und die staatlich genehmigten Statuten der Verbände durchsetzten, die z. B. nicht nur das Recht auf Beschäftigung im *Arsenal* definierten, sondern auch die Verpflichtung, auf der Barke des Dogen umsonst zu arbeiten. Mit der Zeit sollte der Staat jedoch auch andere Berufe unter seine Kontrolle bringen – nicht nur die Chirurgen, sondern auch die praktischen Ärzte, die es sich angelegen sein ließen, ihren Berufsstand zu wahren, indem sie es z. B. ablehnten zur Ader zu lassen, wenn es nicht für den Patienten gut war, d. h. der Mond mußte dazu im zweiten Viertel stehen; oder auch die Glasmacher, deren Ortstatuten 1271 abgefaßt wurden; ferner die Maler, deren Regeln aus dem gleichen Jahr beweisen, daß sie Eßtische, Truhen und Altarbilder herstellten, aber auch Wandgemälde, Banner und Heiligenfiguren auf Pergament, die an Pilger und bestimmte Gruppen am Festtag ihres Schutzheiligen vermietet wurden.

Während die Sozialstruktur in Venedig immer komplizierter und feiner wurde, schwand die Vorstellung eines eigenen Imperiums in Übersee, die zu Beginn des Jahrhunderts solch eine Rolle gespielt hatte, mehr und mehr dahin. Im Jahre 1261 eroberten die Griechen unter Michael Palaiologos Konstantinopel, und der lateinische Kaiser Balduin, der Patriarch und der venezianische *podestà* flohen eiligst über das Meer.

Die Genuesen, die Palaiologos geholfen hatten, verdrängten nun die Venezianer als meistbegünstigte Nation an diesem noch immer außerordentlich wichtigen Handelsplatz. Aber obgleich viele Venezianer ruiniert waren, ließ man sich nicht hinausdrängen. Wenngleich Venedigs Handelsverbindungen mit Ägypten sorgfältig gepflegt wurden, blieb Konstantinopel dennoch das Zentrum für die im Osten tätigen venezianischen Kaufleute, Bankiers und Spediteure.

Es hätte viel schlimmer kommen können. Methoni, Korone, Negroponte und die meisten der ägäischen Inseln waren immerhin noch venezianischer Besitz, ebenso wie Kreta. Kreta war mittlerweile zu einer wichtigen Quelle für Agrarprodukte geworden und gleichzeitig ein strategischer Ausgangspunkt in Richtung Ägypten, Syrien und Palästina. Wie der Doge Zeno es ausdrückte: »Die ganze Kraft des Imperiums hängt von Kreta ab.« Obgleich die Venezianer Kreta als ihren wichtigsten Besitz ansahen, hatten sie große Mühe, es zu halten, da griechische Überfälle und innere Revolten es bedrohten. Im Jahre 1268 versuchten dort ansässige Venezianer die Bande zur Vaterstadt zu durchschneiden, indem sie einseitig ihre Unabhängigkeit ausriefen. Mit der Hilfe eines einflußreichen Kreters, namens Alexios Kallerges, konnte Venedig der Rebellion Herr werden, aber 1283 erhob sich Kallerges. Sechzehn chaotische Jahre vergingen, ehe die Ordnung durch kostspielige kriegerische Expeditionen wiederhergestellt war, und das nur unter der Bedingung, daß Kallerges zum Ritter erhoben und ihm die Vergünstigung eingeräumt wurde, venezianischer Bürger zu werden. In der Zwischenzeit war ein venezianischer Gouverneur in die Berge gelockt und umgebracht worden, ein zweiter hatte in der Hauptstadt Candia einer Belagerung widerstehen müssen, während die Genuesen die Gelegenheit wahrgenommen hatten, Canea in Westkreta niederzubrennen.

In den letzten vier Jahrzehnten des Jahrhunderts standen sich Venedig und Genua fast ständig kriegerisch gegenüber. Sie kämpften im Schwarzen Meer, in der Adria, vor den Küsten Siziliens und Griechenlands und an fast jedem Ort innerhalb des

Mittelmeeres, wo sich ihre Handelsrouten befanden. Solche Seeschlachten beflügelten die Feder von Martino da Canal, dessen Schilderungen, wie sich denken läßt, von heldenhaften Taten berichten. So schreibt er von Giberto Dandolo, der sich mit 31 Galeeren plötzlich einer genuesischen Flotte von fast 50 Schiffen in östlichen Gewässern gegenüber sah, kurz nachdem sie die Venezianer bei Konstantinopel geschlagen hatten. »Dandolo verzagte keineswegs«, versichert Martino, »sondern stolz und zuversichtlich wie ein Löwe machte er klar zum Gefecht.« Auch seine Männer waren bald »entflammt, voll von kühnem Wagemut«, und mit dem Ruf »Gott mit uns und der heilige Markus« griffen sie an. Der Gegner wurde vernichtend geschlagen, »und so rächten die Venezianer den Untergang ihrer Landsleute in Konstantinopel«.

Aber die Venezianer gewannen nicht immer, oft verfehlten die feindlichen Flotten einander auch in der weiten See. Venezianische Kriegsschiffe suchten jedes Versteck und jeden Hafen ab, wo Genuesen lauern konnten. Doch sobald sich ein Konvoi ohne Geleitschutz in anscheinend friedliche Gewässer wagte, ergab es sich, daß es dem Feind doch irgendwie gelang zuzuschlagen. Schließlich kam es zu Anfang der 1270er Jahre zu einem Waffenstillstand, der allerdings nur fünf Jahre dauerte, aber Venedig war auch für diese Atempause dankbar.

Die Anstrengungen, die gegen Genua unternommen werden mußten, hatten gewaltige Rüstungskosten zur Folge. Die Ausgaben waren so hoch, daß schon 1262 die Regierung die ausstehenden Zwangsanleihen nicht zurückzahlen konnte und sie in eine ständige Staatsschuld verwandeln mußte – »Monte Vecchio« genannt –, welche bescheidene fünf Prozent Zinsen abwarf. Von da an wuchs die Staatschuld stetig an, da neue Zwangsanleihen stets höher ausfielen als die späteren Rückzahlungen. Das Einkommen des Staates bestand jedoch zum größten Teil aus indirekten Steuern, und diese wurden zur Finanzierung des Kriges mit Genua zu gefährlicher Höhe heraufgeschraubt. Als die Steuer auf das Mahlen von Getreide verdoppelt wurde, gab es einen Aufstand. Der Doge Rainiero Zeno verhielt sich sehr milde, bis der Volkszorn verraucht war, dann ließ er die Anführer verhaften und hinrichten. Trotzdem mußte die

Steuer aus Besorgnis vor weiteren Unruhen gesenkt werden, und danach fiel die Hauptlast der Abgaben auf die Kolonien und den Handel.

Es schien, daß der Handel das verkraften konnte. Wie Martino da Canal bemerkt: »Waren fließen durch diese noble Stadt wie Wasser, das einer Quelle entströmt.« Getreide kam von Apulien und Kreta, scharlachrote Kleider aus dem fernen Ypern, und die Masse der für Westeuropa bestimmten orientalischen Luxuswaren floß noch immer durch Venedig. Allerdings, wenn die Abgaben für importierte Waren, die für das Festland bestimmt waren, allzusehr erhöht wurden, zogen es die Schiffer vor, andere adriatische Häfen anzulaufen. In den 1270er Jahren versuchte Venedig dem einen Riegel vorzuschieben, indem es Krieg mit Bologna und Ancona anfing. Venedig verlor, aber sein Handel vergrößerte sich trotzdem in einem solchen Maße, daß die venezianischen Kaufleute sich zunehmend mehr zusammenschließen mußten, um ihre Kunden zufriedenstellen zu können.

Solche privaten Abmachungen wurden 1283 obligatorisch, als die Regierung die Bildung von Kartellen zum Kauf von Pfeffer in Alexandria und von Baumwolle in Akko verlangte. Um zu verhindern, daß irgendein Venezianer seine Kollegen beim Kauf seltener Waren überbot, konnten Abschlüsse nur dann getätigt werden, wenn zwei Drittel der Kaufleute die Zeit für günstig hielten. Um dem Kleinen eine Chance gegenüber den Großen zu geben, war jeder, dem hundert Dukaten für Investitionen zur Verfügung standen, durch Gesetz berechigt, am Markt teilzuhaben. Diese Konsortien, mit denen die Venezianer ihren nichtvenezianischen Konkurrenten entgegentraten, waren ein neuer Ausdruck des alten Gemeinschaftsgeistes. Doch die gleichen monopolistischen Tendenzen wurden daheim nicht geduldet, z. B. wurde ein Metzgerkartell 1297 zerschlagen, da man befürchtete, das Volk werde durch die hohen Fleischpreise gereizt werden. Wegen der teilweisen Beschränkung von Landkäufen und den Gesetzen gegen Wucher, die den Geldverleih zu auskömmlichen Zinssätzen unmöglich machten, floß das Bargeld in Venedig noch immer in den Handel und das häufig in kooperativer Form durch *colleganza*-Verträge. Auf diese Weise konnten alte Männer und Witwen auch zu Geld kommen, ebenso die religiösen Institutionen, doch die Masse der Investitionen dieser Art stammte von den wirklich Reichen wie dem Dogen Rainiero Zeno, der 132 *colleganza*-Kontrakte hinterließ, als er 1268 starb, die an ausstehenden Geldern 22935 Lire wert waren, sechzig Prozent seines gesamten Vermögens.

Als Zeno starb, war das Amt des Dogen so umstritten, daß man, um einen offenen Konflikt innerhalb der inneren Machtgruppierung zu vermeiden, übereinkam, das Element des Zufalls bei der Wahl wesentlich zu verstärken. Die dreißig ersten Wahlmänner wurden durch Lose bestimmt, die ein auf gut Glück aus der Gemeinde von St. Markus ausgewählter Knabe ziehen mußte. Darauf folgte ein kompliziertes Ritual mit viel Glockengeläut, während die ursprünglichen Dreißig eine Reihe von Wahlmännergruppen ins Leben riefen, teils durch das Los und teils durch Wahl, bis schließlich die endgültige Gruppe der einundvierzig Wahlmänner zustande kam, die den Dogen wählten. Der gewählte Doge Lorenzo Tiepolo wurde zum Palast geführt und danach zur Markuskirche, um sich der Menge vorzustellen. Das war eine rein formelle Handlung, die seine Bestätigung sicherstellen sollte – ein letztes Überbleibsel eines einstmals wirklich demokratischen Vorgangs. Die kleine Gruppe, die die Wahlmänner stellte und aus deren Mitte der Doge immer gewählt wurde, glaubte allmählich, daß Venedig ihnen gehörte, daß das gewöhnliche Volk, zu dem viele Einwanderer und Söhne von Einwanderern zählten, aber eigentlich keinen Anteil daran hätte. Für sie waren das Außenstehende – nützliche, ja notwendige Menschen, aber nicht Teil der venezianischen Gesellschaft.

Mitglieder der Oligarchie befanden sich zwar auf der Straße in Tuchfühlung mit dem gemeinen Volk, aber die Unterschiede zwischen reich und arm, gebildet und ungebildet, zwischen Menschen mit berühmten Namen wie Zeno, Morosini, Contarini, Tiepolo und der namenlosen Masse wurden immer bedeutsamer. Es entwickelte sich der Mythos, daß nur die Herrschenden zum Regieren befähigt seien, und dieser Mythos wurde durch das abscheulich komplizierte Wahlsystem noch untermauert, das den meisten Venezianern undurchdringlich geheimnisvoll erschienen sein muß.

Obgleich jedoch auch das neue System den Wahlvorgang in die Hände der wenigen legte und es sogar möglich machte, daß der Doge mit einer Stimmenminorität der herrschenden Gruppe gewählt wurde, verhinderte es dennoch die Zersplitterung in Parteien, die in anderen, von Streitigkeiten zerrissenen Städten Italiens herrschte, indem es jenen entscheidenden Faktor in menschlichen Angelegenheiten, den reinen Glückszufall, formell anerkannte. So konnte Martino da Canal recht wohl beten, »der Herre Gott und die Mutter Gottes in ihrer Gnade möchten Venedig ohne Zwietracht erhalten«. Die Mischung aus oligarchischem Prinzip und reinem Zufall könnte bis zu einem gewissen Grade die Antwort auf sein Gebet gewesen sein.

V

MARCO POLOS VENEDIG

Marco Polo wurde etwa 1254 geboren, zu einer Zeit, als sogar führende Venezianer sich noch immer am liebsten dem Handel widmeten. Sein Vater Nicolò war Edelsteinhändler und Orientkaufmann, aber sein Einfluß auf das Kind kann nicht allzu groß gewesen sein, weil er und sein Bruder Matteo 1260 eine Handelsreise unternahmen, die fast ein Jahrzehnt dauerte.

Die Polos hatten sich nach Soldaia auf der Krim eingeschifft, wo ihr Verwandter Andrea als Handelsagent lebte. Als sie jedoch sahen, daß der griechische Vormarsch auf Konstantinopel ihnen den Rückweg abzuschneiden drohte, investierten sie »als Männer von beachtlicher Weisheit und Voraussicht«, wie Marco späterhin berichtete, ihr Geld in Juwelen und machten sich zum Chan der Bulgaren nach Sarai an der Wolga auf. Von dort reisten sie nach Buchara in Mittelasien und erschienen drei Jahre später in China am Hofe des Kubilai Chan. Und erst von dort reisten sie mit vielen Umwegen wieder heim.

In Kiew waren venezianische Händler schon um 1247 aufgetaucht. Ein Mönch war sogar bis in die Mongolei gelangt, und 1253 hatten zwei weitere den Hof des Großen Chans Batu in Karakorum im Auftrage des Papstes aufgesucht. Doch die Brüder Polo hatten sich weiter ins Unbekannte hinausgewagt als sonst irgendein Mensch aus dem Westen. Ihre Reise war lang und gefahrvoll gewesen. Schließlich war aber doch wieder bekanntes Glockengeläut an ihr Ohr gedrungen, und sie hatten an den über die Wälle flatternden Fahnen erkannt, daß sie Akko und somit christlichen Boden betreten hatten.

Als Nicolò Polo heimkam, mußte er erfahren, daß seine Frau mittlerweile gestorben war. Zwei Jahre später, als er mit seinem Bruder wieder nach China zog, nahm er daher seinen Sohn Marco mit. Damals war Marco kaum siebzehn Jahre alt und wohl des Lesens und Schreibens unkundig. Aber sicherlich konnte er addieren, Zinsen berechnen, mit Pfeil und Bogen umgehen und Unterhandlungen führen, wie das bei den wagemutigen reisenden Kaufleuten damals üblich war. Mit solchen Kenntnissen ausgerüstet, hatte er eine Reise angetreten, die alle sonstigen Unternehmen dieses Zeitalters kühner Abenteurer in den Schatten stellen sollte.

Während einer jeden Etappe auf dem langen Wege prägte sich der junge Marco alles Neue genauestens ein, um bei seiner Rückkehr von all den Wundern berichten zu können, denn Reiseberichte gehörten zur spannendsten Unterhaltung der damaligen Zeit und lieferten dazu noch wichtigste Handelsinformationen. Er prägte sich die Beschreibung von »Völkern, Tieren und Vögeln« ein, merkte sich, »wo Gold, Silber, Edelsteine und Perlen« zu finden waren, und übte sich in der Schilderung der Waren und alles dessen, was er zu sehen bekam – aber immer mehr im Hinblick auf Waren und Werte als auf Erfahrungen anderer Art, denn Marco war ja schließlich Venezianer!

Zuerst ging die Reise nach Akko und Jerusalem und von da nach Lajazzo in Klein-Armenien, einem geschäftigen Ort, wie Marco bemerkt, »denn man muß wissen, daß alle Gewürze und Stoffe aus dem Inneren in diese Stadt gebracht werden, ebenso wie höchst wertvolle Waren anderer Art. Und Kaufleute aus Venedig und Genua und von überall her kommen, sie zu kaufen«. Doch hinter Ajas schienen die Polos vom Erdboden verschwunden zu sein, Jahre vergingen ohne eine Nachricht von ihnen, und ihre Teilhaber in Venedig müssen sie für tot gehalten haben.

Während ihrer Abwesenheit wurden 1284 in Venedig die ersten Gold-Dukaten geprägt; Pisa, einst ein mächtiger Rivale, wurde von den Genuesen zerstört, und die Lagune hatte unter einem so schweren Erdbeben zu leiden, daß die Regierung Getreide unter Preis verkaufen mußte, um das Los der schwer getroffenen Bevölkerung zu mildern. Doch bald war die Stadt wieder zu ihrem normalen Leben zurückgekehrt, und während die in Vergessenheit geratenen Polos ihre Reise ins Unbekannte fortsetzten, hatten ihre Landsleute das gewohnte Leben aus Arbeit und Vergnügen ebenfalls wieder aufgenommen.

Würfel- und Knöchelspiele, Hasard und andere Spiele mit einem Einsatz waren äußerst populär, wenngleich Glücksspiele in der Vorhalle von St. Markus und in der Umgebung des Dogenpalastes nicht erlaubt und Spielhöllen absolut verboten waren.

Die traditionellen zwölf Schweine wurden alljährlich auf der Piazza unter großem Freudengeschrei geköpft, es gab Stierhetzen und Balgereien auf der Straße zwischen den jungen Leuten der einzelnen Kirchspiele, während junge Rowdys aus reichen Häusern sich damit vergnügten, die Menschen mit Bullenbeißern auf den Straßen auseinanderzujagen. Heilsamer war da schon das Auftreten der Vermummten, die bei Hochzeiten in Masken auftraten und den Neuvermählten durch Szenen aus der Vergangenheit vom Wagemut ihrer Vorfahren kündeten. Es gab heiße Bäder für diejenigen, die Entspannung auf orientalische Weise suchten, und es gab natürlich das nie endende faszinierende politische Spiel für die prominenten Bürger.

Wer im Großen Rat sitzen sollte, war die Tagesfrage, und die Anschauung, daß diese Mitgliedschaft sich vererben sollte, gewann immer mehr an Boden. Ein Vorschlag dazu wurde Ende 1286 eingebracht, aber abgelehnt. Im Jahre 1289 starb jedoch der Doge Giovanni Dandolo, der dagegen opponiert hatte, und die Wahl Pietro Gradenigos ließ ahnen, daß die Wende nun kommen würde.

»Pieruzzo« Gradenigo war achtunddreißig Jahre alt und äußerst unpopulär, wie das skrupellose Geschäftemacher meistens sind. Die Verkündung seiner Wahl wurde von der Menge mit frostigem Schweigen aufgenommen. Sie wollte Jacopo Tiepolo, den Enkel des Dogen, gewählt sehen. Beim Begräbnis von Dandolo hatte das Volk nach Jacopo gerufen, aber es war Gradenigo, der die Zügel ergriffen hatte. Tiepolo zog sich schließlich auf sein Gut auf dem Festland zurück, wo er seinen verletzten Stolz hätschelte und Pläne zu einer Rebellion schmiedete. Zunächst wurden die Rivalitäten in Venedig jedoch von Schwierigkeiten in Übersee in den Hintergrund gedrängt.

Noch immer befand sich Kreta im Aufruhr, gab es ständige Fehden mit den Genuesen, trotz der mehrfachen Waffenstillstände, und 1291 nahmen die Sarazenen Akko, den letzten christlichen Stützpunkt im Heiligen Lande ein. Sofort gab es Störungen auf den Handelsstraßen. Die Tempelritter und die Johanniter, die zusammen mit den venezianischen Kolonisten aus Akko verdrängt worden waren, zogen sich nach Zypern zurück und gebrauchten ihre Galeeren dazu, den Handel zwischen

Christen und Sarazenen zu unterbinden. Die venezianischen Beziehungen mit Ägypten waren nach den kürzlichen Kämpfen schlecht und die Karawanenwege durch Syrien unterbrochen. Die kommerziellen Kanäle der Venezianer waren im Osten auf wenig mehr als Lajazzo in Klein-Armenien beschränkt und, schlimmer noch, die Genuesen dominierten nun in den Handelszentren von Ägypten und am Schwarzen Meer. In dem verzweifelten Versuch, seinen Einfluß auf den Märkten des Orients wieder zu vergrößern, beschloß das mit Pisa verbündete Venedig, den Genuesen die Häfen Galata und Keffa zu entreißen. Der Waffenstillstand war zu Ende, beide Seiten sammelten ihre Streitkräfte zur Schlacht.

Im Sommer des Jahres 1294 stellten die Gemeindeältesten von Venedig Listen aller Männer zwischen siebzehn und sechzig Jahren und aller brauchbaren Waffen zusammen. Die für die kommenden Kämpfe benötigten Männer wurden in den traditionellen Zwölfergruppen einberufen, die Seeleute erhielten Helme statt der bisherigen, nicht so sicheren Kettenpanzerkapuzen, und die reichsten Familien wurden aufgefordert, je nach Vermögen bis zu drei Galeeren auszurüsten und zu bemannen. Dann segelten die Flotten hinaus zu einem neuen erbitterten Krieg.

Gerade zu diesem kritischen Zeitpunkt kehrten die Polos nach fast einem Vierteljahrhundert wieder nach Venedig zurück. Der Legende zufolge sahen sie mit ihren langen Schnurrbärten und ihrer schlechten Kleidung so tatarenhaft aus, daß niemand sie erkannte. Bei einem Bankett kam dann die Überraschung: Sie rissen ihre Kleidersäume auf, und ein Schauer von Edelsteinen ergoß sich auf den Tisch. Von da an sprachen die Venezianer nur noch von »Ser Marco, dem Millionär«, ein gönnerhaft gemeinter Titel, denn Marco war nicht wirklich reich, sondern hatte nur genügend, um ein bequemes Leben führen zu können.

Aus Marcos Erzählungen ergab sich, daß sie durch Armenien und Georgien nach Täbris gezogen waren. Von dort durch Persien nach Turkestan und über Kantschou und Liangtschou nach Peking – eine abenteuerliche Reise, die vier Jahre gedauert hatte. In Peking war Marco dem Groß-Chan persönlich vorgestellt worden, der ihn in den Staatsdienst eingestellt hatte. In den folgenden Jahren war Marco in Erfüllung seiner Pflichten in ganz China herumgekommen und bis nach Indonesien, Malaya und Indien gelangt, Länder, aus denen die venezianischen Handelsgüter Kampfer, Aloe, Indisches Rotholz und Pfeffer stammten, die aber noch kein Venezianer je besucht hatte. Die Polos hatten China schließlich verlassen, ausgestattet mit den Geleitbriefen des Chans und unter Mitnahme der Prinzessin Cocachin, die sie dem Chan des Westens als Braut zuführen sollten.

Dieses Mal nahmen sie den Seeweg, besuchten Malakka und das westliche Indien, wohin sie durch die Meerenge von Ceylon gelangten. Nachdem sie viel Wunderbares gesehen, viele Gefahren überstanden und die Prinzessin abgeliefert hatten, erreichten sie zuletzt Trapezunt und damit christliches Gebiet (wo sie beraubt wurden) und gelangten von dort wieder in ihre Vaterstadt.

Die meisten Venezianer, wenn sie Marcos Erzählungen überhaupt Glauben schenkten, waren wahrscheinlich gelangweilt. Der fabelhafte Kublai Chan wurde von ihm ganz irdisch dargestellt, als »ein Mann von guter Gestalt, d. h. wohlproportioniert, weder klein noch groß, sondern von mittlerer Figur«. Und Marcos unendliche, nüchterne Beschreibungen von Orten und Waren erschienen ihnen gleichzeitig an den Haaren herbeigezogen und langweilig, wenn man sie mit den aufregenden und überzeugenden, damals umlaufenden Berichten über Astrologie, Geomantie, Schwarze Kunst und andere Wissenschaften oder den Erzählungen über den Priester Johannes oder den Alten Mann vom Berge verglich.

Einige Zeit nach seiner Rückkehr verheiratete sich Marco mit Donata Loredano Badoer, eine, wie man sich denken kann, praktische Wahl, denn sie war aus bester Familie und dem Geld sehr zugetan, was verständlich erscheint, wenn man in Betracht zieht, daß sie lauter Töchter gebar, die alle eine Aussteuer brauchten. Dank dem noch immer andauernden Kriege mit Genua war das häusliche Zwischenspiel für Marco nur von kurzer Dauer, und er verließ Venedig schon bald, um an den Kämpfen auf See teilzunehmen.

Das Kriegsglück wechselte. Die Venezianer griffen die Genuesen auf Zypern an, zerstörten die Burg von Limassol und vernichteten die genuesischen Viertel von Larnaca und Famagusta. Die Genuesen versenkten venezianische Schiffe im Hafen von Methoni und vernichteten fünfundzwanzig venezianische Galeeren auf einmal bei Lajazzo. Dies ermutigte den griechischen Kaiser Andronikos, der die Genuesen schon lange begünstigt hatte, sich des venezianischen *bailo* in Konstantinopel zu bemächtigen, das venezianische Viertel niederzubrennen und die Einwohner den Genuesen auszuliefern, die viele von ihnen massakrierten. Rogiero Morosini zahlte es ihnen heim, indem er mit seiner Flotte den Bosporus hinauffuhr und jedes genuesische oder griechische Schiff, das ihm begegnete, in Brand setzte, einschließlich der im Goldenen Horn vor dem kaiserlichen Palast vor Anker liegenden Fahrzeuge. Dieser blutige Überfall zwang die Griechen nachzugeben, und Morosini segelte wieder heim, nicht ohne die genuesischen Alaunwerke bei Smyrna unterwegs zu zerstören.

Das Volk in Venedig war zeitweise tief pessimistisch und frohlockte im nächsten Moment über Siegesnachrichten. Es gelang den Venezianern, den Genuesen Keffa an der Küste der Krim abzunehmen und vor Sizilien und Zypern schwere Kämpfe zu bestehen. Aber 1298 wurden sie bei Curzola vor der dalmatinischen Küste in der größten Schlacht des bis dahin geführten Krieges schwer geschlagen und verloren mindestens fünfundsechzig ihrer etwa neunzig Galeeren. Ihr Anführer Andrea Dandolo, der sich durch seine Gefangennahme entehrt fühlte, stürzte sich vom Mast eines genuesischen Schiffes in den Tod.

Marco Polo wurde auch gefangengenommen, doch weiß man nicht, ob das bei Curzola oder schon während der Niederlage bei Ajas geschah. Er überlebte jedenfalls und diktierte bei dieser Gelegenheit seinen Reisebericht in einem genuesischen Verlies dem Mitgefangenen Rustichello von Pisa.

Während Marco Polo sich noch in der Gefangenschaft befand, drang ein genuesisches Geschwader in die Lagune ein, und eine venezianische Streitmacht richtete Verwüstungen in den Gewässern von Genua an. Venedig rüstete eine neue Armada aus hundert Schiffen aus und warb in Katalonien Bogenschützen an. Sie wurden jedoch nicht gebraucht. Ein mit Sultan al-Malik an-Nasir abgeschlossener Vertrag sicherte den Venezianern exklusive Handelsvorrechte in Äqyoten, woraufhin sie Genuas Griff nach den Schwarzmeer-Handelsweoen mit viel qrößerer Gelassenheit hinnehmen konnten. Als Geoenleistuno für den Verkauf von Bauholz, Waffen und Sklaven (ein vom Paost allen christlichen Mächten verbotener Handel) an Ägypten durften die Venezianer alle von ihnen gewünschten orientalischen Waren in Ägypten kaufen und zollfrei ausführen. Der Sultan garantierte ihnen auch freies Geleit im Heiligen Lande und erlaubte ihnen, wieder Pilger dahin zu transportieren. Es lohnte sich für die Venezianer daher nicht mehr, den kostspieligen Krieg weiterzuführen, und im Mai 1299 kam ein Waffenstillstand mit Genua zustande. Keffa wurde wieder abgegeben und die Kriegsgefangenen ausgetauscht – unter ihnen auch Marco Polo.

Während Polos Abwesenheit war es dem Dogen »Pieruzzo« Gradenigo 1297 gelungen, die Zugehörigkeit zum Großen Rat erblich zu machen. Die innere Gruppe der Vierzig mußte das Recht eines jeden Venezianers, Mitglied des Großen Rats zu sein, überprüfen und sicherstellen, daß nur Männer, die während der letzten vier Jahre Mitglieder gewesen waren oder die beweisen konnten, daß jemand von ihren Vorfahren irgendwann seit 1176 ihm angehört hatte, zugelassen wurden. Unmittelbar wirkte sich das so aus, daß die Mitgliederzahl von weniger als vierhundert im Jahre 1295 auf über tausend bis zum Jahre 1311 anstieg. Von da an wurden jedoch die meisten Venezianer für jede Art von Regierungsgeschäften unwählbar. Der Prozeß wurde dadurch noch beschleunigt, daß 1315 das Goldene Buch, d. h. ein Adelsregister, eingeführt wurde und 1316 und 1319 Mitglieder von in diesem Sinne zweifelhafter Herkunft ausgeschlossen wurden. Von 1323 an war die Mitgliedschaft im Großen Rat rein hereditär. Die politische Macht war zum Monopol einer Kaste geworden, die den eigenen Fortbestand zu sichern entschlossen war.

Diese Abkapselung des Großen Rates sollte im 16. Jahrhundert durch Donato Gianotti als ein Mittel gerechtfertigt werden, die Macht in die Hände »der Blüte der Stadt zu legen . . ., damit nicht die Rasse der Venezianer mit fremden Rassen vermischt und der Adel seiner Reinheit beraubt werde«. Aber »Rassenreinheit« hatten die Venezianer nie gekannt und auch nie einen

»Adel« besessen, der sich irgendwie deutlich hätte definieren lassen, es sei denn nach kommerziellen Maßstäben. Aber nun hatten sie einen Adel.

Das neue System war nur der Höhepunkt eines sehr langsamen Prozesses, in dem sich die Macht in den Händen der Reichen gesammelt hatte – jener Leute, deren Häuser kleinen Festungen glichen, dazu gebaut, Dieben und den Pöbel den Zutritt zu verwehren. Das System verbreiterte auch die Basis dieser Klasse, indem es außer den alten reichen Familien viele neureiche mit einschloß, und es mag auch eine größere Machtverteilung unter der führenden Gruppe bewirkt haben. Aber von diesem Zeitpunkt an sollte es für gewöhnliche Bürger, die es zu Reichtum brachten, praktisch unmöglich werden, eine politische oder gesellschaftliche Stellung einzunehmen, die einzig den Ratsmitgliedern vorbehalten blieb, während die arbeitenden Klassen nicht mitzureden hatten. Es hatte auch an leidenschaftlicher Auflehnung dagegen nicht gefehlt. Im Jahre 1300 rief der reiche Venezianer Marino Bocconio, dem man die Mitgliedschaft im Großen Rat verweigert hatte, zur Revolte auf – aber die Regierung war nicht weniger gewaltsam in ihrem Vorgehen. Als Bocconio und seine Männer gegen die Tür des Ratszimmers Sturm liefen, wurden sie einer nach dem anderen eingelassen und auf der Stelle ermordet. So lautet die Legende; fest steht jedenfalls, daß mehrere Leichen mit dem Kopf nach unten von den Säulen der Piazzetta hingen und daß – wie der Chronist Sanudo später schrieb – »niemand es mehr wagte, seinen Mund in dieser Weise aufzureißen« – zumindest für eine gewisse Zeit.

Im Jahre 1299 wurde ein Gesetz zur Beschränkung von Luxus und Prunksucht erlassen. Hochzeitsgeschenke, außer Bechern für die Braut, den Bräutigam und den Offizianten, waren verboten. Auch durften nicht mehr als vierzig Erwachsene zu einer Hochzeit geladen werden. Keine Frau durfte – außer zu ihrer Hochzeit – Perlen im Haar oder Schmuck um Kopf und Hals tragen oder mehr als vier Kleider und zwei Pelzmäntel besitzen. Auch die Schleppen an den Kleidern und Untergewändern durften eine bestimmte Länge nicht überschreiten. Von dieser Regel waren nur Verwandte des Dogen ausgenommen.

Dieses Gesetz war keinesfalls überall populär und wurde auch nicht überall beachtet. 1306 wurde es widerrufen. Aber der Versuch zeigt, daß eine ernste und ständige Besorgnis vorhanden war. Vielleicht fürchtete man, daß zu viel Ausgaben für Luxus das Handelskapital schmälern und die Stadt verarmen lassen könnten. Vielleicht wollte man die äußerlichen Unterschiede zwischen arm und reich verringern, um dadurch die sozialen Spannungen zu vermindern. Vielleicht hat man es hier auch nur mit dem Ausdruck eines weitverbreiteten Gefühls zu tun, daß die Frauen eine ungesunde Neigung zu auffallendem Konsumverhalten zeigten, eine Anschauung, die damals jedenfalls von vielen geteilt wurde.

Nach den Worten Fra Paolinos, der 1304 schrieb, »stört ein Weib das Bemühen um Weisheit . . . Während der Mann sich müht, sie mit allem Modischen zu versorgen, wie teueren Stoffen, Gold und Juwelen, Dienerschaft und Dingen des Haushalts, jammert sie ohne Unterlaß: ›Jene Frau ist besser gekleidet als ich, und man begegnet jener anderen mit viel mehr Höflichkeit, während man auf mich armes Ding herabsieht . . . was also hast du mir vom Rialto mitgebracht?‹« Es war Paolinos Ansicht, daß ein Mann seine Frau so kleiden solle, wie er es für richtig hielt, und daß alle Extravaganz durch Gesetz verboten werden solle. Die Prunksucht spiegelte jedenfalls den zunehmenden Reichtum wider, der im folgenden halben Jahrhundert zu unvorstellbarer Höhe anwachsen sollte. Wie man aus den Testamenten jener Zeit ersieht, legten die Venezianer Vermögen in Liegenschaften an – Stadthäusern, Weingärten, Salinen und Gütern auf dem Festland. Auch den venezianischen Handwerkern ging es sehr gut. Die Goldschmiede der Stadt hatten Weltruhm erlangt, und venezianische Ton- und Glaswaren waren sehr gesucht, angefangen vom bunt bemalten Fensterglas bis zum gewöhnlichen Eßgeschirr, wobei jedes Stück auf Befehl der Regierung durch ein deutliches blaues Band gekennzeichnet sein mußte. Trotzdem blieb der Handel nach wie vor die Hauptstütze des wirtschaftlichen Wachstums von Venedig.

Venezianische Kaufleute waren erstaunlich weitgereiste Menschen. Marino Sanudo, genannt Torsello, verbrachte viele Jahre in Griechenland, reiste nach Zypern, Armenien, Alexandria und besuchte später Brügge und Avignon, nachdem er auch in Akko und auf Rhodos gewesen war. Erst als alter Mann ließ er sich in Venedig nieder. Frachtschiffe auf Trampfahrt kamen ebenfalls weit herum. So segelte Giovanni Placoni im Juni 1312 mit einer Ladung Verpflegung für den venezianischen Kommandanten von Zara nach Dalmatien. Von Zara aus transportierte er Bauholz nach Sizilien, lud dort Getreide für die Balearen und segelte dann von den Balearen nach Sardinien, wo er Salz für die Heimreise nach Venedig an Bord nahm. Leute wie Placoni und Torsello waren vergleichsweise unbedeutende Schiffsführer, aber sie und ihresgleichen waren die Radnaben der venezianischen Wirtschaft.

Eine weitere Grundlage dieser Wirtschaft war der Schiffbau, in dem das staatliche Arsenal, welches von Dante im 21. Kapitel der Hölle beschrieben wird, das bei weitem größte Unternehmen war. Im Jahre 1303 wurde diese Werft vergrößert und in ihrer Nähe die Seilfabrik von Tana in einem langen schmalen Gebäude gegründet, dessen Konstruktion gewährleisten sollte, daß Schiffstaue von höchstmöglicher Qualität gefertigt wurden, dazu Bogensehnen, die im Kampf bestimmt nicht rissen. 1325 wurde das »Arsenal« noch einmal erweitert und erreichte nun das Vierfache seiner ursprünglichen Größe. Dort wimmelte es nur so von Arbeitern: Kalfaterern, die zähes Pech kochten und damit Planken und Taue beschmierten, Schiffszimmerleuten, Ruder- und Segelmachern, die den ganzen Tag kämmerten, formten, dichteten und nähten. Die Arbeiter bekamen an der Arbeitsstelle zu essen, und ihre Arbeit wurde von drei *padroni* überwacht; sie lebten in nahegelegenen Häusern, die ihrer Bequemlichkeit entsprechend die Spitznamen »Paradies«, »Fegefeuer« und »Hölle« trugen.

Es gab auch große Privatwerften, die meistens Kaufleuten gehörten, wenngleich auch einige Handwerker sich anscheinend auf diesem Gebiet zu Unternehmern entwickelten. Mehr und mehr Schiffe wurden gebaut – Brigantinen, Fregatten, Gondeln mit zwölf Rudern und eisernem Rammschnabel, große rundliche Segelschiffe, wie sie für Massengüter – also auch von Placoni – benutzt wurden –, vor allem aber die großen Galeeren, jene langen, schmalen Schiffe, die zunehmend für die vom Staat organisierten Handelskonvois Verwendung fanden.

Solche Konvois verkehrten regelmäßig nach Syrien und Ägypten, trotz der schweren Drohungen des Papstes, und von 1319 an auch nach Nordeuropa. Für die erste Seereise in den Norden wurden privaten Schiffsführern Galeeren aus Staatsbesitz angeboten, um sie zu veranlassen, Gewürze, Seiden und kretischen Wein nach Flandern zu schaffen und Ladungen französischen Tuches zurückzubringen. Diese erste Reise warf jedoch so große Profite ab, daß eine weitere Subventionierung unnötig wurde. Bald bezogen die Galeeren auch Southampton in ihr Programm ein, wenngleich die Beziehungen zu England sich zunächst nicht ganz glücklich entwickelten, da es zu einem Kampf zwischen den Schiffsbesatzungen und den Städtern kam, so daß die englischen Häfen eine Zeitlang nicht mehr angelaufen wurden. Trotzdem ließen sich auf der Route nach Norden Vermögen machen, so von Dardi Bembo, der große Mengen Zucker nach London verfrachtete und in Boston in Lincolnshire Wolle lud, die er nach Flandern brachte. In diesem Hauptzentrum der Weberei tauschte er die Wolle gegen fertiges Tuch, das er dann nach der Levante exportierte. Dank guten Diplomaten hatte Venedig schon bald ausgezeichnete Beziehungen mit Brabant und Limburg, dem Herzog von Lothringen, dem Grafen von Flandern und den Ratsherren von Brügge. Die städtischen Behörden von Antwerpen baten den Dogen schon bald, den Venezianern doch zu gestatten, auch ihre Stadt anzulaufen, so wichtig waren die venezianischen kommerziellen Dienste für eine aufstrebende Stadt des Nordens. Weder die genuesischen Piraten noch der Fluch des Papstes, der den Dogen Gradenigo und die Stadt wegen ihres Ungehorsams 1309 exkommunizierte, konnten den sprudelnden Handelsstrom auf längere Zeit aufhalten, und noch immer versammelten sich die Pilger im Frühling in Venedig, um auf das Auslaufen der Galeeren am Fronleichnamstag zu warten.

Was nun die Männer anbetrifft, die sich an den Rudern mühten und die flatternden Segel bei Sturm bergen mußten, so wissen wir, daß sie eine buntgewürfelte Schar aus Zara, Istrien und aus Venedig waren. Aus einem Verfrachtungsprogramm, das Torsello 1320 aufstellte, hat der amerikanische Forscher Frederick Lane den ungefähren Lebensstandard dieser Leute errechnet. Ein Ruderer erhielt demnach etwas über 11 Pfund Schiffszwieback in der Woche, 340 g gesalzenes Schweinefleisch (wovon die Hälfte in Bohnensuppe gekocht und das übrige an Sonntagen aufgetischt wurde), anderthalb Pfund Bohnen, 250 g Käse und viereinhalb Liter Wein. Diese Ration ergab etwa 4000 Kalorien pro Tag zum Preise von fast dreizehn *piccoli*, wobei 750 *piccoli* einen Dukaten ergaben. Die Heuer betrug mindestens zweiundvierzig *piccoli* pro Tag, während Bogenschützen 64 erhielten, Vorruderer, die den Rhythmus festsetzten, 83 und Galeerenführer fast 200. So verdiente auch der einfache Seemann genügend, um sich in den Häfen Frischkost hinzukaufen zu können – und Häfen wurden im Mittelmeer häufig angelaufen, auf einer Pilgerreise fast jede Nacht.

Zusätzlich zu Heuer und Ration hatten die Seeleute Anrecht auf einen Teil an jeder Beute und auf die Mitnahme einer kleinen Menge unverzollter Waren, so daß – nimmt man alles in allem – ein gewöhnlicher Seemann Weib und Kinder ernähren konnte – allerdings nur so lange, wie er eine feste Arbeit hatte. Auch muß man bedenken, daß sein Arbeitsleben wegen der sehr schweren Tätigkeit im allgemeinen nur kurz war, so daß ein Seemann sich wahrscheinlich nur etwa so gut stand wie ein ungelernter Arbeiter in Venedig, der zwischen 48 und 60 *piccoli* am Tag verdiente.

Ein ausgebildeter Handwerker stand natürlich ganz anders da. Ein Meistersteinmetz verdiente zweimal so viel wie ein einfacher Arbeiter, und ein Künstler konnte zehnmal soviel verlangen, denn Künstler waren in Venedig sehr begehrt, ebenso wie ausländische Kunsthandwerker, besonders wenn es sich um seltene oder neue Fachberufe handelte. Nach 1310 begrüßte man in Venedig mit Vergnügen 32 Seidenweber, die aus Lucca vertrieben worden waren. Man versprach sich etwas von ihren Kenntnissen und nicht zu unrecht, denn schon bald beschäftigten sie 300 Arbeiter. Zur gleichen Zeit hatten sich deutsche Spiegelhersteller in Murano niedergelassen, und es finden sich auch Hinweise auf viele sonstige Ausländer – als da sind Filippo, ein Handschuhmacher aus Pisa, Giovanni, ein Wamsmacher aus Verona, Messer Roberto, Arzt aus Bologna, Federico, ein Messerschmied aus Passau, zwei deutsche Färber namens Philipp und Konrad und Messer Rabacino, der Grammatiklehrer aus

Florenz. Solche Einwanderer konnten schon nach zwei Jahren das Bürgerrecht erhalten, wenn sie ihre Familien mitbrachten und ihre Steuern zahlten, während es sonst auch fünfundzwanzig Jahre dauern konnte, bis man Bürger von Venedig wurde.

Das Bürgerrecht war vom Staat genau umrissen – diesem Staat, dessen Belange sich mittlerweile ausgedehnt hatten und nun nicht nur die Steuern und Zölle, die ständige Kriegsflotte und den Werftbetrieb im »Arsenal« umfaßten, sondern auch die Durchsetzung einer Unzahl von Vorschriften über Schiffsklassen und -bestandteile, Lademarken, Konvois und Schiffsbewaffnung, wozu es einer großen Anzahl von Beamten und kleinen Funktionären bedurfte. Ständig kamen neue Verordnungen hinzu. Im Jahre 1303 hatte der Senat bestimmt, daß jede Galeere dreißig zum Rudern befähigte Bogenschützen mitnehmen müsse, die allerdings auf der Innenseite zu sitzen hätten, um rasch zum Kampf bereit zu sein. Um sicherzustellen, daß es immer genügend gute Bogenschützen gäbe, hatte man Schießstände errichtet und die in Zwölfergruppen organisierten Bürger zwangsweise exerzieren lassen. Diese Schießübungen fanden jedoch in festlicher Atmosphäre statt. Es gab Wettschießen auf dem Lido am ersten Sonntag im März, am 3. Mai und zu Weihnachten, und die Regierung setzte Preise aus – eine Länge Scharlachtuch für den besten Schützen, ein kleineres Stück und eine Armbrust mit Köcher für die Zweitbesten. Doch es war nicht ganz ungefährlich, das Volk zum Waffengebrauch zu erziehen, und 1310 sah sich die Regierung einer Rebellion gegenüber, die wesentlich ernster war als Bocconios zehn Jahre zurückliegende Auflehnung.

Dafür gab es mehrere Gründe – zunächst eine Spaltung innerhalb des Adels und insbesondere den Haß der Tiepolos und ihrer Freunde gegen den Dogen Gradenigo und seine Anhänger, ferner Unzufriedenheit mit den neuen Bestimmungen über die Mitgliedschaft im Großen Rat und nicht zuletzt Venedigs Exkommunikation durch den Papst.

Die Exkommunikation war auf die Einnahme Ferraras gefolgt, als die Venezianer sich gegen die intervenierenden päpstlichen Truppen gewandt hatten. 1309 wurden den Venezianern daraufhin die Sakramente und sogar ein christliches Begräbnis verweigert, den Geistlichen der Befehl erteilt, die Stadt zu verlassen, während der Papst im Ausland jedem Ablaß versprach, der Venezianer oder venezianischen Besitz angriff. Infolgedessen wurden Venezianer än so fernen Orten wie England, Frankreich und der Levante ebenso beraubt wie in ganz Italien. Die Verzweiflung der religiös Empfindenden, der Ärger derer, die finanziell oder persönlich zu Schaden kamen, im Verein mit der Unzufriedenheit der ihrer Wählbarkeit Beraubten führte zu ernster politischer Unzufriedenheit und der Bildung einer Oppositionsbewegung, die sich schließlich unter der Führung der miteinander verwandten Tiepolos und Querinis konsolidierte.

Die ersten Symptome bestanden in einer deutlichen Zunahme von gewalttätigen Auseinandersetzungen in der Stadt. Da er merkte, wie ihm die Kontrolle entglitt, verbot der Doge seinen Untertanen, bewaffnet und mit Gefolge durch die Straßen zu gehen. Doch eines Abends, als Marco Morosini, der als »Herr der Nacht« Dienst tat, Pietro Querini nach Waffen durchsuchen wollte, schlug der ihn nieder. Während die Spannung in der Stadt stieg, versuchte der Doge, seine Popularität durch allerhand Maßnahmen zu heben, indem er ein alljährliches Bankett für die Armen einführte und große Summen für bürgerliche Zeremonien ausgab, um das Volk für den Ausfall der kirchlichen Riten zu entschädigen. Unterdessen schmiedeten Marco Querini und sein Verwandter Baiamonte Tiepolo Pläne zur Machtübernahme.

Tiepolo war der Enkel eines Dogen, reich und beliebt, mit guten Verbindungen zu Mitgliedern der älteren führenden Familien, von denen einige aus dem Großen Rat ausgeschlossen worden waren; auch aus dem ärmeren Adel unterstützten ihn viele. Wegen Veruntreuung im Jahre 1300 verurteilt, war er 1302 trotzdem in ein Richteramt gewählt worden, hatte dann aber Venedig verlassen und war beleidigt in seine Villa bei Mestre gezogen, weil Graf Doimo von Veglia ihm als Herzoglicher Rat vorgezogen worden war. Baiamonte Tiepolo war populär, fähig und ein erfahrener Krieger – in der Tat eine echte Gefahr.

Die Verschwörer planten, sich mit ihrem Gefolge in Marco Querinis Haus in der Samstagnacht des 13. Juni 1310 zu treffen und in der Dämmerung des Sonntagmorgens in zwei Gruppen, die von Marco und Baiamonte geführt werden sollten, aufzubrechen und auf der Piazza, von verschiedenen Seiten kommend, zusammenzutreffen. Um ganz sicher zu gehen, daß genügend Männer zum Sturz des Gradenigo-Regimes zur Verfügung stünden, sollte Badoer von Padua mit einer Dritten Gruppe zu ihnen stoßen.

Der Samstag kam, und die Geschäftigkeit im Hause Querini wurde bemerkt. Späher der Behörden wurden von Männern mit gezogenem Schwert an jedem Zugang zur Rialtobrücke angehalten, und schließlich verriet der Verschwörer Donato das Unternehmen. Dadurch gewann der Doge Zeit, sich vorzubereiten. Er befahl den Bewohnern von Chioggia und den Inseln, Badoer nicht durchzulassen, und den *Signori di Notte*, alle regimetreuen Männer zusammenzurufen. Dann versammelte er seine Verbündeten mit ihrem Gefolge und wartete.

Der entscheidende Sonntag kam heran. Es war stürmisch geworden, so daß sich Badoers Ankunft verzögerte, aber die anderen Rebellen machten sich nach Plan auf den Weg. Tiepolo wurde durch einige seiner armen Anhänger aufgehalten, die unterwegs noch die Amtsgebäude des Magistrats und die Getreidebörse plünderten, und er hielt sich noch einmal auf, um am Rialto seine Anhänger neu zu ordnen. So konnte der Plan nicht mehr klappen. Badoer lief in der Lagune auf Grund und wurde vom *podestà* von Chioggia gefangengenommen. Querinis Leute stürmten auf die Piazza, lange bevor Tiepolo erschien. Sie wurden von den Anhängern des Dogen überwältigt, und Marco Querini und sein Sohn kamen dabei um. Dann wurden Tiepolos Anhänger zur Flucht gezwungen. Sie flohen die Merceria hinauf und versuchten, sich links davon auf dem Campo San Luca wieder zu sammeln, wurden jedoch über die Rialtobrücke zurückgetrieben. Wer übrigblieb versuchte, sich im Hause Querini zu verbarrikadieren.

Um noch mehr Blutvergießen zu vermeiden, bot der Doge einen Vergleich an: Tiepolo und seine Hauptkommandeure mußten Venedig auf immer verlassen, die kleinen Leute erhielten Pardon. Tiepolo nahm die Bedingungen an, gab jedoch den Kampf nicht auf, sondern schmiedete weiterhin von Padua und Treviso aus Komplotte. Aber von nun an war die Regierung sehr auf der Hut. Im Juli 1310 wurde eine neue Körperschaft, die auf typisch komplizierte Weise gewählt war, mit der Verantwortung für die Staatssicherheit betraut, insbesondere sollte sie Tiepolo überwachen. Diese temporär eingesetzte Körperschaft wurde zu einem ständigen Komitee für Staatssicherheit umgebaut, das unter absoluter Geheimhaltung arbeitete. Es war das venezianische Äquivalent des KGB und als Rat der Zehn bekannt. Die Agenten dieser Zehn beschatteten Tiepolo zwanzig Jahre lang, so wie Stalins Agenten Trotzki. Doch Tiepolo setzte sich immer wieder ab und starb schließlich, bevor sie ihn erreichten.

Unterdessen waren fünfzehn weitere Familien zum Großen Rat zugelassen worden. Es war die Belohnung für ihre Loyalität während der Rebellion, doch als der Doge Gradenigo 1311 starb, unterlag Venedig noch immer dem Kirchenbann. Erst 1313, nachdem päpstliche Truppen die Burg von Ferrara gestürmt und jeden venezianischen Verteidiger, dessen sie habhaft werden konnten, niedergemacht hatten, war Venedig zum Frieden mit dem Papst bereit, mußte dafür aber 100 000 Dukaten entrichten. Der neue Doge Giovanni Soranzo hatte es mit einer erneuten Rebellion Zaras zu tun, die er niederschlug, aber mit Schwierigkeiten in Venedig wurde er weniger leicht fertig. Als seine Tochter, die Frau des verbannten Nicolo Querini, nach Venedig zurückkehrte, weil ihr Vater 1314 zum Dogen erwählt worden war, ordnete der Rat der Zehn an, daß sie in einem entfernten Vorort unter Hausarrest gestellt werde. Sogar als ihr Mann starb, wurde dieser Arrest nur wenig gelockert. Es hat somit den Anschein, daß nicht einmal ein Doge eine Anordnung der Zehn widerrufen konnte.

Während anderswo in Italien die Diktatoren nur so aus dem Boden schossen – Militärs, die auf einer Woge der Volksgunst zur Macht gekommen und sie innerhalb ihrer Familie weitergereicht hatten –, so die Visconti von Mailand, della Scala von Verona und da Carrara von Padua, ging Venedig seinen eigenen Weg, frei von Autokratie und Feudalismus. Die Macht des Dogen war fest umschrieben, wenn er auch als erfahrener Politiker mehr Gewicht hatte als jeder andere, und die Macht war auf mehrere verteilt – auf den Senat, der die Außenpolitik bestimmte, die *Savii*, die bis ins Detail die Staatsgeschäfte betrieben, den finsteren Rat der Zehn und eine Überfülle von Ausschüssen, die alle vom Großen Rat ausgingen.

Die mittleren und unteren Gesellschaftsschichten waren von jeder politischen Aktivität ausgeschlossen; ebenso auch die Sklaven und die Frauen und sogar die Handels- und Gewerbevereinigungen – die *arti* –, die streng kontrolliert wurden. Aber die Regierung war sich der Bedürfnisse des Volkes sehr wohl bewußt, und es gab die Kirche und die *Scuole*, in denen auch die Nichtadligen unter ihresgleichen zu Macht und Ansehen kommen konnten. Die *Scuole* waren in vielerlei Hinsicht die demokratischsten Einrichtungen von Venedig. Zumindest eine davon erlaubte es auch Adligen beizutreten, nämlich die Misericordia, die von der Selbstgeißelung absah, wenn der Adlige zwanzig Soldi im Jahr stiftete. Bis zum Jahr 1327 nahm die *Scuola San Giovanni Evangelista* auch Frauen auf. Die Armen wurden von allen angenommen.

Das Hauptanliegen der *Scuole* war noch immer das fromme Leben ihrer Mitglieder, und da sie in den Menschen ein überwältigendes Sündenbewußtsein zu erwecken verstanden, lenkten sie die nichtadligen Venezianer stark von den Gedanken an ihre politische Machtlosigkeit ab. »Der Mensch«, heißt es in der Erklärung einer *Scuola*, »wird von der Sorge niedergedrückt, von schwerer Arbeit zermalmt und ist in Teufelswerk verstrickt.« Nur Gebete, Buße und gute Werke konnten einen Ausweg bieten und auch das nicht in dieser Welt, sondern nur im Sinne eines Passierscheins »zur Rückkehr in unser Himmlisches Reich«.

Doch es gab auch anderes als nur Gebete und Trübsinn. Während der Fastenzeit kamen z. B. die Mitglieder einer *Scuola* an jedem vierten Sonntag zu einem »Liebesfest« zusammen, bei dem es in Kräutern gekochten Fisch gab – die größte erlaubte Delikatesse während der Fastenzeit –, und da eine Mahlzeit für die gleiche Anzahl von Armen bereitet wurde, wurde auch die Wohltätigkeit nicht vergessen, wenngleich sie meistens bedürftigen Mitgliedern zugute kam.

Marco Polo gehörte mehreren *Scuole* an und lebte friedlich mit Frau und Töchtern inmitten der angesammelten Reichtümer, die aus Tuchen und Juwelen und den Überbleibseln seiner abenteuerlichen Vergangenheit bestanden. Er besaß einen tatarischen

Sklaven, der Botengänge und Hausarbeiten erledigte. Er freute sich an seinem Buch, daß von der Kirche sanktioniert worden war, und er tat seine Pflicht den *Scuole* gegenüber, vermied aber jede gefährliche politische Verwicklung. Auch an kommerziellen Dingen war er nur wenig interessiert, wenngleich er es sich angelegen sein ließ, sein Kapital mit Profit arbeiten zu lassen.

Im Jahre 1311 verklagte er seinen Agenten Paolo Girardo wegen sechs Pfund Moschus, und er war rücksichtslos im Eintreiben von Prozenten für sein verliehenes Kapital, einerlei ob es sich um Familienmitglieder oder fremde Schuldner handelte. Wie er von sich selber sagte, war er »außerordentlich genau und vorsichtig«, und dank seiner Umsicht heirateten seine Töchter auch zu seiner Zufriedenheit: eine einen Bragadin, die zweite einen Querini – was allerdings unglückliche politische Auswirkungen gehabt haben mag –, aber glücklicherweise trat die jüngste in die Gradenigo-Familie ein, und das war sicherlich ein Erfolg.

Marco erlebte noch die Ausdehnung Venedigs in seinen alten Tagen. Da das Land so rar war, wandte sich die öffentliche Landgewinnung dem Gebiet um Sant' Elena zu. Anderswo unterminierten Privatleute die Ufer der Kanäle, weil sie nach Füllstoffen für die eigene Landgewinnung suchten, so daß die Behörden einschreiten mußten. Marco hörte die Kanalarbeiter singen, wenn sie die schweren Pfähle in das Seegebiet vor *Giudecca* einschlugen. Er erlebte, wie Rahmen aus Bauholz um die Pfähle herum aufgeführt und die so entstehenden Kästen mit Ton und Steinen gefüllt wurden, um Plattformen für Gebäude zu gewinnen. Er sah das neue »Arsenal« im Bau, die Pflasterung der Straße von San Marco nach Castello und den Baubeginn der Frari. Als er ein alter Mann war, wurde mit dem Bau der Servi-Kirche begonnen. Auch den Neubau der Barke des Dogen, des Bucintoro, hat er noch erlebt und sie bei unzähligen Gelegenheiten im Schlepptau vorbeifahren sehen, reich mit Schnitzereien, Ornamenten und Behängen geschmückt.

Marco hatte Schiffbrüche, Piratenüberfälle, Schlachten und Angriffe wilder Tiere überlebt und seine Vaterstadt viele Krisen überwinden sehen – erbitterte Kriege, zwei mißglückte Staatsstreiche, den Bannfluch des Papstes und die Ablehnung des Ansinnens, dem Kaiser Lehenstreue zu schwören. Diese mit der Begründung, daß Venedig »ein fünftes Wesen ist und weder der Kirche noch dem Kaiser, weder dem Meere noch dem Lande angehört.«

Venedig schuldete niemandem Untertanentreue, und auch Marco Polo, Sohn dieser Stadt, gehörte nur sich selbst. Doch während sich die Stadt noch größerem Ruhme näherte, waren Marcos Tage gezählt. Er verbrachte sie verstrickt in Gemeindeklatsch und Familienangelegenheiten und umgeben von Trophäen aus seiner glorreichen Vergangenheit – einem silbernen Gürtel, der ihn als mongolischen Ritter auswies, einem buddhistischen Rosenkranz und der »goldenen Kommandotafel«, die ihm der Groß-Chan persönlich gegeben hatte. Im Januar 1323/1324 machte Marco sein Testament. Er ließ seinen tatarischen Sklaven frei, hinterließ seiner Frau ein Einkommen von etwa 100 Dukaten im Jahr und vermachte fast alles übrige seinen Töchtern. Die Kirche vergaß er jedoch keineswegs – da war der Zehnt für den Bischof von Castello, Stiftungen für die Kirche San Lorenzo, mehrere Klöster und jede *Scuola*, der er angehört hatte. Bald darauf starb er. Zu der Zeit hatten andere Europäer sich dorthin aufgemacht, wohin er vorausgegangen war, und hatten Indien und China erreicht. Besonders die Genuesen taten sich dabei hervor.

Der große Handelsrivale von alters her war Venedig noch immer dicht auf den Fersen.

VI

VENEDIG ZUR ZEIT PETRARCAS

Als Francesco Petrarca, Dichter, Administrator und glänzender Herold der heraufziehenden Renaissance noch ein junger Mann war, da war Venedig, dessen Oberschicht ihn später ins Herz schließen sollte, noch immer so nüchtern praktisch wie eh und je. Obgleich der Kirche gehorsam und sogar philantropisch eingestellt, machten sich die Venezianer nichts aus Dichtung und Idealen. Mit Ausnahme der Jurisprudenz, zählte jede Art von Wissenschaft nur wenig, denn die Aufmerksamkeit der meisten Venezianer war auf die Mehrung von Wohlstand und Macht im eigenen Interesse und im Interesse der Stadt gerichtet.

Die Aussichten schienen günstig. Comacchio, Amalfi und Pisa, die Rivalen vergangener Zeiten, hatten kommerziell keine Bedeutung mehr. Nur Genua verblieb als ernster Konkurrent auch weiterhin. Aber obgleich Venedigs Handelsmaschinerie auf immer höheren Touren lief, was der wirtschaftlichen Expansion in ganz Europa zuzuschreiben war, wurde der Kampf um die Vorherrschaft ebenfalls immer hektischer. Venedig mußte nicht nur seine Schiffahrt gegen Piraten beschützen und seine überseeischen Basen verteidigen, es mußte auch eine Reihe von miteinander unvereinbaren Handelsabkommen mit der islamischen und der christlichen Welt einhalten, seinen Landbesitz auf dem Festland vergrößern, um die Versorgung der Stadt zu gewährleisten, und die Handelsstraßen über die Alpen sichern. Alles dieses verlangte nach immer häufigeren Eingriffen seitens der Regierung.

Es gab kaum einen Mittelmeerhafen, dem das Banner von St. Markus unbekannt gewesen wäre. Doch während einige Schiffe allein segelten, taten andere das nur im Konvoi, und während manche Konvois staatlich organisiert waren, bestanden andere aus privaten Schiffen. Es gab kein verbindliches Schema, und die plötzlichen Interventionen seitens des Staates sowie ständige Abänderungen von Vereinbarungen machten es den venezianischen Händlern unmöglich, über das Eintreffen oder Abgehen wichtiger Sendungen im voraus genau orientiert zu sein. Schon war eine gewisse Investitionsunlust zu bemerken, weshalb im Jahre 1321 fünf *savii ai ordini** gewählt wurden, die vor allem dafür sorgen sollten, daß Konvois zu festgesetzten Zeiten abgingen und hereinkamen, um so einen rascheren Güterumschlag zu erreichen und dem schlimmsten Winterwetter ausweichen zu können. Schiffsbeladezeiten wurden festgesetzt und Regeln für das Chartern von staatlichen Schiffen aufgestellt.

Die Reise in das Schwarze Meer, die zu den gefährlichsten gehörte, wurde von 1328 an strikt geregelt. Die Schiffe mußten in der zweiten Hälfte April beladen werden und gegen Ende Oktober zurückkehren. Die nach Flandern segelnden Galeeren, die jetzt auch englische Häfen wie Margate, Sandwich und Boston anliefen, mußten im März auslaufen, um gegen Ende des Jahres zurück zu sein. Ladezeiten wurden auch für die Seereisen nach Konstantinopel, Armenien und Zypern festgesetzt. Diese Regeln bezogen sich nicht nur auf die schnellen Galeeren, die die wertvolleren Waren beförderten, sondern auch auf die Segelschiffe, die die mehr Raum beanspruchenden Massengüter, wie z. B. Baumwolle, transportierten. Schiffe, die Getreide, Salz und andere das Jahr über benötigte Waren geladen hatten, durften das ganze Jahr hindurch verkehren, jedenfalls in Friedenszeiten.

Dieses System wurde durch Agenten unterstützt, die in wichtigen Handelszentren des Auslandes wohnten, durch venezianische Gesandte, die sich um Handelsverträge bemühten, und durch die Kommandeure der Galeerenkonvois. Diese Funktionen wurden von jener Schicht wahrgenommen, die vom Handel in den Staatsdienst übertrat und ebenso gerne wieder zum Handel zurückkehrte. So wurde Dardi Bembo, ein Mann, der viel Geld in den nach Flandern verkehrenden Galeeren angelegt hatte, Gesandter in Frankreich, befehligte aber 1327 einen ins Schwarze Meer segelnden Konvoi. Diplomatie und Politik im allgemeinen wurden also hauptsächlich von jenem kaufmännischen Adel wahrgenommen, in dessen Interesse sie lagen.

---

* Ausschußmitglieder für Angelegenheiten der Kriegsflotte (Anm. d. Übers.)

Venezianische Diplomaten zahlten dem König von Frankreich 2000 Gulden, damit venezianische Händler von willkürlichen Auflagen verschont blieben. Sie brachten einen Vertrag mit Abu Said von Persien zustande, der Venezianern das Recht gab, vor Räubern geschützt zu werden und Lager aufzuschlagen, sowie venezianischen Mönchen erlaubte, Kirchen zu erbauen. Im Jahre 1332 erwarben sie vom usbekischen Chan ein Stadtviertel im neuen Tana an der Mündung des Don. Aber die Handelsbedingungen auf dem Schwarzen Meer blieben unsicher. Es gab Beschlagnahmungen, Zollforderungen und Festnahmen in Persien trotz des Abkommens, und als im Jahre 1336 das persische Chanat zerfiel, zogen sich die Venezianer völlig aus jenem Gebiet zurück. In Tana gab es 1343 ein Massaker, wobei Menschen aus dem Westen umgebracht wurden, und obgleich die Venezianer in einer kurzen Zeit der Zusammenarbeit mit den Genuesen mit ihrem Handel im Schwarzen Meer wieder Fuß fassen konnten, blieben die Aussichten dort sehr ungewiß. Da die Landverbindungen aus dem Fernen Osten durch das Tatarenreich zerschnitten waren, mußte Venedig sich wegen der Gewürze, die das A und O seines Handels darstellten, an Ägypten halten.

Die Venezianer hatten eine erneute kostspielige Auseinandersetzung mit dem Papst derart gefürchtet, daß sie Ägypten seit 1323 nicht mehr besucht hatten. Doch 1343 gingen venezianische Abgesandte nach Avignon, um den Papst zu bitten, das Verbot aufzuheben. Zögernd willigte er in einen begrenzten venezianischen Handel mit Ägypten auf fünf Jahre gegen Zahlung einer ungemein hohen Kontribution an seine Kasse. Der Sultan, dessen Land wegen des christlichen Embargos vor der Verarmung stand, begrüßte die Rückkehr der Venezianer, obgleich der Handel mit Waffen, Eisen, Schiffsbauholz und Sklaven noch immer offiziell verboten blieb. Mit der Zeit gelang es, den Papst zu einer Erweiterung seiner Konzessionen zu bewegen.

Während also der Staat dem Handel Hindernisse aus dem Wege räumte, mußte er zu anderen Gelegenheiten auch Investitionen beschränken. Die Venezianer waren jetzt nämlich geneigt, Summen in Übersee anzulegen, die ihre Veranlagung zur Zwangsanleihe beeinträchtigten. Ein neues Amt wurde daher errichtet, das für die Aufrechterhaltung und wenn möglich Erhöhung der bisherigen Steuereinschätzung sorgen sollte. Da die Venezianer, wie alle Handeltreibenden, ein scharfes Auge für mögliche Steuerhinterziehungen hatten, sollte außerdem der Kauf auf Kredit verhindert werden, eines der besten Mittel zur Verschleierung von Eigentumsverhältnissen.

Die Bestimmungen gegen Wucherzinsen wirkten sich auch auf die Investitionen aus, weil so mehr Kapital in den Handel gelangte. Doch wurde der Wucher in Venedig je nach der Marktlage definiert, so daß nur ungewöhnliche Sicherheiten oder Zinssätze (die bei weitem die damals üblichen acht Prozent überschritten) Mißbilligung hervorriefen. Und Verfolgungen scheinen nie einen Geschäftsmann betroffen zu haben, der an einen anderen Geschäftsmann Geld ausgeliehen hatte. Venedig entwickelte sich mehr und mehr zu einem Bankplatz und Geldmarkt. Venezianische Geldwechsler hatten begonnen, Depositen anzunehmen, und Can Grande von Verona hinterlegte 26000 Dukaten in Venedig, damit für seine unehelichen Kinder im Falle seines Todes gesorgt sei.

Can Grande (Großer Hund) della Scala war Turnierkämpfer und Jäger, der sich 300 Falken hielt, ein ehrgeiziger Streber, der seinem Familiennamen della Scala – von der Leiter – alle Ehre machte. Als solcher wurde er Venedig bald gefährlich. Landhungrig wie er war, fügte er zuerst Vicenza seinem Besitz hinzu, dann aber auch Belluno und Treviso vor der Türschwelle Venedigs. Und schließlich warf er ein begehrliches Auge auf die Stadt, mit der der wandernde Petrarca am meisten verbunden war, auf Padua.

Padua liegt nur 32 km von Venedig entfernt und war die Hauptstadt einer Weizen produzierenden Gegend, von deren Erträgen Venedig besonders abhängig war und die schon längst zum engeren Interessengebiet der Stadt gehörte. Der Herrscher von Padua, Jacopo da Carrara, war mit der Tochter des Dogen Gradenigo verheiratet und stand im Goldenen Adelsregister von Venedig verzeichnet. Doch sein Nachfolger Marsilio war gezwungen, Can Grande Treue zu schwören, der 1329 Herr von Padua wurde.

Can Grande starb zwar im gleichen Jahr im Alter von 38 Jahren, doch sein Neffe und Nachfolger Mastino (Fleischerhund) war nicht weniger gefährlich. Er war mit der Kusine von Carrara verheiratet und übernahm die Stadt Padua als ihr unmittelbarer Herrscher. Als er neue Zölle auf venezianische Waren erhob und ein Zollhaus am Po errichtete, mußte Venedig Gegenmaßnahmen ergreifen. Es erhob ungewöhnlich hohe Zölle auf Waren aus Padua und versuchte, Mastinos Gebiet von der Salzzufuhr abzuschneiden. Das jedoch wurde von Mastino aus Deutschland bezogen, der auch daranging, Parma und Lucca seinem Gebiet anzugliedern. Bald fürchtete man, der Kleine Hund von Verona werde ganz Norditalien auffressen, doch der Doge Francesco Dandolo wurde ebenfalls nicht umsonst »il cane« genannt – und schon bald sollte dieser venzianische Hund seine Zähne zeigen.

Im Jahre 1336 zog Venedig eine große Armee zusammen und begann den Krieg im Bündnis mit Florenz und den enteigneten Herren von Parma. Der Lido wurde wieder zu einem Heerlager, als Glücksritter von weit entfernten Orten in Frankreich und Deutschland herbeigeströmt kamen, denn der Sold der Alliierten war hoch – neun Golddukaten im Jahr für jeden voll ausgerüsteten schwerbewaffneten Reiter mit Streitroß und Ersatzpferd, dazu die Erlaubnis, jegliche Beute zu behalten, sowie eine Belohnung von drei Dukaten für jeden gefangengenommenen Feindsoldaten. Diese Armee, zu der auch Einberufene gehörten, zog denn auch schon bald ins Feld.

Treviso wurde genommen, doch der Erfolg der Alliierten war nur zum Teil den Waffen zu verdanken. Als Mastino zu Verhandlungen Marsilio da Carrara zu den Venezianern entsandte, boten diese ihm unverzüglich an, ihn wieder als Herrn von Padua einzusetzen, falls er ihnen die Tore der Stadt öffnete. Dazu erklärte Carrara sich bereit. Im August 1337 besetzten die Venezianer Padua und nahmen Mastinos Bruder gefangen. Visconti von Mailand nahm unterdessen Bergamo und Brescia, und da er nun von allen Seiten bedroht war, mußte Mastino sich ergeben. Entsprechend den Bedingungen des Friedensvertrages erhielt Venedig alle Gebiete zwischen den Alpen und der Lagune, freie Schiffahrt auf dem Po und eine vorteilhafte Kriegsentschädigung. Ein festliches Kampfspiel auf der Piazza feierte den Sieg.

So war Venedig zu einer wichtigen Festlandsmacht geworden, doch ihre neuen Staatsgebiete mußten verwaltet werden, und statt die direkte Kontrolle über sie zu übernehmen, überließ Venedig die Orte Castelbaldo, Cittadella und Bassano ebenso wie Padua an Carrara. Die Herrschaftsform, die Venedig in Conegliano und Treviso einführte, diente späterhin als Muster seiner Herrschaft auf dem Festland. Ein venezianischer *podestà* (Zivilgouverneur) und ein *capitano* (Militärkommandeur) wurden in jeder größeren Stadt eingesetzt, in den kleineren ein einziger Administrator. Diese Venezianer waren für die Verteidigung, die Polizei und die Eintreibung der Steuern verantwortlich, während dem jeweiligen Stadtrat und den örtlichen Großen ein genügend weites Feld für unabhängige Betätigung verblieb.

Dieses System gab jungen venezianischen Adligen die Möglichkeit, Erfahrungen zu sammeln, aber dem Durchschnittsvenezianer bedeutete der Zugewinn an Staatsgebiet herzlich wenig. Auf den Werften verlief die Arbeit nicht anders als sonst. Kiele wurden aus Eiche, Ruder aus kroatischer Birke, Ankerwinden aus Ulme gefertigt, Steuerruder aus Walnußblöcken und die Schiffs- und Deckplanken aus Kiefern- und Lärchenholz, das aus den Alpen und vom Apennin stammte. Die Stauer, die in den verschiedenen *sestiere* von Aufsehern überwacht wurden, arbeiteten Tag und Nacht, um Waren der ganzen Welt zu laden und zu löschen. Mit Säcken voll kostbaren Drogen und Gewürzen stolperten sie die Laufplanken hinunter, rissen die festgepackten Baumwollballen aus dem Zwischendeck, handhabten die Getreide- und Zuckersäcke, die Ölfässer und die großen Steinblöcke, die für die neue Halle und andere Gebäude benötigt wurden. Denn es wurde eine Halle gebaut, die alle Mitglieder des Großen Rates fassen sollte, man arbeitete an der südlichen Fassade des Dogenpalastes, und ein riesiger öffentlicher Getreidespeicher war auf dem Neuland in der Nähe der Markuskirche im Bau. Alle Kanäle wimmelten von Barken, der Rialto summte vor Geschäftigkeit, und die Lagerhäuser und Landeplätze waren vollgestopft mit Waren. Die Bevölkerung Venedigs betrug in den 1330er Jahren etwa 110000 – nach einigen Quellen sogar fast 200000 –, aber sogar diese große Zahl konnte den Bedarf an Arbeitskräften nicht decken, und der Mangel an Seeleuten war besonders fühlbar.

Schließlich war die Regierung gezwungen, die Heuerbedingungen neu zu fassen. Es wurden schärfere Strafen für das Weglaufen vom Schiff verhängt, Zahlmeister erhielten Prämien für Rekruten, die sie den Galeeren zuführten, und Gefangene wurden zum Dienst gezwungen. Viele von ihnen waren gute Seeleute, die man ihrer Schulden wegen eingesperrt hatte, und ganz allgemein nahm die Neigung zu, solche Leute heranzuziehen, so wie auch der Druck Venedigs auf die Kolonien wuchs, Männer für die Flotte bereitzustellen. Beides wirkte sich letzten Endes schlecht auf diese Waffengattung aus.

Die staatlichen Galeeren waren verhältnismäßig kleine Schiffe mit selten über 500 t und mit einer Besatzung von nur 60 Ruderern, während die großen nach Flandern segelnden Galeeren bis zu 180 Ruderer haben mußten. Die durchschnittliche Größe der nach Osten segelnden Konvois war ebenfalls klein – etwa vier Galeeren, wenn nicht gerade Hochkonjunktur herrschte, und oft auch nur zwei. 1335 verließen nur 26 Handelsgaleeren Venedig, die insgesamt kaum 3900 t beförderten. Das ist nach heutigen Maßstäben eine sehr kleine Menge, wenn auch die Waren, insbesondere die Gewürze, im Verhältnis zu ihrem Wert nur wenig wogen.

Doch der venezianische Warentransport war nicht nur auf Galeeren und organisierte Konvois beschränkt. Gewöhnliche Schiffer mit ihren großen hochbordigen Segelschiffen und Besatzungen aus aller Herren Länder beförderten einen großen Teil der Gesamttonnage, und es gab auch einen beachtlichen Küsten- und Flußverkehr mit Lastkähnen. Zwar behielten die traditionellen Waren – Gewürze, Sklaven, Stoffe, Bauholz usw. – ihre Bedeutung, doch kamen neue wie Baumwolle und Zucker hinzu, die sich einer stetig wachsenden Nachfrage erfreuten, und während die alten Handelsstraßen weiterhin lebhaft benutzt wurden, fanden sich auch immer Männer, die neue zu erschließen bereit waren. Im Jahre 1338 hörte Giovanni Loredano, daß der neue Herrscher aus der Mogul-Dynastie fremde Händler gerne sah. Er überredete daher seinen Bruder Paolo und vier andere Adlige, eine gemeinsame Handelsreise nach Indien zu unternehmen. Während der Reise, die von der Krim ausging, starb Giovanni, und Paolo mußte den Anteil seines Bruders mit übernehmen. Die Venezianer wurden vom Sultan sehr herzlich begrüßt, der ihnen Bargeld im Wert von 7500 venezianischen Lire schenkte und ihnen gestattete, vor ihrer Rückkehr Perlen einzukaufen. Doch auf der Rückreise starben noch zwei der Partner, und als sie endlich heimkamen, erleichterten die Zöllner sie um ein Zehntel ihrer Geschenke. Obgleich nur drei, statt der ursprünglichen sechs, sich in den Gewinn dieser Reise zu teilen hatten, scheinen ihre Gewinne im Vergleich zu den Risiken keineswegs übergroß gewesen zu sein.

Aber auch bekannte Routen konnten gefährlich sein. Mit türkischen Piraten mußte man nun auch in den griechischen Gewässern rechnen, und im Jahre 1332 planten Venedig, der griechische Kaiser und die Johanniter einen »Kreuzzug«, um mit der türkischen Bedrohung fertig zu werden. Daraus wurde allerdings dann doch nichts, weil Kreta neue Schwierigkeiten machte. Als die Kreter wieder rebellierten, mußte man die Mittel in anderer Weise verwenden, und der »Kreuzzug« wurde zunächst vertagt und dann aufgegeben.

Die rauhe Methode, Rebellen dadurch zur Raison zu bringen, daß man sie in Säcke steckte und über Bord warf, half im Falle Kreta nicht viel. Venedigs Vasallen auf der Insel rückten nur langsam mit ihrem Gefolge aus – kein Wunder, da viele der ärmeren Ritter sich gar nicht für eine militärische Unternehmung auszurüsten im Stande waren –, andere, die statt dessen Abgaben zu leisten hatten, waren zahlungsunfähig, und vielen wäre die Beendigung der venezianischen Herrschaft gar nicht unangenehm gewesen. Infolgedessen konnten die Rebellen die ganze Insel mit Ausnahme von Candia und einigen Burgen rasch überrennen.

Aber Kreta war lebenswichtig, sowohl wegen der Weizenversorgung als auch als Sprungbrett nach Ägypten, denn unterdessen waren die alten Seidenstraßen durch Zentralasien durch die Mongolen versperrt. Kreta mußte zurückerobert werden. Schließlich war Venedig erfolgreich, aber Kreta fuhr fort, Schwierigkeiten zu machen – genau wie Zara, das im Jahre 1345 wieder rebellierte. Es war ein Glück für Venedig, daß seine übrigen Kolonien – Negroponte, Korone und Methoni, wo jüdische Seidenarbeiter sich angesiedelt hatten – gefügiger waren. Die Beziehungen zwischen venezianischen Auswanderern und örtlichen Griechen waren sogar so gut, daß jene den Befehl erhielten, sich zu rasieren, damit sie äußerlich von der eingeborenen Bevölkerung zu unterscheiden wären.

Während die Venezianer hin und wieder mit der örtlichen Bevölkerung im Ausland verschmolzen, versuchten Fremde im venezianischen Leben aufzugehen, und sie wurden dazu auch ermutigt, wenn sie nützliche Fachleute waren. In solchen Fällen winkte Venedig mit zweijähriger Steuerbefreiung. Unter den Neuankömmlingen befanden sich viele Deutsche, darunter mehrere Schuhmacher, von denen einer 1340 eine Stiftung für kranke und arme Schuster hinterließ.

Man sorgte für seinesgleichen in Venedig – die Deutschen für die Deutschen, Armenier für Armenier, Seeleute für ihresgleichen und Juden für Juden. Sogar die kleinen Hospitäler, die von den Glaubensbruderschaften, den *Scuole*, gegründet worden waren, waren in erster Linie für die eigenen Mitglieder bestimmt, so wie heute die Hospitäler der Freimaurer. Im Jahre 1330 beschloß die *Scuola di San Giovanni Evangelista*, ein vierbettiges Hospital für arme, kranke und mittellose Brüder einzurichten, und die *Misericordia* errichtete daraufhin auch ein Armenhaus, wobei die Hauptmittel aus den Abgaben flossen, die für Erlaß der Selbstgeißelung erhoben wurden, und aus Aufnahmegeldern, die 25 Golddukaten betrugen. Eine *Scuola* nahm allerdings Ärzte ohne Aufnahmegebühr auf, wenn sie sich zur kostenlosen Behandlung der Brüder verpflichteten.

Es blieb den Bettelmönchen und Philanthropen vorbehalten, die Wohltätigkeit über die Grenzen solcher Gruppen hinauszutragen. Der Mönch Pietro war eine wohlbekannte Figur um etwa 1343. Er lief barfuß durch die Stadt, rettete Findelkinder und klopfte an die Türen, um mit lauter, wehklagender Stimme um Almosen für ihren Unterhalt zu betteln. Bartolomeo Verde, ein privater Menschenfreund, baute 1357 ein Hospital für gefallene Frauen, und als Pilgerfahrten in das Heilige Land nicht mehr möglich waren, wurde das Hospiz San Giobbe in ein »Gotteshaus« für fünfzig ehrbare Witfrauen verwandelt. Es stand unter der Aufsicht der Prokuratoren der Markuskirche, die große öffentliche Stiftungen zu verwalten hatten und schon bald mehrere Spitäler und Hospitäler beaufsichtigten.

Die Prokuratoren, die im Rang gleich nach dem Dogen kamen, waren Staatsbeamte, und auch andere Zweige der Wohltätigkeit wurden von der Regierung überwacht. Insbesondere die *Scuole* wurden, zweifellos wegen ihres Charakters als halbgeheime Gesellschaften, vom Rat der Zehn sorgfältig beobachtet, denn dieser fürchtete ein allzu großes Anwachsen des kirchlichen Einflusses. Der Staat interessierte sich auch für die Gilden, deren Statuten von Zeit zu Zeit vom Staat aufgehoben wurden, sowie für die Führung der Hospitäler und den ärztlichen Berufsstand. Von 1321 an durfte kein Arzt in Venedig ohne Doktordiplom praktizieren; Juden waren – im Gegensatz zu kirchlichen Vorschriften – ab 1331 als Ärzte zugelassen. Von 1326 an waren praktische Ärzte und Chirurgen zur alljährlichen Teilnahme an Anatomiekursen verpflichtet, und ab 1368 hatten sie sich allmonatlich zur Diskussion von Krankheitsfällen zusammenzufinden, um stets auf dem laufenden zu bleiben. Die Kaufleute von Venedig legten eben sehr hohen Wert auf ihre Gesundheit.

Der Staat versuchte auch, das Konsumverhalten seiner Bürger durch ein Wiederaufleben der Luxusgesetze zu kontrollieren, die zweimal jährlich am Rialto und auf dem Markusplatz verkündet wurden. 1334 wurde so den Frauen, mit Ausnahme der Verwandten des Dogen, das Tragen von Goldbrokat verboten, ebenso allen männlichen Bürgern über zehn Jahren die Verwendung von Seide, Samt, Goldbrokat oder irgendwelchem Schmuck, mit Ausnahme von Spangen und Knöpfen. Leichen durften nicht in weltlicher Kleidung aufgebahrt werden, mit Ausnahme von Gelehrten, Rittern und Ärzten. So weit ging also das Interesse des Staates an der Rangordnung, an allzu auffälligem Konsum, ja sogar an der öffentlichen Moral, denn im Jahre 1336 verordnete der Senat, daß kein Mann eine Dame, wenn sie nicht eine nahe Verwandte war, zwischen Michaeli und Ostern zum Abendessen einladen dürfe, andernfalls er Buße zahlen müsse, denn es waren zu viele »Torheiten« bei Hochzeiten und ähnlichen Festen begangen worden. Trotz des Rufes der Würde und feiner Sitten, den sich Venedigs Adel noch erwerben sollte, waren viele der jungen Edelmänner des 14. Jahrhunderts einfach Rowdys. Sie schlichen sich verkleidet nachts durch die Straßen und bedrohten die Vorübergehenden, vergnügten sich aber manchmal auch mit wesentlich schlimmeren Taten. Im Jahre 1343 brach Paolo Steno, ein junger Mann aus guter Familie, in das Haus eines anderen Adligen namens Pietro Faliero ein und vergewaltigte dessen Tochter, die von ihrer eigenen Dienerschaft festgehalten wurde. Bei einer anderen Gelegenheit versuchte Marco Grimani ein Mädchen im Atrium einer Kirche zu vergewaltigen. Das waren keine vereinzelten Vorkommnisse, doch die Mehrzahl der Fälle, die vom Magistrat abgeurteilt wurden, waren Eigentumsdelikte einfacher Leute.

Obgleich sie ihrer Prunksucht nur beschränkt Ausdruck verleihen konnten, lebten die Reichen Venedigs in jenen Tagen sehr angenehm. Bernardo Morosinis Haushalt, der aus vier unverheirateten Brüdern und vier weiblichen Dienstboten oder Abhängigen bestand, verbrauchte 28 Dukaten allein für Wein während des Winters 1343/44, eine Summe, für die man 3500 Liter der gewöhnlichen Sorte kaufen konnte. Zusätzlich wurden 331/2 Dukaten Fleisch, Fisch und Eier verbraucht – zu einer Zeit, wo man für einen Dukaten über siebzig Pfund Rindfleisch, vierundzwanzig Gänse oder vier Gros (576) Eier erhielt. Nur ein Fünftel ihres Verpflegungsbudgets wurde für Weizenbrot verbraucht, während man auf einer Galeere fünfmal soviel für Schiffszwieback wie für Fleisch ausgab.

Der Haushalt der Morosini gab für das Essen allein das Mehrfache des Jahresverdienstes eines Meister-Kalfaterers aus. Ein Hausdiener verdiente drei Dukaten im Jahr, dazu Kost und Logis, ein Lehrer erhielt nur einen dreiviertel Dukaten pro Jahr und Schüler. Ein Uhrmacher konnte für eine besonders schöne Uhr 800 Dukaten erzielen, hatte dann aber wohl ein halbes Leben lang daran gearbeitet, während ein Arzt einen Dukaten am Tag für die erfolgreiche Behandlung eines reichen Patienten kassieren konnte. Die Unterschiede in den Einkünften waren also ganz gewaltig und zeigten die sozialen Unterschiede in der venezianischen Gesellschaft an. Brot und Wein waren zwar verhältnismäßig billig, aber Öl war schon beträchtlich teurer, und wollenes Tuch kostete mehr als einen halben Dukaten die Elle. Während ein Handwerker also mit vierzig Dukaten im Jahr ganz gut leben konnte und die Beschäftigungsmöglichkeiten immer größer wurden, gab es doch keinen Mangel an bettelarmen Menschen in der Stadt.

Aber auch die ganz Armen hatten ihre Unterhaltung – da es ja eine Unmenge öffentlicher Zeremonien gab, an denen sie oft auch als Gildenmitglieder oder *arsenalotti* beteiligt waren. Außerdem traten wandernde Gaukler auf, man konnte bei Gottesdiensten mitmachen oder gemeinsam singen. Die Verliebten sangen Serenaden, die Kanalbauer sangen während ihrer Arbeit, es gab Lieder für Fischer und solche für Schuster – ordinäre, ungehobelte Lieder, die im weichen, deutlichen venezianischen Dialekt gesungen wurden.

Das Vergnügen an der Wissenschaft leisteten sich jedoch nur sehr wenige, und obgleich Lehrkräfte billig genug waren, blieb mancher Edelmann des Lesens und Schreibens unkundig. Doch wurde dem Lernen allmählich deutlich mehr Wichtigkeit beigemessen, und 1343 wurde sogar ein studierter Mann zum Dogen gewählt. Andrea Dandolo war Rechtsprofessor in Padua gewesen und hatte mehrere Regierungsämter bekleidet. Er war noch in den Dreißigern, außerordentlich jung für seinen neuen Posten, ein enger Freund Petrarcas, des berühmtesten Poeten seiner Zeit, und er sollte als Chronist mehr Ruhm erlangen denn als Doge.

In seiner Chronik beschäftigt sich Dandolo mit dem moralischen Abstieg Venedigs, was nicht verwunderlich ist in einer Zeit, die Unglücksfälle als Gottes Strafen für begangene Sünden ansah, fielen doch in seine Regierungszeit eine ganze Reihe von Heimsuchungen – zuerst das große Erdbeben vom Januar 1348 und später die Pest. Der »Oststurm«, wie Petrarca die Krankheit nannte, die ihm seine geliebte Laura entriß, traf ganz Europa, doch Venedig wurde zuerst von ihm erreicht, und das Ergebnis war furchtbar. Die Menschen starben, ein paar Stunden, nachdem sich die gefürchteten Beulen gezeigt hatten, und Tausende kamen um.

Der Staat stellte sofort drei berühmte Ärzte als Berater an und setzte drei Kommissionen ein, die für die Durchführung sanitärer Verordnungen zu sorgen hatten. Eine Quarantäne wurde verhängt; die Pesttoten mußten gesondert begraben werden, und jeden Tag wurden Barken durch die Kanäle der Stadt geschickt, die die Leichen einsammeln mußten. Obgleich diese Verordnungen als fortschrittlich in einer Zeit angesehen werden müssen, in der die Ärzte glaubten, die Lepra werde durch den Koitus oder Dämpfe in der Luft verbreitet, konnten sie die Seuche nicht eindämmen. Tag um Tag, Monat nach Monat, während Fra Pietro von der »Pieta« wehklagend für seine Waisen bettelte, segelten die grimmen Steuerleute der Todesbarken durch die Kanäle mit dem Ruf »corpi morti!«, und jedesmal hatten sie eine schwere Last zu transportieren.

Die Beulenpest forderte 100000 Menschenleben, etwa die Hälfte der Einwohnerschaft. Fünfzig Adelsfamilien wurden völlig ausgelöscht, und die Furcht war so groß, daß manchmal nur zwanzig oder dreißig Adlige von etwa tausend an den Ratssitzungen teilnahmen. Am schlimmsten war vielleicht, daß auch das Festland von Venedig entvölkert wurde. Die Ernten nahmen ab, ebenso die verfügbaren Einkünfte, und so begann eine schwere wirtschaftliche Depression, die jahrzehntelang andauerte.

Nachdem die Pest sich zurückgezogen hatte, wurde Venedig in eine Menge Kriege verwickelt. Im September 1348 revoltierte Capodistria, und im gleichen Winter fiel Graf Albert von Görz aus der Gegend nordwestlich von Triest im Veneto ein. Irgendwie wurde Venedig mit beiden Herausforderungen fertig, aber 1353 verlangte der König von Ungarn die Herausgabe von Dalmatien, und drei Jahre später verbündeten sich der Graf von Görz und der Patriarch von Aquileia mit ihm, und dann flackerte der Kampf mit den Genuesen wieder auf. In den 1340er Jahren hatte es schon hin und wieder Zusammenstöße gegeben, doch von Beginn der fünfziger Jahre an sprangen sich die beiden durch die Pest verarmten Städte in vollem Ernst an die Kehle.

Vierzehn bewaffnete genuesische Handelsschiffe wurden vor der griechischen Küste zerstört, dreiundzwanzig venezianische Schiffe gingen bei Negroponte verloren. Im Jahre 1351 besiegten Nicolo Pisanis Galeeren genuesische Schiffe im Hafen Pera von Konstantinopel und zwangen den unwilligen griechischen Kaiser zu einer Allianz. Doch schon bald waren die Genuesen wieder in Pera, und während fünfundzwanzig Weise in Venedig über geheimen Kriegsplänen brüteten und das Volk über erhöhte Steuern auf Salz, Öl, Wein und Fleisch murrte, segelte Pisani wieder gegen Konstantinopel. Dieses Mal schlug sein Angriff fehl, und er zog sich zum Winter nach Methoni zurück. Im Frühjahr des nächsten Jahres griff er den Feind zusammen mit einer Flottille, die ihm Venedigs neuer Alliierter, der König von Aragon, gesandt hatte, und mit einer Streitmacht halbunwilliger Griechen erneut an – wieder zu seinem Unheil. Allerdings erlebten die Venezianer im nächsten Jahr die Genugtuung, zweiunddreißig genuesische Galeeren vor Sardinien aufbringen zu können.

Zu diesem Zeitpunkt erschien Petrarca persönlich in Venedig mit Friedensangeboten Giovanni Viscontis von Mailand, des neuen Protektors von Genua. Venedig lehnte ab, der Krieg wurde fortgesetzt, und von nun an hatte Petrarca, der stets seinen Freunden auf beiden Seiten bei Niederlagen zu kondolieren pflegte, viel öfter Gelegenheit, Mitgefühl mit Dandolo zu bekunden. Die Genuesen unter Doria setzten ihren verheerenden Vormarsch die Adria aufwärts bis zum Lido fort. Der Hafen San Nicolò wurde schleunigst gesperrt, und die Genuesen zogen ab, aber im Jahre 1354 wurden die Venezianer vor Methoni vernichtend geschlagen und fünftausend gefangengenommen, darunter der Admiral Pisani. Im gleichen Herbst, bevor die Nachricht davon noch Venedig erreichte, starb der Doge Andrea Dandolo, dem die vielen Sorgen sehr zugesetzt hatten.

Wegen des Krieges stiegen die öffentlichen Schulden, die seit Beginn des Jahrhunderts stark zurückgegangen waren, wieder scharf an, und die Zwangsanleihen wurden von zwei auf vierzig Prozent des geschätzten Einkommens angehoben, während der Handel, der sich seit der Pest etwas erholt hatte, nun risikoreicher als je zuvor war. Dandolos Nachfolger schien jedoch der Lage gewachsen zu sein. Marino Faliero war, obgleich schon in den Siebzigern, ein kraftvoller Mann mit unvergleichlicher Geschäftserfahrung. Er war Mitglied von Kommissionen gewesen, die sich mit der Vergrößerung der Merceria und der Verfolgung des Wuchers befaßten, er hatte dem Rat der Zehn angehört, war Gouverneur verschiedener überseeischer Kolonien gewesen, hatte viermal als *podestà* von Chioggia amtiert, zweimal als *podestà* von Padua und zweimal als Gouverneur von Treviso. Er hatte Erfahrung auf See als Kommandeur der Schwarzmeer-Galeeren und militärische Kenntnisse bei der Belagerung von Zara und der Schlacht gegen die Ungarn im Jahre 1346 erworben. Auch im diplomatischen Dienst bei Missionen in Österreich, Genua, beim Kaiser und kürzlich beim Papst hatte er sich auszeichnen können. Er führte das goldene Lanzenfähnchen eines Ritters und besaß ein Lehen auf dem Festland, dazu war er Herr von Tenedos unter dem griechischen Kaiser – und sein Hochmut war all diesen Titeln angemessen, hatte er doch tatsächlich den Bischof von Treviso in seiner eigenen Kathedrale geschlagen, weil jener ihn zu Fronleichnam einmal warten ließ.

Aber Marino Faliero wurde schon nach neun Monaten auf gräßliche Art von seinen eigenen Leuten umgebracht. Venezianische Chronisten berichten, er sei wegen dynastischer Ambitionen hingerichtet worden, aber er hatte gar keine Söhne, die seine Nachfolger hätten werden können. Sie deuten auch an, er sei eifersüchtig wegen der Beziehungen gewesen, die zwischen seiner zweiten Frau und dem dreiundzwanzigjährigen Michele Steno bestanden hätten – aber die Dogaressa, wenn auch erst eine Vierzigerin, war zweimal so alt wie der junge Steno. Sie meinen auch, er habe den Adel zerstören wollen, aber viele Adlige müssen seine Freunde gewesen sein. Der Vorfall läßt sich nur in Zusammenhang mit der allgemeinen Situation in Venedig im Jahre 1354/55 erklären.

Venedig hatte sich von dem Erdbeben und der sechs Jahre zurückliegenden Pestepidemie noch nicht erholt. Die Kriege mit seinen nördlichen Nachbarn und mit Genua waren kostspielig gewesen und hatten viele Menschenleben gefordert. Die Besteuerung war höher als je zuvor, und ein paar Wochen nach Falieros Wahl traf die Nachricht von der Flottenkatastrophe vor Methoni ein. Das Volk war sehr aufgebracht gegen die Regierung und gegen den Adel insbesonders – die arroganten Staatsbeamten, die hochnäsigen Kommandeure, die sich im Kampf als so unzulänglich erwiesen, und die jungen adligen Rowdys, die zu meinen schienen, die Straßen von Venedig gehörten ihnen.

Die nervöse Regierung ergriff scharfe Maßnahmen gegen jede kleinste oppositionelle Regung. Männer wurden eingekerkert, es wurde ihnen die Zunge ausgerissen, und sie wurden mit der Wippe gefoltert, wenn sie nur etwas »gegen den Staat und die Ehre der Regierung« geäußert hatten. Aber als Faliero drei erfahrenen nichtadligen Seeleuten das Kommando über ein Eingreifgeschwader übertrug, paßte das vielen Aristokraten gar nicht. Die Lage in Venedig war außerordentlich gespannt, und ein Ausdruck dieser Spannung war es, als Michele Steno zu zehn Tagen Haft verurteilt wurde, weil er beleidigende Graffiti auf die Palastwände gekritzelt hatte, nachdem er wegen Beschimpfung von Personen aus dem Gefolge der Dogaressa hinausgeworfen worden war. Der Doge sei empört über die Milde der Richter gewesen, hieß es, denn freche junge Flegel wie Steno müßten diszipliniert werden. Einige ältere Edelleute, die die Venezianer durch ihre Arroganz vor den Kopf stießen, hätten auch Disziplin nötig gehabt; Männer wie Marco Barbaro, der den Führer der Arsenalarbeiter Stefano Gisello tätlich angegriffen, oder Giovanni Dandolo, der mit seinem Ring das Gesicht des Schiffsführers Bertuccio Ixarello aufgeschlitzt hatte. Beschwerden erreichten den Dogen, Gegenaussagen wurden gemacht. Was darauf folgte, ist nicht mehr klar zu rekonstruieren.

Nach Berichten von Chronisten brütete der Doge Faliero nun einen Plan zur absoluten Machtergreifung aus. Sein Neffe Bertuccio und der Arsenalvorarbeiter Gisello sowie Ixarello waren alle daran beteiligt, ebenso wie viele Kaufleute, Handwerker und Seeleute, der Plan schlug jedoch fehl. Der Rat wurde vor dem geplanten Staatsstreich gewarnt und konnte sich dagegen rüsten. Zuverlässige Leute wurden aus Chioggia herbeigebracht, Wächter tauchten überall auf, und Tausende von Männern wurden unter Marco Cornaro auf der Piazza zusammengezogen. Die Verhaftungen stiegen sprunghaft an, das Geschäft der Tortur blühte, und schließlich mußte auch der Doge Faliero vor den Zehn erscheinen, um sich wegen Konspiration »gegen das Volk« zu verantworten, andere sagen wegen der Bestechung von Leuten, denen für eine Rebellion ungestraftes Plündern und Rauben in Aussicht gestellt worden war. Während des Verhörs soll ein Papier aus Falieros Kleidern zu Boden gefallen sein, das seine Schuld angenehmerweise bewies, so daß er verurteilt werden konnte.

Doch das Verfahren wurde geheimgehalten, und die existierenden Berichte scheinen auf die Propaganda der Sieger zurückzugehen. Keiner der Berichte ist überzeugend, und andere Auslegungen erscheinen wesentlich wahrscheinlicher. Vielleicht hat der Doge eine blutige Revolution gefürchtet und sich auf die Seite des Volkes geschlagen, um es unter Kontrolle zu behalten. Vielleicht hat es auch einen Volksaufstand im Namen des Dogen gegeben – so wie in der ganzen Welt das dumpfe Proletariat gelegentlich im Namen eines »gerechten« Königs oder Kaisers aufgestanden ist –, und Faliero wurde nur hinterher von seinen Standesgenossen dafür verantwortlich gemacht. Vielleicht wurde der Doge auch zum Sündenbock, weil der Adel in Angst und Schrecken nur an die eigene Rettung dachte. Vielleicht hat es einen echten Staatsstreich von seiten Marco Cornaros gegeben, der die Stadt mehrere Wochen in seiner Gewalt hatte, und zwar unter Beteiligung von Giovanni Gradenigo (»die Nase«), der schließlich anstelle von Faliero zum Dogen gemacht wurde.

Wie dem auch sei, Faliero fiel jedenfalls »tot zu Boden, eine Leiche ohne Kopf«, wie Petrarca schrieb. Seine Leiche wurde ausgestellt, und zehn Jahre später wurde sein Porträt im Palast übermalt. Die Regierung wollte glauben machen, Faliero habe niemals existiert, aber noch jahrhundertelang illustrierten die Chronisten die Ränder ihrer Manuskriptseiten mit rohen Tuschzeichnungen von gehenkten Rebellen und rotem Blut, das dem Kopf des Dogen entströmte. Noch im gleichen Jahr beendete die neue Regierung den Krieg mit Genua. Das half die innere Situation zu stabilisieren, aber der Krieg gegen König Ludwig von Ungarn und seine Alliierten, zu denen auch der verräterische da Carrara von Padua gehörte, verlief immer ungünstiger. Gegen Ende 1357 hatte Venedig Serravalle, Asolo, Traù, Spalato und Zara verloren. Der Bischof von Ceneda hatte rebelliert, die Venezianer waren aus Ragusa vertrieben – und danach gab es einen neuen Ausbruch der Pest in Venedig. Als der Feind schon das Ende der Lagune erreicht hatte, bat Venedig um Frieden. Die Bedingungen waren hart – es mußte alle Ansprüche auf Dalmatien und Kroatien, Aquileia und Padua aufgeben. Venedigs

Feinde waren in der Tat sehr mächtig, doch der größte und mächtigste Feind war die Pest. Sie schlug noch einmal 1359 zu und dann 1361. In den nächsten anderthalb Jahrhunderten verstrich kaum ein Jahrzehnt ohne einen ernsten Ausbruch dieser Seuche.

Mit Falieros Enthauptung war eine gefährliche politische Krise überwunden worden, die Stadt hatte Frieden, und die Regierung machte sich daran, die Sitten zu reformieren. Wieder wurden nächtliche Feste im Winter verboten, keiner unter fünfundzwanzig Jahren durfte Hermelin tragen, und Prostituierte durften Herbergen nicht betreten und ihrem Gewerbe auf der Straße nicht nachgehen, außer am Samstag in dem Roten-Laternen-Bezirk Castelletto am Rialto. Nicht umsonst tadelte Petrarca »die gemeine Sprache und außerordentliche Sittenlosigkeit« der Venezianer. Und doch wählte er, ein Paduaner, sich Venedig zum Wohnsitz.

Im Jahre 1362, als Lorenzo Celsi Doge war, suchte Petrarca um ein passendes Haus nach und erbot sich, dafür Venedig seine Bibliothek zum Nutzen edler und gelehrter Venezianer zu hinterlassen. Die Regierung hieß ihn willkommen, denn er war der gefeierteste Gelehrte, Erzähler und Poet seiner Zeit – außerdem hatte er viele Freunde unter den Regierungsmitgliedern. Von den Türmen seiner Residenz, dem Palazzo Molin auf dem Riva degli Schiavoni, ging der Blick auf die Lagune hinaus. Er sah unzählige Schiffe »groß wie mein Haus«, Schiffe, die »wie Berge auf dem Wasser trieben«. Sie drängten sich im Hafen »sogar in den trüben Tagen des Winters und während der rauhesten Frühlingsstürme«, und er sah sie in alle Richtungen davonsegeln, »einige richteten ihren Bug ostwärts, andere nach Norden und wieder andere südwärts hin zu den Sanden Libyens«.

Von der gleichen Sehnsucht nach dem Golde getrieben wie Iason, als er das Goldene Vlies suchte, besuchten sie »alle Teile der Welt«, bestanden sie »tausend Gefahren«, indem sie Wein nach England, Bauholz nach Ägypten und Honig zu den Skythen transportierten. »Und wo das Meer zu Ende ist, da verlassen ihre Seeleute die Schiffe und reisen zu Lande weiter, um mit Indien und China zu handeln, und überqueren den Kaukasus und den Ganges, um den Östlichen Ozean zu erreichen.«

Wie es sich für einen Einwanderer geziemte, lobte Petrarca den Unternehmungsgeist von Venedig und die Weisheit seiner Regierung. In seinen Augen war Venedig »groß an Macht, aber noch größer an Tugend«, eine »echte Zuflucht der Menschheit, die einzige Heimstatt von Freiheit, Gerechtigkeit und Frieden«. Und er hörte auch nicht auf, Venedig Ratschläge zu erteilen. Es sollte Persien und die Araber angreifen, in Thrakien und Dalmatien einfallen – aber ehe noch solche Eroberungspläne reifen konnten, brach wieder eine große Rebellion in Kreta aus.

Venedig hatte darauf bestanden, daß die in Kreta lebenden venezianischen Ritter für die Instandhaltung der kretischen Häfen aufkommen sollten, obgleich ihre Einkünfte vom Lande und nicht aus dem Handel stammten. Gleichzeitig hatte es ihnen eine Vertretung im Großen Rat verwehrt. Als die kretischen Ritter baten, zwanzig Weise als ihre Vertreter nach Venedig entsenden zu dürfen, antworteten die Venezianer: »Uns ist unbekannt, daß es zwanzig Weise in Candia gibt.« 1363 meuterten die kretischen Besatzungen von drei venezianischen Galeeren, und danach rebellierten auch die örtlichen Ritter. Der Herzog von Candia wurde in Eisen gelegt, der griechisch-orthodoxe Glauben offiziell angenommen, um die einheimische Bevölkerung zu gewinnen, und das Banner des heiligen Titus anstelle des Banners des heiligen Markus aufgezogen.

Die Nachricht von dem Aufruhr erbitterte die Venezianer. Die Regierung verpflichtete in aller Eile den Condottiere von Verona, Luccino del Verme, sich mit 3000 Mann und einer Flotte von 30 Galeeren nach Candia aufzumachen. Petrarca erlebte die Ausfahrt.

Einige Wochen später sah er die Galeeren wieder hereinkommen, die Masten mit Blumen umwunden, die Besatzungen zum Zeichen des Sieges mit Fähnchen winkend. Sie hatten Candia in drei Tagen genommen und die kretisch-venezianischen Ritter umgebracht, die die Revolution angeführt hatten. Ganz Venedig triumphierte und Petrarca mit ihnen. Seiner Ansicht nach hatte das Recht gesiegt, und bei dem großen öffentlichen Dankesfest befand er sich zur Rechten des Dogen.

»Es war eine gewaltige Menschenmenge«, schrieb er, »die Vorderseite der Markuskirche, der Glockenturm, Dächer, Vorhallen und Fenster waren ein einziger lebendiger Wall aus Menschen«, und doch »gab es kein Durcheinander, keinen Tumult oder Unwillen«, als die Menschen den Spielen auf der Piazza zuschauten, wie auch der Doge mit seinem Gefolge – in dem sich auf Besuch weilende Verwandte des Königs von England befanden, die »über den Anblick von so viel Großartigkeit erstaunt waren«. Allerdings war die Feier ein wenig verfrüht gewesen. Zwar hatte Venedig die Hauptbefestigungen von Kreta besetzt, aber die Rebellen setzten den Guerillakrieg fort, der erst nach zwei Jahren unter Anwendung grausamer Methoden unterdrückt werden konnte. Venedig hätte von späteren imperialistischen Mächten wenig zu lernen gehabt. »Dank Gottes Gnade«, vermerkt Paolo Loredano, der die Operationen leitete, stolz, »habe ich einen grausamen Krieg beendet und (die Kreter) zu weiteren Revolten unfähig gemacht. Die Rebellen haben nun keine Führer mehr, an denen ich ein fürchterliches Exempel statuiert habe. Ich habe alle Festungen zerstört . . . deren Beibehaltung unerwünscht erschien, habe ihre Bewohner deportiert, die umliegenden Bezirke verwüstet und den Menschen bei Todesstrafe verboten, dahin zurückzukehren. Alle Landesgesetze . . . sind aufgehoben, jeder Eingeborene ist seiner Ämter enthoben . . .« Petrarca, der die Kreter für »verschlagen« und »hinterlistig« hielt, meinte, sie hätten ihr Schicksal voll verdient.

Zwei Jahre später verließ Petrarca Venedig und zog sich 1369 nach Arquà bei Padua zurück. Er starb dort nach weiteren fünf Jahren und hinterließ seine Bibliothek zur größeren Ehre des heiligen Markus – ein Geschenk, das die venezianische Regierung wohlverpackt stehen und jahrelang Staub ansammeln ließ. Unterdessen hatte man mit dem Bau eines neuen Campanile begonnen, Pisanello war mit anderen Malern dabei, die neue große Halle für den Großen Rat auszumalen, und in der Stadt war überall zu bemerken, wieviel Reichtum sich in dem Goldenen Zeitalter vor der Pest in ihr angesammelt hatte. Auch der Handel war wieder in Schwung gekommen – die großen adligen Kaufleute hatten es nicht mehr nötig, die kleinen aus dem Geschäft zu drängen, indem sie restriktive Maßnahmen verlangten. »Nichts ist förderlicher für das Wachstum und die Mehrung des Wohlstands unserer Stadt«, hieß es in einem den Handel für alle liberalisierenden Gesetz von 1363, »als jede Freiheit und Gelegenheit zu bieten, damit Waren hierher gebracht werden und hier erhältlich sind und nicht anderswo.« Trotzdem waren auch Privatschiffe den Vorschriften über Ladelinien und Besatzungsstärken unterworfen, und der Staat fuhr fort, die Operationen sämtlicher venezianischer Schiffe genau zu bestimmen.

Manche privaten Handelsreisen zur See wurden gänzlich verboten, andere wurden lizenziert. Aber die wertvolleren Ladungen und die gefährlicheren Seereisen wurden stärker kontrolliert als alle anderen, denn die Schiffe für solche Unternehmungen gehörten dem Staat und wurden von ihm betrieben und mit Offizieren bemannt oder an solche Privatleute verauktioniert, die verpflichtet waren, die Konvoiregeln einzuhalten.

Was die Handelspolitik insgesamt betrifft, so wurde der Verbindung mit Ägypten Priorität eingeräumt. Das lief aber den Interessen des Königs von Zypern zuwider, der um den zypriotischen Handel mit orientalischen Gütern über Armenien fürchtete. Vom Papst unterstützt, führte Zypern noch immer seinen »Kreuzzug« gegen den Sultan, und im Jahre 1366, als der achtzigjährige Marco Cornaro Doge war, sandte Venedig erneut zum Papst nach Avignon und bat ihn, die Wiederaufnahme des Handels mit Ägypten zu erlauben. Jede Verzögerung würde »schweren Schaden für unser Land bedeuten«, was doch der Papst nicht wünschen könne, da es »die allertreuesten Diener der Heiligen Kirche träfe«. Im Jahre darauf entsandte Venedig fünf Galeeren, die den Papst im Triumph nach Rom eskortierten, und schließlich gelang es, ihm eine beschränkte Bewilligung des Handels mit dem Sultan abzuringen.

Obgleich Zypern einer solchen Entwicklung ganz und gar abgeneigt gewesen war, besaß Venedig selbst beträchtliche Handelsinteressen in Zypern. Am meisten daran beteiligt war Federico Cornaro, ein Kaufmann, Geldverleiher und wohl der reichste Venezianer seiner Zeit. Er exportierte Gewürze und andere Waren von der Levante und von Zypern, wo sein Bruder Fantin Gesellschafter des Familienunternehmens war, ebenso wie sein Bruder Marco und noch ein Mann namens Vito Leone. Diese Handelsgesellschaft war im Jahre 1365 83275 Dukaten wert, und eine einzige Ladung, die sie in jenem Jahr aus Zypern und Rhodos bezog, wurde auf die phänomenale Summe von 67800 Dukaten veranschlagt.

Federico beherbergte König Peter I. von Zypern in seinem Palast am Canal Grande im Jahre 1361, als der König nach Europa kam, um Hilfe gegen die Türken zu finden. Später lieh er ihm große Summen und erhielt dafür den großartigen Landsitz Piscopi auf Zypern. Diesen nutzte er ausgiebig in »kapitalistischer« Manier, indem er aus seinen Arbeitern, meistens Leibeigenen und Entlaufenen, das Letzte herausholte und das Wasser eines durch sein Land fließenden Flusses derart ausgiebig zur Bewässerung heranzog, daß die Güter der Nachbarn austrockneten.

Sein Hauptanbauprodukt war Zucker, den er in riesigen Kupferkesseln raffinieren ließ, aber er hatte auch viel Geld in der Gewinnung von Salz und dem Anbau von Baumwolle auf Zypern stecken. Außerdem besaß er Güter in Kreta, wo Nahrungsmittel für seine Plantagenarbeiter gewonnen wurden. Das Exportkartell für Zucker, Salz und Baumwolle, das er gegründet hatte, rief einen Sturm der Entrüstung in Venedig hervor, und es wurde eine Kommission gebildet, um ein entsprechendes Gesetz dagegen auszuarbeiten. Es wurde auch tatsächlich ein Gesetz erlassen, das aber ziemlich wirkungslos blieb, weil Cornaro zu mächtig war.

Gegen Ende der 1370er Jahre war er zu einem internationalen Finanzier geworden. Er war persönlich mit dem König von Zypern und mit dem Grafen von Savoyen (dem er auch Geld geliehen hatte) befreundet, war Ritter und Feudalherr, der seine Finger in einem Dutzend lukrativer Handels- und Finanzunternehmungen hatte, und wurde als der reichste Mann von Venedig angesehen. Unter den vielen Handelsmagnaten seiner Stadt war er der allergrößte, und im Vergleich zu ihm wirkten die jüdischen Geldverleiher, die sich 1366 in Venedig niederließen, als denkbar unbedeutende kleine Leute.

Der Reichtum Federico Cornaros und ähnlicher Handelsfürsten bezahlte für die Türme und Kuppeln, das steinerne Maßwerk und die Spitzbogenfenster der Stadt, die mit jedem Jahr herrlicher anzuschauen war. Durch Leute wie ihn wurde es Venedig möglich, 75000 Dukaten als Abfindung für Leopold von Österreich aufzutreiben und 1369 Triest zur Unterwerfung zu zwingen sowie Söldner anzuwerben, die mit den Carraras von Padua fertig werden sollten; diese bauten einen Kanal zum Meer, um Venedig zu umgehen. Schließlich mußte Carrara im Frieden von 1373 Venedig eine Entschädigung zahlen, die Festungen schleifen, die er errichtet hatte, und andere in Feltre und Belluno abtreten. Carraras ältester Sohn Francesco erschien in Venedig zusammen mit Petrarca, der eine flammende Rede über den Frieden hielt.

Doch der Schwanengesang des Poeten kündete keinen vollständigen Frieden an. Venedig befand sich noch immer im Kriege mit Österreich in der Gegend von Treviso, wo die Venezianer – zum ersten Mal in Italien – Kanonen einsetzten. Auch als der Friede mit der Österreichern endlich im November 1376 geschlossen wurde, sollte das nur eine kurze Atempause für Venedig bedeuten. Ein Kampf zeichnete sich ab, dem gegenüber die gesamten kleinen Kriege der Vergangenheit zu einem Nichts verblaßten. Binnen kurzem sollte Venedig sich wieder mit Genua messen, und dieses Mal ging es ums Ganze.

Venezianische Handelsstraßen

VII

DAS SIEGREICHE VENEDIG

Die Unruhen auf Zypern begannen 1372 bei der Krönung Peters II. Als der königliche Zug sich von der Kathedrale von Famagusta aus in Bewegung setzte, ergriff der venezianische Konsul den rechten Zügel des königlichen Pferdes, wodurch dem Genuesen Paganino Doria nur noch der linke verblieb. Dieses wohlüberlegte Herausstellen eines Vorranges führte zum Aufruhr. Zwar gelang es, die Venezianer und Genuesen zu trennen, aber beim Krönungsbankett bombardierten Doria und seine Genossen die venezianischen Gäste mit Brotkügelchen. Mit zypriotischer Hilfe warfen die Venezianer die Genuesen daraufhin aus den Fenstern. Die Genuesen griffen zu den Waffen, und bald wimmelte es in den Straßen Famagustas von Kämpfenden. Während des Getümmels wurde das Genuesenviertel geplündert und viele Genuesen umgebracht.

Auf diese Nachricht hin setzte Genua zwei Kriegsflotten in Bewegung, die Rache nehmen sollten. 1374 eroberten sie Famagusta und machten Peter II. tributpflichtig. Venedigs bevorzugte Stellung auf Zypern war nun verloren, aber es sollte noch schlimmer kommen.

Auch in Konstantinopel herrschte mittlerweile der genuesische Einfluß vor, und die Venezianer, die um die Durchfahrt ins Schwarze Meer fürchteten, beschlossen 1375, Tenedos am südlichen Eingang zu den Dardanellen zu besetzen. Im Gegenzug verhaftete Kaiser Andronikos in Konstantinopel lebende Venezianer und rief die Genuesen um Hilfe. Als ein genuesischer Abgesandter 1377 die Übergabe von Tenedos forderte, antworteten die Venezianer ausweichend. Daraufhin griffen die Genuesen die Insel an, wurden aber zurückgeschlagen, und nun steigerte sich die Auseinandersetzung zum totalen Krieg.

Verbündete der Genuesen waren Padua, Aquileia, Ancona, Ungarn, Neapel und der Herzog von Österreich. Auf seiten Venedigs stand Genuas mächtiger Nachbar, der Herzog von Mailand. Alle Venezianer zwischen achtzehn und fünfzig wurden einberufen, die Steuern angehoben und mit Hilfe von Zwangsanleihen fünf Millionen Goldukaten für den Krieg zusammengebracht. *Condottieri*, Bogenschützen und auswärtige Galeeren wurden angeheuert, und der Generalkapitän Vettor Pisani führte die Hauptflotte in die Schlacht.

Er wurde jedoch im Frühjahr 1379 bei Pula entscheidend geschlagen und schlich sich mit nur sechs Schiffen in den Heimathafen zurück. Man nahm ihn sofort in Haft und schickte dringend nach Carlo Zeno, der sich mit einem Geschwader in genuesischen Gewässern befand. Solange Zeno nicht zurück war, hatte Venedig keine Seeverteidigung – und dabei stand der Feind schon vor den Toren. Im Juli brannten siebenundvierzig Feindgaleeren unter Pietro Doria die Orte Grado und Caorle nieder, brachten Tommaso Mocenigos vollbeladen aus dem Osten eintreffende Kogge auf und ankerten schließlich am Eingang zur Lagune. Die Glocken von Venedig läuteten Sturm.

Man hatte das Klostergebäude von San Nicolò schleunigst befestigt und die Hafeneinfahrt unter der Wasserlinie mit Balken voller Eisenzacken blockiert, während auf dem Wasser drei zusammengekettete Koggen eine Sperre bildeten. Als die Genuesen diese Befestigungen sahen, drehten sie ab. Bei Malamocco wurden sie zurückgeschlagen, eroberten aber Chioggia im August, das nun Dorias Stützpunkt wurde. Damit hatte sich der Feind in der Lagune festgesetzt.

In Venedig arbeitete ein Verteidigungskomitee aus sieben führenden Staatsbeamten Tag und Nacht und wurde alle acht Tage abgelöst. Jede Gemeinde, die einen Angriff erwarten konnte, hielt ihr Kontingent unter Waffen. *Provveditori* wurden ernannt, die Murano, Torcello und Mazzorbo auf einen Angriff vorbereiten sollten. Die Bevölkerung von noch stärker exponierten Siedlungen wurde evakuiert. Erstklassige Armbrustschutzen und mit Wurfbomben und Schleudern ausgerüstete Truppen bezogen Quartier in Venedig und am Lido. Primitive Kanonen wurden in Stellung gebracht, bewaffnete Boote patrouillierten in der Lagune, und 4000 Söldner postierten sich so, daß sie die Landwege von Padua überwachen konnten.

Ein Unheil folgte auf das andere. Eine von Genua und Padua gemeinsam aufgestellte Streitmacht griff am Lido an und brannte Pellestrina nieder. Die feindlichen Kanonen bombardierten Mestre, und das nur acht Kilometer von Venedig gelegene Malamocco mußte aufgegeben werden, während weiter weg Castelfranco, Treviso, Triest, Pula und Capodistria sämtlich verlorengingen.

Mit gewaltiger Anstrengung rüstete Venedig vierunddreißig Galeeren aus und vergab das Kommando auf Verlangen des Volkes an den rehabilitierten Vettor Pisani. In der längsten Nacht des Winters schlichen sich die Schiffe hinaus, um die Kanäle rund um die genuesischen Stellungen von allen Seiten zu blockieren. Am Neujahrstag 1380 kam dann endlich Zenos Flotte in Sicht. Das Blatt begann sich zu wenden, aber noch stand ein schwerer Kampf bevor. Die Genuesen versuchten, einen neuen Kanal zwischen der Lagune und dem Meer zu graben, um so nach Venedig hineinzukommen, da die Lagunenzugänge ja gesperrt waren. Doch nun schoben sich die Verteidiger entlang dem Lido heran und drückten den Feind zurück. Ein glücklicher Schuß, der den Glockenturm des Doms von Brondolo traf, tötete den Kommandeur der Genuesen. Im Februar warfen die Venezianer seinen Nachfolger Napoleone Grimaldi nach Chioggia zurück und unterbrachen die Zufuhr von Padua nach Chioggia. Zwei Ausbruchsversuche der Genuesen schlugen fehl, und die Venezianer, die erst vor kurzem dem Hunger ins Angesicht geblickt hatten, sahen nun zu, wie der Feind hungerte. Im Juni 1380 ergaben sich die Genuesen in Chioggia. Binnen einiger Wochen segelte Vettor Pisani schon hinaus, um Capodistria zu befreien und eine genuesische Streitmacht bei Manfredonia zu Lande zu schlagen. Aber die ungeheure Anstrengung hatte sowohl Venedig als auch Genua völlig erschöpft, und im August 1381 wurde ein allgemeiner Friedensvertrag unterzeichnet, demzufolge Venedig Dalmatien an Ungarn abtrat, Treviso an die Carraras und Tenedos an Savoyen, das als Vermittler aufgetreten war. Fast alle venezianischen Besitzungen auf der *terraferma* waren verlorengegangen – aber der alte Rivale Genua war als Handelsmacht erledigt. Das zeigte sich jedoch erst später in der Rückschau. Im Augenblick seufzten die Venezianer nur erleichtert auf, betrauerten ihre Toten und machten sich daran, ihre Vermögensverluste wieder aufzuholen.

Sie hatten viel verloren, insbesondere diejenigen Adligen und sonstigen Bürger, die zur Zwangsanleihe beisteuern mußten. Dreißig Bürger, darunter ein Proviantkaufmann namens Vendramin, wurden in Anerkennung ihrer Opfer geadelt; doch ein Kornhändler namens Leonardo dell'Agnello, der angeboten hatte, 150 Söldner einen Monat lang zu bezahlen, gehörte nicht zu ihnen und starb, wie es hieß, an gebrochenem Herzen.

Die Kriegsbeiträge waren in Form verzinslicher Anleihen eingetrieben worden, doch nun mußten manche ihre öffentlichen Schuldverschreibungen für nur 75 % des Nennwertes verkaufen. Wegen der ausgebliebenen Zinszahlungen waren unterdessen auch die alten Anleihen von 99,5 Punkten vor dem Kriege auf 18 Punkte im März 1381 gefallen. Dabei waren die Zwangsanleihen nicht die einzigen Abgaben gewesen. Es hatte außerdem noch hohe Kriegssteuern und Umlagen gegeben. Wem es an Bargeld gefehlt hatte, dem hatte man den Besitz weggenommen und ihn versteigert. Federico Cornaro, der am höchsten veranlagt worden war, mußte 25 000 Dukaten für die Zwangsanleihe aufbringen und dem Herzog von Mantua persönlich dafür haften, daß das Geld für die Getreideversorgung Venedigs gezahlt würde. Als Cornaro 1382 starb, sahen sich seine Testamentsvollstrecker dem Bankrott gegenüber, denn der König von Zypern konnte seine Schulden nicht bezahlen. Aber der Familie Cornaro gehörte noch immer der reiche Landsitz Piscopi, und König Jakob I. trat ihnen zwei Salinen im Wert von 9 000 Dukaten ab, so daß um 1417 alle Gläubiger bezahlt werden konnten und Federicos Sohn schon wieder reich genug war, um 2 000 Dukaten für das Grabmal seines Vaters auszugeben.

Vielen anderen Familien ging es nicht so gut, aber es gab auch solche, die aus der Situation große Profite gezogen hatten – Leute, deren Vermögen bei der Zwangsanleihe unterschätzt worden war, und solche, die erst so kürzlich zu Geld gekommen waren, daß eine Veranlagung gar nicht stattgefunden hatte. Diese Leute konnten Staatsanleihen zu einem Fünftel des Nennwertes aufkaufen und die Güter von Bürgern, die dem Staat etwas schuldeten, um einen Pappenstiel erwerben. Der Patriot Morosini, ein späterer Doge, hatte während des ganzen Krieges solche Landgüter zum niedrigsten Preis erworben, und er war nicht der einzige, der auf diese Art profitiert hatte. Die überwiegende Mehrzahl der Venezianer war jedoch nicht reich und war es auch nie gewesen. Sie kehrten nun Schritt um Schritt zu normalen Verhältnissen zurück. Gleichzeitig bestand aber ein erhöhter Bedarf an sozialen Einrichtungen. Der Staat tat einiges dazu, die Anzahl der »Pfefferarmen« zu erhöhen. Das waren ausgediente oder verkrüppelte Seeleute, die aus einer Maklergebühr des Pfefferhandels Unterstützungen bezogen, indem man die entsprechende Steuer höher ansetzte. Aber das war wenig genug, und auch die *Scuole* mußten schon bald die Beträge kürzen, die sie an ihre bedürftigen Mitglieder verteilten.

Gesunde Männer, die ein Gewerbe gelernt hatten, brauchten keine Unterstützung. Besonders die Arbeiter im Baugewerbe hatten alle Hände voll zu tun mit dem Wiederaufbau der zerstörten Gebiete an der Lagune. Ebenso ging es den Schiffsbauern. Trotz der enormen Bautätigkeit auf den Werften während des Krieges waren die Schiffsverluste beträchtlich gewesen und mußten nun ersetzt werden – und für jedes neue, im Bau befindliche Schiff brauchte man auf die Dauer eines Jahres zwei Säger, vier Zimmerleute, fünf Kalfaterer und zusätzlich mehrere Lehrlinge und Stauer.

Die Elite der Schiffbauer waren die Zimmerermeister des »Arsenals«. Sie entwarfen die Galeeren – und behielten das Geheimnis der Gestaltung eines Schiffes für sich. Sie gaben ihr Spezialwissen nur innerhalb der eigenen Familie weiter und brachten nie einen Entwurf zu Papier. Die Folge war, daß, als Theodoro Baxon, ein griechischer Schiffbauer, der wegen seiner Entwürfe im »Arsenal« berühmt war, das Zeitliche segnete, die Behörden den Beschluß faßten, einige seiner Galeeren als Muster für spätere Schiffbauer im »Arsenal« zu belassen.

Die für Kriegszwecke so wichtigen großen Galeeren verloren an Beliebtheit und wurden nunmehr nur noch als Flaggschiffe und für Schlechtwetter-Fahrten benutzt. Die leichte Galeere, die von vorn bis achtern etwas über 36 m maß und deren größte Breite nur 4,5 m betrug, war nun das übliche Kriegsschiff, während die kleinere und schmalere *fasta* als Patrouillenschiff diente. Alle diese Schiffe hatten Ruder, und sei es auch nur, um im Kampf rasch manövrieren zu können und in und aus dem Hafen zu gelangen. Aber Schiffe mit Rudern waren nicht mehr die Hauptfahrzeuge der venezianischen Marine. Das hochbordige Segelschiff erfreute sich steigender Beliebtheit, denn obgleich diese Schiffe in der Schlacht verletztlich waren, brauchten sie viel weniger Besatzung, konnten aber viel größere und schwerere Lasten befördern, und mittlerweile bildete der Massenguttransport einen zunehmend größeren Anteil am venezianischen Handel.

Venedig baute die passenden Schiffe und sorgte für einen Handel nach möglichst allen Seiten. Zu Anfang der 1380er Jahre erlangte es Handelsprivilegien in den süditalienischen Häfen, festigte seinen Einfluß in Negroponte und erwarb schließlich 1386 die Insel Korfu, für die es dem Königreich Neapel 30000 Dukaten zahlte. Im Jahre 1389 gelang es Venedig, seine Stellung als meistbegünstigte Macht in Zypern zurückzuerobern, denn der Einfluß der Genuesen hatte sehr schnell abgenommen. Wenngleich nun von den Genuesen weniger zu befürchten war, so hatte die Macht der ottomanischen Türken um so mehr zugenommen, und Venedig bemühte sich, möglichst viele Basen in östlichen Gewässern zu erwerben, um seine Interessen gegen die Türken verteidigen zu können.

Es erwarb Argos und Nauplia von der Witwe Pietro Cornaros im Jahre 1388, Mykonos und Tenos im Jahre 1390, nachdem die Dynastie der Sanudo ausgestorben war, und 1407 Lepanto von seinen albanischen Besitzern. Manchmal wurde Venedig direkt gebeten, als Schutzmacht aufzutreten, weil man sich mehr von ihm als vom griechischen Kaiser versprach. Das war mit Athen der Fall, das 1394 venezianisch wurde. Es war damals eine arme Stadt mit nur tausend Haushalten. Zwar waren in der Kathedrale einige attraktive Reliquien vorhanden, aber man überlegte doch, ob es sich verlohnte, die Stadt zu halten. 1402 besetzten die Türken die Unterstadt, während die Venezianer die Akropolis noch eine Weile hielten, doch nahmen sie bald das Angebot eines ehrenvollen Rückzugs an.

Diese neuerliche koloniale Expansion war recht kostspielig. *Podestàs, bailos* und *provveditores* mußten Gehälter erhalten, die ihnen eine ausreichende Dienerschaft sicherten. Kastellane verdienten etwa siebzig Dukaten im Jahr, und andere kleinere Beamten mußten auch bezahlt werden, ganz zu schweigen von den Garnisonen und den Richtern, die alljährlich, von Venedig delegiert, in den verschiedenen Bezirken Gericht hielten.

Diese Kosten wurden ziemlich leicht aufgebracht, hauptsächlich durch Besteuerung der Kolonien, aber auch dank der Handelsprofite, die wieder wuchsen und dadurch mehr Steuern einbrachten. Um 1400 erhielt das venezianische Schatzamt jährlich über eine Million Dukaten, nachdem es etwa ein Viertel dieser Summe für die Eintreibung der Steuern ausgegeben hatte. Der Pilgerverkehr und der Gewürzhandel waren besonders stark am Aufschwung beteiligt.

Die Pilgerschiffe brauchten fünf Wochen für ihre Sommerreise nach Jaffa und gestatteten den Pilgern fünfzehn Tage für den Besuch der heiligen Stätten, ehe sie zu der langen Heimreise wieder aufbrachen. Der Gewürzhandel rechnete mit einem viel längeren und komplizierteren Zyklus. So segelte jeden August ein Konvoi nach Alexandria und kehrte erst im Januar zurück. Die Gewürze wurden dann in die Häuser der Kaufleute gebracht und auf der kleinen Piazza San Giacomo di Rialto gehandelt, wo Venezianer, Juden und Deutsche ihre Abschlüsse tätigten, winzige Gutscheine von Hand zu Hand gingen und Münzen der verschiedensten Währungen sorgfältig abgewogen wurden. Im Frühling machte sich dann eine Exportkarawane über Land nach Deutschland auf, und Anfang Juli wurde der Rest der Gewürze auf nach London und Flandern gehende Schiffe verladen. Diese Schiffe kamen zehn Monate später wieder nach Venedig zurück, gerade recht für den nächsten Konvoi, der im August abging.

Koggen nach Syrien liefen im Februar aus, aber auch mitten im Sommer, wenn die Konvois nach dem Schwarzen Meer und nach Beirut abgingen. Galeeren nach Tripolis und Tunis verließen Venedig im März und Schiffe zur Küste der Berberei und nach Südfrankreich im Frühling. So war der Winter die geschäftigste Zeit, denn dann waren die Schiffe mit Korn und Gewürzen aus dem Osten, Waren aus Spanien und Sklaven und Metallen vom Schwarzen Meer in Venedig eingetroffen. Doch auch die Sommermonate waren eine aktive Zeit, besonders für die Baumwollhändler. Indem sie früh im Sommer einkauften und gegen Münzen oder Stoffe verkauften, die im Hochsommer exportiert und gegen neue Baumwolle getauscht wurden, erreichten diese Händler mit einem zweiten Verkauf, kurz vor dem Auslaufen der Schiffe im Frühjahr, einen doppelten Umschlag, was den Gewürzhändlern nicht gelang.

Die wirtschaftliche Erholung ermöglichte es dem Staat, die Schulden der öffentlichen Hand langsam abzubauen, indem er Schuldverschreibungen zum Marktpreis aufkaufte, was deren Wert übrigens steigerte. Im Jahre 1403 waren sie von ihrer niedrigen Kriegsbewertung von achtzehn Punkten auf sechsundsechzig gestiegen. Diese Papiere waren noch immer eine beliebte Form der Geldanlage, ebenso wie Waren, Immobilien und Geldverleih. Das kanonische Recht mochte ruhig den persönlichen Geldverleih zu Investitionszwecken einschränken, die Venezianer wußten, wie man Gesetze umging, die einem nicht paßten. Nur der Verleih kleiner Summen an die Armen wurde vermieden und den Juden überlassen, die 1385 drei Darlehensbanken in Venedig eröffnen durften, dafür aber jährlich 4000 Dukaten an den Fiskus abführen mußten. Als aber der Zinssatz von vier Prozent auf zwölf angehoben werden durfte, fanden sich sofort nichtjüdische Venezianer, die Partner der Juden zu werden trachteten.

Um 1400 durften die unglücklichen Juden jedoch nur noch zu bestimmten Zeiten am Rialto auf nicht eingelöste Pfänder bieten und wurden schließlich ganz aus der Stadt verbannt – wenn auch der Arzt Meister Solomon 1419 in Venedig praktizierte und andere Ausnahmen für »nützliche« Juden gemacht wurden. Auch mußten die venezianischen Juden noch immer den gelben Stern tragen, während andere Fremde solcher Diskriminierung nicht ausgesetzt wurden. Die Kaufleute aus Süddeutschland hatten ihr eigenes Lager- und Herbergshaus, den berühmten Fondaco dei Tedeschi in der Nähe des Rialto, der aus einer Küche, einem Raum zum Einsalzen von Fisch, Schlafsälen und einem großen Hof zum Stapeln der Waren bestand und abends von einem festverriegelten, starken Tor gesichert war.

Durch den immer größer werdenden Warenstrom war der Rialto für den zunehmenden Handel zu klein geworden und mußte erweitert werden. Nach einer erneuten Flut im Jahre 1382 wurde die Piazza erhöht und repariert. Nach dem Brand von

1400 wurde der Campanile wiederaufgebaut, und um 1409 beschloß der Doge Michele Steno, daß seine Räume zu schäbig und eng seien und ebenfalls erweitert werden müßten.

Gleichzeitig machte man Anstrengungen, die Stadt zu säubern. Von 1409 an war es den Mönchen von San Antonio verboten, ihre Schweine auf die Straße zu treiben, damit sie von der Bevölkerung gefüttert würden. Wer sich in der Stadt herumtrieb und dabei mit einem scharfen Messer ausgerüstet war, konnte mit einer Geldstrafe von fünfundzwanzig Lire oder fünfzehn Tagen Haft rechnen. Aber Ordnung und Weiträumigkeit gehörten nicht zum Bild der Stadt.

Venedig war durch überfüllte Behausungen und schmutzige Buden und Werkstätten gekennzeichnet. Einige wenige wohnten in Palästen, aber die Sklaven dieser Venezianer lebten in winzigen Bodenkammern, und während die reicheren Besucher bequem im »Weißen Löwen« oder im »Mond« absteigen konnten, mußten die Horden ärmerer Pilger unterkommen, wo es sich gerade ergab. Während Kaufleute in kostspieliger Kleidung Geld beim Wechsler zählten, schleppten zerlumpte Träger ihre Lasten auf dem Rücken und bewarben sich Arbeiter aufdringlich um Beschäftigung irgendeiner Art. Nur die Kirche umfaßte beide Pole der Gesellschaft. Sie spiegelte die Großzügigkeit ihrer Wohltäter wider, tröstete die Armen und verteilte die Sakramente an alle – wenngleich es in diesem merkwürdigen Zeitalter auch Bettelmönche und Priester gab, die jenseits des offiziell Anerkannten nach Mysterien suchten, menschliche Knochen mit geweihtem Öl behandelten und ähnliche Zauberriten vornahmen.

Doch während das Hauptinteresse der Venezianer noch immer um das Geld kreiste, war die Stadt nicht mehr so kleinbürgerlich wie früher. Familienstolz und der Trieb, dem religiösen Gefühl und der Staatstreue Ausdruck zu verleihen, gaben vielen Künstlern gute Arbeitsmöglichkeiten; Stierkämpfe und Turniere belustigten im Campo das Volk, aber man schätzte nun auch Vergnügungen höherer Art. Die Stadt, die Petrarca an ihr Herz gezogen hatte, brachte jetzt eigene Dichter hervor. Auch das gelehrte Streben gewann an Boden, wenn auch etwas langsamer als in anderen italienischen Städten, und zwar nicht nur Theologie, Jurisprudenz und Medizin, sondern auch die Naturwissenschaften, für die Venedigs erste öffentliche Schule im Jahre 1408 gegründet wurde.

Stärker ins Auge fielen die Veränderungen in der Kleidung. Bis spät ins 14. Jahrhundert hinein hatten Männer und Frauen sehr ähnliche lange Gewänder getragen, die so reich dekoriert waren, wie es der Geldbeutel und das Gesetz erlaubten. Doch gegen 1400 waren Schneider aus Frankreich eingewandert. Von da an unterschieden sich die Kleider der Geschlechter stärker als bisher, und die Mode wechselte rascher. Die Regierung griff sofort ein und begann mit Verfolgungen nach dem Gesetz gegen den Luxus. Sie verbot auch weitärmlige Kleider und Kragen, die höher als bis zum Kinn reichten, sowie solchen Putz, »der Gott nicht wohlgefällig und für den einzelnen und seine Familie verdammungswürdig« sei. Man hätte ebensogut versuchen können, die Flut aufzuhalten. Die Schneider nahmen es in Kauf, vielleicht einen Monat in Haft zu sitzen, ihre Kunden waren bereit, auch hohe Bußgelder zu zahlen, wenn sie nur mit der Mode gehen konnten. Die Regierung ließ sich die Durchsetzung dieser Gesetze auch nicht so angelegen sein wie die Bekämpfung religiöser Bewegungen, von denen sie annahm, sie seien umstürzlerisch.

Ganz besonders schlecht erging es den »Bianchi«, die so genannt wurden, weil die Männer und Frauen, die dem geistigen Führer dieser Bewegung, dem Florentiner Dominikaner Giovanni Dominici folgten, weiße Kleider trugen, wenn sie, Litaneien und Gebete singend, durch die Straßen zogen. Als die »Bianchi« im Jahre 1399 wieder eine solche Prozession veranstalten wollten, entriß ihnen der Konstabler des Rates der Zehn das Kruzifix, schleuderte es zu Boden und zerstreute die Teilnehmer. Dominici wurde ausgewiesen und diejenigen Adligen, die ihn nach Venedig eingeladen hatten, desgleichen.

Die schlauen Regierenden von Venedig ließen weder das unruhige Festland noch ihre Stadt aus den Augen. Und mit Recht. 1382 befand sich Carrara im Besitz von Treviso, Ceneda, Feltre und Belluno und kontrollierte somit Venedigs Handelsstraße nach Süddeutschland. Dann machte er sich auch noch zusammen mit dem neuen, mächtigen Herzog von Mailand, Giangaleazzo Visconti, daran, della Scala von Verona, den Verbündeten Venedigs, zu überrennen. 1387 nahm Visconti Verona ein, und Antonio della Scala, der letzte seines Geschlechts, floh nach Venedig, wo er starb. Visconti setzte seinen Vormarsch fort und überrannte Padua. Da wandte sich Carrara hilfesuchend an Venedig, und Florenz tat desgleichen, schien Visconti doch entschlossen zu sein, sich nunmehr ganz Norditalien zu unterwerfen.

Die Signoria – die kollektive Führerschaft, die Venedigs Hauptstaatsbeamte umfaßte – erklärte sich zur Hilfe bereit unter der Bedingung, daß die Mark Trevigiano in der Gegend von Treviso aufs neue venezianisch wurde. 1392 war Carrara wieder in Padua eingesetzt, und Venedig hatte Treviso, Ceneda und Feltre zurückerhalten. Nun wendete es seine Aufmerksamkeit dem Süden zu und beschloß, Nicolo d'Este von Ferrara gegen seinen Rivalen Azzo zu helfen. Es lieh ihm Geld gegen die Sicherheit des Gebietes um Polesine, welches es 1395 besetzte. Doch dadurch war Venedig mit dem wendigen Carrara noch nicht fertig. Nachdem Visconti 1402 gestorben war, entwickelte Carrara expansionistische Gelüste und belagerte Vicenza. Als Venedig ihn zur Aufhebung der Belagerung aufforderte, ließ er dem Abgesandten Nase und Ohren abschneiden und schickte ihn nach Venedig zurück. Daraufhin raffte sich Venedig zur Eroberung von Padua auf. Francesco Carrara und seine zwei Söhne wurden nach Venedig gebracht, wo sie später in aller Stille erwürgt wurden. »Ein toter Mann«, sagten die Venezianer, »führt keinen Krieg.«

Innerhalb weniger Jahre und mit bemerkenswert geringen Mitteln hatte Venedig Treviso und die istrische Küste wiedererlangt, die Mündungen des Pos besetzt und Padua, Vicenza und Verona erobert. Plötzlich war es wieder zu einer wichtigen Festlandsmacht geworden und hatte außerdem überseeische Gebiete. Wieder einmal lächelte ihm das Glück, und im allgemeinen ging es auch seinen neuen Untertanen ganz gut.

Die Beziehungen waren von Anfang an ziemlich ungezwungen. Ein Klub wurde in Padua gegründet, wo sich Venezianer und der örtliche Adel zwanglos treffen konnten, und Zaccaria Trevisan, das neue Oberhaupt von Padua, scheint ein vorbildlicher Gouverneur gewesen zu sein. »Die besonderen Eigenschaften eines venezianischen Gouverneurs«, so ließ er sich seinem Nachfolger gegenüber aus, »sollten Humanität und Milde sein, um beliebt zu werden, ganz im Gegensatz zu solchen Herren, die die Bürger von ihren Burgtürmen aus regieren.« Während es ein nichtadliger Venezianer praktisch nicht durch Reichtum oder Staatsdienst zum Adelspatent bringen konnte, wie das anderswo in Europa möglich gewesen wäre, nahmen venezianische Adlige – anders als ihresgleichen im Ausland – gewöhnlich auf allen Ebenen an den Regierungsgeschäften teil, und diejenigen, die die Spitze der Leiter erreichten, hatten eine gründliche Lehre in der Verwaltung durchlaufen. Die erste Stufe der Leiter war die Wahl zum *Savio ai Ordini*, in welcher Eigenschaft ein junger Adliger den Sitzungen des *Collegio* oder Staatsrats beiwohnte und sich mit den Details der Alltagsgeschäfte vertraut machte. Von dieser Stufe aus konnte er Mitglied der *Quarantia Criminal* – des Strafgerichts und der beantragenden legislativen Körperschaft – werden. Oder er wurde ein *Signore di Notte*, dem die nächtlichen Polizeipatrouillen unterstanden, oder er übernahm ein sonstiges kleineres Amt. Nach dieser Vorbereitung konnte er hoffen, in eine exklusivere Körperschaft, etwa in den Senat, der Fragen der Außenpolitik entschied und auch Gesetze entwarf, gewählt zu werden, oder er konnte die Wahl zum Gouverneur oder Gesandten oder in ein besondere Fähigkeiten erforderndes Verwaltungsamt in der Heimat annehmen. Weitere Schritte waren dann Mitgliedschaft im Rat der Zehn, der Hauptsicherheitsbehörde, oder die Würde eines Beraters und Prokurators von San Marco und als höchstes das Amt des Dogen.

Dennoch war die Verwaltung nicht völlig professionell. Die Adligen pflegten sich aus dem öffentlichen wieder ins Privatleben zurückzuziehen und umgekehrt, wodurch das System zumindest für Mitglieder der wählbaren Klasse zu einem demokratischen System wurde und die Verwaltung nicht verknöcherte. Mit der zunehmenden Entwicklung der Verfassung hatte sich eine solche Menge von Ämtern herausgebildet, daß auch gewöhnliche Bürger als Verwaltungsangestellte Karriere in diesem kompliziertesten aller politischen Organismen des damaligen Europas machen konnten. Viele gebildete Bürger stiegen zum ständigen Senats- oder Collegiums-Sekretär auf oder wurden Sekretäre beim Rat der Zehn oder sogar Großkanzler, Inhaber der höchsten Beamtenstelle, die gewöhnlich lebenslänglich bekleidet wurde.

Der gewöhnliche Bürger konnte auch als Advokat, Notar oder Arzt zu Reichtum gelangen und auf gleichem Fuß mit den adligen Kaufleuten Handel treiben. Fast zwei Fünftel der wohlhabendsten, im Jahre 1379 zur Zwangsanleihe veranlagten Venezianer waren nichtadlig, und von den reichsten Bewohnern der Stadt waren ein Fünftel keine Adligen. Verständlicherweise nahmen diese Leute die Beschneidung ihrer Wählbarkeit besonders übel. Mit ihnen sympathisierten auch manche Adligen, darunter die drei Chefs der *Quarantia*, die sich erfolglos für die Zulassung dieser Leute einsetzten. Ein venezianischer Bürger durfte zwar reich werden oder ein Amt an einer *Scuola* übernehmen, was einem Adligen auf Befehl des Rates der Zehn verwehrt war, er konnte auch Einfluß als Bürokrat ausüben, aber sein Ansehen war gering.

Um so größer war das des Dogen. Als Michele Steno an der Jahrhundertwende zum Dogen gewählt wurde, kamen Turnierkämpfer aus Treviso, die Gilden paradierten, die *Compagnia delle Calze* – fesche junge Edelleute in protzigen Gewändern – stolzierten vor ihm einher, luxuriöser Schmuck und die teuersten Kleider waren ihm zu Ehren von allen angelegt worden. Der Doge wurde nun nicht mehr als »Gebieter« angeredet, sondern als »Herr«. Dennoch war er »Seine Durchlaucht, der Fürst«, Oberhaupt der »Serenissima«, der »Erlauchtesten Republik«. Diesem Titel mußte er gerecht werden. Doge Steno hatte einen Pferdestall, der es mit jedem in Italien aufnehmen konnte. Er lebte in einem der schönsten Paläste, von so viel Pomp umgeben wie andere europäische Potentaten. Und doch wurde er mehr und mehr Gefangener dieses Pomps. Er konnte ohne Erlaubnis nicht zurücktreten, und bald kam die Zeit, wo er nicht einmal mehr eine Ratssitzung ohne vorherige Erlaubnis einberufen durfte.

Obwohl manche sich noch an Steno als den jungen Tunichtgut erinnerten, der *graffiti* an die Wand des Dogenpalastes gekritzelt und dafür unter dem Dogen Faliero ein paar Tage inhaftiert gewesen war, so konnten die Menschen in diesen Tagen keine solche Milde mehr erwarten, wenn sie ihre Herrscher lächerlich gemacht hatten. 1404 verlor Ludovico Contarini eine Hand, weil er Karikaturen von der »Serenissima« angefertigt hatte.

Die Mehrheit der Venezianer tat gut daran, sich nicht für Politik außerhalb ihrer eigenen Körperschaft zu interessieren. Bäkker, Schneider und Seidenspinner, Deutsche und Armenier hatten jede Freiheit, über die Verwaltung ihrer Hospitäler zu debattieren. Mitglieder der *Scuole* durften sich über ihre Krankenversicherung auf Gegenseitigkeit, ihre Mitgiften, Pensionen und Beerdigungskosten ruhig auseinandersetzen. Kalfaterer und Zimmerleute durften ein Einkommen für alte Kollegen sicherstellen, indem sie ihre Arbeitgeber zwangen, einen Veteran von über fünfundfünfzig für je sechs eingestellte Meister anzustellen und ihm soviel zu zahlen wie den besten Arbeitern. Aber wer die Tätigkeit der Signoria in Frage stellte, tat es auf eigene Gefahr.

Obgleich die Zünfte sich selbst verwalteten, hatten sie nicht die Unabhängigkeit heutiger Gewerkschaften. Wenngleich die Regierung mit ihnen zusammenarbeitete, indem sie Gewerbegeheimnisse schützte, wachte sie über ihre Tätigkeit wie über die Aktivitäten aller venezianischen Organisationen, insbesondere auch der Kirche. Venezianer, die kirchliche Posten bekleideten, waren verdächtig und ihre Familien desgleichen. Kirchliche Würdenträger, die anderswo hohen Staatsfunktionären gleichgestellt waren, konnten in Venedig weder dem Großen Rat angehören noch Regierungsposten bekleiden, und von 1411 an waren Adlige von allen Debatten über kirchliche Angelegenheiten ausgeschlossen, wenn sich in ihrer Verwandtschaft ein Geistlicher mit einer Pfründe befand.

Die Verärgerung über päpstliche Einmischung in, wie die Venezianer meinten, ihre ureigensten weltlichen Angelegenheiten war groß und wuchs noch ständig. Priester wurden zwar weiter durch die Stadtgemeinden gewählt, venezianische Bischöfe wurden vom Senat bestellt und vom Papst nur bestätigt, und von 1378 an hatte das Schisma größere Möglichkeiten zur Verfolgung einer unabhängigen Politik geboten. Doch selbst als ein Venezianer, nämlich Angelo Cornaro, als Papst Gregor XII. auf einem der päpstlichen Stühle saß, zog es die Signoria vor, ihn nicht anzuerkennen. 1409 allerdings, als sowohl der Papst als auch der Gegenpapst gestürzt waren und ein anderer venezianischer Untertan, der Kreter Pietro Filargi (Papst Alexander V.), gewählt wurde, hielt es Venedig für weiser, ihm Gehorsam zu versprechen. 1420, als Martin V. triumphierend in Rom eingesetzt worden war, entsandte Venedig wohlweislich vier Delegierte, um ihm zu gratulieren, obgleich es weiterhin fest davon überzeugt war, daß ein kirchliches Konzil mehr Autorität besaß als ein Papst.

Dogenwahlen vollzogen sich jetzt glatter als Papstwahlen, und im Frühjahr 1414, ein Jahr bevor Heinrich V. von England die Franzosen bei Agincourt schlug, feierte Venedig die Wahl eines neuen Dogen – Tommaso Mocenigos. Der Markgraf von Ferrara und der Herrscher von Mantua, Gonzaga, nahmen beide an seiner Einsetzung teil. Die Gold- und Juwelenschmiede erschienen in Scharlachroben auf spitzenbedeckten Pferden, die sie zu drei Dukaten das Stück gemietet hatten. Die Zünfte gaben Feste und Gelage, und die Paraden und Turnierkämpfe dauerten Wochen und störten den Handel der Trödler und Straßenverkäufer, die ihre Waren gewöhnlich auf Schragen rund um den Palast und die Piazzetta feilboten.

Unter Tommaso Mocenigo erreichte Venedig ganz besonders hohes Ansehen. Lesina, Spalato, Sebenico und Traù wurden samt und sonders wieder besetzt, und 1418 wurde Friaul erobert – eine Errungenschaft, die durch eine neue Zeremonie gefeiert wurde, bei der der Doge die Große Halle zu betreten und Spielzeugburgen umzustürzen hatte, die die Herren von Friaul darstellten. Obgleich Venedig 1411 mit Tributzahlungen an die Türken begonnen hatte, wurde es mehr und mehr als der Hauptverteidiger der Christenheit gegen die Türken angesehen.

Im Mai 1416 verwickelte eine venezianische Flotte unter Pietro Loredano eine türkische Flotte bei Gallipoli in eine Seeschlacht. Diese Schlacht wird von Loredano selbst lebhaft geschildert, der auch nicht vergißt, seine eigenen Heldentaten zu erwähnen.

»Ich, der Kommandant, wie ein Mann kämpfend, griff die erste Galeere an, die sich mit großer Tapferkeit verteidigte, denn die Türken . . . kämpften wie die Drachen . . . Durch Gottes Gnade nahm ich sie . . . aber ich hatte große Schwierigkeit, die

Beute zu retten, denn andere Galeeren steuerten auf mein Heck zu. Sie beschossen mich mit Pfeilen und Wurfspießen. Das kriegte ich zu spüren, kann ich euch versichern, denn ich wurde in der linken Wange direkt unterhalb des Auges verwundet (sowie) durch einen Pfeil, der meine linke Hand durchbohrte. Diese Wunden waren ernst. Auch sonst war ich am Körper verletzt . . . aber das war nichts im Vergleich zu den zwei Wunden. Trotzdem kämpfte ich weiter und trieb die angreifenden Galeeren zurück, indem ich die erste nahm und meine Flagge hißte. Darauf rammte und machte ich eine Galliote untauglich (und) hackte ihre Mannschaft in Stücke . . . Der Rest unserer Flotte kämpfte hervorragend, und obgleich die Türken . . . sich tapfer wehrten . . . haben wir sie doch in die Flucht geschlagen.« Die entzückte Regierung verkündete den glänzenden Sieg überall in Europa, und bei einer Dankesfeier paradierten die Signoria und die Geistlichkeit mit allen ihren Heiligenreliquien durch die Stadt.

Aber Venedig hatte noch andere, kaum weniger gefährliche Feinde. Im Jahre 1415 sperrte Kaiser Sigismund die Handelswege, die Venedig mit den freien Städten Augsburg, Ulm und Nürnberg verbanden. Der Warenversand über ausländische Vermittler vermochte das Embargo wenigstens teilweise zu durchlöchern. Außerdem versuchte die Regierung, das Problem durch Vergiftung des Kaisers zu lösen, und 1419 erhielt der Rat der Zehn das Angebot des Kreters Michellotto Mudazzo, diese Operation gegen eine Pension von tausend Dukaten auszuführen. Mudazzo war eine echte Renaissance-Figur, was das Ausmaß seiner Schurkerei betrifft. Er war ein Häscher, der viertausend Dukaten für die Auslieferung Giorgio Bragadins verdiente, welcher für Hochverrat gehenkt wurde. Er war vier Monate im Gefängnis gewesen, weil er einen Gegner im Gerichtssaal geschlagen hatte, und er hatte ein weiteres Jahr sowie Verbannung für Bestechung eines Zeugen bekommen. Aber die Zehn gaben ihm freies Geleit nach Venedig, und man begann, nach einem geeigneten Gift zu suchen. Langsam und schnell wirkende, mit dem Essen oder in Getränken beigebrachte Gifte, Gifte, die schon bei Berührung oder beim Einatmen wirkten, gestoßene Diamanten, Gifte aus dem Dorfe Puegnano am Gardasee (eine bekannte Quelle für Giftrezepte) und solche, die von gelehrten Alchemisten in Padua und Vicenza stammten – alle wurden in Betracht gezogen. Der Giftschrank der Zehn füllte sich mit Phiolen und Amphoren, aber schließlich lief sich der Plan tot, und Mudazzo wurde heimgeschickt.

Während der Rat der Zehn Pläne zur Aufdeckung heimischer Komplotte und zur Vernichtung von Feinden im Ausland schmiedete, spielte Seine Durchlaucht, der Doge, seine zeremonielle Rolle in unzähligen Prozessionen und empfing wichtige Fremde, darunter auch den Bischof von Winchester, den Onkel Heinrichs V. von England, mit größter Würde und entsprechendem Pomp.

Unter den Zuschauern bei solchen Gelegenheiten befand sich ein achtzehnjähriger Adliger namens Andrea Barbarigo, dessen Karriere als typisch für Menschen jener Zeit gelten kann, die durch den Handel reich zu werden trachteten. Als der Bischof von Winchester Venedig besuchte, befand sich Andreas Familie in einer schwierigen Lage. Sein Vater Nicolò hatte ein Schiff verloren und dabei noch Vorschriften mißachtet, als er den Oberbefehl über einen Gewürzkonvoi von Alexandria nach Venedig innehatte. Die Strafzahlung von 10000 Dukaten hatte die Familie ruiniert.

Andreas einzige Vorzüge waren seine Fähigkeiten zu lesen, zu schreiben, am Rechenbrett zu rechnen und mit der Armbrust umzugehen, dazu 200 Dukaten, die seine Mutter für ihn zusammengekratzt hatte. Mit diesen für einen Menschen seines Herkommens sehr geringen Mitteln mußte Andrea nun schauen, wie er zurechtkam. Er begann als unbezahlter Handelslehrling und Bogenschütze auf dem Achterdeck einer Handelsgaleere mit dem Ziel Alexandria.

Auf See speiste er mit den Offizieren und Kaufleuten und konnte so Bekanntschaft mit erfahrenen Spekulanten schließen, die ihm in Zukunft von Nutzen sein konnten und von deren Erfahrungen er lernen und deren Ratschläge über die Nutzung seines geringen Kapitals er befolgen konnte. Er vermochte aus erster Hand zu lernen, wie der Handel in fremden Ländern abgewickelt wurde. Nach seiner Rückkehr ergänzte Andrea das Gelernte durch ein Studium des Handelsrechts und verbrachte den größten Teil der Jahre zwischen zwanzig und dreißig als amtlicher Anwalt. Einnahmen flossen ihm ziemlich leicht zu, denn die Prozeßparteien mußten sogar dann amtliche Anwälte nehmen, wenn deren Kompetenz überschritten wurde und sowieso sachkundige bürgerliche Anwälte verpflichtet werden mußten. Aber mit zweiunddreißig Jahren verließ Andrea die Gerichte, um eine reine Kaufmannskarriere einzuschlagen. Es war ihm klar, daß der freie Markt am Rialto nicht der einzige Faktor im Spiel von Angebot und Nachfrage war. Die Regierung steckte den Rahmen ab, in dem sich der Handel abspielte, wobei die Möglichkeiten der Verschiffung ebenso eine Rolle spielten wie die Marktlage; dazu kam, daß die Reisezeiten der Galeeren und die Bedingungen, unter denen sie segeln durften, einschließlich Frachtkosten und Ladeprioritäten der Hauptgüter von der Regierung diktiert wurden. Aber Andrea wußte auch, daß innerhalb dieser Richtlinien für die Tatkraft des einzelnen noch ein weites Feld verblieb. Man konnte Waren in Koggen statt in Galeeren verschiffen, was zwar risikoreicher, aber auch billiger war. Es gab auch eine ganze Auswahl von Handelsagenten in Übersee, die meistens zwei Prozent Kommission auf die verkauften Waren erhoben und ein Prozent auf die von ihnen eingekauften, statt einen Anteil am Gewinn zu verlangen, wie das früher üblich gewesen war.

Da er in Venedig lebte, kannte Andrea den üblichen Gang der Dinge dort. Er hörte die Glocken des ›Arsenals‹ im Morgengrauen läuten, um die Werftarbeiter zusammenzurufen; er wußte von den ständigen Diebstählen und von den Entlassungen, Auspeitschungen und dem Im-Stock-Sitzen der ertappten Missetäter. Er sah die Salzbarken von Chioggia, Istria und Zypern hereinkommen, die nun, wo die eigenen Salinen austrockneten, Venedig und das Hinterland versorgen mußten. Er bewunderte die Kunst und Geschicklichkeit der vielen Handwerker, und er kannte alle Spezialisten im Großhandel, denn Venedig war so klein, daß er mit jeder wichtigen Persönlichkeit auf Grüßfuß stand.

Aus Erzählungen kannte Andrea auch die Zustände in der Welt außerhalb Venedigs. Er wußte, daß Florenz begonnen hatte, Handelsschiffe nach Ägypten zu entsenden, und er hörte den

Lärm am Rialto, als man erfuhr, daß Florenz den Markt im Hanfgeschäft erobert hatte, denn der Hanf aus Bologna war für die Herstellung von Schiffstauen von größter Wichtigkeit. Er erfuhr, auf welche Weise Monopole entstanden und wie man sie brechen konnte. Kurz, Andrea hatte all das Wissen, die Verbindungen und die Schläue, die ihn zu einem erfolgreichen Kaufmann machen konnten – nur kein Geld.

Wie muß er seine tausend Standesgenossen beneidet haben, die Einkommen von mehr als 700 Dukaten im Jahr hatten? Wie muß er geseufzt haben, wenn er reiche junge Männer Kapital für Bankette und schöne Kleider verschwenden sah? Während Andrea jeden Pfennig umdrehen mußte, zahlte der Prokurator Martin Contarini jenen Steinmetzen bis zu 140 Dukaten im Jahr plus Wein, die ihm einen so prächtigen Palast bauten, daß er bei seiner Fertigstellung nach zehn Jahren von den Venezianern als Ca d'Oro oder das Goldene Haus bezeichnet wurde. Dank der Unbesonnenheit seines Vaters mußte Andrea lang und hart arbeiten, um tausend Dukaten zusammenzusparen, eine Summe, die der Doge Mocenigo allein darauf verwandte, dem Senat die Erlaubnis abzuringen, entgegen seinem Schwur den Dogenpalast verschönern zu dürfen, der nach einem Brand der Ausbesserung bedurfte – natürlich in einem Stil, der der Größe des Staates gerecht wurde.

Der Wunsch des Dogen spiegelte die Gefühle derer wider, die prahlten, Venedig sei die erste Macht in Italien – Gefühle, die Mocenigo selber auf dem Totenbett in seiner »Rede an die Nation« im Frühling 1423 zum Ausdruck brachte. Die öffentlichen Schulden, so zählte er auf, waren von zehn auf sechs Millionen zurückgegangen. Zehn Millionen im Jahr bei einem Gewinn von vierzig Prozent wurden von den Kaufleuten umgesetzt und eine Million Golddukaten jährlich geprägt. Venedig besaß außer seinem großen Imperium eine Flotte von 45 Galeeren, 300 anderen seetüchtigen Schiffen und 3000 kleineren Fahrzeugen. Die Stadt hatte berühmte Färbereien, Zuckerraffinerien, Seifen- und Kerzenfabriken, und die Webereien allein beschäftigten 20000 Arbeiter. Die staatlichen Einnahmen überschritten anderthalb Millionen jährlich, die Hälfte davon aus dem Imperium. Venedigs Gebäude waren siebeneinhalb Millionen wert und warfen eine halbe Million jährlich in Form von Mieten ab. Vielleicht übertrieb Mocenigo ein wenig, er war mit Recht stolz auf die Erfolge des Stadtstaates – aber er hatte auch große Befürchtungen für die Zukunft.

In ihrer Gier, Geld in Gütern auf dem Festland anzulegen, wo es bis zu zwanzig Prozent im Jahr einbringen konnte – eine reizvolle Sache im Vergleich zur unsicheren Anlage im Levantehandel, wenn man an die türkische Bedrohung dachte –, befürworteten viele Adlige eine offensive Allianz mit Florenz gegen Mailand. Dadurch, so glaubten sie, könne Venedig die reichen Ländereien von Brescia und Bergamo den Mailändern abjagen, ein Unternehmen, das den Staat reicher machen und ihnen die Möglichkeit verschaffen werde, billigen und ertragreichen Grundbesitz zu erwerben.

Andrea Barbarigo hatte zu wenig Kapital, um sich für solche Pläne besonders zu erwärmen, und auch der alte Doge war absolut dagegen, den vorhandenen Reichtum durch solche Abenteuer aufs Spiel zu setzen. Gute Beziehungen mit Mailand waren lebenswichtig für Venedigs Wohlergehen, das war seine Meinung. Venedig hing sehr stark von den landwirtschaftlichen Produkten der Mailänder Gegend ab, und Mailand kaufte ein Viertel des gesamten venezianischen Exports. Mailand war für Venedig »ein schöner Garten«, und es zu zerstören, wäre reine Torheit. Außerdem würde der Plan eine viel größere Armee erfordern, die zu erhalten einen ständigen Abfluß von Geld aus der Staatskasse bedeutete. »Der Krieg mit Mailand«, warnte der sterbende Doge, »würde unseren Staatsschatz, unsere Ehre und unsere Autorität aufs Spiel setzen. Statt Herren der Welt zu sein, werdet ihr zu Dienern der *condottieri* werden, die ihr anwerbt.«

Der Doge sprach sich nicht nur gegen diesen Plan, sondern auch gegen seinen Verfechter Francesco Foscari, Prokurator von San Marco, aus, der als sein Nachfolger in Frage kam. Verächtlich sprach er von ihm als dem »jugendlichen« Foscari, obgleich der Prokurator fast fünfzig Jahre alt war, und meinte, er sei ein Mann, der nach vielem griffe, aber wenig halten könne, ein Mann ohne Erfahrung, dessen Wahl zum Dogen zu einer Entwertung des Geldes um neunzig Prozent führen werde. Mocenigo schlug mehrere andere Kandidaten vor, die er alle dem

Prokurator vorzog. Aber als der Doge im April 1423 starb, wurde Foscari gewählt.

Es ist unbekannt, wie Andrea Barbarigo wählte und ob er sich den 900 Mitgliedern des Großen Rats anschloß, dessen großartiger neuer Saal am ersten Tag der neuen Regierung mit Foscaris Antrittsrede eingeweiht wurde. Die Amateur-Chronisten, die alle diese Ereignisse beschrieben, die an Berichten über die Vergangenheit des Dogen und Familienstammbäumen arbeiteten und die die Ränder ihrer Manuskripte mit bunten Wappen verzierten, erwähnen Andrea nicht. Ihre Aufmerksamkeit galt ausschließlich der eigenen Familie und den großen Tagesereignissen – Kriegen, Naturkatastrophen, den Taten des Dogen.

Der Doge Foscari begann seine Regierungszeit damit, sich die Erlaubnis für einen weiteren Umbau des Palastes geben zu lassen, den griechischen Kaiser Manuel Palaiologos zu empfangen und die Unterwerfung von Thessalonike, das von den Türken bedroht wurde, anzunehmen. Doch wie Mocenigo vorhergesagt hatte, wandte sich die Aufmerksamkeit schon bald dem Festland zu.

Florenz fürchtete sich vor dem eroberungssüchtigen Visconti, der schon über Cremona, Crema, Bergamo, Brescia und Genua herrschte, ganz zu schweigen von seinem angestammten Mailand. Venedig lag sehr daran, ihm die Flügel zu stutzen. Aber die Politik änderte sich nicht über Nacht. Viscontis Stoßrichtung ging nach Süden, er bildete keine unmittelbare Gefahr für Venedig. Als daher 1424 Florenz eine Allianz vorschlug, fiel die Antwort der Signoria kühl aus. Aber 1425 wurde Florenz von Viscontis Streitkräften ernstlich geschlagen, so daß Venedig nun eine Intervention der völligen Niederlage von Florenz vorzog. Florenz, »das andere Haupt der Freiheit in Italien«, dürfe nicht umkommen, mahnte der Doge Foscari eindringlich, und so wurde die Allianz geschlossen.

Die Signoria bereitete sich gründlich auf den Krieg vor. Wie immer, wurden professionelle Heerführer angeworben – in diesem Fall der Graf Francesco Bussone, genannt Carmagnola, der härteste aller *Condottieri*.

Carmagnola war mehr als vierzig Jahre zuvor bei Turin als Sohn eines Schweinehirten, wie es hieß, zur Welt gekommen.

Ironischerweise war er gerade in den Diensten Viscontis aufgestiegen. Er hatte Genua genommen, die Schweizer bei Bellinzona geschlagen, danach war er zum Oberbefehlshaber bei Visconti, zu seinem Hauptberater und Gouverneur von Genua aufgestiegen. Er hatte Landgüter erhalten, eine Frau aus dem Hause Viscontis war ihm versprochen worden, ebenso wie ein Palast in Mailand. Aber dann hatte er gefühlt, daß Visconti ihm seine Gunst entzog, und sich mit einem Angebot seiner Dienste an Savoyen gewandt. Da man dort nicht darauf einging, hatte er sich an Venedig gehalten.

Carmagnola kam im Februar 1425 in Venedig an, und die Verhandlungen begannen. Er verlangte das Oberkommando, das Anrecht auf alle Gefangenen und sämtliche Beute, ein Gehalt von 6500 Dukaten im Monat und eine Vorauszahlung von 30000. – Er gab sich schließlich mit dem Oberkommando und 1000 Dukaten im Monat zufrieden, und da Visconti mittlerweile sein Vermögen beschlagnahmt hatte, machte Carmagnola sich daran, ein neues im Dienste der »Serenissima« zu erwerben.

Im Dezember 1425 stimmte der Senat einer zehnjährigen Allianz mit Florenz zu, und am 15. Dezember schwor der schlau blickende, stiernackige, schlaffgesichtige Carmagnola am Hochaltar der Markuskirche Venedig seine Treue, und das Banner des Heiligen wurde ihm anvertraut. Innerhalb eines weiteren Monats wurde der Krieg erklärt, und Carmagnola begann, Brescia zu belagern. Doch dann ließ er sich wegen Gelbsucht und einem Sturz vom Pferde zu einer Kur beurlauben.

Im Mai 1426 wurde er in Venedig geadelt, aber obgleich er zu den Belagerern im Oktober zurückkehrte, verließ er sie doch bald wieder, und Brescia wurde in seiner Abwesenheit genommen. Ende 1426 wurde Frieden geschlossen, doch nach wenigen Wochen flackerte der Krieg erneut auf. Im Frühjahr 1427 begann Visconti seine Offensive. Carmagnola ließ ihn herankommen und antwortete dann mit einer großen Gegenoffensive – 22000 Berittene und 14000 Fußsoldaten drangen in mailändisches Gebiet südlich von Bergamo ein. Doch dann gab Carmagnola unvermittelt nach. Weder rückte er auf Mailand vor noch auf Pizzeghetone im Süden, wie das die Signoria gewünscht hatte. Als die Mailänder im Juli wieder angriffen, drängte Carmagnola sie zwar nach Cremona ab, ging dann aber auch selbst zurück. Nach einem weiteren unentschiedenen Gefecht entschloß sich der bestbezahlte Söldner Europas erneut zum Rückzug. Die ganzen schwülen Sommermonate hindurch wartete der venezianische Senat voller Unruhe auf einen positiven Bericht, der nie eintraf. Dennoch drückte er nur Schmerz, aber keine Verärgerung aus, als Carmagnola vorschlug, den Feldzug zu beenden. Schließlich tat er ihnen in der Oktoberkühle des Jahres 1427 den Gefallen, die Mailänder unter Carlo Malatesta bei Maclodio zu schlagen.

Dafür überschüttete ihn die hocherfreute Signoria mit Geschenken – einem Palast in der Stadt, einem Landgut bei Brescia, das jährlich 500 Dukaten abwarf, und Versprechungen für die Zukunft. Aber noch war Visconti nicht vernichtet. Die Verhandlungen, die sich in nicht geringem Maße auch auf Carmagnolas ehemalige Güter auf mailändischem Boden bezogen, dauerten den Winter über. Unsicher in bezug auf seine Loyalität, war die Signoria erfreut, als Carmagnola erklärte, seine Treue werde stets und ausschließlich Venedig gehören. Der Senat dankte ihm für diese Erklärung, und als Pestfurcht und Geldnot im April 1428 einen schnellen Frieden diktierten, feierte die Signoria das Ereignis in Carmagnolas Palast. Wie Mocenigo befürchtet hatte, war man anscheinend soweit, daß »der Schwanz mit dem Hund wedelte«.

Trotz allem war Venedig nun der stolze Besitzer von Bergamo und Brescia mit ihrer Eisen- und Waffenindustrie. Einige Feudalherren wurden enteignet und ihre Güter in die Hände venezianischer Adliger gelegt, die in Land investieren wollten. Aber hier, wie auch in allen übrigen Festlandsgebieten, regierte Venedig die neuen Provinzen mit leichter Hand. Es zog vor, eine Vermittlerrolle zwischen den örtlichen Größen und den Bauern zu spielen, statt die Großen zu enteignen und die Bauernschaft direkt zu regieren. Ein nach Brescia entsandter Gouverneur erhielt Anweisung, »sanft« zu den Leuten zu sprechen, »damit alle mit unserer Oberherrschaft zufrieden sind«, die Steuern nicht höher anzusetzen, als sie unter mailändischer Herrschaft gewesen waren, und die Bevölkerung zu fragen, »ob sie unseren Mann als Oberhaupt akzeptieren oder lieber ihre eigenen Konsuln unter der Republik wählen wollen«.

Auch mit Carmagnola ging die Signoria nachsichtig um, obgleich er, der doch noch immer General-Kapitän war, mit Filippo Visconti im Briefwechsel stand, ein Angebot auf seine frühere Position von diesem erhielt und schon bald mit dem Bau einer Familiengruft in Mailand begann. Die Signoria hatte zwar Verdacht geschöpft – aber als er 1429 mit seinem Rücktritt drohte, bot sie ihm eiligst einen neuen Zweijahreskontrakt an, ein Lehen im Werte von jährlich 6000 zusätzlich zu seinen 1000 Dukaten im Monat und erlaubte ihm, sich eine nur ihm unterstehende Leibgarde von 500 Lanzenträgern zu halten. Als der *Condottiere* in seinen Verhandlungen mit Visconti fortfuhr, verlangte die Signoria, daß er das unterlasse. Aber da ein neuer Krieg drohte, beharrte sie nicht allzu unnachgiebig auf dieser Forderung, versprach ihm aber das ausschließliche Eigentum an einer von ihm zu erobernden Stadt – mit Ausnahme von Mailand – und jenes Grundbesitzes, den Visconti ihm weggenommen hatte.

Der Krieg war in Venedig keineswegs populär. Wieder war die Besteuerung hoch, und durch den Zustrom von Flüchtlingen aus den Kriegsgebieten war die Einwohnerzahl der Stadt sehr gestiegen. Die Signoria unternahm daher Anstrengungen, den Krieg mit anderen Methoden als reiner Waffengewalt zu gewinnen, und als der verhinderte Giftmörder Mudazzo sich wieder meldete und anbot, Visconti zu erledigen, wurde diese Idee vom Rat der Zehn sofort aufgegriffen. Die für Kaiser Sigismund gesammelten Gifte wurden an Schweinen erprobt. Doch die Schweine überlebten, und der Plan wurde fallengelassen, weil Visconti davon gehört hatte. Mudazzo wurde nach Korfu abgeschoben.

Der Krieg ging also weiter und ebenso die unbequeme Partnerschaft mit dem mächtigen Heerführer Carmagnola. Bisher war Venedig allerdings siegreich gewesen, und trotz aller damit verbundenen Unbequemlichkeiten hatte der Krieg den Handel bisher nicht zum Erliegen gebracht. Die Preise waren hoch; die Deutschen machten sich nichts aus dem kaiserlichen Embargo und kamen weiterhin zum Einkaufen in den Süden. Krieg oder kein Krieg – die Aussichten für den Handel waren gut, wie auch Andrea Barbarigo erfahren sollte, als er sich daran machte, das zerschlagene Familienvermögen wiederherzustellen.

VIII

DAS GOLDENE ZEITALTER

Um 1431, als sich die Republik neuen Höhepunkten der Macht, des Reichtums und des Ansehens näherte, hatte Andrea Barbarigo 1600 Dukaten gespart und beschlossen, seine ganze Kraft aufs Geschäft zu konzentrieren. Sein Kapital war für Geschäfte großen Stils noch immer unzulänglich, so daß er als erstes zu mehr Bargeld zu kommen trachtete. Er verkaufte alle seine Regierungsanleihen zum halben Nominalwert, desgleichen die seiner Mutter, deren ganzes Geld darin angelegt war. Er verkaufte ferner ein kleines Landgut in Kreta, das er zusammen mit seinem Bruder Giovanni geerbt hatte, vermietete Zimmer in dem von seiner Familie gemieteten Haus und nahm außerdem noch Geld auf. So verdoppelte er den Einsatz, mit dem er zu spielen entschlossen war.

Er war oft am Rialto anzutreffen, wo er die Marktlage beobachtete und sich wichtige Fakten und Preise einzuprägen versuchte – tatsächlich gab er 1431 dreizehn Dukaten für einen Gedächtnistrainingskurs aus, den »Maestro Piero« abhielt. Danach mischte er sich unter die anderen Kaufleute, welche Handel trieben, Investitionen verlagerten, Schiffsraum einplanten, Informationen über Agenten in fremden Häfen austauschten und den Bedarf an verschiedenen Waren in einem Dutzend Länder vorherzusehen versuchten.

Doch ein Mann, dem nur 3300 Dukaten zur Verfügung standen, war nicht mehr als ein kleiner Spekulant. Die Brüder Luca und Andrea Vendramin konnten Waren im Wert von 400000 auf eine einzige Reise nach Alexandria schicken und jeder ihrer Töchter eine Aussteuer geben, die doppelt so viel wert war wie Barbarigos gesamtes Kapital. Aber kleine Fische konnten im Kielwasser der großen ganz hübsch fett werden – und Andrea, der gesellschaftlich akzeptabel, intelligent und loyal war, stellte gerade den Typ dar, dem ein großer Kapitalist mal einen kleinen Auftrag überträgt oder einen heißen Tip gibt.

Doch die erste Hilfe kam schließlich von der eigenen Familie.

Seine Vettern, die großen Landbesitz auf Kreta hatten, bestimmten Andrea zu ihrem Handelsagenten in Venedig, der ihre Produkte verkaufen und die von ihnen benötigten Waren in Kommission für sie kaufen sollte. Er mußte auch nach der unehelichen Tochter des einen sehen, und schließlich bestimmten beide ihn zu ihrem Erben. Andrea ging jedoch nicht auf eine Handelspartnerschaft mit seinem eigenen Bruder ein, wie das sonst üblich war. Er war ein einsamer Wolf, der seinen Profit selbst behielt und auch das jeweilige Risiko allein trug.

Sein Glück wechselte von Anfang an. Die Waren, die er 1430 mit einer Kogge nach Nordeuropa schickte, fielen Piraten in die Hände. Andererseits erreichten die sechs Pfeffersäcke, die er mit einer Galeere nach Flandern expedierte, ohne Zwischenfälle Brügge, wo seine Agenten, die Brüder Cappello, sie nach seinen Instruktionen verkauften und den Ertrag von mehr als 1600 Dukaten in Tuch und englischem Zinngerät anlegten, das nach Venedig zurückgesandt wurde.

Damals war der Krieg mit Mailand gerade wieder ausgebrochen. Genuesische Kriegsschiffe im Dienste Mailands lauerten den venezianischen Schiffen auf ihrer üblichen Route von Flandern nach Venedig auf und bedrohten somit auch Andreas Geschäft. Doch die Galeeren, von der Signoria rechtzeitig gewarnt, änderten den Kurs, wichen dem Feinde aus und erreichten im April 1431 unbelästigt Venedig.

Andrea setzte seine Waren rasch um. Den größten Teil des Tuches verkaufte er über den Laden seines Paten Lorenzo da Vigna, den Rest sandte er aufs Festland, während das Zinngerät nach Ferrara, Verona und Apulien verfrachtet wurde. Danach überlegte Andrea, wie er den Erlös investieren sollte.

In erster Linie bot sich die Levante an. Der Mamelucken-Sultan von Ägypten, Palästina und Syrien hatte den Gewürz- und Baumwollhandel monopolisiert, um die Preise anheben zu können. Venedig hatte daraufhin diesen Handel auf staatliche Konvois beschränkt, deren Admirale angewiesen waren, die Zahlung von Abgaben an den Sultan zu verweigern. Der im Jahre 1430 zurückkehrende Konvoi hatte keine Gewürze gebracht, aber seitdem waren die Beziehungen zum Sultan besser geworden, und da Venedig Mangel an orientalischen Waren hatte, beschloß Andrea, kräftig im Levantehandel zu investieren.

Zunächst mußte er Laderaum ausfindig machen. Alle staatlichen Galeeren waren voll, und Andrea hatte Glück, Platz in einem der sechs zusätzlichen Schiffe zu finden, die nach einer heftigen Auseinandersetzung zwischen der Kaufmannschaft und der Regierung Erlaubnis bekommen hatten, im September nach Syrien zu segeln. Alberto Delceto, der vorhatte, in Akko ein Geschäft zu beginnen, wurde von Andrea zu seinem Agenten ausersehen, denn er glaubte, man werde dort, nachdem die eigenen Waren verkauft wären, billig Baumwolle kaufen können, da die Konkurrenz fehlte. Andrea hoffte auf raschen Umschlag und einen netten Gewinn, doch er setzte nicht alles auf eine Karte, sondern bestellte außerdem Goldfäden für einige hundert Dukaten in Konstantinopel. Die Goldfäden kamen durch und wurden im Frühling 1432 auf dem Landwege nach London weiterbefördert, während Andrea mit seinem Hauptgeschäft Pech hatte.

Im Herbst 1431 beschloß Venedig, den Genuesen einen Stützpunkt in der Ägäis zu entreißen, und auch die mit Andreas Waren beladenen Schiffe mußten in Kreta entladen werden, um an dem Angriff teilzunehmen. Die mit dem Konvoi reisenden Kaufleute waren wütend, und es war auch ihrem Druck zuzuschreiben, daß das Unternehmen im Januar 1432 abgebrochen wurde. Doch als die Schiffe schließlich in Venedig anlegten, war es April, kostbare Monate waren vertan, und Andreas Baumwolle war nicht an Bord. Die Galeeren hatten keinen Platz dafür gehabt. Sie war statt dessen auf Segelschiffe umgeladen worden, die nun von den Genuesen gejagt wurden. Denen gelang es auch, eines dieser Schiffe mit der Hälfte von Andreas Baumwolle vor Kreta aufzubringen, und böser Ahnungen voll wartete Andrea auf den Rest. Als schließlich drei Schiffe in den Hafen segelten, wuchs seine Hoffnung, aber nur zwei von seinen Ballen waren an Bord. Der Rest befand sich noch auf zwei weiteren Segelschiffen, die nach Kreta zurückgekehrt waren.

Die ganze Zeit über hatte Andrea sich um seine übrigen Investitionen gekümmert, mit dem Wein, dem Käse und dem Kermesfarbstoff gehandelt, die er für seine Vettern vertrieb, und seine Kontakte bis zum äußersten genutzt. Die wichtigsten davon waren die reichen Gebrüder Cappello in Brügge und Francesco Balbi.

Balbi besaß mehrere Schiffe, war ein gewichtiger Kaufmann, Besitzer von Fabriken und hatte gerade eine Bank eröffnet. Dieser Mann hatte eine Vorliebe für Andrea und half ihm, indem er ihm die Überziehung seines Kontos gestattete, ihn Wechsel einkassieren ließ, was ihm zu größerem Kredit verhalf, und ihm einen schnellen Umlauf seines Geldes dadurch ermöglichte, daß er Andreas Außenstände in bar bevorschußte. Andrea versandte Waren in Balbis Namen und machte bei manchen von dessen Geschäften mit. Er war gewissermaßen die Möwe auf dem Rükken des großen Wals.

Dank Balbis Hilfe war es Andrea möglich, bescheidene Mengen Florentiner und englischer Tuche, Schaffelle, Segeltuch und Münzsilber für den Export einzukaufen. Da aber der Krieg mit Mailand zu Verlusten und Verzögerungen führte, sah er sich bald nach näher gelegenen Anlagemöglichkeiten um. Er bedachte, daß Kriege sehr häufig Hungersnöte im Gefolge haben, und beschloß daher im Frühjahr 1432, Weizen aufzukaufen. Bei seinem Agenten in den Marken bestellte er 1000 Scheffel. Doch ehe er noch zum Zuge kommen konnte, waren die Getreidepreise gestiegen, und so kaufte Andrea statt dessen Felle, die er auf dem Landwege nach Brügge schickte, denn infolge des Krieges war das der sicherste Weg und gleichzeitig auch der sicherste ausländische Markt.

Der Krieg verlief nicht günstig für Venedig. Im Feldzug von 1431 war der hochbezahlte Heerführer Carmagnola so langsam gewesen, daß er sich oft überhaupt nicht zu rühren schien. Aber erst, als er im Oktober zugelassen hatte, daß ein Angriff auf Cremona ohne Unterstützung seiner nur fünf Kilometer entfernt stehenden Hauptstreitmacht verlief, verlor die Signoria die Geduld. Im Februar 1432 erhielt er die Anweisung, keinerlei wie immer geartete Beziehungen mit Mailand aufrechtzuerhalten, aber schon bald mußte man bezweifeln, ob er sich daran hielt. Carmagnolas Aktivitäten, oder auch seine Inaktivitäten, schienen plötzlich sehr verdächtig. Immer mehr Venezianer meinten, er hintertriebe mit Absicht die Kriegsanstrengungen, und die

Furcht wuchs, daß er vielleicht wieder zu seinem früheren Herrn, Visconti von Mailand, überlaufen werde.

Ende März 1432 beschloß der Rat der Zehn, Carmagnola verhaften zu lassen. Das war jedoch leichter gedacht als getan, weil der General-Kapitän immer von einer eigenen Leibwache umgeben war. Die Zehn beriefen weitere zwanzig Weise ein, und der Senat tagte ununterbrochen zwei Tage lang, ehe der Beschluß feststand, den Sekretär der Zehn nach Brescia zu schikken, damit er Carmagnola nach Venedig »einlüde«, um über den nächsten Feldzug zu »beraten«.

Im Falle einer Weigerung sollten die Gouverneure von Brescia versuchen, ihn zu arretieren. Glücklicherweise schöpfte Carmagnola keinen Verdacht. Die Eingeweihten ließen sich kein Wort entschlüpfen, und man tat alles, ihn in Sicherheit zu wiegen. Als er von seiner üblichen Leibgarde umgeben nach Venedig ritt, wurden ihm überall die entsprechenden Ehren erwiesen; er wurde bei seiner Ankunft von acht vornehmen Edelleuten empfangen und vom Dogen zum Essen eingeladen.

Als Carmagnola im Palast erschien, wurde ihm jedoch mitgeteilt, der Doge sei krank – könne man das Essen vielleicht auf den nächsten Tag verschieben? Der Gast mit seiner Eskorte wurde hinausgeleitet, aber nicht den üblichen Weg hinausgeführt. Carmagnola machte eine diesbezügliche Bemerkung, die mit dem Hinweis auf Umbauten abgetan wurde. Doch plötzlich fiel eine Tür zu, und der Söldner fand sich allein und gefangen wieder.

Sein Vermögen und seine Papiere waren schon beschlagnahmt worden, und die Befragung seiner Frau, seiner Geliebten und seiner Spießgesellen war schon im Gange, als er selbst nach zwei Tagen angeklagt wurde. Das während der Heiligen Woche ausgesetzte Gerichtsverfahren erbrachte das erwartete Resultat. Schuldig oder unschuldig, Carmagnola war zu gefährlich, als daß man ihn hätte am Leben lassen dürfen. Am 5. Mai 1432 wurde der General-Kapitän, mit einem kaminroten Wams, scharlachroten Gamaschen und roter Samtkappe bekleidet, geknebelt auf die Piazetta hinausgeführt und enthauptet.

Einige Wochen nach Carmagnolas Exekution erhielt Andrea Barbarigo zwanzig herrliche Tuche aus London über die deutsche Transportfirma Johann Keller in Memmingen. Da englische Tuche sich wunderbar verkauften, beschloß er, sehr viel einzukaufen, und dachte, daß seine Profite die acht bis zehn Prozent Zinsen, die er auf aufgenommenes Geld zahlen mußte, reichlich wieder einbringen müßten. Er bestellte bei den Cappellos in Brügge Tuche im Werte von über tausend Dukaten und sandte ihnen Waren an Zahlungs statt. Doch die an ihn abgesandten Waren wurden in Ulm auf Befehl des Kaisers in gerichtliche Verwahrung genommen. Zu Beginn des Jahres 1433 war ein Großteil der in Akko eingekauften Baumwolle noch auf hoher See. Eine Sendung Goldfäden aus Konstantinopel wurde dadurch aufgehalten, daß die mit dem Transport beauftragten Galeeren ausfuhren, um genuesische Schiffe zu plündern. Und das englische Tuch lagerte derweil in Ulm.

Doch schließlich wendete sich das Glück. Vierzehn Ballen Baumwolle kamen an, und dank den durch den Krieg hinaufgetriebenen Preisen konnte er sie im März mit gutem Gewinn verkaufen. Auch die nach London und Brügge gesandten Felle erzielten gute Preise. Im Februar kam die Sendung Goldfäden an und im Juni auch eine Ladung Tuche, wahrscheinlich dank den Bemühungen eines Münchener Kaufmanns, den er mit der Loseisung der Waren in Ulm beauftragt hatte. Sie kamen gerade zur rechten Zeit für einen Konvoi nach der Levante, wo die Preise noch höher lagen als in Venedig.

In jenem April endete der Krieg. Die Frachtraten gingen daraufhin sofort zurück, und der Handel mit dem Osten nahm sprunghaft zu. Nachdem die Großkaufleute wieder stärker am Markt teilnahmen, schien es, daß sie Andrea hinausdrücken würden, und die zunächst eintreffende Sendung aus Akko mußte auch tatsächlich mit leichtem Verlust verkauft werden. Aber er hielt durch und sandte im Sommer 1433 Waren an viele Agenten, wobei er darauf achtete, seine Instruktionen an sie in außerordentlich höfliche Phrasen zu kleiden. Die Waren wurden zu ihrer »Ehre und ihrem Profit« übersandt, so als wären nicht seine Interessen, sondern die der Agenten das Ziel seiner Unternehmungen. Er versprach auch stets, das nächste Mal noch mehr Bestellungen aufzugeben, um sie zu größeren Anstrengungen zu ermutigen.

Seine Beziehungen zu den Cappellos blieben so ausgezeichnet wie zuvor, obgleich er auch andere Agenten im Norden beschäftigte – aber er sorgte dafür, daß sie davon nichts erfuhren, besonders als ein Cappello Kommandeur einer flandrischen Galeere wurde, was ihm die Möglichkeit gab, die Ladung eines persönlichen Feindes abzulehnen oder aber für einen Freund auch noch auf einem vollen Schiff Platz zu finden. Andrea hatte die Familie seit seiner Kindheit gekannt, so daß auch sonst herzliche Beziehungen bestanden. Er kaufte Korn und Wein für ihrer Mutter Haushalt ein und lieh sich Geld von ihrer Schwester.

Seine Beziehungen zu Dolceto in Akko verschlechterten sich dagegen; 1434 schickte ihm Dolceto Baumwolle von so schlechter Qualität, daß sie fast nicht abzusetzen war. »Schlechte Baumwolle zu haben«, schrieb ihm Andrea, »ist eine Höllenstrafe.« Aber er beschäftigte auch diesen Agenten weiter, sogar als er einen Betrug bei der Baumwolladung von 1432 feststellte.

Andrea hielt seine Mittel so flüssig wie möglich, versuchte Preisschwankungen im voraus zu berechnen, und war stets bereit, seine Aufmerksamkeit neuen Waren und neuen Märkten zuzuwenden. Soweit er sich überhaupt spezialisierte, war es im Tuchhandel zwischen Flandern und der Levante. Doch 1435/36 verlagerte er seine wichtigsten Geschäfte nach Spanien, denn die Spannung mit dem Sultan schien ihm gefährlich. Er kam damit anderen Kaufleuten zuvor und konnte Gewinne einheimsen, bevor der allgemeine Run einsetzte.

Zwischen 1436 und 1439 legte er etwa 4000 Dukaten bei Bertuccio Zorzi in Valencia an. Zorzi war Francesco Balbis Schwiegersohn, eine Verbindung, die Andrea durchaus zu betonen wußte. »Ich sende Ihnen Geld«, schrieb er, »hauptsächlich um Ihrem Schwiegervater gefällig zu sein und zu Ihrer Ehre und Ihrem Nutzen.« Zorzi bediente ihn gut.

Unterdessen versuchten andere venezianische Adlige noch viel weiter weg Geschäfte zu machen. 1436 verließ Giosafat Barbaro Venedig, um sich als Handelsagent in Tana an der Don-Mündung niederzulassen. Während der sechzehn Jahre, die er im Ausland blieb, suchte er in der russischen Steppe nach verborgenen Schätzen, obgleich die großen Grabhügel, die er und seine Freunde ausgruben, außer menschlichen Überresten nur einige Silbertöpfe und -krüge enthielten. Er unternahm Raubzüge gegen die Tscherkessen, hatte Zusammenstöße mit Zigeunern, sah die wilden Gänse ziehen und verdiente sich seinen Unterhalt, indem er den Tataren russische Sklaven abkaufte und sie nach Venedig verfrachtete. In späteren Jahren besuchte Barbaro Polen, das Moskowiterreich, das exotische Georgien und Aserbeidschan. Andere wagten sich noch weiter ins Unbekannte hinaus. 1431 segelten drei Venezianer in den Atlantischen Ozean und landeten schließlich am öden Strand der Lofoten. Andere besuchten Madeira, die Kanarischen Inseln und Senegal. Die weniger Abenteuerlustigen blieben unterdessen in Venedig und suchten sich Posten in der Verwaltung.

Die überseeischen Kolonien brauchten alle zwei Jahre neue Gouverneure, und die venezianischen Besitzungen auf dem Festland waren mittlerweile so umfangreich, daß es oft an Kandidaten fehlte, um die offenen Posten zu besetzen, oder zumindest an geeigneten Kandidaten, denn die Möglichkeit, das Gehalt durch Bestechungsgelder aufzubessern, war für manche sehr verlockend. In den frühen 1430er Jahren wurden tatsächlich dreiundzwanzig Adlige für schuldig befunden, einander bei der Ämterhäufung geholfen zu haben. Es waren vor allem die lukrativeren und weniger anstrengenden Posten, um die man sich bemühte.

Die Einsetzung von Beamten war nicht das einzige, womit Venedig seine Eroberungen zu assimilieren versuchte. Entschiedene Anstrengungen wurden auch gemacht, Venezianer als Landeigentümer auf die riesigen Güter der früheren Herren zu setzen, insbesondere in umstrittenen Gegenden wie Padua, wo man sich sorgte, daß die Güter der Carraras »in die Hände von Fremden« fallen könnten. Um 1446 besaßen Venezianer ein Drittel aller Landgüter jener Provinz, während sie kaum ein Viertel von den Ländereien der Scaliger in der Provinz Verona erwarben, wenn diese verkauft wurden, sondern sie ruhig den örtlichen Großen überließen.

Vielseitigere Beziehungen mit dem Festland stärkten die humanistischen Bestrebungen im intellektuellen Leben Venedigs. Es war der Beginn eines Goldenen Zeitalters in der Architektur, in der Malerei, aber auch in der Kleidung. Der Dogenpalast war noch unfertig, aber das Ca d'Oro mit seiner strahlenden Pracht und den Zinnen aus imitiertem Marmor war vollendet. Die Straßen von Venedig waren zwar dreckig, was wohl so viele Frauen dazu veranlaßte, auf hohen Stelzschuhen zu gehen, während die Männer ritten – obgleich das in bestimmten Bezirken nicht erlaubt war und Pferde nun warnende Glöckchen tragen mußten –, aber die großen Kirchen, wie die Frari, Giovanni und Paolo, San Stefano, entstanden sämtlich in dieser Periode und auch die Paläste Gritti und Priuli und ein Dutzend weiterer berühmter Gebäude. Vieles an dieser Bautätigkeit war der Ausdruck einer nicht zu unterdrückenden Sinnlichkeit, die sich auch in anderen Dingen äußerte.

Die Kurtisanen begannen sich das Haar gelb zu färben und den Busen zu bemalen, die Mönche wetterten gegen Perücken und Haarteile, lüsterne Bücher und Bilder, und als die Regierung weiter fortfuhr, den extravaganten Luxus in der Kleidung zu verfolgen, da schlitzten die Bürger ihre Ärmel auf, um die glitzernde Unterkleidung sehen zu lassen. Eine neue Freiheit zeigte sich auch in der Malerei. Die Malerwerkstatt der Vivarinis wurde um 1430 eröffnet. Jacopo Bellini besaß ein Atelier, und seine berühmteren Söhne Gentile und Giovanni taten es ihm nach. Lächelnde, sinnenfrohe Gesichter und Szenen mit dem Pomp der Renaissance ersetzten allmählich die konventionellen religiösen Bilder mit byzantinischer und gotischer Tradition.

Dennoch war Venedig noch immer ein großes religiöses Zentrum. Seit 1431 war der Papst – Eugen IV. – auch noch ein Venezianer, was allerdings auf die Haltung der Signoria keinen Einfluß hatte. Noch immer nahm der Doge an großen Feiertagen Weihen vor und beanspruchte für sich das Recht der Nominierung von Bischöfen. Aber 1434 verbündete sich Venedig doch mit dem Papst gegen Mailand, das einen Teil seiner Territorien besetzt hatte – eine Allianz, der sich das neuerdings wieder unabhängige Genua bald anschloß. Von diesem Zeitpunkt an war Venedig in Rom durch den wohl ersten ständigen Gesandten am Heiligen Stuhl diplomatisch vertreten. Die delikateste diplomatische Aufgabe war zunächst, für Venedig einen Rechtsanspruch auf seine neuen Besitzungen auf der *terra-ferma* zu erlangen. Rechtlich gehörte die Friauler Gegend noch immer dem Patriarchen von Aquileia und Vicenza, Verona, Brescia und Bergamo dem Mailänder Visconti. Aber im August 1437 leistete ein venezianischer Gesandter in Prag dem Kaiser den Lehenseid, der Venedig alle diese Orte zu Lehen gab – und zwar für einen lächerlichen jährlichen Tribut von Goldbrokat im Wert von 1000 Dukaten. Der Zeitpunkt, in dem diese Anerkennung erfolgte, war besonders günstig, wenn man das erneute Aufflackern des Krieges mit Mailand in Rechnung stellte.

In diesem Kriege befehligte ein neuer Söldnerführer die venezianischen Truppen: Erasmo da Narni, genannt Gattamelata. Wie Carmagnola wurde er geadelt und erhielt ein schönes Haus in der Stadt. Aber Gattamelatas Loyalität wurde nie in Zweifel gezogen, und er brachte auch sehr rasch ein militärisches Kunststück fertig: Vom Feinde zwischen dem Gardasee und den Alpen eingekesselt, zog er seine Armee durch einen Marsch über das Gebirge aus der Falle und stellte sie als Riegel zwischen Viscontis Truppen und Venedig auf.

Doch nicht alle Venezianer sahen die Kriegführung nur als Funktion der Strategie an. Man legte ebenfalls großen Wert auf Gebet und Frömmigkeit. Nachdem Brescia und Bergamo verlorengegangen waren, »betete die Regierung zu Gott, ordnete viele Predigten und Verteilung von Almosen sowie die Abhaltung von Prozessionen an«, und der Bischof von Castello suchte Gottes Hilfe in dieser kritischen Zeit dadurch zu erlangen, daß er befahl, ab 1. August dürfe keine Frau mehr Seide oder falsches Haar tragen noch ihre Ärmel mit Perlen verzieren, andernfalls sie exkommuniziert würde. Diese Maßnahme gefiel den Venezianern jedoch gar nicht, und die Signoria brachte den Papst bald genug dazu, sie zu widerrufen.

Trotz des Krieges entfaltete die Regierung großen Pomp, besonders 1438, als der byzantinische Kaiser Johannes Palaiologos zu Besuch kam. Er wurde auf dem Bucintoro über die Lagune gerudert, und die rudernden *arsenalotti* trugen seidene Wämse mit dem aufgestickten Löwen von San Marco und dem kaiserlichen Adler. Die Luft hallte von Hochrufen und Trompetenschall wider, als der Kaiser den Canäl Grande entlangfuhr und, wie Gibbon schrieb, über alle die Beute und die Trophäen seufzte, die einst Konstantinopel geschmückt hatten.

Doch dann wurden alle Gedanken an Festivitäten durch einen Pestausbruch vertrieben, dem schlimmsten seit dreißig Jahren, und die Luft war von scharfen Gerüchen erfüllt, weil man Gewürze in der Hoffnung verbrannte, die Pest dadurch fernzuhalten. Im Frühjahr 1439 ebbte die Krankheit ab, und als Nachricht von der Wiedereroberung Brescias Venedig erreichte, gab man sich einem Freudentaumel hin, der so übertrieben war, daß er schließlich in einem Aufstand endete. Die Armen der Stadt erbrachen die Gefängnisse und die Münze. Ein sich einmischender *Signore di Notte* wurde totgeschlagen, ebenso ein *Savio all'Armar*. Schließlich war es nur dem geschwätzigen alten Helden Pietro Loredano zuzuschreiben, daß wieder Ruhe eintrat.

Solche unglücklichen Zufälle wie eine militärische Niederlage, der Ausbruch der Pest und ein Volksaufstand waren nur kurze Unterbrechungen eines immer weiterreichenden Aufschwungs. Während dieser ganzen aufgeregten Zeit hatte Andrea Barbarigo seine Geschäfte mit Spanien eifrig weiter betrieben. Er hatte an der Wolle, die ihm sein Agent zusandte, schnell 1000 Dukaten verdient und landete einen noch besseren *coup* im Februar 1439, als er die Schwester Christina der Gebrüder Cappello heiratete, die 4000 Dukaten mit in die Ehe brachte. In vier Jahren wurden ihm zwei Söhne geboren, und die Heirat war, von der Liebe mal abgesehen, in jeder Hinsicht günstig. Andrea konnte sich immer mehr von Balbi lösen, denn nun hatte er Kapital genug, um auf eigenen Füßen stehen zu können.

Er nutzte auch jeden Pfennig, lebte noch immer zur Miete, statt sich ein Haus zu kaufen, und obgleich er 147 Dukaten für drei Haussklaven für seine Frau ausgab, mußte er einmal einen Ring für 10 Dukaten in barem Geld versetzen, weil sein gesamtes Kapital stets im Handel steckte. Wegen seiner Achtsamkeit und Sorgfalt war er jedoch jetzt in der Lage, auf gleichem Fuße mit anderen Kaufleuten Geschäfte zu machen und sogar angehende Kaufleute wie Andrea da Mosto und seinen Bruder Alvise zu protegieren, der sich späterhin durch die Entdeckung der Kapverdischen Inseln für den König von Portugal einen Namen machte.

Diese beiden wirkten als seine Agenten in Nordafrika, wohin die staatlichen Galeeren nun regelmäßig segelten. Andrea legte zwischen 1443 und 1445 1500 Dukaten in Waren an für diesen Nordafrikahandel, und seine Geschäfte mit der Berberei brachten ihm Gewinne. Es waren jedoch nicht seine einzigen. 1442 hatte er Waren im Wert von 10000 Dukaten zwischen England und Ägypten unterwegs: Tuch und Baumwolle, Farben, Steine, Leder, Pfeffer, Zinngefäße, Korn, Käse, Arsen, Ingwer, Kupferdraht, grobes Wollzeug, Brasilholz, Öl, Wolle, gebrannte Mandeln, spanische Seide, Zucker aus Palermo, Sklaven von Tana und Sandballast aus Flandern.

Aus seinen Aufzeichnungen hat Professor Lane errechnet, daß Andrea zwischen 1431 und 1445 einen mittleren Jahresgewinn von 15 Prozent erwirtschaftete, etwa 3 Prozent mehr als der Marktdurchschnitt. Als er schließlich seine strengen Sparmaßnahmen lockern konnte, kaufte er Land bei Montebelluno am Fuß der Alpen und baute sich ein Haus, wo die Familie im Sommer wohnen konnte. Das ersparte ihm die hohen Preise von Treviso, von wo sie jedesmal geflohen waren, wenn wieder Pestalarm gegeben wurde.

Während Andrea Barbarigo gut voran kam, fühlten andere Venezianer den Krieg um so mehr und waren erleichtert, wann immer es einen kurzlebigen Frieden gab. Zu einem bestimmten Zeitpunkt war der Wert einiger staatlicher Papiere auf zwanzig Prozent gefallen und die Eintreibung von Zwangsanleihen so schwierig geworden, daß die Regierung schließlich zur Besteuerung der Einkommen schreiten mußte. Eine große Landmacht zu werden brachte eben große Ausgaben mit sich, sollte aber auch ganz schöne Dividenden abwerfen.

Der stummen Unzufriedenheit daheim entsprach die Unruhe in den Kolonien. Kreta war noch einigermaßen ruhig, Korfu ebenfalls, aber die Leibeigenen von Morea beklagten sich heftig bei den Inspektionen durch venezianische Magistratspersonen: monatlicher Frondienst für ihre Herren, Ablieferung von Stroh und Futter für die Pferde des Gouverneurs und Tiere für seine Jagdgesellschaften. Eine immer üblichere Form des Protests vollzog sich jedoch in aller Stille – die Flucht von Christen aus christlich regierten Gebieten in den Schutz der muslimischen Türken.

Trotz der schweren Drohungen christlicher Potentaten gegen

sie und die regelmäßigen Aufrufe der Päpste, Kreuzzüge gegen sie zu führen, behandelten die Muslime im allgemeinen ihre Untertanen mit größerer Nächstenliebe. Während der Papst Venedig verbot, tote Juden zum Begräbnis ins Heilige Land zu schaffen, erlaubte der Sultan Juden und Christen, es zu besuchen. Kaiser Friedrich III. machte sich diese Politik zunutze, und sein Aufenthalt in Venedig auf dem Wege dahin war wieder eine Gelegenheit für Venedig, viel Pomp zu entfalten, der aber mit der Feier zu Ehren der Hochzeit von Lucrezia Contarini mit Jacopo Foscari, dem Sohn des Dogen, 1441 nicht Schritt halten konnte.

Beide Elternpaare zeigten sich ungeheuer großzügig. »Wir gaben ihr eine Mitgift von 16000 Dukaten«, schrieb ein Bruder der Braut, »und eine Aussteuer, die wir, da sie in die Familie des Dogen heiratete, nicht unter 600 Dukaten bemessen konnten.« Lucrezia hielt sich bei der Zeremonie so gut, daß ihr Bruder meinte, sie müsse »von Gott inspiriert gewesen sein«. Es gab Umzüge zu Pferde, Turniere, Reiterspiele, Bälle und Bankette in der großen Halle, bei denen es »nichts als Kapaune, Rebhühner, Pfauen, Austern und Süßigkeiten gab und alles in solchen Mengen, daß noch viel zum Wegwerfen übrig blieb, nachdem sich alle satt gegessen hatten«. Die *Compagnia delle Calze* paradierte in ihren feinen Kleidern, und Andrea Barbarigos Geschäftsfreund Balbi gab ein großes Fest für die Neuvermählten. Der Bucintoro wurde hervorgezogen, und alles verlief »herrlich und in Freuden«.

Aber schon innerhalb von drei Jahren wurde Jacopo Foscari des Landes verwiesen, weil er Bestechungen angenommen, die Vergabe von Staatsstellen zu beeinflussen versucht und verbotene Geschäfte mit dem Erzfeind der Republik, dem Mailänder Visconti, gemacht hatte. Der Doge konnte ihn nicht davor bewahren, blieb aber selbst im Amt, und die tiefgebeugte Dogaressa mußte ebenfalls ihren öffentlichen Verpflichtungen nachkommen. Wenige Wochen nach der Exilierung ihres Sohnes empfing sie die Markgräfin von Ferrara, Tochter des Königs von Aragon, mit aller Liebenswürdigkeit, deren sie fähig war, und war dabei doch von eben den Würdenträgern umgeben, die ihren Sohn verurteilt hatten.

Dieser festliche Anlaß hatte auch für andere seine unerfreulichen Seiten, denn die Absperrungen gaben nach, und mehr als siebzig Menschen ertranken im Kanal. Doch auch dieser Verlust war geringfügig, wenn man ihn mit dem nur mit kurzen Unterbrechungen andauernden Kampf mit Mailand verglich. Als 1447 die Kämpfe zum sechsten Mal aufflammten, war das Glück auf Venedigs Seite. Seine Truppen nahmen Crema, und im August starb plötzlich der Herzog von Mailand, Filippo Maria, woraufhin sich die Bewohner von Mailand erhoben und die Republik ausriefen. Trotz der dringenden Appelle von Humanisten wie Francesco Barbaro, der wollte, daß Venedig mit der neuen Republik eine Allianz einginge, »um die Kräfte Norditaliens . . . auf der Basis der Gleichheit zu einigen«, nahm die venezianische Armee Lodi und Piacenza.

Die Söldner des Grafen Sforza zerstörten die junge Republik, errangen die Kontrolle über Mailand und warfen die venezianische Armee aus Piacenza hinaus. Wieder kochte der Schmelztiegel. Erst 1453 kam endlich ein Friede zustande, in dem Venedig Crema und Treviglio seinen Besitzungen hinzufügte.

Die Republik war nun die stärkste Macht ganz Italiens, führend im Welthandel, und regierte ausgedehnte Gebiete zu Wasser und zu Lande. Ihr Ansehen und ihr Stolz waren groß, und wenn auch dieses Zeitalter, wie jedes andere, Enttäuschungen und Rückschläge brachte, so schienen diese Jahre im Rückblick doch Venedigs Goldenes Zeitalter gewesen zu sein.

Die Hartnäckigkeit, der Pragmatismus und die Gier der Signoria in all den vergangenen Jahren erschienen gerechtfertigt. Abstrakte Vorstellungen über das Allgemeinwohl, wie sie die Humanisten vorgebracht hatten, waren über Bord gegangen, und die meisten Venezianer kümmerten sich mehr um Geld als um Ideale. Das war das Prinzip, nach dem auch Andrea Barbarigo lebte, und als er 1449 starb, war sein ursprüngliches Kapital von 200 auf 15000 Dukaten angewachsen.

Doch der materielle Erfolg brachte auch den Wunsch hervor, auf anderen Gebieten etwas Besonderes zu leisten, und angesammelter Reichtum machte Zeit für ein Studium frei. Die neue Gelehrsamkeit zog nicht nur einige aus dem venezianischen Adel an, sie erfuhr auch eine gewisse Förderung durch den Staat. Kostenfreie Vorlesungen wurden von bekannten Gelehrten an einer neuen Schule der Freien Künste gehalten, der der venezianische Papst Paul II. im Jahre 1470 den Rang einer Universität zuerkennen sollte. In der privaten Sphäre fanden Gespräche im Hause Barbaro statt, die so manchen Edelmann beeinflußt haben, darunter den späteren Patriarchen Leonardo Giustiniani; Humanisten im Ausland sahen Venedig allmählich als den einzigen Staat in Italien an, dessen Regierung sowohl legitim als auch stabil war.

Er mag schon stabil gewesen sein, aber nur wegen der verhältnismäßig großen Solidarität der führenden Gruppe und der Wirksamkeit ihrer Politik. Trotz der Versuche der Historiker, die venezianische Gesellschaft einer bestimmten Kategorie zuzuordnen, muß man sagen, daß sie viel Widersprüchliches aufwies. Venedigs Regierung war in vieler Hinsicht »aufgeklärt«, so etwa darin, daß sie die Kinderarbeit bei gefährlichen Berufen verbot oder die Austreibung von Bauern als »ungerecht und inhuman« verurteilte. Andererseits bespitzelte sie die eigenen Untertanen, ermunterte sie die Menschen, »geheime Denunziationen« über ihre Mitbürger in den Rachen marmorner Löwen zu stecken, die in Mauern eingelassen sich an mehreren Stellen der Stadt befanden. Schließlich kannte man auch barbarische Bestrafungen; so wurden Verbrecher, in Käfigen am Campanile hochgezogen, an den Pranger gestellt. Zwar waren alle Venezianer vor dem Gesetz gleich, aber gegen eine Entscheidung der Zehn konnte man nicht appellieren. Daß außerdem Magistratspersonen Prozente der von ihnen auferlegten Geldbußen oder im Falle eines Prozesses vom Streitwert erhielten, führte bei diesem System zu Parteilichkeit und Bestechlichkeit.

Das republikanische System der Venezianer mit seiner Ausgewogenheit und seinen Kontrollen wurde weit und breit bewundert, aber es war dem Mißbrauch und der Korruption zugänglich, wenn auch kaum mehr als die meisten unserer Demokratien. Mitglieder des Großen Rates versuchten oft die Vorschriften zu umgehen. 1454 verloren zwei Adlige die rechte Hand, weil sie mehr als eine Kugel in die Wahlurne getan hatten. Ludovico Foscarini, *podestà* von Verona 1451–52, konnte zu Recht für sich beanspruchen, er habe versucht, Streit zu schlichten, sein Äußerstes getan, die Vorzüge seiner Stadt zu steigern, den Armen geholfen, wo immer er konnte, und er sei gerecht gewesen und »bereit, jeden, der zu mir kommt, anzuhören und meine Entscheidung wissen zu lassen«. Aber viele andere Administratoren, insbesondere die überseeischen, waren gänzlich korrupt. Und während die Humanisten über die Eigenschaften einer gerechten Regierung, das Allgemeinwohl und ein Friedensreich diskutierten, verhielten sich Teile der herrschenden Gruppe so rücksichtslos wie die schlimmsten Renaissancefürsten.

Eines Nachts Anfang November des Jahres 1450 wurde der amtierende Leiter des Rates der Zehn auf dem Nachhauseweg auf dem Campo Santo Maria Formosa hinterrücks erstochen. Er starb an seinen Verletzungen, und zwei Monate später wurde Jacopo Foscari, dessen Vater es durch seine Fürbitten endlich erreicht hatte, daß er nach Venedig zurückkehren durfte, des Mordes angeklagt. Der Sohn des Dogen wurde verhaftet, eingesperrt, gefoltert und verurteilt – obgleich er nicht gestanden hatte, eine Tatsache, die den »verschiedenen Anrufungen und magischen Worten, die er während der Folterung hervorgestoßen hatte« zugeschrieben wurde. Er wurde jedoch nur erneut verbannt, dieses Mal nach Canea in Kreta, einem vorgeschobenen Posten des venezianischen Imperiums.

Die Signoria beobachtete die Lage im östlichen Mittelmeer mit wachsender Sorge. Schon einige Jahre lang waren die Türken von Kleinasien aus weiter vorgedrungen, trotz der verzweifelten Versuche der schwächlichen Überreste des byzantinischen Kaiserreiches, sich ihrer zu erwehren. Während dieser ganzen Zeit hatte Venedig sich Besitzungen in Griechenland angeeignet und Inselbasen von Feudalherren erworben, die zu schwach waren, diese Inseln zu halten; Venedig waren sie als zusätzliche Verteidigung der Schiffsrouten sehr willkommen. Da aber auf die Dauer ein Krieg mit der Türkei unausweichlich erschien, brauchte Venedig nunmehr eine wesentlich verstärkte Marine.

Schon jetzt hatte Venedig die wahrscheinlich größte Flotte im Mittelmeer, die jedoch hauptsächlich aus Handelsschiffen bestand, die zwar größer und manövrierfähiger geworden waren, im Kampf jedoch als praktisch nutzlos galten. 1442 beschloß die Signoria daher, fünfzig neue Galeeren sofort fertigzustellen und weitere fünfundzwanzig auf Kiel zu legen.

Die Leitung dieser Arbeit übernahm ein neuer Hauptwerkmeister, der Grieche Giorgio. Er und seine Männer arbeiteten wie rasend, um die Schiffe zur rechten Zeit fertigzustellen und andere zu reparieren. Aber es gab viele Tage, an denen die Arbeit auf den großen offenen Werften des »Arsenals« unmöglich war, Tage, die sogar für Männer, die regelmäßig mit Wein gelabt wurden, zu heiß waren, oder Wintertage mit strömendem Regen. 1449 befahl der Senat daher den Bau von Schuppen mit Holzdächern, die eine ganzjährige Arbeit ermöglichen sollten.

Während Venedig sich im voraus und auf lange Sicht auf eine Auseinandersetzung mit den Türken vorbereitete, war es vorläufig in Italien völlig gebunden. Im Dezember 1452, als der Krieg mit Mailand in vollem Gange war, erreichte Venedig ein Übereinkommen mit den Türken. Es war mittlerweile klar geworden, daß die Türken Konstantinopel in Kürze überrennen würden, und die Republik beschloß daher, ihre Besitzungen im Osten so gut zu sichern, wie das möglich war. Als daher Konstantinopel 1453 von den Türken belagert wurde, entsandte Venedig nur eine symbolische Streitmacht von fünf Galeeren und entschuldigte sich mit schweren Kämpfen auf dem Festland. Als die Galeeren endlich ankamen, war die Belagerung schon zu Ende. Die Stadt, die eine Art Mutter und Geliebte für Venedig gewesen war, die die Gewalttaten von 1204 erlebt hatte, war nun in stillem Einverständnis den Muslimen überantwortet worden.

Während die gesamte Christenheit bestürzt war und die aus der Stadt Vertriebenen nach Venedig flohen, eignete sich die Signoria rasch die Inseln Skyros, Skiathos und Skopelos an und versuchte, möglichst viele der aus Konstantinopel herausgebrachten Reliquien zu erwerben. Die Gebeine der Heiligen Spiridion und Athanasius wurden eingeholt und schließlich auch der Kopf des heiligen Georg und die Gebeine des heiligen Rocco, doch trotz des Angebots von 10000 Dukaten gelang es nicht, den »Nahtlosen Rock« nach Venedig zu bringen.

Der 1453 mit Mailand geschlossene Frieden brachte keine plötzliche Änderung der venezianischen Politik. Im April 1454 wurde das venezianisch-türkische Übereinkommen von 1452 bestätigt, das den Venezianern freien Zugang zum Schwarzen Meer gab und die von ihnen in türkischen Häfen zu entrichtenden Abgaben auf zwei Prozent festsetzte – eine Übereinkunft auf Gegenseitigkeit. Es gab auch einen Nichtangriffspakt, und Venedig verpflichtete sich außerdem, für seine Besitzungen Lepanto, Skutari und Allessio in Albanien den Türken Tribut zu zahlen. Bartolomeo Marcello, der den Vertrag ausgehandelt hatte, wurde *bailo* in Konstantinopel. Das Geschäft ging weiter wie bisher.

Der Papst war empört, aber die Venezianer zuckten nur mit den Schultern. »*Siamo Veneziani, poi Christiani*«, sagten sie – »Wir sind zuerst Venezianer und erst dann Christen.« Ihre Stellung im Östlichen Mittelmeer war gefährdet, Kreta war unruhig. Keiner erwartete, daß die Türken ihren Vormarsch auf lange zurückstellen würden, und Venedig fuhr fort, sich auf den Ernstfall vorzubereiten. Kaum war der Vertrag mit den Türken abgeschlossen, als auch schon weitere fünfzig Galeeren auf Kiel gelegt wurden. Von 1453 an begann die Regierung auch mit einer Verschärfung der nautischen Gesetze. Es wurden verbindliche Regeln für Mindestbesatzungen erlassen und mit dem Unfug aufgeräumt, daß Pilger, Soldaten und Bedienstete als Seeleute geführt werden konnten.

Da der Krieg mit Mailand beendet war, konnten die Kosten für die vergrößerte Flotte leichter getragen werden, zumal man die Vermögenseinschätzung auf eine neue Grundlage gestellt hatte, denn es hatte einen Bauboom gegeben, und die Mieten waren gestiegen. Das alte Salzmonopol stellte noch immer über ein Zehntel aller Staatseinkünfte, aber auch die neuen Territorien auf dem Festland trugen schon Zinsen sowohl für den Staat als auch für die zunehmende Zahl armer Adliger, die bezahlte Posten suchten.

Von den freien Berufen florierten Recht und Medizin am besten. Professoren der Rechtswissenschaft erhielten die höchsten Gehälter, während die Ärzte ihren reichen Patienten beträchtliche Summen für ihre Rezepte berechneten – Moschus und Galangawurzel zur Stärkung, Borax für Drüsenstörungen, Nardenöl bei Steinleiden, Sandelholz als Adstringens, Rhabarber zum Abführen. Wer arm war, konnte dagegen sich sehr glücklich preisen, wenn ein guter Arzt nach ihm sah. Ein geschickter Handwerker konnte sich vielleicht etwas für Alter und Krankheit zurücklegen. Eine Zunft oder *Scuola* mochte im Notfall helfen, und die Kirche verteilte ihre Almosen. Mehr erwartete niemand. Schließlich wurden die Armen in den meisten europäischen Städten auch nicht besser behandelt, und der Anteil der Beschäftigten in Venedig war immerhin hoch.

Die traditionellen Arten des Handwerks blühten – außer der alteingesessenen Wollindustrie, deren Expansion durch den Mangel an Wasserkraft zum Betreiben einer Spinnerei behindert war –, und der Staat unternahm weiterhin Anstrengungen, neue Zweige in die Stadt zu locken. Auswanderer aus Florenz und Lucca hatten die Terracotta- und Seidenmanufaktur eingeführt, und in den sechziger Jahren des 15. Jahrhunderts ließen sich die Drucker Johann und Windelin von Speyer und der Franzose Nicholas Jensen in Venedig nieder, denn das venezianische Papier war berühmt, gut und billig. Von da an vermehrte sich die Zahl der Druckerpressen in der Stadt, und bald sollten sie sich zu den berühmtesten der Welt entwickeln.

Den Zünften war es gestattet, Arbeitgeber zu boykottieren, die sich nicht an die genehmigten Löhne hielten, und als eine vorübergehende Flaute im Schiffbau die Schiffseigentümer veranlaßte, die Löhne für die Kalfaterer so herabzudrücken, daß diese kaum noch ihr Auskommen fanden, da setzte der Staat die Lohnskala fest, während die Kalfaterer sich darauf einigten, die vorhandene Arbeit unter sich aufzuteilen.

Nach wie vor war der Schiffbau der größte Arbeitgeber, und der Staat hätschelte diese Industrie wie eine Mutter ihr Kind. Wegen des Florentiner Monopols auf Hanf aus Bologna – das wichtigste Rohmaterial für Schiffstaue – beschloß die Signoria 1455 sogar, ein staatliches Unternehmen zur Produktion von Hanf zu gründen. Sümpfe in Montagnana bei Padua wurden trockengelegt, Teiche zum Wässern des Hanfes ausgehoben und die örtlichen Bauern in der Technik des Hanfanbaus ausgebildet. Prämien für die Ablieferung des Hanfs bei der Fabrik »Tana« wurden versprochen.

Die weisen Herrscher von Venedig kümmerten sich um die Bedürfnisse der Zukunft, wie es auch die vermögenden Bürger taten, die mehr Grundstücke kauften und Gebäude im neuen Stil errichteten. Schon bald ersetzten gerundete Bögen die

Spitzbögen der Gotik. Architekten und Bildhauer, die im neuen Stil arbeiteten, konnten sich über Arbeitsmangel nicht beklagen.

Die wichtigste Kunst in Venedig war jedoch eigentlich das Zeremoniell. Ein Dutzend Mal im Jahr gab es Gelegenheiten zur Entfaltung des geordneten Pomps, mit dem der Doge und die Großen der Republik Gedenkfeiern an Siege im Ausland oder an die Aufdeckung von Verschwörungen im Inland abzuhalten pflegten. Diese venezianische Vorliebe für das Zeremoniell teilte sich auch den einfachen Handwerkern mit. Die Kalfaterer mieteten Trompeter und Flötenspieler für ihre Messen. Mitglieder der *Scuole* veranstalteten Abendprozessionen mit flackernden Wachskerzen. Mehrstimmige Musik war bei Gruppenfeiern aus traurigem oder frohem Anlaß üblich, und sogar das öffentliche Henken wurde zeremoniell des Nachts bei Fackelschein zwischen den Säulen der Piazzetta vorgenommen.

Der Doge war der Hauptdarsteller, das Idol, die Personifikation der Größte der Stadt, um den sich das Hauptzeremoniell drehte. Und doch war der alternde Doge Foscari, unter dem Venedig diese schwindelnde Erfolgshöhe als Besitzerin eines großen italienischen Imperiums erreicht hatte, kein glücklicher Mann. 1456 erhielt man neue Beweise dafür, daß sein Sohn Jacopo die Türken gebeten hatte, ihn aus seinem Exil zu befreien. Sofort wurde Jacopo wieder nach Venedig vor die Zehn gebracht, und dieses Mal wurde ein Geständnis von ihm erpreßt. Danach schickte man ihn nach Canea zurück, wo er schon im folgenden Januar starb. Im Oktober 1456 beschlossen die Zehn, daß ihr Erlauchter Fürst, der Doge Foscari, »altersschwach« sei, seit einiger Zeit schon unfähig, und daß er daher zurückzutreten habe.

Sie boten ihm eine bescheidene Pension für seine Dienste, aber der arme alte Foscari, der seine Laufbahn mit soviel Autorität und Erfolg begonnen hatte, weigerte sich standhaft, ihnen auch nur zu antworten. Schließlich wurde er gezwungen. Er mußte an einer letzten Zeremonie teilnehmen, aber seine Rolle darin war erniedrigend. Nachdem er eine weitschweifige Abschiedsrede gehalten und seine Amtsinsignien abgegeben hatte, wurden ihm von seiner Dogenmütze Horn und Goldrand entfernt und sein Ring zerbrochen, so als sei er schon gestorben.

Auf seine Frau gestützt, verließ er den Palast, um sich in sein Haus in San Pantaleone zurückzuziehen. Zwar sprach er davon, nun Zeit für Bootsreisen zum Besuch von Klöstern zu haben, aber der Tod ereilte ihn schon nach sechs Tagen.

Seine Frau widersetzte sich einem pompösen Staatsbegräbnis, aber man holte die Leiche gewaltsam ab; die Glocken läuteten, die Priester sangen, und die gedungenen Klageweiber heulten und schrien. Foscaris Nachfolger Pasquale Malipiero wohnte der Trauerfeierlichkeit bei, aber es war der Rat der Zehn, der nun in Venedig herrschte. Er konnte sogar einen Dogen stürzen.

Das war mehr als in der Macht des Volkes stand. Der Staat mochte zwar für das Wohl der Stadt sorgen, in Hungerszeiten kostenlos Getreide an die Armen verteilen, ein Isolierhospital zur Eindämmung von Seuchen unterhalten und ein Gesundheitssystem mit drei *provveditori* an der Spitze einrichten – aber das Wort »Volk« kam nicht mehr vor, wenn ein neues Gesetz erlassen wurde, und sogar das Wort »Kommune« wurde immer seltener gebraucht. »Signoria« und »Dominium« waren nun die offiziellen Bezeichnungen, die zur Kennzeichnung der Regierung dienten.

Die einfachen Leute hatten in Staatsgeschäften nicht mitzureden, aber sie genossen jede satirische Anspielung, die sich gegen die regierende Klasse richtete. Die närrischen Figuren »Magnifico« und »Pantalon«, von Scharlatanen auf wackligen Bühnen auf der Piazza dargestellt, waren beliebt, weil sie die Reichen und Mächtigen lächerlich machten. Langsam fing ein großer Teil des venezianischen Adels tatsächlich an, Pantalon ein wenig ähnlich zu werden.

Der rauhe, zähe Typ des Übersee-Kaufmanns trat mehr und mehr in den Hintergrund, als immer mehr Geschäftsleute ihr Geld in Immobilien anzulegen begannen. So vermehrte Andrea Babarigos Sohn Nicolò sein Vermögen von 15000 Dukaten im Jahre 1462 auf 27000 bei seinem Tode im Jahr 1500 fast ausschließlich (zieht man die Aussteuer seiner Frau ab) durch den Wertzuwachs, den seine Immobilien erfuhren – ein Weizengut bei Verona, das Landgut in Treviso und das Haus am Canal Grande, das seine Mutter klugerweise gekauft hatte. Nicolò besaß zwar auch Staatsanleihen, aber er machte nur eine einzige

Seereise in seinem Leben, um nämlich das Familiengut in Kreta zu verkaufen und den Erlös seiner unehelichen Kusine Marcolina zukommen zu lassen. Zwar befaßte er sich so nebenbei etwas mit dem Handel mit Gewürzen, Baumwolle und Berbergold, aber, insgesamt gesehen, zogen er und seine Nachkommen sich langsam fast völlig aus dem Handel zurück.

Diese erkennbare Wendung des Adels hin zu Landbesitz, Staatsanleihen und bezahlten Posten im Staatsdienst war jedoch kein allgemeiner Trend. Noch immer wurden Vermögen im Handel gemacht. Als Andrea Vendramin 1476 zum Dogen gewählt wurde, hatte er 160000 Golddukaten durch Handelsgeschäfte verdient, und Andrea Barbarigos alter Freund Francesco Balbi blieb ein erfolgreicher Kaufmann bis zu seinem Tode 1470 im Alter von vierundachtzig Jahren.

Die größere Rentabilität des Landbesitzes war nur ein Grund für die Abkehr vom Handel. Ein weiterer war die unsichere Lage im Osten und die Furcht vor den Türken. Diese war nur zu berechtigt. 1461 schloß sich Venedig einem »Kreuzzug« des Papstes gegen die Ungläubigen an und versuchte Morea (die Peloponnes) zu besetzen. In den Kämpfen gingen Lemnos und Argos dreimal von Hand zu Hand. Die Gegend von Methoni wurde geplündert; die Venezianer bauten die große Mauer über den Isthmus von Korinth auf, die von den Türken sofort wieder niedergerissen wurde, und um 1464 konnte Venedig sich glücklich schätzen, daß es Lepanto gegen wütende türkische Angriffe halten konnte und ihm die Besetzung der Felsenburg Monemvasia gelang, das das Zentrum einer Weingegend bildete, wo der beliebte Malvasier wuchs.

Das Bündnis mit Pius II. gegen die Türken dauerte nicht lange, und 1463 waren die venezianischen Beziehungen zum Papsttum wegen Streitigkeiten über das Territorium von Cervia in Italien sehr schlecht geworden. Die Signoria hatte Schritte unternommen, Malatesta, einem Vasallen der Kirche, dieses Gebiet abzukaufen. Darauf antwortete der Papst mit einem Strom ausfälliger Schmähungen. Die Venezianer, bemerkte er, hätten auf eine »für Barbaren charakteristische Weise gehandelt«. Alles werde von ihnen »nach seiner Nützlichkeit gewogen, wie von Händlern, die auf Ehre nichts gäben«. Die Venezianer seien Kreaturen des Meeres, »eher den Fischen als den Menschen zuzurechnen«. Was ginge Fische schon das Gesetz an? Seien nicht Fische die dümmsten aller unvernünftigen Tiere? Außerdem seien die Venezianer Heuchler. »Sie trachten vor der Welt als Christen zu erscheinen, dabei denken sie nie an Gott und halten nichts außer dem Staat heilig.«

Die Venezianer hatten von sich natürlich ein anderes Bild. Macht bringt Hochmut hervor, und als der venezianische Gesandte beim Papst bemerkte, die Venezianer hielten sich für die Nachkommen der Römer und glaubten, die Weltherrschaft gehöre ihnen, verlor der cholerische Pius über soviel Stolz jede Selbstbeherrschung. »Ihr macht gemeinsame Sache mit Dieben und Räubern«, brüllte er den Gesandten an. »Ihr glaubt, eure Republik wird ewig dauern, aber sie wird nicht lange mehr bestehen. Euer Volk wird bald in alle Winde zerstreut sein. Dieser Abschaum von Fischern wird ausgerottet werden. Ein wahnsinniger Staat kann nicht lange bestehen.« Aber die Republik bestand weiter fort, während der Papst 1464 starb.

IX

DER KAMPF UM DAS IMPERIUM

Die Republik hatte den Zenit ihrer Macht erreicht. Nun kam es darauf an, sie zu halten. Der Kampf gegen die Türken in Griechenland belastete die Staatskasse aufs schwerste. Mitte der sechziger Jahre des 15. Jahrhunderts waren die öffentlichen Einnahmen auf kaum siebzig Prozent des Standes der zwanziger Jahre gefallen, und das meiste davon wurde dabei von Venedig selbst aufgebracht, großenteils durch die neue Einkommensteuer, während die Einnahmen aus dem Imperium, insbesondere von Übersee, in verheerendem Maße zurückgegangen waren.

Dennoch wurde 1466 eine neue Flotte gegen die Türkei ausgesandt, und heftige Kämpfe um den Besitz von Morea entbrannten schon bald. Das Glück war auf seiten der Türken, die dort in kurzer Zeit fünfzig Burgen besetzen konnten. Vierzig Burgen waren zerstört, und die Venezianer hielten nur sechsundzwanzig. Im Sommer 1470 segelte der Sultan Mohammed II. mit einer so großen Flotte nach dem venezianischen Negroponte (Euböa), daß es einem venezianischen Galeerenkapitän vorkam, als bewege sich »ein Wald über das Meer«.

»Wenn Negroponte verlorengeht«, schrieb dieser Kapitän, »dann wird die ganze Levante bis nach Istrien für uns verloren sein.« Die Signoria war der gleichen Ansicht. Die Verteidiger von Negroponte – Venezianer, Griechen, Dalmatiner, Kreter – leisteten zähen Widerstand und warteten auf die Rückkehr des Admirals Antonio Canale, der sich auf der Suche nach Verstärkung befand. Als er zurückkam, schienen ihm seine einundsiebzig Schiffe zu gering an Zahl im Vergleich zu der mächtigen Schiffs-Artillerie des Feindes. Die Türken eroberten Negroponte. Canale wurde in Eisen gelegt nach Venedig geschafft, wo er sein Gehalt zurückzahlen mußte und verbannt wurde.

Die Signoria biß die Zähne zusammen und gab den Befehl zu noch größeren Anstrengungen. Das Arsenal erhielt sowieso schon jährlich 100000 Dukaten, aber 1473 wurde befohlen, die Werft nochmals um fast das Doppelte zu vergrößern. Die Arbeit am »Neuesten Arsenal« wurde rasch vorangetrieben, obgleich die Mauern und Türme erst 1476 in Angriff genommen wurden und es bis zur Fertigstellung der gedeckten Docks noch Jahre dauern sollte. Während das »Arsenal« mehr zu tun hatte als je zuvor, ging der private Schiffbau weiter zurück.

Das hatte schon 1463 begonnen, und um 1482 wurden praktisch keine Schiffe mehr auf privaten Werften gebaut. Kleinere Fahrzeuge wurden im Hinterland billiger hergestellt. Die Werften von Istrien und Dalmatien stellten eine Konkurrenz dar, mit der Venedig nicht Schritt halten konnte, und obgleich es schutzzöllnerische Maßnahmen gab, begannen sogar Venezianer damit, Schiffe in Übersee zu kaufen oder bauen zu lassen.

Der türkische Krieg brachte jedoch größere und unmittelbarere Schwierigkeiten. Auf den Verlust von Negroponte folgte ein Zustrom von besitzlosen Flüchtlingen aus Griechenland und Albanien, für die Venedig Brot und Suppe bereitstellen mußte. Die alten Staatsanleihen, der sogenannte Monte Vecchio, fielen auf ihren tiefsten Stand und waren 1474 nur dreizehn Prozent wert. Die Furcht vor den Türken erzeugte einen wilden Antisemitismus. Lügengeschichten von Juden, die Christenkinder zum jüdischen Passahfest ermordeten, verbreiteten sich mit der Geschwindigkeit eines Buschbrandes auf dem Festland, und die Regierung hatte einen schweren Stand, größere Pogrome zu verhindern. Doch trotz dieser panisch aufgeheizten Atmosphäre wurde ein türkisches Friedensangebot 1476 kurzerhand abgelehnt.

1477 führte der Feind daraufhin einen großen Raubzug durch Friaul durch. Zu Hause nunmehr ebenso sehr bedroht wie in den überseeischen Besitzungen, finanziell bis zum äußersten angespannt und dann noch von der Pest betroffen, mußte Venedig schließlich klein beigeben. 1479 fand es sich mit dem Verlust von Negroponte, Argos, Skutari und verschiedenen Besitzungen in Morea ab, erklärte sich zur Zahlung einer Entschädigung von 100000 Dukaten und eines Tributs von jährlich 10000 bereit und stimmte der Erhöhung der Abgaben auf das Doppelte zu, um nur die bisherigen Handelsrechte in Konstantinopel aufrechtzuerhalten.

Dieser Frieden war eine Notwendigkeit, aber Venedigs Feinde

im Westen nahmen ihn als weiteren Beweis venezianischer Perfidie. Diese Verleumdung machte vorläufig nicht viel aus. Dafür sorgte das Verständnis der Signoria für Realpolitik und die Tüchtigkeit ihrer Gesandten im Ausland.

Als Beispiel dafür können Venedigs Beziehungen zu Frankreich und Burgund dienen. 1470 waren Venedigs Handelsbeziehungen zu Brügge und dem Herrn von Brügge, dem Herzog von Burgund, noch immer sehr eng. Aber die Allianz mit Burgund hatte Feindseligkeiten von seiten Frankreichs zur Folge, das den Import venezianischer Gewürze behinderte. Der Verlust des französischen Marktes und eine schlaue Berechnung, daß nicht Burgund, sondern Frankreich die aufsteigende Macht sein werde, veranlaßte die Signoria 1475 zum Bruch mit Burgund und zur Einrichtung der ersten ständigen diplomatischen Vertretung in Frankreich – ein gewagter Schachzug, der aber viele kommerzielle und politische Vorteile einbrachte. Während jedoch die venezianischen Abgesandten an europäischen Höfen ein ziemlich bequemes Leben führten, riskierten andere Venezianer ihr Leben bei Aufträgen, die sie in fremde und entfernte Länder führten und von denen manche so gefährlich waren, daß sich die Diplomaten weigerten, auf solchen Posten zu dienen.

Zu Beginn der siebziger Jahre, als der Krieg sich in einem kritischen Stadium befand, war Francesco Michiel, der für den Gesandtenposten bei Hassan Beg von Persien ausersehen war, nicht bereit, dahin zu gehen. Giacomo da Mezo hielt es ebenso in bezug auf diesen venezianischen Alliierten. Doch als ein »höheres Gehalt und bessere Bedingungen für seine Begleiter und Dienerschaft« angeboten wurden, nahm Caterino Zeno, Sohn eines adligen Kaufmanns mit guter Orienterfahrung und Neffe der Despina, die eine von Hassans Frauen war, diesen Posten an.

Mit Despinas Hilfe gelang es Zeno, Hassan 1472 zu einem Angriff auf die Türkei zu bewegen. Aber die persische Armee wurde geschlagen, und Zeno wurde heimgesandt, um Hilfe zu holen. Die war jedoch schon unterwegs in der Person des unerschrockenen Giosafat Barbaro, der viele Jahre als Handelsagent in Tana verbracht hatte und der nach seinen eigenen Worten »Erfahrung mit barbarischen Völkern« besaß.

Er war 1471 nach Persien aufgebrochen, um eine Ladung Waffen und eine Auswahl an Geschenken für Hassan abzuliefern. Auf einem Umweg erreichte er sein Ziel, entledigte sich seiner Aufgaben und schrieb als guter Venezianer, der er war, einen vollständigen Bericht seiner Erfahrungen nieder: Begegnungen mit Elefanten, einer Giraffe, einem indischen Gesandten und den Preis eines jeden marktfähigen Gutes, das er in Persien, Samarkand, Baku und Syrien sah, durch das sein Rückweg führte. Giosafat widmete sein Tagebuch mit einem typischen Gemisch aus Frömmigkeit, Patriotismus und Gefühl für die eigene kulturelle Überlegenheit »unserem Herrn Jesus Christ . . . mit dem wir Christen, insbesondere wir, die wir in der herrlichen Stadt Venedig geboren sind, soviel enger verbunden sind als diese barbarischen Völker, die von gutem Benehmen keine Ahnung haben und voll schlechter Sitten sind«.

Ambrogio Contarini, der bald darauf ebenfalls nach Persien gesandt wurde, gehörte der gleichen Art an, und der Bericht, den er hinterließ, machte deutlich, wie es der Signoria gelang, soviel besser über die Gegebenheiten in fernen Ländern unterrichtet zu sein als alle anderen Regierungen, und welche Gefahren ihre Gesandten zu bestehen hatten.

Ambrogio unternahm seine Reise mit einem Priester, der als sein Kaplan und Sekretär arbeiten sollte, dem Dolmetscher Dmitri und zwei Dienern. Alle fünf zogen sich »dicke Kleider« an, da sie über das Gebirge nach Deutschland gelangen wollten – immerhin eine derart gefährliche Reise, daß sie schon in Conegliano das Abendmahl nahmen. Sie kamen gut nach Nürnberg und von da nach Posen. Dann begaben sie sich ins mysteriöse »Niederrußland«, wo ihr Aufenthalt »nicht ohne Gefahr war wegen einer Anzahl von Hochzeitsfeiern, bei denen fast alle Menschen der örtlichen Bevölkerung betrunken und daher gefährlich waren«. Aber es sollte noch schlimmer kommen. Auf ihrem Weg über Keffa im Süden durch die wilde Steppe erreichten sie schließlich Kutaisi in Georgien. Hier mußte Ambrogio die Gastfreundschaft des örtlichen Gouverneurs über sich ergehen lassen. »Ein vor uns ausgebreitetes Fell diente als Tischtuch, und darauf war eine Schicht Fett . . . Man bot mir Brot, Rüben und ein wenig Fleisch an . . . sowie andere widerliche Dinge«, und

»sie taten alles dazu, um mich so betrunken zu machen, wie sie selber waren. Da ich nicht trinken wollte, verachteten sie mich, und es gelang mir nur mit großer Schwierigkeit, von ihnen wegzukommen.«

Er suchte sodann den König von Georgien auf und überschritt danach in der Kälte und mit großer Angst vor räuberischen Überfällen die schrecklichen Berge »jenes verdammten Landes«, um nach Persien zu gelangen. In Isfahan traf er seinen Kollegen Giosafat Barbaro und besprach mit Hassan die Allianz gegen die Türken. Er fand die Perser vornehm im Vergleich zu den Völkern, die er unterwegs kennengelernt hatte und um derentwillen er sich nicht auf die Rückreise freute. Sie führte ihn wieder durch Georgien nach Astrachan, wo er von Tataren bedroht wurde, und dann nochmals mit zu geringem Proviant durch die gefährliche Steppe. Nach dreijähriger Abwesenheit erreichte Ambrogio schließlich Venedig und dankte sofort »unserem Herrgott und seiner aufopfernden Mutter, die mich aus soviel Gefahren und Mühsalen errettet und sicher heimgeführt haben . . . was ich nie erwartet hätte«. Während Männer wie Contarini, Barbaro und Zeno große Unannehmlichkeiten ertrugen und Leib und Leben aufs Spiel setzten, war das Leben für ihresgleichen zu Hause durchaus angenehm und amüsant. Venezianische Edelleute veranstalteten Bankette mit gewohntem Pomp, und der siebzigjährige Pietro Mocenigo, Doge in den Jahren 1474 bis 1476, hatte allein zehn liebliche türkische Sklavinnen in seinem Harem. Trotz der Belastungen des Türkenkrieges verliefen auch die Vergnügungen des kleinen Mannes in Venedig nach alter Art. Noch immer wurde an jedem Sonntag des Karnevals ein Schwein durch die Straßen gejagt und abgestochen, und die prunkvollen Zeremonien fanden statt wie eh und je.

Im April 1472 bildete eine solche Festlichkeit den Anfang einer merkwürdigen Geschichte, die ein Licht auf die ungewöhnlichen Methoden wirft, mit denen die Signoria es verstand, zur Mehrung ihres Imperiums beizutragen. Es betraf die Adoption der achtzehnjährigen Caterina Cornaro als »Kind der Republik«, bevor sie im September mit einer Aussteuer von 100000 Dukaten und sehr viel Juwelen, die ihr Vater ihr gegeben hatte, nach Zypern fuhr, um König Jakob II. Lusignan von Zypern zu heiraten.

Diese Adoption war ein kluger Schachzug, weil er eine winzige Chance eröffnete, Zypern irgendwann einmal dem Imperium einzuverleiben. Caterina wurde bald schwanger, aber König Jakob starb – wie manche sagten, an Gift –, bevor noch das Kind geboren war, und die Signoria machte sich zur Übernahme Zyperns bereit. Eine venezianische Flotte erschien vor Famagusta, und Andrea Cornaro, der Onkel der neuen Königin, nahm seinen Sitz im Staatsrat von Zypern ein. Als die Flotte Zypern verließ, bemächtigten sich drei andere Räte und der Erzbischof von Nikosia des Palastes. Caterinas Arzt, ihr Onkel und ihr Vetter wurden umgebracht und ihr kleiner Sohn entführt. Die venezianische Flotte wurde wieder nach Zypern beordert, aber bis zu ihrer Ankunft hatten sich die Verschwörer untereinander zerstritten, und es hatte eine Rebellion gegen sie stattgefunden, so daß die Ordnung von den Venezianern mit wenig Mühe wiederhergestellt werden konnte.

Ein *provveditore* und zwei Räte wurden nun ernannt, die Zypern in Caterinas Namen regierten, und im August 1474, als ihr Kind starb, unternahm die Signoria weitere Schritte, um das Königreich für Venedig zu sichern. Caterina, von venezianischen Truppen und Schiffen beschützt, regierte unumschränkt, war aber doch nur eine Marionette, die Venedigs Winken zu gehorchen hatte. Venedig ernannte die Gouverneure, Kapitäne, Schatzmeister und *provveditori* von Zypern, und schon bald beklagte sich Caterina, daß ihre Korrespondenz behindert würde und der *provveditore* Soranzo sich benehme »als sei er der Herr und Herrscher dieses unseres Königreichs«. Doch erst 1479, als der Krieg mit den Türken vorüber war, ließ Venedig die Zügel etwas lockerer. Zypern hatte sich als eine großartige Basis für Operationen gegen die Türken bewährt, und im nun beginnenden Frieden sollten seine sicheren Häfen den venezianischen Galeeren auf dem Weg in die Levante als Zwischenstation gute Dienste tun.

Die Galeere als Schiffstyp erlebte den letzten Höhepunkt ihrer Verwendung, und Fra Felix Fabri, der mit einer solchen Galeere nach Palästina segelte, hat eine gute Beschreibung der Überfahrt hinterlassen. Sein Schiff war »aus den stärksten Hölzern gebaut, die mit vielen Bolzen, Eisen und Ketten zusammengehalten werden«. »Der Bug ist scharfkantig«, schrieb er, »mit einem mächtigen eisernen Schnabel, der einem aufgerissenen Drachenmaul ähnelt, mit dem jedes feindliche Schiff gerammt werden kann.« Auf dem breiteren, nach unten gebogenen Heck stand ein Achterkastell, das eine aus Latten gebaute Kammer für den Steuermann, eine zweite für den Kapitän und eine dritte für die weiblichen Passagiere und die Wertsachen enthielt.

In Fabris Augen war die Galeere eine Kombination aus schwimmender Stadt, Befestigung, Kloster und Gutshof. »An Deck neben dem Mast befindet sich ein freier Platz, wo die Männer sich versammeln, um wie auf dem Markt miteinander zu reden.« Es gab auch verschiedene Kriegsmaschinen an Bord, einschließlich einer »beweglichen Eisendrehstütze, mit der Steine geschleudert wurden«. Die Galeere war »wie ein Kloster, mit einem Gebetsplatz neben dem Mast« und einem »Refektorium« in der Mitte des erhöhten Achterdecks, während sich neben der Küche »ein Stall befand, wo Schafe, Ziegen, Kälber, Ochsen, Kühe und Schweine nebeneinander standen« und darauf warteten, von den Passagieren und der Besatzung allmählich verzehrt zu werden.

Pilger wie Fabri legten sich zum Schlaf in den sandbedeckten Laderaum, der sich unangenehm nah vom Kielraum befand, »aus dem ein höchst ekelhafter Gestank aufstieg«. Bei einer normalen Handelsreise fuhren die Kaufleute wesentlich bequemer, doch mußten auch sie verschiedenes beachten, wie Benedetto Sanudo seinem Bruder Andrea ans Herz legte, als dieser seine erste Seereise machen sollte.

»Hüte dich vor den Gefahren, die nur allzu häufig auf einer Galeere lauern«, warnte er, »und achte vor allem immer auf deine Gesundheit.« Im einzelnen sollte Andrea »dem erhabenen Kapitän Reverenz erweisen«, den acht übrigen mitfahrenden Adligen »angemessene Höflichkeit« bezeigen (aber nicht »allzu familiär mit ihnen werden, insbesondere da sie älter sind als du«), und gut zu seinem Diener Pietro sein und ihm passende Trinkgelder geben, »nachdem du gesehen hast, was die anderen Edelleute ihren Dienern geben«, aber ihm nicht den Schlüssel zu seiner Truhe oder Schreibschatulle anvertrauen.

»Wenn dir an deiner Ehre gelegen ist«, warnte Benedetto,

»spiele niemals mit irgend jemandem Karten oder Dame.« Statt dessen sollte Andrea eines der mitgenommenen Bücher lesen oder schreiben – nur wenn die Reise gar zu langweilig würde, könne er mit dem Schiffskaplan Dame spielen. Andrea wurde auch verwarnt, »sich nur ja nicht allzu weit vom Landungssteg zu entfernen«, wenn das Schiff einen Hafen erreichte, denn er könne sonst die Trommel überhören, mit der alle an Bord gerufen würden, und allein zurückbleiben. Auch sollte er nicht zu viel essen, wenn er sich krank fühlte, seine Sachen nicht über Bord gehen lassen, wenn er bei Seegang sein Spind öffnete, und die »Sirenen« von Korfu und Kreta meiden.

Bei seiner Ankunft in Alexandria sollte er dem Konsul Piero Bembo einen Besuch abstatten, »ihm Reverenz erweisen und seine Hand berühren«. Er könne in Bembos Haus schlafen oder, »da die Luft in Alexandrien ungesund sein soll«, auch an Bord der Galeere, aber er sollte darauf achten, jemanden mitzunehmen, »weil es überall Mauren gibt, die frech werden«. Es kommt einem sonderbar vor, daß ein Bursche, der so genau instruiert werden mußte, Waren im Werte von 3500 Dukaten mit sich führte, um für Benedettos Gesellschaft tätig zu werden.

Andrea hatte die Anweisung, den Erlös für den Ankauf von Pfeffer, Zucker oder sogar Muskatnuß zu verwenden, falls der Pfeffer selten oder von schlechter Qualität wäre. »Du wirst wahrscheinlich im tiefsten Winter zurückkommen«, beschloß Benedetto seinen Brief, »sei deshalb vorsichtig, ziehe dich warm an und vor allem schütze und bedecke deinen Mund«.

Expeditionen zum Einkauf von Pfeffer konnten sogar in Friedenszeiten wie dieser ein gefährliches Unternehmen sein. 1480 ließ der Sultan Venezianer, die sich weigerten, den doppelten Marktpreis zu bezahlen, einfach einsperren und nicht eher frei, bis sie ein Aufgeld von mindestens 40 Prozent gezahlt hatten. Dennoch war der Pfeffer noch immer das wichtigste Gut im venezianischen Handel mit der Levante und mit Deutschland, das den größten Abnehmer außerhalb Italiens darstellte. Die einst so gewinnbringenden Reisen nach Flandern mußten in dieser Zeit mit 5000 Dukaten subventioniert werden, und auch die Handelsreisen nach Aigues-Mortes und in die Berberei waren unrentabel geworden.

Mittlerweile war auch der Rückgang im privaten Schiffbau stärker geworden, und Arbeiter, die früher die Arbeit im »Arsenal« als eine Last angesehen hatten, schrien nun nach Beschäftigung an der staatlichen Werft. Sie versuchten auch verzweifelt, ihr Handwerk vor übergroßem Zulauf zu schützen, indem sie die Lehrlingsstellen einschränkten, und der Staat griff schließlich helfend ein, indem er arbeitslose Zimmerleute und Kalfaterer als Bogenschützen auf die Galeeren verpflichtete. Aber die Zeiten hatten sich geändert, und kluge Väter brachten ihre Kinder in neuen Handwerkszweigen unter – etwa als Waffenschmiede, denn das »Arsenal« stellte mittlerweile Kanonen, Rüstungen und Schießpulver her, oder auch als Drucker.

Ein Drucker konnte sein sehr gutes Auskommen finden – Jensen hatte ein Vermögen von 4000 Dukaten, als er 1480 starb –, und schon bald gab es in Venedig 150 Pressen, fast soviel wie im gesamten übrigen Italien zusammengenommen. Sie druckten und verkauften Klassikerausgaben, die Bibel, kleine Gebetbücher, Breviere, Meßbücher, Abhandlungen über Kirchenrecht, ja sogar die Geschichte Venedigs in Form alter Legenden in einem schwerfälligen Latein. Eine Dante-Ausgabe mit Kommentar kostete einen Dukaten, aber am besten ließen sich billige Gedichtbände, Rittersagen und Versromane absetzen.

In der besitzenden Klasse gewannen neue Anlageformen gegenüber den traditionellen an Beliebtheit. Um 1496 gab Andrea Barbarigos Sohn Nicolò seinen Söhnen den guten Rat, um jeden Preis an den Familienlandgütern festzuhalten und auch Staatsanleihen nicht gering zu schätzen, »da im Handel nicht mehr so viel zu holen ist wie früher«. Zwar schätzten viele Venezianer, wie Domenico Malipiero bemerkte, den Landbesitz nicht so hoch ein, »weil er Ausgaben ohne Einnahmen bringt, denn man muß zum Unterhalt Geld ausgeben, während die Steuer die Pacht auffrißt«.

Trotzdem hatte bei den Investitionen die Verlagerung auf Immobilien ganz deutlich zugenommen – eine Bewegung, die nicht nur durch die weniger guten Aussichten im Handel gefördert wurde, sondern auch durch den Vertrauensschwund zu den Staatspapieren.

Im Jahre 1480 hinkte der Staat um 21 Jahre mit seinen Zahlungen auf den Monte Vecchio (die alten Zwangsanleihen) hinterher – und das, nachdem die Zinsen gesenkt worden waren. Der Frieden mit der Türkei eröffnete für den Staat die Möglichkeit, seinen Haushalt in Ordnung zu bringen, aber schon 1482 befand sich Venedig erneut im Kriege, sowohl auf dem Festland als auch zur See, und jeder bekam diese Last zu spüren. Wieder wurde eine Kriegsanleihe aufgelegt, was einer Erneuerung der alten Zwangsanleihen, die man vor dreißig Jahren abgeschafft hatte, gleichkam. Jede der *Scuole Grande* mußte hundert Mann zum Dienst auf See bereitstellen, und indirekte Steuern wurden mit größerem Nachdruck eingetrieben als je zuvor.

Anfangs ging alles gut. Die venezianischen Streitkräfte schlugen Alonso von Kalabrien und seine türkische Leibwache in Süditalien und entrissen den Katalanen die Ionischen Inseln. Aber der Krieg um Ferrara, durch den Venedig die Mündung des Po hatte erobern wollen, verlief ungünstiger, und im Juni 1483 belegte der Papst Venedig mit dem Interdikt.

Der venezianische Gesandte in Rom weigerte sich, die Bulle nach Venedig zu befördern, und der venezianische Patriarch stellte sich krank, um diese Instruktionen nicht in Kraft setzen zu müssen. Das gab dem Rat der Zehn Zeit, sich darauf einzustellen. Die Geistlichkeit wurde gezwungen, den üblichen Betrieb aufrechtzuerhalten. Inspektoren der Regierung in den Provinzen wurden angewiesen, besonders menschlich und freundlich zu verfahren, um unnötige Reibereien zu vermeiden. Verlokkende Pensionen wurden für diejenigen ausgesetzt, die Spione und Verräter denunzierten, und ein erst kürzlich erlassenes Gesetz, daß es Regierungsmitgliedern verbot, mit Ausländern Staatsgeschäfte zu besprechen, wurde nachdrücklich geltend gemacht. Trotzdem litt Venedig unter dem Interdikt. Im August 1484 wurden die flandrischen Galeeren vor Portugal von Seeräubern angegriffen (zu denen auch Christoph Kolumbus gehörte), die die französische Flagge führten, und verloren dabei über 400 Mann an Toten und Verwundeten und eine beträchtliche Menge Waren.

Schließlich wurde Venedig gezwungen, alle Städte, die es kürzlich in Süditalien erobert hatte, herauszugeben, und Kephalonia dazu, wenngleich es Rovigo und die Provinz Polesine behielt. Dazu kam noch eine schwere Pestepidemie, die die Belastungen durch Krieg und Exkommunikation noch wesentlich verschärfte.

Im Gefolge dieser Epidemie wurde die Gesundheitsbehörde 1485 reorganisiert und erhielt einen ständigen Amtsstab, der sich um die Wasserversorgung kümmern, Vagabunden und Prostituierte kontrollieren, die Durchführung von Beerdigungen regeln und die Sauberhaltung der Straßen gewährleisten sollte. Dennoch dauerte es noch acht Jahre, ehe Barken zur regelmäßigen Müllabfuhr eingesetzt wurden.

Die Regierung selber ließ an Sauberkeit zu wünschen übrig. Agostino Barbarigo, der 1486 seinem Bruder Marco als Doge nachfolgte und bis zum Ende des Jahrhunderts regierte, war nicht nur anmaßend und starrköpfig, sondern Bestechungen durchaus zugänglich. Wie Priuli in sein Tagebuch eintrug: »er tat, was ihm gefiel . . . versah alle seine Freunde und Diener mit Posten«.

Wie sich nach seinem Tode herausstellte, waren er und sein Bruder Carlo zu Lasten des Schatzamts in einen Weinschmuggel großen Stils verwickelt gewesen, eine Angelegenheit, die einige Adlige vertuschen wollten, da sie meinten, »sie könne dem Ansehen des Staates schaden«. Die Lehren von Watergate sind gar nicht so neu!

Aber der Doge Agostino war beredt, schlau und ebenso tüchtig wie korrupt, und unter ihm zeigte Venedig etwas von der ihm innewohnenden Kraft zur Regeneration. Um 1490 waren die Staatseinnahmen um fast 200000 Dukaten im Vergleich zum Jahre 1469 gestiegen, und das Prestige der Stadt und ihres Dogen, von ihrem Hochmut einmal ganz abgesehen, hatte einen Höhepunkt erreicht. Venedig wurde weit und breit als »Schatzkästchen der Welt« betrachtet, und Karl VIII. von Frankreich ging sogar so weit, Agostino als den »neuen Augustus« zu bezeichnen.

Diese Reputation war nicht ganz unverdient. Die Republik war noch immer unerhört reich, erlebte gerade eine neue Blüte der Künste und Wissenschaften und war dabei, ihr Imperium im Osten energisch zu vergrößern. Naxos und mehrere andere

Griechenland vorgelagerte Inseln wurden für die Republik gewonnen, und die Annexion von Zypern fiel ebenfalls in die Regierungszeit von Agostino.

Ende 1488 wurden Boten ausgesandt, die Caterina zur Abdankung bewegen sollten. Die Flagge der Lusignans wurde durch das Banner von San Marco ersetzt, und im März 1489 segelte Caterina nach Venedig. Die neue zyprische Regierung hielt sich an das Schema, das in den venezianischen Überseekolonien üblich war. Ihr Haupt war ein durch geheime Wahl in Venedig auf zwei Jahre gewählter Statthalter, der ein großzügiges Gehalt von 3500 Dukaten erhielt, von dem der Staat die Hälfte vorsichtshalber als Kaution einbehielt. Ihm zur Seite standen zwei Berater, von denen jeder 2400 Dukaten im Jahr verdiente und halb soviel Bedienstete und Pferde halten durfte wie der Statthalter, nämlich je vier. Dazu kamen drei Rektoren (Vorsteher), die juristische und finanzielle Funktionen wahrnahmen, und ein *capitano* in Famagusta, der genau soviel verdiente wie der Statthalter. Um eine Art Selbstregierung zu verwirklichen, gab es auch einen »Großen Rat«, der aus zypriotischen Edelleuten und ansässigen Venezianern bestand, in dem aber auch Bürgerliche wirkten, sofern sie nur nicht dem Handwerkerstand angehörten.

Einzelne Venezianer hatten sich dort fest niedergelassen – insbesondere die Cornaros mit ihrem großen Landbesitz und der Zuckerraffinerie in Piscopi, die sich nun dem gewinnbringenden Baumwollanbau zuwandten. Während der größte Teil des Reichtums dieser Insel in Händen der Venezianer und eines polyglotten örtlichen Adels aus Zyprioten, Franzosen und Katalanen lag, profitierten auch die einfachen Zyprioten, indem die Leibeigenen nun allmählich freigelassen wurden und die Städter die Möglichkeit hatten, in den Adelsstand erhoben zu werden.

Exkönigin Caterina wurde wie eine Heldin in Venedig empfangen, als sie in Witwenkleidung 1489 dort anlangte. Ein golden und rotes Sonnenzelt war aufgebaut, sie vor der Sonne zu schützen, und der Doge persönlich geleitete sie zu ihrer Wohnung. Es folgten drei Tage Feiern mit Banketten und Umzügen und dann eine nochmalige feierliche Thronentsagung in San Marco. Danach zog Caterina nach Asolo, wo ihr ein großer Landsitz zugewiesen war, auf dem sie sich eine schöne Residenz erbaute. Sie erlebte einen angenehmen Ruhestand inmitten eines beträchtlichen Hofstaates und freute sich an den vielen Papageien, Affen und Pfauen in ihren kühlen Gärten, die sie ebenso genoß wie die dort veranstalteten Feste und allegorischen Umzüge, an denen sie mit ihren Gästen teilnahm.

Unter diesen befand sich auch der junge Pietro Bembo, der eine Anzahl geschmackloser Gedichte über Liebe und Geduld fabrizierte und Caterinas »schwanenweiße Brust« pries – aber sein Leben als Kardinal beendete. Dispute über »gemeinen Luxus« und über »echte« und »unechte« Liebe, ausführliche Abhandlungen über die Dichtkunst und die Komposition von Liedern zur Lautenbegleitung bildeten den Stoff der Unterhaltung an Caterinas Hofe wie auch sonst in den vornehmen Kreisen von Venedig.

Wie sehr ein solcher Zeitvertreib zu Kopfe steigen mochte, das kulturelle Leben hatte auch gewichtigere Seiten. In Hieronimo Ramusio hatte Venedig einen Orientalisten, der Avicennas Lehrbücher aus dem Arabischen übersetzte, und in den neunziger Jahren des 15. Jahrhunderts gründete Aldus Manutius, ein Klassizist, Grammatiker, Kritiker und Historiker, Venedigs berühmteste Druckerei und einen kleinen Kreis humanistischer Gelehrter, die sich über die Klassenschranken zusammenfanden – sogar der stolze Pietro Bembo bildete sich etwas darauf ein, zu Aldus' Kreis zu gehören. Ermolao Barbaro, ein Humanist jener Zeit, 1454 geboren, fügte seinem Humanismus noch eine Dimension hinzu. Er schrieb nicht nur eine Abhandlung über die Ehe (die er für eine nützliche Einrichtung hielt), hielt Vorträge über Aristoteles in Padua und tauschte Epigramme und Briefe mit der literarischen Welt, sondern er setzte seine Predigten auch ins aktive Leben um und übernahm Verantwortung. 1483 wurde er Senator und diente danach in verschiedenen diplomatischen Missionen, von denen die höchste der Gesandtenposten in Rom war.

Dort verfaßte er Ratschläge für einen Freund, der in den diplomatischen Dienst treten wollte. Was ein Gesandter anzustreben habe, schrieb er, sei, die Freundschaft der Fürsten zu gewinnen und zu erhalten, dabei aber immer »zu tun, zu sagen, zu raten und zu bedenken, was am besten der Erhaltung und Mehrung des eigenen Staates dienen könne«. Ein Gesandter solle nie zu Bestechung oder Meuchelmord greifen und in seinen Berichten nicht weitschweifig sein oder Gerüchte, Erfindungen und Prognosen mit einmischen. Trotz dieser Prinzipien hatte Barbaro nichts dagegen, daß der Papst ihn zum Patriarchen von Aquileia ernannte. Doch seine eigene Regierung erhob die größten Einwände, und Barbaro mußte in Rom bleiben, wo er 1493 starb, nachdem er gerade zum Kardinal ernannt worden war.

Barbaro ist nur ein Beispiel für einen typischen Renaissancemenschen. Ein anderer, nicht weniger bewunderter, war der Schiffbauer Leonardo Bressan, Werkmeister im »Arsenal« von 1498 an. Ein Segelschiff mit Kanonen, das er 1492 baute, hatte ihn berühmt gemacht und ein weiteres, das 1497 vom Stapel lief, wurde von einem Zeitgenossen, als »das schönste Ding« beschrieben, mit dem man auf See segeln könne.

Bressans Ruhm spiegelte die Veränderung im Schiffbau wider, die Hand in Hand mit der Revolution im Frachtverkehr ging, die mittlerweile eingesetzt hatte – weg von der schlanken Galeere, hin zu viel größeren, nur durch Segel bewegten Schiffe, denn die niedrig gebaute Galeere war fast hilflos den Feuerbränden ausgeliefert, die große Piratenschiffe von ihren hohen Aufbauten auf sie hinunterregnen lassen konnten. Zwischen 1488 und 1498 baute der Staat mindestens fünf solcher Schiffe, um die Kriegsflotte verstärken, Piraten jagen und Massengüter transportieren zu können. Dabei war dies eine Zeit, wo der Schiffbau infolge von hohen Baukosten, einem Mangel an einheimischer Eiche und der Lustlosigkeit der Venezianer einen Tiefpunkt erreicht hatte; niemand wollte Geld in lange Handelsreisen stekken. Hinzu kam noch, daß der internationale Handel sein Gesicht langsam änderte, weil der Zustrom nordeuropäischer Textilien nachgelassen hatte. Die meisten venezianischen Schiffe wurden mittlerweile im »Arsenal« gebaut – einer Art Weltwunder in den Augen jener Zeit. Mit seinen vielen Docks, der riesigen Seilerei, der Segelnäherei, den Zimmerplätzen, der Pulverfabrik und Kanonengießerei war das »Arsenal« in der Tat der größte Industriebetrieb des damaligen Europas.

Es war das praktische Symbol veneziansicher Macht zu einer

Zeit, da die Stadt sich dem Zenit ihres Ruhmes und Glanzes näherte; die Stadt – dieses Gewirr aus Gäßchen, Piazzen und Kanälen, in dem jedes Eckchen zwischen den Kuppeln und Türmen von Reichtümern nur so strotzte. Es gab Fassaden aus eingelegtem Marmor, Skulpturen und Bronzen von Verrocchio und Donatello, Gemälde von Gentile Bellini und einem Dutzend anderer berühmter Maler. Und überall konnte man die Anfänge des späteren Mäzenatentums entdecken.

Trotz der Neigung vieler Edelleute, weniger im Handel zu investieren, wurde ein Großteil des Weltgeschäfts noch immer auf und um die Piazza San Giacometto di Rialto abgewickelt, wo die Geldwechsler und die Goldschmiede ihre Läden hatten. Barken drängten sich um Ankerplätze am Canal Grande, und die Lagerhäuser der Kaufleute wimmelten von Stauern. Die Gasthäuser zwischen dem Rialto und San Marco waren oft überfüllt, und die Stadt Venedig war nicht nur reichlich mit Luxusartikeln aus jedem Land der Erde, sondern auch mit Gemüsen, Früchten und Kräutern im Überfluß versehen. Der Fischmarkt bot ein unvergeßliches Bild, und man konnte tatsächlich noch immer Sklaven kaufen, vielleicht nicht ganz so leicht wie Fische, aber doch zu einem Preise von sechzehn bis hundert Dukaten pro Kopf. Um 1500 gab es allein in Venedig etwa 3000 Negersklaven, fast drei Prozent der Gesamtbevölkerung.

Doch alle diese äußerlichen Zeichen der Wohlhabenheit konnten sich mit der luxuriösen Einrichtung mancher Paläste nicht messen. Pietro Casola, ein Priester aus Mailand, der 1494 Venedig auf dem Wege ins Heilige Land besuchte, war sprachlos vor Bewunderung über das Gemach einer adligen Dame. »Die Königin von Frankreich«, schrieb er, »könnte nicht soviel Pomp entwickeln.« Allein die Dekorationen des Schlafzimmers mußten etwa 11000 Dukaten gekostet haben, und auch die Gesellschafterinnen der Dame in ihren tief ausgeschnittenen Kleidern machten ihm großen Eindruck .

Zwar sahen die Kirche und die Regierung den Kleiderpomp der Frauen nicht gern, doch darauf wurde nichts gegeben. Die Vorschriften über Schleppenlänge, Stelzschuhhöhe und Umfang der Ärmel wurden gern übertreten. Mit Vergnügen bezahlten die Reichen die Bußen für das Tragen so moderner Kleidung, und einige wandten sich sogar an den Papst um Dispens. So machte Christina Correr geltend, die Stellung ihrer Familie und ihre eigene Schönheit verlangten, daß sie sich dementsprechend kleide. Tatsächlich erhielt sie ihren Dispens für etwas mehr als vier Dukaten.

Die Frauen färbten ihr Haar und kauften Haarteile, die trotz der Aufrufe puritanischer Mönche noch immer auf Ständern in der Piazza feilgeboten wurden. Wer sich keinen echten Schmuck leisten konnte, mietete sich welchen oder kaufte Glasimitationen, so daß alle ohne Unterschied, wie Casola bemerkte, »versuchten, großartig in der Kleidung, mit großen kostbaren Juwelen . . . Perlenschmuck um Kopf und Hals und mit vielen Ringen an den Fingern« aufzutreten.

Die adligen Männer kleideten sich nüchterner in einfache lange Gewänder, aber ihr Auftreten war oft nicht so zurückhaltend wie ihre Kleidung. Ehebruch war an der Tagesordnung. Marin Sanuto, der zwei uneheliche Töchter hatte, wurde dennoch als rechtschaffender Mann angesehen. Allerdings zog man die Augenbrauen hoch, als bekannt wurde, daß zwei Edelleute eine Nonne vergewaltigt hatten, und als die Bewohnerinnen eines Nonnenklosters überführt wurden, Verkehr mit Besuchern, darunter einem Arzt und einem Priester gehabt zu haben. Die *Scuole* versuchten noch immer, die Moral zu heben, indem sie Selbstgeißelungsprozessionen veranstalteten, bei denen die Flagellanten mit verhülltem Gesicht und entblößten Schultern daherkamen. Aber der Geist der Zeit hatte auch auf diese Institutionen keinen Einfluß. Wie die Leiter der Caritas 1490 bemerkten, schlossen sich die Menschen weniger aus Frömmigkeit als aus Hunger den *Scuole* an, wo es Unterstützung für bedürftige Mitglieder gab.

Die Tatsache, daß so viele bereit waren, sich um Almosen zu geißeln, spiegelt die steigende Arbeitslosigkeit und die ungenügende staatliche Hilfe für die Armen wider. Nicht, daß die Regierung das christliche Verdienst, das in der Caritas liegt, nicht erkannt hätte. Der Große Rat hatte sogar festgestellt, daß »die Betreuung der Armen das hauptsächlichste und heilsamste Mittel für Staat, Republik und Privatperson ist, die göttliche Gnade zu erlangen«. Aber die neue staatliche Gründung *Gesu Christo di*

Sant' Antonio sorgte nur für etwa dreißig Arme, wovon die meisten frühere Soldaten waren, die sich »um unseren Staat verdient gemacht haben«. Darüber hinaus konnten manche Hungrige ein gelegentliches freies Mittagessen bekommen, wie es der Doge im März 1492 für hundert Arme gab, um damit die Fertigstellung der vergrößerten Räume im Dogenpalast zu feiern. Sonst blieb den Armen nur das Betteln bei Körperschaften, Privatpersonen oder bei der Kirche.

Die Armut war mittlerweile nicht nur auf bürgerliche Kreise beschränkt. 1499 erzwang sich der Adlige Andrea Contarini Zugang zu einer Sitzung des Collegio und schrie, er käme aus einer berühmten Familie und kenne nur den Staatsdienst, habe aber schon seit sechzehn Jahren kein Amt mehr bekleidet, müsse seine neun Kinder erhalten, Schulden in Höhe von sechzig Dukaten bezahlen und seine Familie unterbringen und habe dabei nur ein Einkommen von jährlich sechzig Dukaten. Ebenfalls durch Armut getrieben, beging ein anderer Contarini Einbruchsdiebstähle.

Das Mitleid für ihre weniger vom Glück begünstigten Standesgenossen veranlaßte reichere Adlige, Armenhäuser für sie zu bauen. Als aber 1492 Francesco Faliero und Gabriele Bon, Chef der Quarantia, aus öffentlichen Geldern 70000 Dukaten zur Unterstützung armer Adliger verlangten, wurde ihnen bedeutet, den Mund zu halten. Als sie weiterhin auf ihrem Antrag beharrten, verbannten die Zehn sie nach Zypern mit der Begründung, sie wären Demagogen und hätten auf die Stimmen jener Adligen gehofft, die sie unterstützen wollten. Dem Staat genügte es, seine Wohltätigkeit auf die Bereithaltung von Nahrungsmittelreserven zu beschränken und außerdem die Stadt nach Möglichkeit vor Epidemien und Kriminalität zu schützen. Quarantänevorschriften wurden durchgesetzt, die Leprösen unter Aufsicht gestellt und auf die Sauberkeit der Herbergen geachtet. Konstabler standen bereit, Schlägereien zwischen Sklaven und anderen Niedriggestellten zu verhindern, und die *Signori di Notte* patrouillierten die Straßen bei Nacht. Maßnahmen wie diesen war es teilweise zuzuschreiben, daß in Venedig ideale Ruhe und Ordnung herrschten. In Florenz führte Savonarola einen Großen Rat nach venezianischem Muster ein, während Philippe de Commynes Venedig als die einzige Stadt in Italien ansah, »die keine Zwietracht kennt«.

Aber der Fall Gabriele Bon und die Unzufriedenheit der armen Adligen paßten nicht in dieses Bild. Trotz der äußerlichen Eintracht der herrschenden Klasse war der Saal des Großen Rats Schauplatz von Faustkämpfen und hitzigen Debatten. Bei einer Sitzung schlug Domenico Calbo Bernadetto Minotto ein blaues Auge und gab ihm einen Schlag auf die Nase, daß sie blutete. Aber es gab auch größere Schlägereien, und die tief eingewurzelte Korruption in der Verwaltung ließ die Bewunderung nicht immer gerechtfertigt erscheinen.

1497 stellte eine Untersuchungskommission der Finanzverwaltung in den überseeischen Kolonien fest, daß Gouverneure öffentliche Gelder veruntreut, die Armen unterdrückt und sich mit denselben Piraten verbündet hatten, die sie eigentlich bekämpfen sollten. Verhaftungen wurden vorgenommen, aber die Säuberung drang nicht bis zur Zentralverwaltung vor, wo der älteste und korrupteste der Dogen, Agostino Barbarigo, saß.

Nur die Mönche wagten es, deutlich zu werden, drückten sich meist aber auch nur allgemein aus. 1497 verurteilte Fra Timofeo von Lucca bei der Weihnachtspredigt in San Marco in Gegenwart des Dogen und verschiedener Gesandter »den Ausverkauf des Rechts zugunsten der Reichen«. Bei der gleichen Gelegenheit im folgenden Jahr verdammte ein anderer Mönch manche Ungerechtigkeiten, so auch, daß man den Seeleuten ihre Löhnung vorenthalte. Diese Worte scheinen den Dogen und seine Freunde kalt gelassen zu haben, allerdings hatte er auch zur Zeit wesentlich größere Sorgen.

Zu Anfang des Jahres 1494 war eine »Heilige Allianz« zwischen Venedig, dem Kaiser Maximilian, Herrn über viele Lehen in Italien, und Ferdinand und Isabella, den Herrschern über Spanien, Sizilien und Sardinien, zustande gekommen. Die Heilige Allianz war jedoch etwas anderes, als ihr Name glauben machte, denn obgleich sie den Segen des Papstes und die Unterstützung des Kaisers hatte, war sie nicht gegen den Sultan gerichtet, wie dem türkischen Gesandten, der der Unterzeichnung hinter einem Wandbehang zugeschaut hatte, versichert wurde. Die Allianz richtete sich vielmehr gegen Frankreich.

Venedig hob eine große Armee in Italien und in Übersee aus. Es sandte Botschafter und dann auch Bürger in die Länder seiner Verbündeten Spanien und Deutschland, und im November 1496, dem Jahr, in dem Gentile Bellini sein berühmtes Bild der Prozession auf dem Markusplatz malte, wurde die erste ständige venezianische Gesandtschaft in England eröffnet. In schwere Kriege mit Neapel und Florenz verwickelt, richtete die Republik eine Schule für Kanoniere in diesem Jahr im »Arsenal« ein, und da zur Hebung der öffentlichen Moral auch etwas getan werden mußte, wurde mit dem Bau des Glockenturms der Merceria begonnen, »um zu zeigen«, wie Malipiero schrieb, »daß die Stadt nicht ohne Geld ist«. Doch zum Zeitpunkt seiner Fertigstellung im Februar 1499 hatte eine Serie von Krisen die Stadt betroffen.

Von diesen berichtet Marino Sanudo, ein neunundzwanzigjähriger Edelmann von bescheidenen Mitteln, der am 1. Januar 1496 mit der Führung eines Tagebuchs begann, das er bis September 1533 fortsetzte und das achtundfünfzig dicke Bände umfaßt. 1498 hatte sich das Glück für Venedig gewendet, als Sanudo im Bezirk Santa Croce als *Signor di Notte* eingesetzt war. Zunächst war die Pest erneut ausgebrochen. Dann stellte sich heraus, daß der Senatssekretär Staatsgeheimnisse verraten hatte. Außerdem drohte ein neuer Krieg mit den Türken, und es gab einen entsetzlichen Finanzkrach.

Im Januar 1499 hatte Andrea Garzoni, Besitzer der größten der vier venezianischen Banken, der Regierung mitgeteilt, daß er seine Zahlungen einstellen müsse. Der Rat der Zehn beschloß, ihn zu stützen. Aber das Geheimnis war schlecht gewahrt. So hörte Marino Sanudo, der täglich am Broglio und Rialto war und dem kaum etwas entging, was zu erwarten war, und veranlaßte seinen Bruder, das auf der Bank liegende Geld seiner Mutter in Höhe von 500 Dukaten abzuziehen. Er kam gerade noch zurecht, denn am 1. Februar 1499 war Garzoni bankrott.

Auch früher waren venezianische Banken bankrott gegangen, aber Garzonis Pleite war schlimmer, weil ein Run auf die übrigen Banken einsetzte. Eine Panik begann auf dem Rialto, als alle Einleger, ob groß, ob klein, Adlige und Bürgerliche gleichermaßen, ihre Einlagen zurückverlangten. Aufgeregte Menschenmengen bestürmten die nervösen Kassierer und Geldmakler in ihren Buden am Marktplatz und schrien nach ihrem Geld.

Alvise Pisani hielt das dank der Kraft seiner Persönlichkeit als einziger durch und überzeugte seine Gläubiger in einer leidenschaftlichen Rede von seiner Zahlungsfähigkeit. Zuletzt wurde auch er zur Liquidation gezwungen, zahlte aber alles voll aus. Der Bankier Girolamo Lippomani konnte das nicht, und die Entrüstung über ihn – Anklagen, er habe die Ersparnisse alter Leute, die Mitgift junger Mädchen und die Fonds von Hospitälern und Klöstern verschwendet – steigerte sich besonders, als sich herausstellte, daß er selbst und seine Gesellschafter die größten Schuldner seiner Bank gewesen waren.

Doch der Krach, den nur die Bank von Matteo Agostini überstand, war nicht nur auf schlechte Leitung oder falsche Buchführung zurückzuführen. Luca Paciolis Abhandlung über Arithmetik, die Buchhaltungsmethoden einschließlich doppelter Buchführung erklärte, war schon fünf Jahre lang in seinem Laden im Borgo San Sepolcro erhältlich gewesen. Die Hauptursache war die öffentliche Nervosität angesichts der Tatsache, daß Venedig einen Zweifrontenkrieg – in der Lombardei und gegen die Türken – führen sollte. Die Anleihen des Monte Vecchio fielen entsprechend auf jämmerliche fünfeinviertel Prozent im Jahre 1499, und mit den Anleihen des Monte Nuovo ging es ebenso. Geld war knapp, keiner wollte investieren, es bestand ein allgemeiner Vertrauensschwund.

Das schwankende Verhältnis zwischen Silber- und Goldwährung hatte auch eine Rolle bei dieser Krise gespielt, obgleich der Dukaten und einige andere Münzen, wie der *marcello*, wertbeständig waren. Sie wurden sogar von Ferdinand und Isabella in Spanien, von den türkischen und ägyptischen Sultanen und von einigen unternehmenden Venezianern nachgemacht. Im Jahre 1499 wurde eine geheime Münzfälscherwerkstatt im Hause von Francesco de Usnagi entdeckt. Nach der Aussage der Tochter seiner Geliebten waren seine Räume mit »alchemistischen« Apparaten angefüllt, und Francesco hatte seine Näche mit Experimenten verbracht, bei denen er verschiedene Metalle und Gravierungen erprobte, bis ihm eine zufriedenstellende Nachahmung gelang. Für den Fälscher Francesco waren die Aussichten trübe – aber für die Republik nicht minder. Eine plötzliche Änderung der venezianischen Politik, die zu einem Bündnis mit Frankreich führte, machte Venedig mehr Feinde als Freunde, und die Lage im Osten entwickelte sich zum schlechteren.

Bevor der zweite Türkenkrieg ausbrach, hatte Venedig sich um die Festigung seiner Stellung bemüht. Es hatte einige kleine lateinische Fürstentümer erworben, bevor die Türken sie noch besetzen konnten; es hatte die Piraten abgewehrt und Garnisonen aufgebaut sowie die Regierung reformiert. Als 1494 venezianische Streitkräfte Naxos besetzten, wurden sie als Retter begrüßt; kein Wunder nach der gewalttätigen Herrschaft der Herzöge und den Überfällen von Korsaren wir Paolo da Campo und dem Schwarzen Hassan. Zypern wurde mit Entschlossenheit gehalten, Kreta war ruhig, die Festung Korone, Zentrum einer ölproduzierenden reichen Gegend, war in gutem Zustand, ebenso Methoni mit seinen Schweinezüchtern, die Venedig jährlich 5000 Schweine lieferten. Die korrupte Regierung von Lepanto war reformiert worden, und Monemvasia, Mykonos, Tenos und die Ionischen Inseln hatten alle ihre venezianischen Garnisonen.

Doch als der Krieg ausbrach, hatte Venedig nur dreizehn Kriegsgaleeren auf See. Sofort wurden Handelsgaleeren zum Kriegsdienst beordert und schließlich fünfundneunzig Schiffe zusammengebracht, die man der türkischen Flotte gegenüberstellte. Aber die venezianische Organisation war schlecht, viele der Kapitäne hatten keine Kriegserfahrung, und der neue Admiral Antonio Grimani war hauptsächlich dafür berühmt, es in kurzer Zeit zu einem gewaltigen Vermögen gebracht zu haben. »Dreck und Erde verwandelten sich in Gold, wenn er sie berührte«, schrieb Girolamo Priuli, und die meisten venezianischen Kaufleute richteten sich nach Grimani. »Wenn er verkaufte, verkauften sie auch. Hielt er zurück, taten sie es ihm nach.« Aber Grimanis Midasgriff half im Krieg nichts. Er konnte mit der türkischen Flotte bei Navarino nicht fertig werden, der Feind drang in den Golf von Korinth ein und besetzte auch Lepanto.

Als diese schlimme Nachricht in Venedig eintraf, suchte jeder die Schuld bei Grimani. »Einst hat ihn fast jeder angebetet«, schrieb Priuli, »und nun schreit jeder ›kreuzigt ihn!‹« Während die Straßenjungen sangen »Antonio Grimani, Ruin der Christen«, wurde der Admiral wegen Feigheit vor Gericht gestellt und in Unehren verbannt. Doch dieser Sündenbock besänftigte die Götter nicht, ebensowenig wie die bestellten Horoskope und Prophezeiungen, die in geheimen Sitzungen des Rates verlesen wurden. In der Flotte brach ein Fieber aus, die Türken griffen Zara an und überfielen im Juni 1500 nochmals Friaul. Die Signoria bat um Hilfe – aber obgleich der Papst einen Heiligen Krieg ausrief, taten der Kaiser und der König von Ungarn praktisch nichts, während Neapel und Mailand gar kein Interesse daran hatten, das venezianische Fell zu retten. Abgesehen von einem symbolischen Kontingent aus Spanien und einigen wenigen Schiffen aus Frankreich stand die Republik ganz allein.

Man hatte Venedig zugejubelt, als sein Verbündeter Frankreich Mailand im April 1500 besiegt und die Republik Cremona genommen hatte. Aber vier Monate später ging Methoni, der reizende Hafen an der Südwestspitze Griechenlands, verloren, der, wie ein zeitgenössischer Reisender sich ausdrückte, »auf halbem Weg von jedem Lande und jedem Meer gelegen ist«. Der Rat der Zehn brach in Tränen aus bei dieser Nachricht. Aber Methoni war nicht das einzige verlorene Kleinod. Navarino und Korone fielen bald darauf. Vielleicht hatte König Ludwig recht, als er nach Grimanis Mißerfolg bemerkte, die Venezianer seien zwar weise und reich, fürchteten aber den Tod zu sehr, als daß sie im Kriege Erfolg haben könnten.

Im September wurde erneut ein dringender Appell an alle Könige der Christenheit gerichtet und darauf hingewiesen, daß die Türken nun ganz Europa bedrohten. Im Senat wurde die Notwendigkeit einer neuen Zwangsanleihe besprochen. Die Lage war kritisch, aber während der Doge Agostino willig andere aufforderte, Kontributionen zu leisten, schrak er zurück, als man von ihm persönlich ein Beispiel forderte. Er hielt eine lange, abschweifende Rede des Inhalts, daß er schon 80000 Dukaten aus seinen eigenen Mitteln gegeben habe, daß jedermann Geschenke wolle und daß er jedenfalls kein Geld mehr habe. Wenn es jedoch unausweichlich notwendig sei, sei er bereit, sein Tafelgeschirr zu verpfänden – und nach dieser unwillig gemachten Geste schlurfte er aus der Kammer.

Aber es hätte wesentlich schlimmer kommen können. Gegen Ende des Jahres wurde Kephalonia mit spanischer Hilfe besetzt. Kreta hielt aus. Venedig war noch immer ebenso reich wie schön, die stärkste Macht in Norditalien, deren Stimme in europäischen Fragen von Gewicht war. Aber die türkische Bedrohung wurde sehr deutlich empfunden, und eine noch viel größere Gefahr ganz anderer Art hatte sich fast unbemerkt entwikkelt.

Es waren schon lange Anstrengungen im Gange gewesen, einen Seeweg in den Fernen Osten zu finden. In den fünfziger Jahren des 15. Jahrhunderts hatte Fra Maura vom Kloster San Michele sogar einen Globus konstruiert, auf dem die Südspitze Afrikas und ein Schiff zu sehen waren, das prophetisch genug ostwärts segelte. Doch als Diaz 1486 das Kap umrundete, hatten die Venezianer wenig Interesse gezeigt, und auch für Cabotos Plan, die westliche Route nach China zu finden, hatten sie keine Zeit erübrigt. Giovanni Caboto hatte sich wegen der Finanzierung seiner Reise nach England wenden müssen. Im August 1499 erreichte ein Bericht aus Kairo Venedig, der manch einen veranlaßte, sich die Augen zu reiben.

Drei portugiesische Schiffe hatten in Aden und in Calicut (an der SW-Küste Indiens) angelegt und sich wegen der Gewürzinseln erkundigt. Das war das erste, was die Venezianer über Vasco da Gamas Entdeckung des Seeweges nach Indien hörten. »Wenn diese Nachricht stimmt«, schrieb Priuli, »dann scheint mir das von großer Wichtigkeit zu sein. Aber ich glaube nicht, daß sie authentisch ist.« Als Priuli diese Worte niederschrieb, waren die Entdecker schon nach Lissabon zurückgekehrt, doch als die Nachricht bestätigt wurde, war Venedig derart stark in den Krieg verwickelt, daß sie wendig Eindruck machte. Die Signoria war viel besorgter, ob es ihr gelingen würde, Portugal zur Hilfe gegen die Türken zu bewegen, als über die Abfahrt von dreizehn Schiffen unter Pedro Alvarez Cabral, die im März 1500 aus Lissabon nach Calicut ausliefen, um Gewürze zu holen.

Gelang dieses Unternehmen, dann war Venedigs dominierende Stellung im Gewürzhandel bedroht, und die ökonomischen Folgen konnten katastrophal werden. Aber die Venezianer rechneten damit, daß die meisten der portugiesischen Karavellen auf der langen und gefährlichen Reise nach Indien wohl sinken würden, und sogar wenn sie durchkämen, würden die Gewürzlieferanten wohl lieber an ihre bekannten arabischen Händler als an Fremde verkaufen. Es würde noch Zeit genug sein, sich Sorgen zu machen, wenn Cabrals Schiffe tatsächlich zurückkehrten.

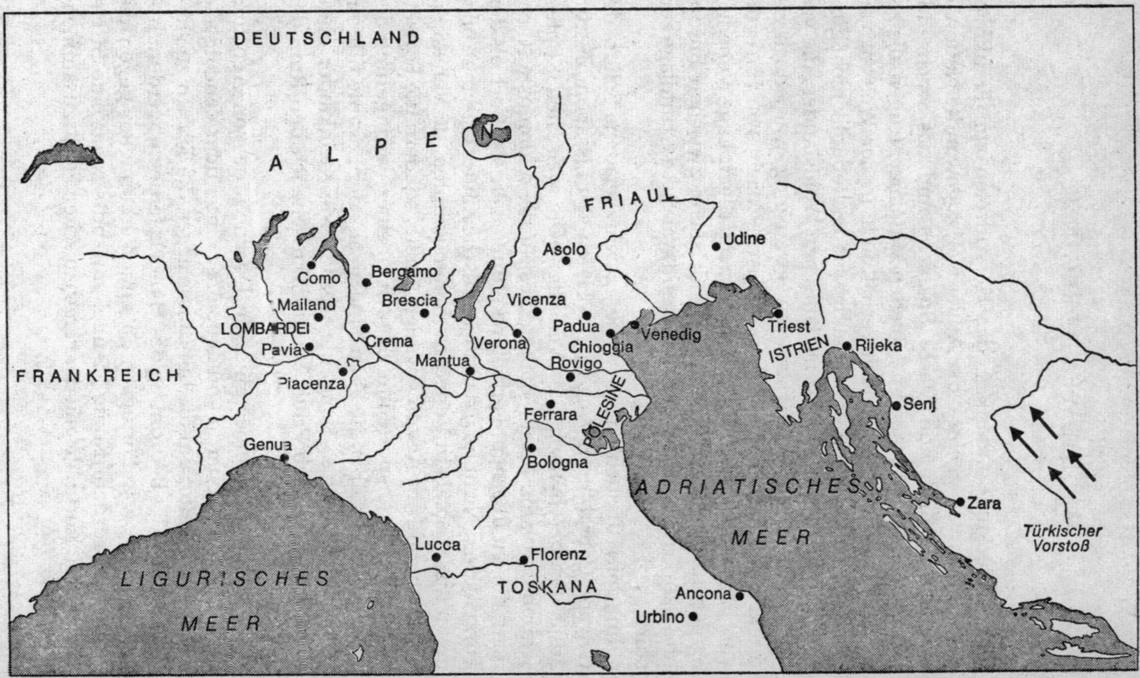

Venedig und sein festländischer Besitz

X

DIE WENDE BEGINNT

Die Entdeckung Amerikas, das Hervortreten von Frankreich und England als geeinte, der Außenwelt zugewandte Nationalstaaten, die drohende Macht Spaniens und das wachsende Übergewicht der Türken im östlichen Mittelmeer trugen alle zusammen dazu bei, die Machtverhältnisse in der Welt zu verschieben – und diese Verschiebung war der Republik nicht günstig. Die Bedrohung des venezianischen Wohlstandes, die von der Umorientierung der Handelswege ausging, war jedoch viel direkter fühlbar, denn die venezianische Macht war im Laufe von Jahrhunderten aufgrund der einzigartigen Lage Venedigs als lebenswichtiges Glied der Handelskette zwischen Europa und dem Orient erwachsen – und nun war diese Grundlage zerstört.

Im Juni 1501 suchten sich sieben gewürzbeladene Schiffe der Gruppe Cabral ihren Weg in den Hafen von Lissabon. Bestürzung darüber herrschte in Venedig. »Die weisesten Köpfe«, schrieb Girolamo Priuli, »halten dies für die schlimmste Nachricht, die wir überhaupt erhalten konnten«, ernster noch als den Türkenkrieg. Nicht nur, daß ausländische Käufer Gewürze billiger in Lissabon als in Venedig erhalten konnten, da Venedig ja Abgaben dafür in Ägypten zahlen mußte, sondern die Fortsetzung der Seetransporte mußte auch zu einer Verringerung des Warenangebots über die alten Straßen aus der Levante führen. »Die venezianischen Kaufleute werden wie Kleinkinder ohne Milch sein«, schrieb Priuli, »und darin sehe ich den Ruin der Stadt.«

In diesem September ging die Dogenwürde von Agostino Barbarigo auf Leonardo Loredano über, unter dem Venedig alle Kräfte anspannte, um die Bündnisse gegen die Türken zu stärken und mit der Bedrohung des Handels fertig zu werden. Ironischerweise war Portugal nun zum Verbündeten gegen die Türken geworden. König Manuel entsandte sogar eine Streitmacht nach Korfu, die mit der venezianischen Flotte zusammenarbeiten sollte. Doch dank seiner Geheimorder verloren die Portugiesen bei einem Gefecht vor Oran gegen die Feinde des Königs und beim Kapern einiger genuesischer Schiffe soviel Zeit, daß sie zu spät für jegliche Hilfestellung kamen.

Venedig war nicht weniger doppelzüngig in seinem Verhältnis zu den Portugiesen. Der neue Gesandte in Lissabon pries zwar König Manuels Aufrichtigkeit, Frömmigkeit, Großherzigkeit, seinen Ruhm und sogar seine Verdienste bei der Auffindung des Seeweges nach Indien. Aber im Dezember 1502 schickte die Signoria einen Abgesandten zum ägyptischen Sultan, der diesen überreden sollte, den Samarin von Calicut unter Druck zu setzen, damit die Portugiesen keine Waren mehr erhielten und durch »rasche und geheime Maßnahmen« erreicht würde, daß sie niemals mehr nach Indien gingen. Damit war der Tatbestand gegeben, daß Venedig Muslime aufstachelte, Christen anzugreifen – eine undenkbare Handlungsweise im damaligen Europa. Außerdem versuchten venezianische Agenten in Lissabon, auf Besuch weilende Inder davon zu überzeugen, daß die Portugiesen in erster Linie kriegerische Absichten hätten und daß es besser wäre, sich in Handelsgeschäften an die Venezianer zu halten. Doch als die Portugiesen tatsächlich beim Bau von Forts in Calicut Schwierigkeiten hatten, zogen sie einfach weiter nach Goa.

Gegen Ende 1502 erholte sich der Monte Nuovo, dieses empfindlichste Barometer der venezianischen Volksstimmung, der im Jahre 1500 auf 52 Prozent gefallen war, um 23 Prozent, weil die Hoffnung auf einen baldigen Frieden mit der Türkei bestand, die auch nicht enttäuscht wurde. Nach diesem Abkommen, das in Venedig im Mai 1503 formell bekannt gegeben wurde, behielten die Türken die meisten ihrer Eroberungen, aber Venedig hielt an Nauplia, Monemvasia und Kephalonia fest und hatte nun freie Hand, sich dem Gewürzkrieg mit größerer Aufmerksamkeit zu widmen.

Das war keinen Augenblick zu früh. Im Januar erfuhr Venedig, daß die Deutschen daran gingen, eine Handelsstation in Lissabon zu errichten. Gerüchte wollten wissen, daß eine ganze Flotte von Gewürzschiffen dort eingelaufen war und daß die Portugiesen das Rote Meer zu blockieren versuchten, um den

Gewürznachschub nach Ägypten abzuschneiden – ein Schachzug, der, falls er Erfolg hätte, die Venezianer gezwungen hätte, selbst in Lissabon Gewürze zu kaufen.

Die Signoria gab den Kampf jedoch nicht auf. Während die diplomatischen Höflichkeiten wie eh und je ausgetauscht wurden, wurde das Spionage- und Sabotageprogramm gegen die Portugiesen verstärkt. Im März 1504 wurde ein als italienischer Kaufmann getarnter Agent nach Lissabon geschickt, der geheime Nachrichten beschaffen sollte. Bei seiner Ankunft auf Verdacht eingesperrt, verstand er sich herauszureden und wurde wieder freigelassen, woraufhin er die nächsten zwei Jahre lang Venedig mit Berichten über die Moral portugiesischer Seeleute und über portugiesische Pläne zur Blockade arabischer Häfen versorgte.

Im Mai 1504 sandte die Signoria einen weiteren Agenten nach Kairo, um den Sultan vor der Zunahme der Gewürzimporte nach Lissabon zu warnen und ihn wissen zu lassen, daß Venedig weiterhin lieber in Ägypten als in Lissabon kaufen würde, wenn die Bedingungen günstig wären. Auch ein Versuch zur Erpressung wurde unternommen, indem man den Papst wissen ließ, der Sultan werde die christlichen heiligen Stätten in Palästina zerstören, falls die Portugiesen ihre Reisen nach Indien nicht einstellten. Portugal erklärte im Gegenzug sofort, es werde einen Kreuzzug unternehmen, falls der Sultan seine Drohung wahr mache.

Der verzweifelte Rat der Zehn zog 1504 sogar in Betracht, einen Suezkanal zur Verkürzung des Seeweges zwischen Indien und dem Mittelmeer zu bauen und damit den Strom der Gewürze wieder nach Venedig zu lenken. Wie die Dinge lagen, brachten die Galeeren weniger als ein Drittel der Gewürzfracht ein, die vor dem Türkenkrieg üblich gewesen war, und trotz allem Druck ließ der Sultan über Preise nicht mit sich reden. 1505 mußten sich die venezianischen Galeeren vielmehr nach einem Streit über die Abgaben hastig und unter Beschuß aus Alexandrien zurückziehen. Die Deutschen kauften nun in Lissabon, die Konvois nach Syrien und Alexandrien hatten nur noch einen Bruchteil ihrer früheren Größe, venezianische Schiffe fuhren nicht durch die Dardanellen und legten selten in Konstantinopel an, die Reisen nach Flandern waren völlig eingestellt worden – kurz, der gesamte Handel war in völliger Unordnung, als die Signoria im Jahre 1506 einen Ausschuß einsetzte, der Wege finden sollte, den Handel zu beleben.

Da sich der Großteil des venezianischen Überseehandels nun auf die Adria und Ägäis beschränkte, kam den venezianischen Kolonien eine gesteigerte Bedeutung zu, und die venezianische Politik ihnen gegenüber änderte sich entsprechend. Die Inspektionen wurden viel strenger, viel größeres Gewicht wurde auf die Ernteerträge gelegt, und wo es nötig war, wurde zur Neubesiedlung geschritten. Auf Korfu, dem Verwaltungszentrum aller Ionischen Inseln, durften »gute« Bürger bei der Verwaltung mitwirken. Eine tolerante Religionspolitik förderte den Zustrom von aus Spanien ausgewiesenen Juden, und Leibeigene hatten eine gewisse Chance, sich selbst zu befreien, obgleich Flucht und sogar Bauernrevolten noch immer häufig waren. Ithaka wurde neu besiedelt; wer dort Land kaufte, brauchte die ersten fünf Jahre keine Steuern zu zahlen. Durch ein Rebenanbauprogramm zur Produktion von Rosinen wurden Kephalonia und besonders Zante (Zakynthos) von Zuschußgebieten zu Gegenden, die der Staatskasse gute Einkünfte brachten.

Zypern, wo die gutbezahlten Gouverneure sich bei ihren Geschäften mit roten Schirmen gegen die Sonne schützen ließen, brachte ebenfalls gute Erträge, und sogar Nauplia, wo die Plebejer mit Erfolg verlangten, zumindest einen der drei Inspektoren selbst zu wählen, produzierte einen gewissen Überschuß, obgleich es ziemlich hohe Bestechungssummen an den türkischen Aga von Morea zahlen mußte. Eine wirksame Nutzung der Kolonien setzte jedoch ein gesundes Transportwesen voraus, doch am Ende des Türkenkriegs lag der Schiffbau in Venedig schwer danieder. Wo die Frachtraten so niedrig, die staatlichen Abgaben so hoch und die Vorschriften so beengend waren, gab es keine Privatleute, die den Schiffbau für lohnend hielten. Daher mußte die Regierung 1502 entsprechende Maßnahmen ergreifen, Einschränkungen aufheben, Abgaben verringern, Mindestsätze für Frachten festsetzen und den Erbauern neuer Schiffe mit Subventionen zu Hilfe kommen. Daraufhin setzte eine große Wiederbelebung des Segelschiffbaus ein, denn diese waren geeignet, Getreide, Öl, Wein, Baumwolle und alle jene Massengüter zu transportieren, die nun den Hauptanteil am Güterumschlag des Mittelmeeres hatten.

Doch der Umbruch im Handel und die Anstrengungen des Türkenkrieges hatten ihre Spuren hinterlassen. Wie Sanudo am Neujahrstage 1507 schrieb, gab es »große Lagerhäuser mit nur wenigen Ballen Ware, viele Schiffe, aber nur wenige Ausreisen und viele Banken, aber nur wenig Geld«. Die Hoffnungen stiegen, als 1509 Ägypten und Calicut sich zusammentaten, um die Portugiesen auf See anzugreifen. Aber die Portugiesen siegten und fuhren fort, Goa zu entwickeln, Handelsexpeditionen bis ins ferne China auszurüsten und ein Imperium im Fernen Osten und in Südamerika auszubauen, das so groß und reich war, wie es sich nur wenige Venezianer träumen ließen. Die Kaufleute von Venedig schüttelten die Köpfe, wenn sie in ihren Büros über den leeren Lagern saßen und sich den Kopf zerbrachen, auf welche Weise sie zu Geld kommen könnten.

Die allgemeine Krisenstimmung wurde noch durch andere größere und kleinere Ängste verstärkt. 1502 war die Pest wieder ausgebrochen, die Syphilis war endemisch geworden, jugendliche Banden tobten durch die Stadt und zerstörten Gondeln, während venezianische Nonnen als Dirnen lebten. Von einigen Adligen hieß es, daß sie sich Nonnen als Mätressen hielten, und Priuli berichtet, die Insassinnen mancher Klöster seien »mit allen Delikatessen versehen« und genössen »das größte Raffinement in Parfüm, Musik und Gesang«. Ein Dispens des Papstes, für einige Dukaten erworben, machte es den Nonnen möglich, ihr Kloster monatelang zu verlassen und zu treiben, was sie wollten – »eine Schande, ein Skandal, ein Pfuhl ordinärer Ausschweifungen!« Auch das Glücksspiel hatte zugenommen, und Klagen über schlechte Arbeitsmoral häuften sich. Handwerker im »Arsenal« wurden wegen schlampiger Arbeit verklagt, wegen unnötigem Indielängeziehen der Arbeit und frühem Schichtmachen.

Die hektische, nervöse Stimmung in Venedig schlug sich auch in der Verbannung von Priestern nieder, denen die Regierung vorhielt, ihre Predigten sollten sich um Sünden und nicht um Politik drehen. Sie zeigte sich im ungestümen Modewechsel –

Schleppen waren modern, unmodern, wieder modern – und in den ebenso ungestümen Anstrengungen, dem einen Riegel vorzuschieben.

Im Oktober 1504 verurteilte der Senat mit scharfen Worten »die sinnlose Verschwendung der Frauen . . .« Die ständigen Modeänderungen könnten »beträchtlichen Schaden anrichten«, denn kurzgeschnittene Kleider würden weggeworfen, was zum Kauf von neuen Kleidern zwänge. Den Frauen war daher befohlen, »zufrieden« mit dem zu sein, was sie einst als modern angesehen hätten. Es erging der Befehl, »kein Frauenkleid darf getragen werden . . . das einer anderen Mode unterliegt als der jetzigen«.

Fast genau ein Jahr später donnerte der Senat wieder und verdammte »bestimmte neue Moden, noch häßlicher und unanständiger als die bisherigen«. Geschlitzte Gewänder, Ärmel in verschiedenen Farben, mit andersfarbigem Stoff abgesetzte Ärmel, Fransen, Stickereien und ähnliche Dinge wurden verboten. Aber Priuli bemerkte ein paar Jahre später, es sei unmöglich gewesen, die »Blasphemie der französischen Moden« auszurotten, und die Venezianer bewunderten nun mal eine prächtig gekleidete Frau. Wie Marino Sanudo in seinem Tagebuch schrieb, waren »die Frauen wirklich ausgesucht reizend im Schmuck ihrer Juwelen und ihres Putzes«.

Sanudos Hauptinteresse war seine eigene politische Karriere. Einerseits ein Mann von äußerster Rechtschaffenheit und ein Konservativer, der sich selbst als eine Art Cato sah, war er andererseits auch ein wichtigtuerischer Esel. Es war charakteristisch für ihn, daß er den Großen Rat vor der türkischen Gefahr ein paar Wochen nach einem zufriedenstellenden Friedensvertrag warnte, und noch typischer, daß er auf diese Handlung so stolz war. »Jedermann pries und segnete mich . . . auch der Doge. Und die Aufmerksamkeit während meiner Rede war so groß, daß nicht einer dabei ausspuckte.«

Von diesem triumphalen Moment an sprach Sanudo regelmäßig. Wenn man ihm nicht erlaubte, seine Rede zu beenden, so störte das sein Selbstgefühl keineswegs. »Wer mich nicht im Senat haben will, ist ein Feind Gottes und der Republik«, schrieb er einmal. Wenn er auch für eine Amtszeit Senator war, so war es doch sein Tagebuch, das seinen Nachruhm begründete, denn Sanudo vermerkte alle großen und kleinen Dinge des Lebens in einer Zeit verheerender Krisen, ungewöhnlichen Glanzes und intellektueller Gärung – im Zeitalter Gentile Bellinis, Carpaccios, Veroneses und der Blüte der Gelehrsamkeit in Venedig.

Es war dies ein Zeitalter großen Reichtums, tiefster Armut und jenes berüchtigten venezianischen Stolzes, der die Republik binnen kurzem wieder an den Rand des Abgrunds führen sollte. Andere Staaten hatten schon lange mit scheelen Augen auf die venezianische Expansion geblickt und ihm sein Festlandimperium geneidet. Im Jahre 1503, als Venedig die Gegend von Faenza und Rimini besetzte, soll der wütende Papst zu Machiavelli gesagt haben, wenn Venedig nicht zurückstecke, werde er sich »mit Frankreich, mit dem Kaiser, mit wem auch immer verbünden«, um Venedigs Sturz herbeizuführen. Sogar Priuli bemerkt, es sei vielleicht unklug von Venedig, »nach jeder Fliege zu haschen«. Nun waren die Päpste ja nicht gerade dafür bekannt, daß ihnen Habsucht unbekannt gewesen wäre – Alexander VI. soll 1503 einen venezianischen Kardinal vergiftet haben, und als der venezianische Gesandte erschien, fand er »alle Türen geschlossen und den Heiligen Vater mit dem Zählen von Gold beschäftigt«.

Der Groll gegen Venedig beschränkte sich jedoch nicht auf Rom allein. Florenz nährte ihn ebenfalls, und der Reichtum der Republik war Gegenstand des allgemeinen Neides, ihr Stolz wurde überall verabscheut, und so lieferte ihr Friedensschluß mit den Türken anderen Mächten einen allumfassenden Vorwand, sich gegen sie zu verbünden. Die Venezianer wurden als »Händler mit Menschenblut« vom französischen Gesandten dem Kaiser gegenüber bezeichnet, als »Verräter des christlichen Glaubens«, die den Mittelmeerraum zwischen sich und den Ungläubigen aufgeteilt hätten und nun Europa unterwerfen wollten. In Wirklichkeit ging es Frankreich und dem Kaiser um das venezianische Territorium, auf das sie ein Auge geworfen hatten.

Im Februar 1508 schlossen Kaiser Maximilian, der französische Gouverneur von Mailand, der spanische Gesandte und der päpstliche Legat ein Abkommen zur Wiedereroberung von Territorien, die Venedig angeblich »usurpiert« hatte. Einem venezianischen Diplomaten gelang es, eine Kopie nach Venedig zu schicken. Vielleicht zögerte Ludwig von Frankreich aus diesem Grunde, Kaiser Maximilian jedoch griff schon im Frühling an. Seine Truppen wurden mit Hilfe französischer Truppen aus Mailand zurückgeschlagen, und dann rückte Venedig in Friaul vor, eroberte Triest und Fiume und besetzte Görz. Im Juni war Maximilian gezwungen, einen erniedrigenden Frieden zu schließen – aber nun ärgerte sich Venedigs Verbündeter, der König Ludwig von Frankreich, und trat mit Entschiedenheit ins feindliche Lager über.

Im Dezember 1508 wurde in Cambrai in Frankreich eine Allianz »zum Kriege gegen die Ungläubigen« unterzeichnet. Das war ein Euphemismus, denn die Liga von Cambrai war in Wirklichkeit ein Pakt zum Angriff auf Venedig. Spanien, der Papst, die Herzöge von Savoyen, Ferrara und Mantua schlossen sich ihm an, und es wurden genaue Pläne ausgearbeitet, wie die eroberten venezianischen Territorien aufgeteilt werden wollten. Im April 1509 fielen die Franzosen ein, und der Papst tat Venedig in den Bann. Venedig verbot sofort die Bekanntgabe der Bulle, rief Kirchenrechtsexperten zusammen, um die Legalität der Maßnahme anzweifeln zu lassen, startete eine Propagandakampagne gegen den Papst und zog mit größter Eile seine militärischen Abwehrkräfte zusammen. Söldner wurden angeworben und örtliche Milizen in der gesamten *terraferma* ausgehoben. Die jungen Edelleute in der Provinz verbannten alle Gedanken an Pferderennen und beschäftigten sich mit der aufregenden Möglichkeit eines Einsatzes in der Schlacht. Im eigentlichen Venedig fuhren die verschiedenen Gruppen der *Compagnia delle Calze* unterdessen mit ihren Festen, Komödien und Tänzen unbekümmert fort. Noch immer hetzten die jungen Männer Stiere auf den Piazzen und brachen in Klöster ein, um mit jungen Nonnen zu flirten. Und während sie sich herumtrieben und sich betranken, marschierte die sie beschützende Armee dem Feinde bei Agnadello und einer vernichtenden Niederlage entgegen.

Als die Nachricht von dieser Katastrophe Venedig im Mai 1509 erreichte, verloren die älteren Venezianer ihre Haltung und Würde. Senatoren wankten wehklagend durch die Straßen und stöhnten, daß alles verloren sei. Zinszahlungen auf den Monte Nuovo wurden eingestellt. Ein neuer Run auf die Banken setzte ein. Priuli bezichtigte den Dogen der Panikmache, und Sanudo schrieb, wäre er Senator, so hätte er eine Allianz mit den Türken vorgeschlagen.

Da der Feind kaum 150 km entfernt stand und die Armee verloren war, wurde kein Versuch gemacht, die Provinzen zu retten. Die Signoria entband vielmehr ihre dortigen Untertanen von ihrem Treueid. Bläst der Sturm, dann beugt sich das Ried. In diesem Sinne erkannte Luigi da Porto, ein junger Edelmann aus Vicenza, daß die Venezianer noch eine Chance hatten, ihr Privatvermögen in der *terraferma* zu behalten, während sie ihre öffentliche Autorität aufgeben mußten. Dennoch, meinte Luigi, hätten wohl viele Venezianer bedauert, »das Meer gegen die Vorzüge des Festlandes eingetauscht zu haben«.

Die Franzosen besetzten Verona, die deutschen Truppen unter dem örtlichen Renegaten Leonardo Trissino nahmen Vicenza und stießen den geflügelten Löwen von St. Markus, den Luigi da Porto für so schön hielt »wie die berühmtesten Skulpturen der Antike«, von seiner Säule. Die Söhne von Nicolo Barbarigo verloren ihr Landgut in der Veronese, und Caterina Cornaro, Exkönigin von Zypern, wurde aus ihrem idyllischen Heim in Asolo vertrieben.

Trissino marschierte weiter, um Padua zu erobern, wo die Bauern revoltierten und das Land ihrer Herren besetzten, und so hatte der Feind, einen Monat nach Agnadello, schon das ganze Festland mit Ausnahme von Treviso besetzt.

In Venedig herrschte Durcheinander. Die Stadt war voller Flüchtlinge, der Wasservorrat ging zu Ende, zerknirscht bat die Regierung um Frieden. Da aber klar war, daß Trissinos Kräfte zahlenmäßig sehr gering waren, sammelte die Signoria gleichzeitig genügend Truppen zur erfolgreichen Wiedereroberung von Padua. Die Menge sammelte sich auf der Piazzetta, um Trissino und seine Kollaborateure aus Padua zu verhöhnen, während dreihundert deutsche Gefangene eingebracht wurden (wie Sanudo schrieb, »barfuß und gräßlich stinkend«). Unterdessen stürzte eine Menge junger venezianischer Rowdys nach Padua, wo sie randalierten, plünderten und vergewaltigten.

Die Wiedereroberung von Padua reichte jedoch nicht aus, das Trauma der Niederlage zu überwinden. Als Marino Sanudo eines Tages nach dem Essen zum Senat ging, »gab es plötzlich zwei Explosionen, so daß Paläste und Häuser erzitterten«. Sanudo und viele andere rannten zum Arsenal.

Chaos und Zerstörung begegneten ihm dort. Es regnete Steine, Mauern fielen zusammen, einige Lagerhäuser waren völlig zerstört ebenso wie viele andere Häuser in der Nähe des »Arsenals«. »Viele Leichen wurden in meiner Gegenwart aus den Ruinen gezogen«, schrieb Sanudo, »einige ohne Kopf, andere völlig zerstückelt.« Jedermann glaubte, es handle sich um Sabotage. Fremde wurden von der Straße weg verhaftet, darunter sogar der Erzbischof von Kreta, und die Mitglieder des Rats der Zehn verhörten sie die ganze Nacht. Schließlich erwies sich, daß ein Funke von einem Hammerschlag Schießpulver entzündet hatte.

Mittlerweile waren auch die Bürger von Venedig aufsässig geworden. Ihre Führer wurden in den Saal des Großen Rates gerufen, und es wurde ihnen klargemacht, daß sie, und nicht etwa die Adligen, die eigentlich Privilegierten wären. Sie hätten lebenslängliche Posten als Beamte, was bei den Adligen im Staatsdienst höchst selten der Fall sei. Sie könnten sich ungehindert dem Handel widmen, während die kaufmännischen Aktivitäten der Adligen von gefahrvollen und kostspieligen Diensten für das Land unterbrochen würden. »Ihr eßt den Braten, während wir uns mit seinem Duft begnügen«, lautete das Argument, »wir haben die Titel, aber ihr heimst die Preise ein, unser sind die Blätter, euer die Früchte.« So schien es also, als hätte es nie bessere Zeiten gegeben, und die Bürger scheinen tatsächlich einigermaßen versöhnt den Rat wieder verlassen zu haben.

Damit war jedoch nur eine Krise überwunden. Im gleichen schrecklichen Jahr traf die katastrophale Nachricht ein, daß die Portugiesen die Truppen Ägyptens und Calicuts vernichtend geschlagen hatten. Nun schien der Gewürzhandel endgültig verloren zu sein. Alle Galeerenfahrten wurden eingestellt, und mancher kluge Venezianer rechnete sich aus, daß dies »der Anfang vom Ende des venezianischen Staates« sei.

Doch dann setzte eine langsame Besserung ein. Der Papst

hatte die Romagna zurückgewonnen und war bereit, das Interdikt aufzuheben, machte aber zur Bedingung, daß die Republik nicht mehr auf ihrem Recht bestehe, selbst Bischöfe zu ernennen, die Geistlichkeit zu besteuern und Geistliche für weltliche Verbrechen vor Gericht zu stellen. Voll Bedauern stimmte die Signoria zu, und 1510 hob der Papst nicht nur den Bann auf, sondern verbündete sich mit Venedig gegen Ferrara und den König von Frankreich. Die Republik war nicht mehr isoliert.

In den nun folgenden Jahren nutzte die Republik jeden Zwiespalt zwischen ihren Feinden aus und paßte ihre Allianzen in hektischem Tempo den jeweiligen Gegebenheiten an. Um 1513 war sie mit Frankreich verbündet, und spanische Kanonen dröhnten von Mestre aus über die Lagune – aber das Risiko erwies sich als gerechtfertigt. Am Ende des Krieges, 1517, hatte Venedig nicht nur Padua, sondern auch Verona, Brescia und Bergamo zurückerhalten, und zwar dank seiner außerordentlichen diplomatischen Geschicklichkeit, aber auch nicht zuletzt wegen der Auflehnung der Bauern in den besetzten Gebieten, insbesondere in Padua und Friaul, die erkannt hatten, daß die Republik ihnen einen viel besseren Schutz gegen ihre Grundherren geboten hatte als zum Beispiel der Kaiser. Venedig sollte sich auch noch vom Verlust des Indienhandels erholen.

Ein Weg zur Erholung führte über die Textilindustrie, in der viel Geld angelegt wurde und die sich in einem phänomenalen Tempo entwickelte – von einem Ausstoß von 1306 Stofflängen im Jahre 1516 auf 4701 im Jahre 1521 und 26539 im Jahre 1569. Auch die Seiden-, Leder- und Metallerzeugung nahm zu. Seife und Glas wurden zu wichtigen Ausfuhrgütern, und die Einnahmen der venezianischen Drucker stiegen ebenfalls. Aldus Manutius' Schwiegersohn und Geschäftspartner hinterließ ein Vermögen von 80000 Dukaten.

Ein weiterer Weg zur wirtschaftlichen Erholung lag in der landwirtschaftlichen Nutzung der wiedererlangten Territorien auf dem Festland. Die Reichen hatten dort schon seit langem als Kapitalanlage Landgüter aufgekauft und dafür zweimal so viel bezahlt wie es mit einem Ertrag von nur drei bis vier Prozent pro Jahr gerechtfertigt gewesen wäre. Aber die Jahre zwischen 1510 und 1580 brachten ein vierfaches Einkommen aus dieser Art von Besitz, und außerdem konnte man noch immer durch Handel Geld verdienen.

1513 erneuerten die Türken die venezianischen Handelsprivilegien in Konstantinopel, und gelegentlich, insbesondere seit den zwanziger Jahren, konnten ganz beträchtliche Mengen Gewürze über die Levante eingeführt werden. Diese Wende war nicht so sehr durch die von Venedig genährten Gerüchte bedingt, daß die Gewürze auf der langen Seereise nach Lissabon ihr Aroma verlören, als durch eine Änderung der politischen Verhältnisse im Orient, wodurch von Zeit zu Zeit große Mengen Gewürze über die alte Handelsstraße nach Arabien gelangten. Es wurden auch Pilger nach Palästina übergesetzt, und noch immer waren die venezianischen Handelsschiffe im Salztransport beschäftigt und brachten Öl von Bari und Salz von Istrien, Trapani und Zypern. Venedigs Erfahrungen auf finanziellem Gebiet und seine Marktbeobachtung sicherten ihm seine Stellung als Hauptumschlagplatz.

Alvise Pisani und seine Brüder wickelten Geschäfte in vielen Ländern ab. Tuch, Zinn, Salz, Bogenholz, Wolle, Gewürze und das Getreide, das im Erdgeschoß ihres Hauses (jetzt Palazzo Gritti) lagerte, spiegelte die Vielseitigkeit dieser Geschäfte wider. Besonders aktiv als Zulieferer der Textil- und Färberei-Industrie, beteiligten sie sich auch bei den Galeerenauktionen, zogen in ihren Pachtgebieten die Weinsteuer ein und besaßen ein beträchtliches Privatvermögen.

Alvise hatte ein Landgut in der Nähe von Rovigo und Mühlen bei Treviso sowie eine Bank. Im Jahre 1504 wiedereröffnet, überstand die Bank die Krise von 1509 und sammelte Depositen bis zur Höhe einer Viertel Million Dukaten an – ein Erfolg, der großenteils dem lebenswichtigen Informationsdienst zuzuschreiben war. 1518 erfuhr Alvise, daß Lorenzo di Tanis Bank in Rom Konkurs gemacht hatte, noch ehe Tanis eigener Bruder es wußte. So konnte er seine Forderungen noch eintreiben, ehe dieser Bruder aus Venedig floh. Alvise wurde einer der zehn reichsten Venezianer seiner Zeit, konnte seinen Töchtern 40000 Dukaten an Mitgift geben, seinem Sohn einen Kardinalshut kaufen und dabei noch Zeit erübrigen, um Posten in der Regierung anzunehmen. Die Totenmesse nach seinem Tode im Jahre 1528 viel entsprechend triumphal aus und war von Querpfeifen und Trompeten begleitet.

Eine große Zeremonie fand auch zur Eröffnung von Girolamo de Priulis Bank im Jahre 1507 statt. Nach der Messe am Rialto schritt der Tagebuchschreiber Priuli mit seinen in scharlachrote Gewänder gekleideten Teilhabern zu seinem Stand, wo 69000 Dukaten aufgehäuft waren. Dort erklärte Girolamo seine Bank »in Gottes Namen« für eröffnet, und der öffentliche Ausrufer machte die wichtige Nachricht in der ganzen Stadt bekannt.

Das Vertrauen war die Grundlage venezianischer Bankgeschäfte. Es wurde durch die geringe Zahl der beteiligten Personen und dadurch gestärkt, daß sie sich gegenseitig kannten. Doch ihr Vertrauen war nicht in jedem Fall gerechtfertigt. Pisanis Bank zahlte jedem alles aus, als Pisani gestorben war. Priulis Bankrott 1513 war echt, aber als Matteo Agostinis Bank 1508 geschlossen wurde, ergab sich, daß er sechzig Prozent der Aktiva einen Monat vor dem Krach nach Mantua, und damit an einen Ort außerhalb venezianischer Jurisdiktion, gebracht hatte.

Die finanzielle Beweglichkeit machte es Venedig möglich, die Krisenjahre zu überstehen. Obgleich es seine frühere Vormachtstellung nicht wiedererlangen sollte, belebte sich der Handel, Nahrungsmittel wurden billiger, und der Reichtum der Stadt zog einen Strom neuer Einwanderer an, die die Anzahl der Armen vergrößerten. Es wurden Versuche unternommen, zwischen Venezianern und Ausländern zu unterscheiden sowie zwischen »Schurken« und echten »armseligen und heruntergekommenen« Bettlern. Doch da viele, die behaupteten, aus verarmten, aber guten venezianischen Familien zu stammen, mit verhülltem Gesicht bettelten, konnte man die echten von den falschen Armen nur schwer unterscheiden. So verbot die Regierung den Bettlern, das Gesicht zu verhüllen, wenn sie dafür keine Lizenz vorzuweisen hatten.

Die karitativen Institutionen der Stadt, die Armenhäuser, die Hospitäler und Waisenhäuser, die von den Handwerksvereinigungen unterhalten wurden oder von den religiösen Bruderschaften der *Scuole*, von der Kirche und vom Staat, waren alle zusammen nicht in der Lage, der Not zu steuern, und als Nicolo

Morosini 1501 begann, dreißig Unterkünfte für verarmte Standesgenossen zu bauen, gab es sicherlich viele Bewerber für diese Häuschen aus zwei Zimmern, einer Küche und einem Platz für eine Gondel. Sie waren mit veralteten Möbeln und einem Vorrat an Holz und Wein ausgerüstet. Um bezahlte Posten beim Staat riß man sich jedenfalls. Es gab deren etwa 800, die meisten für ein bis drei Jahre, da aber eine Person mehrere dieser Posten gleichzeitig versehen konnte, hatte jeweils weniger als ein Fünftel aller für ein Amt qualifizierter Adliger, und das waren insgesamt 2500, einen solchen Posten inne. Daher kam die große Zahl von armen Adligen, die jeden Sonntag bei den Sitzungen des Großen Rats auftauchten, stets bereit, ihre Stimmen zu verkaufen und um kleine Ämter in Wettbewerb zu treten.

Hohe Ämter dagegen gingen fast ausschließlich an reiche Edelleute. Diese Rückkehr zur schamlosen Plutokratie früherer Zeiten war die direkte Folge der Geldnot der Regierung in den Krisenjahren. Es wurden nicht nur »Wohltäter« des Staates, d. h. Beitragleistende, zu Senatoren gemacht und junge Adlige, die sich das Privileg etwas kosten ließen, schon mit achtzehn statt mit fünfundzwanzig in den Großen Rat aufgenommen, sondern Posten von hohem Prestige gingen an den Höchstbietenden. 1516 kaufte sich Alvise Loredano die Prokuratorwürde von San Marco mit einer Anleihe von 14000 Dukaten und einem Geschenk an den Staat in Höhe von 12000 Dukaten, die er im Rat in zwölf Beuteln auf den Tisch legte.

Drei Monate zuvor war Marino Sanudo zum Großen Rat in der Erwartung gegangen, zum *Avvogador di Comun* nominiert – wenn nicht gewählt – zu werden, hatte aber erlebt, daß die einzigen Kandidaten, die in Betracht gezogen wurden, Säcke voll Geld beibrachten. Er selbst hatte, »Gott weiß wie, 500 Dukaten zusammenkratzen« müssen, um für eine Amtsperiode zum Senator gewählt zu werden, doch danach hatte er als Mann von wenig Mitteln keinen Erfolg mehr. 1520 hielt er voll Abscheu inne und fragte sich, warum wohl ein Patriot aus einer berühmten Familie, der dem Staat manchen Dienst geleistet hatte und zu weiteren bereit war, überall abgewiesen wurde. Er stellte fest, es käme daher, »daß jedes Amt nach dem Geldbeutel des Bewerbers besetzt wird«.

Doch es gab Venezianer, sogar adlige Venezianer, die sich vom Reichtum abkehrten und die Politik verabscheuten. Zwei davon, die Edelleute Tommaso Giustiniani und Vincenzo Querini, zogen sich gänzlich von der Welt zurück und schlossen sich eine Zeitlang dem Kamaldulenser Eremitenorden an. Sie haben im Reformkatholizismus eine gewisse Rolle gespielt. Ihr frommer Freund Gasparo Contarini, der schließlich sogar Kardinal wurde, meinte demgegenüber, daß »ein kontemplatives Leben wohl edler sein mag als ein aktives«, doch dieses sei »verdienstvoller«, da es Möglichkeiten eröffne, »seinem Nächsten in seinem geistigen Leben beizustehen«.

Wenngleich Contarini Pietist war, so war er doch ein Vertreter seiner Klasse, ein unerschütterlicher Verfechter des venezianischen Systems und Verächter der Neureichen. »Es kommt häufig vor«, schrieb er in seiner berühmten Abhandlung über »Republik und Regierung von Venedig«, »daß die Gemeinsten, ja der Abschaum der Bevölkerung, großen Reichtum zusammenkratzen, indem sie sich dreckigen Künsten und unfeinen Beschäftigungen hingeben.« Der Fleiß solcher Leute, ihre »unerträgliche Sparsamkeit«, und Ablehnung aller Bequemlichkeiten des Lebens, um nur Geld zusammenzubringen, war alles andere als bewunderungswürdig in Contarinis Augen, und ihr Aufstieg war begleitet vom Abstieg ehrlicher Bürger, die »liberal erzogen, oft der Armut verfallen«, sei es durch Mißgeschick oder durch Vernachlässigung ihres Besitzes wegen ihrer Neigung zu »noblen und liberalen Studien«. So kommt es, schloß er, daß »schmutzige Männer von schlechten Manieren, die nichts im Kopf haben als Gewinn, nichts von den guten Künsten verstehen, langsam das Staatswesen zu regieren beginnen«, während Männer von »ehrlicher und liberaler Kondition« die Macht verlieren. Durch dieses Phänomen hätte vielleicht Sanudo seinen Mißerfolg erklären können, doch Contarini sah darin die Ursache für Rebellion und Kampf unter den Bürgern.

Contarini war ein Konservativer, doch ihn beschäftigte eine Frage, für die die meisten Konservativen nicht genügend Einbildungskraft haben: Wie es, daß die niederen Schichten ein Regierungssystem akzeptierten, von dem sie ausgeschlossen waren? Die Tatsache, daß die einfachen Venezianer eine Regierung durch den Adel unterstützten, schien Contarini »kaum glaublich«. Die Antwort lag wohl darin, daß »das Volk nicht völlig ausgeschlossen wird«. Die »bessere Sorte« konnte Machtpositionen in der Beamtenschaft erwerben, sogar das Amt des Kanzlers, »des Fürsten des einfachen Volkes«. Plebejer und Männer von Bildung bildeten beide zusammen die Masse des Volkes, Recht wurde zumindest in der Theorie in gleicher Weise über alle gesprochen, der Staat sorgte für billige und reichliche Lebensmittel, ließ viele der alten Leute frei wohnen und unterhielt arbeitsunfähige Arsenalarbeiter und arme Seeleute.

Contarinis Bild eines Wohlfahrtsstaates war übertrieben rosig, aber wenn die Wohlfahrt sich auch nicht mit den Maßstäben unserer Tage messen konnte, war sie im Vergleich zu anderen Staaten der damaligen Zeit doch weit fortgeschritten. Jahrhundertelange Erfahrung hatte in die Gemüter der Regierenden in Venedig die Notwendigkeit eingebrannt, soziale Unzufriedenheit nicht aufkommen zu lassen, und es war dieses Bewußtsein, das zur politischen Stabilität grundlegend beitrug, für die Venedig verdientermaßen berühmt werden sollte. Die Venezianer waren schon wegen der Feinheit ihrer öffentlichen Vergnügungen berühmt. Die öffentlichen Lustbarkeiten waren wesentlich weniger roh als im alten Rom – abgesehen von der Stierhetze, die als »unziemlich« 1520 abgeschafft wurde. Aber sie waren mindestens ebenso vielfältig. Eine Prozession an einem der großen kirchlichen Festtage im Jahre 1515 schloß auch verschiedene nach Sanudo beschriebene *tableaux* ein. Es gab da »einen großen hölzernen San Rocco im goldenen Kleide, dem ein als Engel gekleideter Junge die Pest, die zwölf Stämme und Moses vor Aarons Stab kniend zeigte«, und »Christus, der in die Vorhölle geht, um den Heiligen Vater zu befreien, wobei die Vorhölle von Teufeln wimmelt«.

Allegorien der Bündnisse, die zu Anfang des 16. Jahrhunderts mit erstaunlicher Geschwindigkeit gewechselt hatten, zeigten ähnlich lebhafte Darstellungen. Eine davon im Jahre 1513, war von 27 kleinen, als Engel gekleideten Knaben angeführt worden, die die Wappen der Signatarstaaten der neuen Liga trugen. Die *Scuola di San Rocco* stellte ein lebendes Bild (*tableau*) von Venedig mit der Markuskirche, wobei Schauspieler die neuen Alliierten (den Papst, die Könige von England und von Spanien) darstellten und auch den etwas verwirrten, feindlichen König von Frankreich spielten. Gezeigt wurden auch St. Theodosias Hand, St. Martins Fuß, die Gebeine des heiligen Rocco und die roten Hüte venezianischer Kardinäle.

Auch mehr private Vergnügungen ließen die venezianische Vorliebe für das Spektakuläre erkennen. Im Jahre 1516 führte der »Innocenti«-Klub der *Compagnia delle Calze* eine Komödie von Plautus im Hof des Ca' Pesaro auf und belebte sie mit der Darstellung von Höllenflammen, Teufeln und Ziegenböcken. Es trat ein »Totenbeschwörer« auf, der einen Wagen mit »Adonis« auf die Bühne zog, der von einem »Schwarm von Nymphen« umtanzt wurde. Sogar das Tischdecken und die Darbietung von Speisen wurde zu einer hohen Kunste erhoben. Duftwässer wurden bei Banketten verspritzt, die Servietten so gefaltet, daß sie einer Mitra, einem Boot oder einer Pyramide glichen, und die Austern, das Brot und die zuckergebräunten Braten, die bei besonderen Anlässen serviert wurden, waren zuvor sorgfältig vergoldet worden.

Die Armen, von deren Leben der Nachwelt wenig überliefert wird, werden wohl in ihren Hütten zu mehreren in einem Bett geschlafen und sich mit den Lumpen zugedeckt haben, die sie tagsüber trugen. Die Wohlhabenden schliefen in reichmöblierten Palästen auf spitzengesäumten Bettüchern und ergingen sich in gepflegten Gärten. Einige Vergnügungen – so das Zuschauen bei Hinrichtungen von Verbrechern oder Ausfahrten zu anderen Inseln in der Lagune – wurden von Armen und Reichen wahrgenommen. Andererseits gab es unüberbrückbare Gegensätze im Geschmack sowohl zwischen den Generationen als auch zwischen den Klassen der Gesellschaft. 1512 amüsierte sich Venedigs »lasterhafte Jugend«, wie Girolamo Priuli sie nannte, »bei lasziven, verdammungswürdigen französischen Tänzen«. Da zogen nüchterne Senioren wie Priuli die Freuden des Gaumens dem Tanze vor. Beim Sekretariatsessen des Rats der Zehn wurden Fasanen, Rebhühner, gebackene Austern und Marzipan verzehrt, während der Staat schon begann, gegen extravagante Eßgewohnheiten einzuschreiten.

Im Mai 1512 wurde durch Dekret die Anzahl und Art der Speisen vorgeschrieben, die bei Banketten gereicht werden durften. Köche und Kellner erhielten Befehl, alle Gelegenheiten, wo ihre Dienste in Anspruch genommen wurden, zu melden, damit der *provveditore sopra le pompe* seine Inspektoren aussenden konnte. Solche Inspektoren wurden nicht immer respektvoll behandelt und bei manchen illegalen Festen von den heimlichen Schmausern mit Brot und Orangen bombardiert.

Sicherheitsvorschriften wurden mit viel größerer Strenge durchgesetzt als Wirtschaftsgesetze. Regierungspapiere, die zwei oder drei Jahre alt waren, konnten nicht einmal von verläßlichen Edelleuten eingesehen werden, die ein geschichtliches Werk schrieben, und der Rat der Zehn bestand darauf, solche Bücher zu zensieren, ehe er sie zum Druck freigab. Hand in Hand damit ging die Propaganda. Im Jahre 1515 ernannten die Zehn einen offiziellen Geschichtsschreiber, der den Ruf des Staates »in dieser turbulenten Zeit« aufpolieren sollte. Das Resultat gefiel aber nicht, sondern die Zehn zogen statt dessen Sanudos Geschichtswerk vor, das er 1520 schrieb und in dem er behauptete, Venedig müsse dem antiken Rom überlegen sein, da es ja von Edelleuten und nicht von Schafhirten gegründet worden sei. Die Verbreitung von solchen Mythen, von Contarinis Bericht über die Konstitution und von ähnlichen Büchern steigerte tatsächlich Venedigs Ansehen im Ausland, während gleichzeitig venezianische Gesandte allen möglichen höhnischen Anspielungen ausgesetzt waren.

Im März 1516 hörte der beim Hofe Heinrichs VIII. von England akkreditierte Gesandte Spott über den »mangelnden Glauben« der Republik und ihrer Bevölkerung, die »nur aus Fischern« bestünde. Er ließ das nicht durchgehen, sondern betonte, daß Fischer den christlichen Glauben begründet hätten. »Wir sind diese Fischer gewesen, die das Christentum gegen die Ungläubigen verteidigt haben, unsere Fischerboote waren Galeeren . . . unsere Angelhaken die heiligen Schätze der Markuskirche und unsere Köder das Blut unserer gefallenen Bürger.«

Auch Edelleute, die wie Bartolommeo Moro die Korruption in der Regierung anprangerten, waren stolz auf den venezianischen Staat. »Die griechischen Republiken«, sagte Moro, »dauerten nur 450 Jahre, die römische 700, während diese schon 1000 Jahre überdauert hat.« Die Ursache dafür, setzte er hinzu, sei die »Eintracht, und so wird es bleiben bis zum Ende aller Zeiten«.

In solchen Aussprüchen wird ein gewisser Mangel an Vertrauen fühlbar, der dem Stolz beigemischt war. Die Kriegsjahre hatten eine Art Belagerungsmentalität hervorgerufen, und die Venezianer fürchteten schon die Bedrohung, die von den großen aufsteigenden Mächten wie Frankreich und insbesondere Spanien für die Integrität der Republik ausging. Daß Venedig seine Unabhängigkeit bewahrte, war in nicht geringem Maße dem anhaltenden praktischen Sinn, dem Realismus und der Vorsicht seiner Regierenden zuzuschreiben. Diese Eigenschaften besaßen auch niedriggestellte Venezianer, was sich in der Art zeigte, wie sie ihr Familienvermögen über die Jahre hinwegretteten.

Die Barbarigos, die ihre im Kriege von 1509 verlorenen Güter auf dem Festland wiedergewonnen hatten, erhielten sich ihren Vermögensstand und einen anständigen Lebensstandard, indem sie bezahlte Beamtenposten annahmen. Von Nicolòs Söhnen wurde Andrea 1512 zum Herrn des »Arsenals« erwählt, was ihm 130 Dukaten im Jahr und ein mietfreies Haus einbrachte, Francesco diente eine Zeitlang als Militärbefehlshaber von Vicenza, Vittore war Graf von Zara, während der vierte Bruder Giovanni Alvise mehrere Posten innehatte. Diese Generation bewahrte sich ihr Kapital. In der nächsten mußten allerdings zwei Töchter eine Aussteuer erhalten, und das verbliebene Familiengrundstück in Kreta mußte verkauft werden. Doch die *terraferma*-Landgüter blieben erhalten und wurden durch Heirat noch vergrößert. Die Barbarigos waren in erster Linie Gutsherren. Aber obgleich solche Güter zur damaligen Zeit mit bequemen Villen ausgestattet wurden, übertreibt Andrea Mocenigo, wenn er 1525 dem Adel vorwirft, durch den »Luxus des Landlebens verführt«, dem Handel den Rücken gekehrt zu haben. Männer wie Barbarigo sorgten sich sehr um den Gewinn, den ihre Güter abwerfen sollten. Sogar Alvise Cornaro, Theatererbauer, Kunstmäzen, Gesundheitsfanatiker und Verfechter von architektonischen Theorien, war mindestens ebensosehr an landwirtschaftlichen Methoden und Landgewinnung interessiert, da er von seinen Investitionen einen höheren Gewinn zu sehen hoffte.

Die anhaltende Leidenschaft des venezianischen Adels für das Geldmachen kam auch im erneuten Emporschießen von Banken zum Ausdruck. In den 1520er Jahren wurden allein vier gegründet, wenngleich nur die von Antonio Priuli das Jahrzehnt überlebte. Ein Grund dafür war der Mangel an guten venezianischen Münzen. Nun, wo so viel weniger deutsches Silber nach Venedig gelangte, weil der Pfefferhandel andere Wege ging, war die Nachfrage nach »Bank«-Geld, d. h. nach transferierbaren Krediten in den Bankbüchern, sehr gestiegen. Aus dem gleichen Grunde zahlten Banken so ungern bare Münze aus.

Der Staat versuchte, das Vertrauen dadurch zu erhalten, daß jede Bank 25000 Dukaten als Sicherheit hinterlegen mußte. Außerdem durften Banken keine Abzüge für Zahlungen machen, die bar und nicht durch Transfer getätigt wurden, und es war verboten, Bargeld durch Bankkredite zu kaufen. Die Bankiers mußten auch Geld öffentlich sichtbar auf dem Zahltisch stapeln und es auf Verlangen an Kreditoren auszahlen und nicht etwa Anweisungen auf andere Banken ausschreiben oder vorgeben, es sei ein Fehler in den Rechnungen, oder sonst einen Trick benutzen, um Kunden abzuwimmeln, die Auszahlung in den spärlich vorhandenen Münzen verlangten.

Als 1526 zwei der neuen Bankiers Bankrott machten (wobei der eine, Andrea Arimonte, gleich darauf starb, laut Sanudo »an der Bankmelancholie«), beschloß die Regierung, eigene Aufsichtspersonen einzusetzen, um auf Verlangen Zahlung in Gold zu veranlassen. Andererseits gab sie Befehl, daß Bankkredite anzunehmen seien, außer wenn ein Vertrag ausdrücklich eine andere Zahlungsart vorschrieb.

Auch Nichtadlige wandten sich dem Bankfach zu. Einer der aktivsten unter diesen kleineren Bankiers war der Jude Anselmo, der wie andere seines Glaubens nun einen gelben Hut tragen und in einem besonderen Viertel, dem Ghetto, leben mußte. Der Geldverleih wurde zu einer Hauptbeschäftigung der venezianischen Juden, hauptsächlich wegen Beschränkungen im Handwerk, die von den Zünften aus Angst vor Arbeitslosigkeit ihrer Mitglieder durchgedrückt worden waren. Im Gegensatz zu

Shakespeares Vorstellungen verliehen Juden Geld gewöhnlich um die Hälfte billiger als Christen, und in einer Stadt, wo jeder nahm, was er kriegen konnte, versündigte man sich mehr gegen sie, als sie sich anderen gegenüber versündigten. Sie wurden auch von den Mönchen verfolgt, die jede Naturkatastrophe ihnen zur Last legten, und von der Regierung erpreßt, die hohe Zahlungen von ihnen verlangte, wenn sie in Venedig bleiben und ihren Beschäftigungen nachgehen wollten. Im Oktober 1525 lehnte die Regierung einen Antrag der Zehn ab, daß Daniele Bomberg weiterhin hebräisch drucken dürfe, falls er 100 Dukaten zahle. Erst als das Angebot auf eine Gebühr von 500 Dukaten lautete, gab sie die Erlaubnis.

Auch die überseeischen Besitzungen der Republik wurden geschröpft, wenn auch nicht ganz so stark wie während des Krieges. Ein Deutscher, der 1508 Zypern besuchte, war der Meinung, daß das »arme gemeine Volk«, das ein Drittel seiner Ernte und zwei Tage in der Woche dem Staat Frondienst schuldete, »derart ausgesaugt und geschunden ist, daß sie kaum genug haben, um Leib und Seele zusammenzuhalten«. Sogar wenn man diesem Besucher eine gewisse Übertreibung zubilligt, bleibt es unwahr, was der zypriotische Adel 1520 in einer Petition behauptete, daß nämlich die venezianische Regierung »zur höchsten Zufriedenheit des ganzen Volkes allen die Früchte eines glücklichen Friedens« gebracht habe. Schöne Gebäude waren zwar gebaut und große Striche unbebauten Landes für den Pflug gewonnen worden, doch während die Beziehungen zwischen den Venezianern und dem örtlichen Adel gut gewesen zu sein scheinen, hatte das gewöhnliche Volk eine schwere Last zu tragen. Es mußte die Männer und das Geld für die Verteidigung der Insel aufbringen; es mußte die eigenen Herren erhalten und noch Profit für die Mutterstadt Venedig erarbeiten. Hinzu kam, daß das arme Volk immer mehr als nötig zahlte, weil korrupte Beamte der zypriotischen Schatzkammer einen großen Teil der von ihnen eingetriebenen Steuern in die eigenen Taschen leiteten.

Doch als Bartolomeo Contarini 1519 darüber im Rat berichtete, »ermüdete es die Herren, ihm zuzuhören«, und er mußte aufhören. Obgleich 1521 ein »Großkanzler« ernannt wurde, um die zypriotischen Rechnungen zu durchforsten, und zehn Jahre später ein anderer Kanzler mit einem noch größeren Stab das gleiche tat, blieb die Verwaltung korrupt. Leibeigene konnten sich für fünfzig Dukaten freikaufen; dennoch wurden viele Dörfer in den staatlichen Domänen an private Grundbesitzer verpachtet. Um 1529 mußten viele Bauern an drei Tagen in der Woche Frondienst für ihren Herrn leisten, und als dieser Frondienst abnahm, stieg der Pachtzins, der den Pächter von anderweitigen Leistungen befreite, allgemein auf 40 Prozent der gesamten Ernte.

1522 eroberte Sultan Süleiman der Prächtige das nahe Rhodos, Heimat der Johanniter, die sich nach Malta zurückzogen. Venedig hielt an seinen Territorien im Osten fest, mußte aber seinem Stolz einiges zumuten. Die Signoria beglückwünschte den Sultan in unterwürfigen Tönen, und obgleich sie eine privilegierte Stellung in Konstantinopel für den venezianischen Handel aufrechterhalten konnte, mußte nunmehr jedes venezianische Schiff jedes türkische Schiff, dem es auf See begegnete, grüßen.

Um 1525 hatte sich das »Arsenal«, das die venezianischen Kriegsschiffe wartete, von dem Brand von 1509 erholt. Es war nun etwa 24 ha groß, hatte ein Dutzend gedeckte Werften, verbrauchte 200000 Dukaten im Jahr und beschäftigte 2000 Arbeiter. Dennoch waren die Arbeiter nicht völlig zufrieden. Schon bald ging die Beschäftigung um die Hälfte zurück, die Löhne wurden vermindert, und die Disziplin, die in einem so großen Unternehmen unumgänglich ist, ließ zu wünschen übrig. Es gab gelegentliche Sabotageakte, es wurde ständig gestohlen, und immer gab es Auseinandersetzungen.

Die Rivalität zwischen den Schiffbauern war oft so groß, daß es zu Kämpfen kam. Matteo Bressan behielt jedoch immer die Führung. 1522 wurde ihm der Bau von 12 Galeeren übertragen, während andere Baumeister nur mit jeweils 2 von insgesamt 21 auf Kiel gelegten Galeeren beauftragt wurden. Aber die Konkurrenz beschränkte sich nicht nur auf die professionellen Schiffbauer.

In den 1520er Jahren beschloß Vettor Fausto, staatlicher Griechischlehrer, sich im Schiffbau zu versuchen. Mit Kenntnissen in der Mathematik und einem Schiffsentwurf aus römischer Zeit ausgestattet, machte er sich daran, eine Quinquereme zu entwerfen. Die Idee erschien revolutionär, doch stellte man ihm 1525 eine Werft zur Verfügung. Die Regierung gab auch Segelschiffe eines neuen Typs in Auftrag, darunter eine große von Bressan entworfene Galeone. Die Signoria war mit ihrer ersten Galeone sehr zufrieden, doch diese Zufriedenheit mit Matteos Schiff konnte sich mit der Aufregung nicht messen, die durch den Stapellauf von Faustos Quinquereme 1529 entstand.

Fausto hatte geprahlt, daß das fünfte Ruder an seinem Schiff größeren Effekt haben würde als das dritte bei jeglicher herkömmlichen Galeere. Andere hatten einen völligen Fehlschlag vorhergesagt. Die Streitfrage wurde an einem Aprilabend entschieden, als Faustos Schiff eine Wettfahrt mit einer konventionellen leichten Galeere antreten mußte. Der Doge, fremde Gesandte und halb Venedig waren auf den Beinen, um diesen Wettlauf zwischen dem Produkt einer alten Handwerkstradition und dem Hirngespinst eines modernen Humanisten zu erleben. Das Signal wurde gegeben, die Schiffe starteten. Die Galeere lag sofort in Führung, aber schon an der Biegung, wo die Würdenträger saßen, überholte Faustos Seefahrzeug und blieb danach in Führung. Die klassische Wissenschaft war gerechtfertigt, und die Feiern dauerten bis zum Anbruch der Nacht.

Im Dienst erwies sich Faustos Schiff jedoch als Enttäuschung. Es war teuer im Betrieb, und viele Seeleute starben wegen Unterkühlung auf den ungeschützten, überfüllten Decks. Doch der Schiffbau florierte wieder. Die Türken erschienen etwas weniger gefährlich, die Krise der Allianz von Cambrai war überstanden, und die Venezianer waren dabei, sich erfolgreich an die Lage anzupassen, die durch den Verlust des Gewürzhandelsmonopols entstanden war. Venedig hatte sich von einer ganzen Reihe von Katastrophen wieder erholt. Doch der Gang der Geschichte verlief auch weiterhin langsam, aber stetig zuungunsten Venedigs.

XI

RÜCKGANG

Die Plünderungen durch die kaiserlichen Truppen, die sich südwärts durch Italien der Brandschatzung Roms entgegenwälzten, waren der Anlaß für einen Strom von Flüchtlingen, die im Frühling 1527 nach Venedig kamen. Die Stadt war die Einwanderungen von »Bettlern, Strolchen und Vagabunden« nach der Ernte im Herbst schon gewöhnt, insbesondere in Jahren mit schlechter Ernte. Aber der Umfang des diesmaligen Zustroms, die ungewöhnliche Zeit und die wirtschaftlichen Schwierigkeiten, die durch den Krieg entstanden waren, schufen besondere Probleme, die noch dadurch erschwert wurden, daß im Mai große Überschwemmungen auf dem Festland auftraten, die die Ernte ruinierten. Im Juni war fast der gesamte Handel zum Erliegen gekommen, während die Nahrungsmittelpreise rasch stiegen, wegen »der großen Zahl von Ausländern in dieser Stadt«, wie Sanudo schrieb.

Die Regierung wies so viele der Neuankömmlinge aus, wie sie nur konnte, gab aber jedem acht Soldi, bevor er aus der Stadt vertrieben wurde. Außerdem führte sie zusätzlich Getreide aus Zypern ein. Als die Getreidepreise trotzdem stiegen, wurde noch mehr aus Zypern bestellt, doch auch dort trat Mangel ein. Nahrungsmittel konnten aus Österreich oder dem italienischen Festland wegen des Krieges nicht bezogen werden, nur aus Ägypten kamen kleine Mengen. Die Lage verschlechterte sich zusehends, obgleich der Staat Schiffern, die Getreide brachten, eine Prämie zahlte, Kommissare entsandte, um auf dem Lande nach Nahrungsmitteln zu suchen, und jeden Getreideexport verbot.

Im Herbst gab die Regierung 3000 Dukaten für Subventionen aus, trotzdem stieg der Preis des billigen Mehles, das sie verteilte. Zwischen April und Dezember stieg der offizielle Weizenpreis bei den öffentlichen Getreidespeichern um dreißig Prozent, eine entsprechende Steigerung der Einnahmen der Bevölkerung gab es jedoch nicht. Das Resultat war eine Hungersnot, die auch dann nicht geringer wurde, als die Regierung wöchentlich einmal kostenlos Roggenbrot an die Armen verteilte.

In diesem Winter wurde Sanudo von Kindern verfolgt, die »Brot, Brot, ich sterbe vor Hunger und Kälte« schrien. Dagegen nahmen sich die vielen von den Behörden veranstalteten »Feste und Maskeraden« im Vergleich zum Elend in den Straße makaber aus, denn »große Horden« armer Bauern suchten in den Abfällen nach etwas Eßbarem. »Man kann keine Messe hören«, schrieb Sanudo, »ohne von zehn Armen umringt zu werden, die einen anbetteln, und nirgends den Geldbeutel ziehen, um etwas zu kaufen, ohne daß die Armen um Kleingeld bitten.« Auswärtige aus dem nahen Burano, aus dem hungergeplagten Festland und aus den vom Kriege verwüsteten Gebieten weiter weg strömten auch weiterhin nach Venedig hinein.

Sanudo irrte sich, wenn er meinte, »keine öffentlichen Maßnahmen« würden ergriffen, um das Elend der Massen zu lindern. Die Regierung fuhr fort, Mehl zu subventionieren und bestimmte Mengen Brot umsonst abzugeben. Doch je mehr Brot man verteilte, je mehr Almosen man gab, und je mehr die in der Stadt lebenden deutschen Kaufleute Suppe an die Armen abgaben, um so mehr völlig mittellose, verhungerte Menschen strömten herbei.

Es war mindestens so schlimm auch in anderen Städten. »Gibt man zweihundert Menschen Almosen«, schrieb Luigi da Porta von Vicenza, Autor des Versromans, auf dem Shakespeare die Handlung von Romeo und Julia aufbaute, »so tauchen weitere zweihundert auf. Man kann keine Straße hinuntergehen, ohne daß man von Menschenmengen umringt wird, die um Almosen betteln. Der Hunger steht ihnen im hohläugigen Gesicht geschrieben.«

Dabei war die Hungersnot nicht einmal die einzige Geißel. Es gab auch noch eine Serie böser Epidemien. Ein Pestausbruch umfaßte mehrere Gemeinden um die Frari-Kirche im Jahre 1527 und wurde im Frühjahr 1528 noch wesentlich schlimmer. Dann trat eine neue Krankheit in Venedig auf – der Typhus. Den Bootsleuten wurde verboten, Auswärtige in die Stadt zu bringen; wer die Seuche hatte, durfte sein Haus nicht verlassen, die »ansteckenden« Kleider und das Bettzeug wurden von Amts wegen verbrannt. Dennoch stieg die Todesrate. Der Typhus forderte besonders im Frühling und Frühsommer viele Opfer, danach schlug die Pest zu – der schlimmste Ausbruch seit einem halben Jahrhundert –, und schließlich starben die Menschen an Unterernährung.

Als die Stadt schon von Kranken und Sterbenden überfüllt war, begann die Regierung schließlich mit der Koordinierung der Hilfsmaßnahmen. Im März hatten ein Ratsherr und die *Provveditori alla Sanità* dem Senat vorgeschlagen, daß man »zwei, drei oder mehr« Behelfsheime errichten und mit Stroh auslegen sollte, um die Ortsansässigen unterzubringen. Andere schlugen vor, diese Zufluchtsorte den kranken und hilflosen Venezianern vorzubehalten und die Eingewanderten davon auszuschließen, während wieder andere das Betteln verbieten und statt dessen eine neue Steuer einführen wollten, die von Priestern und Gemeindeabgeordneten eingesammelt und durch das Gesundheitsamt verteilt werden sollte.

Das neue Gesetz, das dann schließlich erlassen wurde, wollte die Fürsorge für die Armen, die Behandlung der Kranken und die Ernährung der Hungrigen regeln und Venedig von »Gaunerei und Bettelei« befreien. »Ausländische« Bettler sollten repatriiert, kräftige venezianische Bettler, die nicht durch Geburt für körperliche Arbeit »untauglich« waren, sollten zum halben Sold zur Marine eingezogen werden, während die Sorge für die Arbeitsunfähigen sowie für die Frauen und Kinder hauptsächlich den Gemeinden oblag. Für die Obdachlosen sollten die Administratoren der vier neuen Hospitäler und anderer Wohlfahrtsinstitutionen aufkommen.

Jede Gemeinde sollte für ihren Anteil an der armen Bevölkerung sorgen. Außerdem mußte jeder Meister, Handwerker und Handelsmann bis zu vier Bettlerjungen als Lehrlinge anstellen. Die Nonnenklöster sollten soviele geeignete Mädchen aufnehmen, wie nur irgend möglich, während andere bettelnde Kinder in den Hospitälern beschäftigt wurden und so ihr Brot verdienten. Schließlich wurde die Lage auch dadurch stabilisiert, daß man den Mittellosen verbot, sich ohne Zeugnis des Gemeindepriesters aus ihrer Gemeinde zu entfernen. Das gesamte Wohlfahrtswesen wurde nun durch das Gesundheitsamt in Zusammenarbeit mit dem örtlichen Patriarchen zu einem funktionierenden System zusammengefaßt.

Somit hatte die Wohlfahrt zum ersten Mal eine systematische Grundlage. Aber das traf nur auf Venedig zu. Es wurde kein Versuch gemacht, dieses System mit den zufälligen Anstrengungen anderer venezianischer Städte auf dem Festland zu verbinden, wenngleich das sehr notwendig gewesen wäre.

Die Ernte von 1528 fiel genauso schlecht aus wie die vorhergehende. Es hatte eine lange Dürre gegeben, und als im August endlich Regen fiel, verglich Sanudo ihn mit »Gold, das zum Wohl der Armen vom Himmel gefallen ist«. Aber die Hungersnot sollte ihren Höhepunkt erst noch erreichen. Vom Herbst an waren die öffentlichen Getreidespeicher von einer erwartungsvollen Menge ständig umlagert, und im Juni 1529 waren sie fast vollständig leer – woraufhin ein Witzbold »zu vermieten« an die Türen des San Marco-Lagerhauses kritzelte. Im November verkaufte die Regierung schon Bohnen anstelle von Mehl.

Der Regen setzte im Frühjahr 1530 zur rechten Zeit ein, und obgleich Sanudo bezweifelte, daß die Bauern, »von denen die meisten von Gras leben«, genügend Kraft zum Mähen und Dreschen würden aufbringen können, war die Ernte hervorragend. In diesem Sommer fielen die Getreidepreise in Venedig auf ein erträglicheres Niveau, und die große Hungersnot war vorüber. Mit dem Ende der Hungersnot fiel auch das Ende des Krieges zusammen, der halb Italien verwüstet und soviel zu den Schwierigkeiten in Venedig beigetragen hatte. Durch den Friedensvertrag verlor die Republik die Kriegsgewinne in der Romagna, in der Lombardei und längs der adriatischen Küste und gab von da an auch jeden Versuch auf, ihre Herrschaft tiefer in das italienische Festland vorzutragen. Trotzdem waren die Territorien, die Venedig in der *terraferma* besaß, immer noch von beträchtlichem Ausmaß, und die kürzliche Nahrungsknappheit veranlaßte die Stadt, nun auf größtmögliche Nutzung zu sehen.

Im Jahre 1529 wurde ein Drittel des bäuerlichen Gemeindelandes in den rückständigen Regionen von Treviso und Friaul in Staatsdomänen übernommen, und die Signoria erließ den Befehl, 15000 Rinder pro Jahr aus den Provinzen zu importieren, da die Fleischversorgung mittlerweile besonders unzulänglich geworden war. Ein Aufschrei der *terraferma*-Städte war die Folge, die sich über den Mangel an Futter, die Einzäunung von Ackerland und die Unterversorgung mit Fleisch- und Milchprodukten, die unweigerlich folgen würden, beschwerten. Warum sollte eine reiche Stadt wie Venedig sich auf Kosten unterworfener Territorien von Rindfleisch ernähren, wenn das übrige Italien sich mit Schweinefleisch begnügte?

Die Signoria hielt es unter diesen Umständen für geboten, ihre Forderung zu halbieren. Schließlich konnte sie auch so ihre Gäste standesgemäß bewirten. 1532 gab Grimani dem Fürsten Farnese ein Bankett, das aus neunzig Gängen bestand, und es gab noch immer viele Venezianer, die fast genauso verschwenderisch leben konnten wie zuvor. Als ein Feuer im Cornaro-Palast ausbrach, bei dem drei Menschen verbrannten, während der gichtische Alte Zuane Cornaro gerettet wurde, trug man sein Silber körbeweise hinaus zusammen mit drei Koffern voller Münzen, riesigen Mengen von Baumwolle und Zucker und 400 Scheffeln Weizen. Doch allem zum Trotz fiel die Armut mehr ins Auge als der Reichtum.

Das Bettlerunwesen dauerte allen Gegenmaßnahmen zum Troz weiterhin an. Aus einer Liste der im August 1539 zum Galeerendienst verurteilten Bettler ersieht man, daß sie von Arezzo, Mailand, Pisa, Sizilien, ja sogar aus Frankreich herbeigeeilt waren. Außerdem gab es genügend venezianische Bettler, darunter auch berufsmäßige. Manche, die da bettelten, hatten einige hundert Dukaten irgendwo investiert, andere spiegelten allerhand Gebrechen vor, angefangen vom Verlust eines Beines bis zur Zitterlähmung und ein besonders berüchtigter Bettler, namens Francesco von Brescia, spielte eine verkrüppelte Frau, um das Mitleid der Vorübergehenden zu erwecken.

Die *Scuole dei Zotti* und *degli Orbi* sorgten für tatsächlich Lahme und Blinde. Zu den vielen anderen Wohltätigkeitseinrichtungen gehörte die *Scuola di San Funtin*, die die Verbrecher auf ihrem letzten Gang tröstete, und die *Casa delle Zitelle*, die junge Mädchen vor der Prostitution bewahrte; Caritas mischte sich mit Mäzenatentum, als 1531 die Zehn beschlossen, dem armen Marino Sanudo eine Pension von 150 Dukaten auszusetzen, damit er an der Geschichte seiner Zeit weiterschreiben konnte.

Wie so viele Autoren, murrte auch er, daß »dieses Geld nichts ist im Vergleich zur aufgewendeten Zeit und Arbeit«, aber er nahm es an und fuhr mit seiner Arbeit »aus Liebe zum Vaterland und zur Wissenschaft« fort. Als er 1533 starb, hinterließ er alle seine Bücher dem Staat.

Da die Moral in Venedig nicht weniger lax war als in anderen italienischen Städten, hinterließ Sanudo auch zwei uneheliche Töchter. In der Tat war für den Appetit von Einwohnern und Gästen gleichermaßen durch die Menge von Prostituierten gut vorgesorgt, von denen in einem zeitgenössischen Versband lobend und warnend die Rede ist – von den hübschen Augen der fünfzehnjährigen Stellina, der Schönheit der wohlgeborenen Lucia dagli Alberi, der Geschlechtskrankheit der Angela Zaffetta (die von Kardinal Hippolito de Medici regelmäßig besucht worden sein soll) und so weiter und so fort. Von 1539 an war der *Magistrato alla Sanità* für die Kontrolle der Prostituierten verantwortlich, und zwar aus gesundheitlichen, nicht aus moralischen Gründen, denn Venedig mißbilligte den Venusdienst nicht so sehr wie Homosexualität, und einen Sodomiten rettete nicht einmal ein Adelstitel vor der Exekution.

Heterosexuelle Beziehungen wurden durch den Gesellschaftstanz gefördert, der in allen Schichten sehr populär geworden war. Auch Komödien im Dialekt, allgemein satirische Stücke und insbesondere possenhaft-ordinäre Verse waren im Schwange. Solche Literatur wurde in Buchläden am Rialto, bei der Frezzeria und San Moisé verkauft. Die Merceria, andererseits, ähnelte einer »lykeischen Akademie«, wie ein Zeitgenosse sich ausdrückte, wegen der Anzahl von Läden, die mit gehobener Literatur handelten. Die Bestseller waren nicht allzu verschieden von unseren heutigen – billige Geschichten von schmachtenden Mädchen und geretteten Frauen, ferner Kunst- und Handwerksleitfäden, insbesondere für den Hausgebrauch, wie Nicolo d' Aristoteles' Buch über Nadelarbeit, das 1537 erschien.

Der Staat förderte das Druckerhandwerk durch die Vergabe von Patenten für Erfindungen, durch *copyrights* sowie durch Qualitätsvorschriften, nach denen Bücher nur auf geleimtem Papier gedruckt werden durften. Solche Schutzbestimmungen waren gerechtfertigt, denn in keinem Gewerbe war man so stolz auf handwerkliches Können wie bei den Druckern. Proben von Aldus Manutius' Arbeiten wurden mit ihm begraben, als er starb, und als der Schriftsteller Rangone beerdigt wurde, trug man in der Prozession seine an Lieblingsstellen aufgeschlagenen Bücher hinter dem Sarge her zusammen mit Ziergeräten aus seinem Hause und einem Modell der Kirche seiner Gemeinde.

In rascher Erkenntnis der Gefahr, die im Druck und der Verbreitung falscher Doktrinen in diesem Zeitalter der Reformation lag, hatte die Kirche schon die Werke Martin Luthers verboten, und in den vierziger Jahren des 16. Jahrhunderts wurde außerdem die religiöse Zensur eingeführt. Im Moment jedoch war die Buchdruckerkunst in Venedig noch frei, und ihre Produkte wurden in der ganzen literarischen Welt gerühmt. Die venezianischen Spitzenhersteller und Färber waren fast ebenso berühmt, die Textilindustrie dehnte sich noch immer beträchtlich aus, aber der Schiffbau blieb auch weiterhin der größte Arbeitgeber in der Stadt, und der Staat ließ es sich angelegen sein, ihn zu schützen.

1531 verbot die Regierung den Schiffskauf im Ausland und unternahm auch Schritte, um die Anzahl der Werftarbeiter zu erhöhen, indem sie die Ausbildung von Lehrlingen zu Meistern beschleunigte. Zwischen 1530 und 1560 verdoppelte sich die Zahl der Schreinermeister und Meisterkalfaterer, und die meisten suchten Arbeit im »Arsenal«, wo die Zahlung zwar etwas niedriger, die Anstellung aber sicherer war als auf den Privatwerften.

Die *arsenalotti* waren zu einer Kaste mit vielen Funktionen innerhalb des politischen Systems von Venedig geworden. Sie arbeiteten auch als Stadtfeuerwehrleute oder Palastwache, sie trugen die Fackeln bei der Beerdigung des Dogen und hoben seinen Nachfolger auf ihre Schultern beim Umzug über die Piazza. Sie konnten auch als Bogenschützen, Schiffszimmerleute und Segelmeister Karriere machen, aber ihre Hauptbeschäftigung war und blieb der Bau von Schiffen.

Obgleich der Handel sich langsam erholte und Venedig von 1530 an für kurze Zeit wieder der Hauptlieferant von Gewürzen in Westeuropa war, wurden Galeeren nicht mehr für Handelsreisen nach Flandern und Southampton benutzt, noch seltener auf den Routen nach Beirut und Alexandrien, denn man zog jetzt Schiffe von größerer Tonnage vor. Daher wurden die Galeeren fast ausschließlich für militärische Zwecke eingesetzt, doch der Bau dieser Kriegsschiffe unterschied sich von dem früherer Zeiten, und es wurden viele Experimente gemacht, um größere Manövrierbarkeit und mehr Feuerkraft zu erzielen.

1532 schlug Vettor Fausto, dieser verspätete Archimedes und der Erbauer der berühmten Quinquereme, vor, er werde fünf »galee bastarde« ein neuen Entwurf anpassen – ein Vorschlag, der unter dem vernünftigen Vorbehalt angenommen wurde, daß er sie auf eigene Kosten in den alten Zustand zurückversetzen müsse, falls das Experiment fehlschlüge. Er arbeitete nun eine Methode aus, beim traditionellen Galeerentyp weniger Bauholz zu verwenden und die Wendigkeit durch Herabsetzung der Anzahl der Ruder pro Ruderbank und der Ruderer pro Ruder zu erhöhen. Das »Arsenal« baute jedoch auch noch viele andere Typen von Schiffen. Einer der zwölf Konstruktions-Chefs, die dort 1544 beschäftigt waren zählte *fuste bregantine*, Fregatten mit zwanzig Rudern und sogar Galeonen mit hohem Achterdeck zu den von ihm gebauten Schiffstypen.

Die Vorratslager des »Arsenals« füllten sich langsam wieder, aber das Problem, Seeleute zu finden, blieb weiterhin bestehen. »Den Leuten geht es so gut, und sie sind so wohlhabend«, schrieb der berühmte Admiral Cristoforo da Canale 1539, »daß nur überwältigende Not sie dazu bewegen würde, auf einer Galeere anzuheuern.« Da die Anzahl der Freiwilligen stetig zurückging, verlangte der Staat, daß jede Gilde in der Stadt, jede Stadt in der *terraferma* und jede Kolonie eine bestimmte Quote an Ruderern stellte, die gewöhnlich aus den Reihen gesunder mittelloser Männer rekrutiert wurden. Außerdem stellte er immer mehr Strafgefangene in Dienst. So war es kein Wunder, daß die Seemannskunst zurückging und die Zustände an Bord sich verschlechterten.

Die Galeerenkapitäne, die in teuren Rüstungen, seidenen Mänteln, Hermelin und sogar Goldbrokat herumstolzierten, waren eine arrogante Gesellschaft. Ihnen ging es mehr um die Vergoldung an ihren Galeeren als um das Schicksal der erschöpften Ruderer. Es war dies das Zeitalter Benvenuto Cellinis, und kein junger venezianischer Aristokrat ließ sich von anderen Männern in Italien im Schwadronieren und Prunken den Rang ablaufen. Ein neuer Schwall von Gesetzen gegen übertriebenen Aufwand wurde 1535 erlassen und war u. a. darauf gerichtet, den Luxus der Schiffskapitäne einzudämmen. Ob das nun Erfolg hatte oder nicht, jedenfalls wurde nichts gegen die schlechte Behandlung der Seeleute unternommen.

Am schlimmsten wurden die Strafgefangenen mit den geschorenen Köpfen behandelt, die von einem Wächter überwacht und, außer während der Schlacht, an ihre Ruder gefesselt waren. Sie durften das Schiff nicht eher verlassen als ihre Strafzeit abgelaufen war. Wenn sie nicht gerade ruderten, mußten sie Segel nähen oder die Kleidung der Schiffsbesatzung reparieren. Ihre Nahrung bestand fast ausschließlich aus Schiffszwieback. Kein Wunder, wenn zwei Jahre Galeere soviel zählten wie fünf Jahre Gefangenschaft. Die »Sklaven« – Männer, die speziell für diesen Dienst gekauft oder aber Kriegsgefangene waren – wurden nur wenig besser behandelt. Von den anderen Gefangenen durch einen Haarbüschel in der Mitte des kahlen Schädels unterschieden, hatten sie Holz und Wasser zu tragen, dem Schiffszimmermann zu helfen und natürlich zu rudern. Nur die immer kleiner werdende Schar von Freiwilligen erhielt die volle Seemannsration und Sold, wenngleich aus Gründen der Kampfmoral und zur Befriedigung der Eitelkeit des Kapitäns nun jeder Mann Hemden, Hosen und Socken sowie eine rote Mütze und einen Uniformrock und -mantel erhielt.

Eine harte Disziplin wurde für notwendig erachtet, da jetzt so viele Seeleute zum Dienst gepreßte Männer oder in Ketten gelegte Gefangene waren. Das tat jedoch dem Widerstandswillen keinen Abbruch, wie sich 1537 beim Angriff der Kriegsschiffe Süleimans des Prächtigen zeigte. Die Türken wurden vor Korfu, Nauplia und Kreta zurückgeschlagen. Der berüchtigte Korsar Dragut wurde von venezianischen Galeeren überwältigt, und bei einer denkwürdigen Gelegenheit wiesen venezianische Segelschiffe eine überlegene türkische Flotte ab. Doch der Feind gewann diese letzte Runde des lang hingezogenen Kampfes um die Beherrschung des östlichen Mittelmeeres schließlich doch, und 1540 war die Republik gezwungen, nicht nur Aegina, Mykonos und die nördlichen Sporaden abzugeben, sondern auch Nauplia und Monemvasia, die letzten Stützpunkte in Morea.

Trotz dieses Zusammenschrumpfens der überseeischen Besitzungen fuhren in Venedig der Staat, die Kirche, die Körperschaften und Einzelpersonen fort, Geld in Gebäude zu stecken. Jacopo Sansovino aus der Toskana war nur einer der Architekten, die daraus Nutzen zogen. Er baute den Cornaro-Palast nach dem Brand von 1532 wieder auf, vollendete die Libreria Vecchia und entwarf das Loggetto, einen angenehmen Ort für Edelleute, die sich dort ungestört vom gewöhnlichen Volk ergehen und ihre Angelegenheiten bereden konnten. In seiner Eigenschaft als Superintendent für Öffentliche Bauten arbeitete er auch am Dogenpalast und entwarf die großartige Scala d' Oro. Sansovino arbeitete auch für eigene Rechnung und baute sein Haus in der Merceria so um, daß es statt zwanzig Dukaten hundertsiebzig im Jahr an Miete brachte. Auch Michele Sanmichele besaß ein gutgehendes Architekturbüro, doch seine Aufträge kamen zumeist aus dem Festland. Dagegen hatte der Maler Tizian seine Karriere in erster Linie als beamteter Maler der Serenissima gemacht, nachdem er 1516 dazu ernannt worden war.

Doch die Schirmherrschaft des Staates war nur ein Teilaspekt. Privatpersonen verwendeten Tausende von Dukaten auf die Verschönerung ihrer herrlichen Paläste und Villen. Auch die Kirche gab große Summen aus trotz einer Neuauflage alter Gesetze, die den Ankauf von Boden in der Stadt durch die Kirche verboten, während die *Scuola di San Rocco* zwischen 1516 und 1564 nicht weniger als 55000 Dukaten für den Bau einer großen Halle ausgab, die von Tintoretto an Wänden und Decken ausgemalt wurde.

Daß eine *Scuola* Ausgaben in solcher Höhe machte, rief Kritik hervor. »Das Bauen geht zu Lasten der Armen«, schrieb Alessandro Caravia 1541. Auch glaubte er nicht, daß die *Scuola* durch reine Frömmigkeit motiviert so prächtige Festwagen zu den Prozessionen ausstattete, »immer mit irgendeinem neumodischen Apparat . . . wobei sie das Geld für verrückte Einfälle hinauswerfen«. 1543 verdammte auch der Rat der Zehn »die überflüssigen Ausgaben« der *Scuole* »für ausgeklügelte Vorrichtungen und Bankette«, denn das verbrauchte Gelder, »die den Armen gegeben werden sollten«. Trotzdem gab in den 1550er Jahren die *Scuola di San Rocco* 450 Dukaten im Jahr für Prozessionen und nur 650 für Almosen aus. Um die Mitte der siebziger Jahre des 16. Jahrhunderts hielten sich die beiden Beträge schon die Waage, allerdings wurden daneben beträchtliche Gelder für Mitgiften, Hospitäler und Medikamente verwendet. Das Hospital von San Giovanni e Paolo vergrößerte seine Bettenzahl von 130 auf 450 zwischen 1556 und 1565, wenngleich das auch zum Teil auf den Druck der Regierung zurückzuführen war, die alle großen karitativen Institutionen dazu anhielt, Veteranen der See- und Landstreitkräfte zu versorgen.

Wieder war die relative Anzahl der Armen gestiegen, weil es periodische Mißernten auf dem Festland gab. Wie Caravia 1541 notierte, gab es »in Venedig unzählige Arme, hungrige und barfüßige Menschen, die mit der Härte des Lebens wohl vertraut sind«. Die Kirche tat viel, ihr Los zu erleichtern, nicht nur durch direkte Almosenverteilung, sondern auch durch Einflußnahme auf die ihr Angehörigen.

So gründeten 1550 die Anhänger des Ignatius von Loyola, der Venedig 1536 besucht hatte, eine Gemeinschaft zur Unterstützung der Armen in den Hospitälern der Incurabili und von San Giovanni e Paolo. Diese Anhänger des Begründers des Jesuitenordens wollten auch Prostituierte wieder zu Gott zurückführen. Auch der Kapuzinerorden steuerte etwas bei. Doch während religiöse Orden und Gemeindebehörden die karitativen Neigungen der Venezianer ansprachen, blieb die Koordination aller Wohlfahrtsmaßnahmen in den Händen der Regierung.

Der Staat kontrollierte die Verteilung karitativer Vermächtnisse durch die Prokuratoren von San Marco, doch am sinnfälligsten war seine Einwirkung durch die Lebensmittellagerhaltung und die Preiskontrolle der Grundnahrungsmittel. Sogar in Hungerjahren gelang es dem Staat, den Preis für den Laib Brot stabil zu halten – wenn auch durch Veränderung des vorgeschriebenen regulären Gewichts. Er unterhielt Kornspeicher am Rialto und bei San Marco, lagerte zwei Drittel des gesamten Weizens zur Verteilung an Einzelpersonen und Bäckereien und legte, wie im alten Ägypten zur Zeit Josephs, einen Vorrat an Weizen und sogar Hirse für magere Jahre an.

Ähnlich wie manche ägyptische Pharaonen fuhr der Staat auch fort, sich gegen die Einwanderer zu wehren, Mittellose über die Grenze zurückzuschicken oder für die Galeeren zu verpflichten. Während einer besonders schlimmen Einwanderungswelle wurde er so 3600 Bettler los. Doch wegen der wachsenden Arbeitslosigkeit gab es nun auch eine steigende Zahl von ortsansässigen Habenichtsen.

Seit dem letzten Türkenkrieg hatte es am »Arsenal« nicht genügend Arbeit gegeben, um insbesondere vielen Kalfateren die Möglichkeit zu bieten, einen auch für eine Familie ausreichenden Lohn zu verdienen. Das Problem wurde teilweise dadurch gelöst, daß man zum alten Mittel der Reihum-Anstellung griff, hauptsächlich jedoch durch ein neues Schiffbauprogramm.

Von 1545 an war es die Zielvorstellung des Staates, 100 leichte und 12 große Galeeren bauen zu lassen, obgleich schon 131 leichte Galeeren und zahlreiche andere Schiffe im Dienst standen. Es ging ihm dabei nicht um das Wohlergehen der Schiffbauer, sondern um die Aufrechterhaltung einer ausreichenden Belegschaft, damit man für einen Krieg mit den Türken gerüstet wäre. Diese Möglichkeit wurde jedoch so weit als irgend möglich hinausgeschoben, indem venezianische Agenten in Konstantinopel türkische Minister bestachen, und zwar mit so hohen Summen, daß einer dieser Agenten innerhalb zweier Jahre 12000 Dukaten für solche »Gehälter und Gefälligkeiten ausgab.

Die Privatwerften bauten nach Möglichkeit nur wenige, dafür aber viel größere Handelsschiffe. 1559 gab es schon vierzig Rahsegler mit 450 Tonnen Wasserverdrängung, die Waren nach Konstantinopel und England beförderten, wenn auch die meist besuchten Ziele Syrien und Zypern waren. Solche Schiffe ließen sich viel leichter gegen Piraten verteidigen als die alten bewaffneten Handelsgaleeren, insbesondere gegen die Uskoken, Seeräuber, die in der Adria von ihren Basen in Senj und Fiume operierten und das Vieh von den der Küste vorgelagerten venezianischen Inseln stahlen. Für offensive Zwecke behielt die erprobte Galeere mit ihrer entscheidenden Geschwindigkeit die alte Bedeutung.

Die Sorge des Staates um die Sicherheit kam jedoch nicht nur in der Aufrechterhaltung einer starken Flotte zum Ausdruck, sondern auch in der Gegenspionage, die von drei Spezialinquisitoren überwacht wurde, und in dem Versuch, die Bevölkerung durch eine erzwungene religiöse und ideologische Konformität zusammenzuschweißen, denn das waren die Eigenschaften, um die die Türken viel beneidet wurden. Die vierziger Jahre des 16. Jahrhunderts brachten die Einsetzung eines neuen Gerichts für Ketzerei und das Verbot aller häretischen Werke. 1551 zog die Inquisition in Venedig ein. Die religiöse Zensur war vielleicht nicht ganz so rigoros wie anderswo, aber die Venezianer wurden doch belästigt, es gab Durchsuchungen und Beschlagnahmungen und Strafen für die Verbreitung nicht genehmer Ansichten. Zwischen 1550 und 1560 wurden die Flammen der Intoleranz gegen Lutheraner, Juden und Verbreiter »falscher Lehren« stark angefacht.

1550 mußten alle Marranen, d. h. die Krypto-Juden, die aus Spanien ausgewiesen worden waren, die Stadt verlassen. Die sogenannten »deutschen« Juden durften zwar bleiben, wurden aber jeden Abend nach dem Blasen des Zapfenstreichs in ihrem Ghetto eingesperrt, und im Jahr 1553 ordneten die Zehn, um den Papst zu beschwichtigen, an, daß alle Exemplare des Talmuds und anderer Werke der jüdischen Religion öffentlich zu verbrennen seien.

Die Bildung einer Gilde durch Buchdrucker und Buchhändler im Jahre 1549 machte es für den Staat leichter, die Zensur durchzuführen, und die Kontrolle der Presse wurde 1567 durch ein Gesetz noch verschärft, das den Inquisitor, den Öffentlichen Lektor und die Sekretäre des Dogen dazu verpflichtete, sicherzustellen, daß Bücher nicht nur »nichts gegen die Religion, gegen Fürsten oder die Moral« enthielten, sondern daß sie wirklich »wert waren, ans Licht zu kommen«.

Im gleichen Jahr verpflichtete sich die Buchdruckergilde erneut zum Dienst für Gott und zur Ehre der Republik, wobei sie sich in einer neuen Satzung als »Kollegium« etablierte. Die Satzung sah die Lesung von Messen, die Wahl von Vorstandsmitgliedern, die Zahlung von Mitgliedsbeiträgen, Regeln für die Abhaltung von Versammlungen, aber auch Bußgeldzahlungen für diejenigen vor, die es gewagt hatten, den Prior (obersten Aufsichtsbeamten) zu unterbrechen. Die Satzung war aber auch von den Zehn geprüft worden, die diese Vereinigung benutzten, um durch sie alle Drucker zu kontrollieren.

Das Resultat dieses strengeren Einschreitens war zunächst das Aufblühen vieler Untergrunddruckereien und, als diese durch strenge Sicherheitsmaßnahmen geschlossen wurden, der langsame Niedergang Venedigs als eines Zentrums des Druckergewerbes. Schon nach kurzer Zeit war die Freiheit der Presse nur noch Erinnerung. Die Arterien des höheren wissenschaftlichen Lebens verstopften sich, und obgleich Venedig mit den Gelehrten der Reformation in Nordeuropa noch engere kulturelle Bande aufrechterhielt als irgendeine andere Stadt in Italien, begann es als Zentrum für freie Geister mehr und mehr auszufallen.

Abgesehen vom Druck der Kirche, war der Grund für die Zensurmaßnahmen derselbe wie schon von jeher: der Wunsch, ideologische Solidarität und hochfliegenden Patriotismus angesichts einer äußeren Gefahr – in diesem Fall seitens der Türken – zu erzeugen. Hinzu kam, daß man den Ruf der Republik als eines wohlgeordneten Staates stärken wollte.

Der Mythos dieser Republik, der von den frühen Chronisten verbreitet und von Contarini und anderen offiziellen Propagandisten auf höherem Niveau genährt worden war, wurde von Ausländern aufgenommen, und Leute, die mit öffentlichen Angelegenheiten zu tun hatten, waren bald über die Details des venezianischen Systems bestens informiert – die Grenzen, die der Macht des Dogen gesetzt waren; die goldenen und silbernen Kugeln, die zur Wahl benutzt wurden; die sich überschneidenden Rollen von Senat, Kollegium und aller anderen staatlichen Körperschaften, die sich gegenseitig kontrollierten. Die Republik und ihre Verfassung wurden als einzigartig und vollkommen dargestellt. Dennoch hingen Macht, Prestige und Einfluß mehr denn je vom Reichtum ab. Sogar die Demokratie des Adels – einer Gruppe von etwa 2500 Männern, die über eine Gesamtbevölkerung von ungefähr zwei Millionen herrschte – war durch die alte Vorstellung eingeschränkt, daß die reichsten unter ihnen die besten wären.

In der Theorie waren alle dafür qualifiziert, Mitglieder von Ausschüssen zu sein und die einflußreichsten Posten zu besetzen, aber in der Praxis gingen diese Posten an Mitglieder des inneren Kreises. Sogar die ideale Ausbildung, die darin bestand, daß junge Edelleute in einer Reihe von Posten mit steigender Schwierigkeit Erfahrung sammeln konnten, und die dazu diente, die Geeignetesten für die höchsten Ämter herauszufinden, kam jetzt nur wenigen außer der reichen Elite zugute.

Der Adel nahm zahlenmäßig ab, gleichzeitig stieg der Prozentsatz der Armen in seinen Reihen. Ihre Armut führte zur Korruption – Stimmenverkauf, finanzielle Ausnutzung niederer Ämter – und dazu, daß ehrliche Männer Posten scheuten, die mehr Ausgaben als Einnahmen zur Folge hatten. Immer mehr Edelleute wandten sich an karitative Organisationen. Zwischen 1536 und 1556 schlossen sich 300 der *Suola di San Rocco* an, von denen sicher viele ihren Mitgliedsbeitrag im Hinblick auf spätere Hilfe von seiten der *Scuola* zahlten.

Adlige Familien, die einiges Vermögen besaßen, mühten sich sehr, es zu erhalten. Sie schickten ihre Töchter ins Nonnenkloster, um die Mitgift zu sparen – was der moralischen Atmosphäre des Konvents häufig nicht bekam –, vererbten den Besitz nur an einen Erben und verhinderten die Veräußerung von Landgütern durch ihre Nachkommen. Söhne, die nicht erbten, wurden dennoch versorgt. »Alle meine (fünf) Söhne«, hieß es in Stefano Tiepolos Testament 1550, »sollen zusammenleben bei gleichen Ausgaben«, ohne ihre Güter zu trennen, bis auch der jüngste dreißig Jahre alt wurde. Eine Begleiterscheinung solcher Arrangements war es, daß nur einer der Brüder heiratete, während die anderen in den oberen Stock zogen und die Beletage dem verheirateten Paar überließen.

Solch ein gemeinsamer Familienhaushalt war eine Erweiterung der gemeinsamen Erziehung – einer gewöhnlich privaten Schulung in Latein, italienischer Grammatik, Grundlagen der Mathematik und im »schnellen Schreiben jeder Art von Briefen«. Das Gefühl der Familienzusammengehörigkeit führte oft zur Partnerschaft im Geschäft und war auch sonst so eng, daß ein Zeitgenosse andeutete, wenn ein Bruder heiratete, hätten auch die anderen die Gunst der Frau genossen.

Familiengemeinschaft im Haushalt und im Geschäft sei etwas Gutes, schrieb ein Adliger, weil die Söhne mit »mehr Liebe, mehr Ehre, größerem Profit und geringeren Kosten« leben könnten. Sicherlich wurde so das Familienkapital besser erhalten, aber da die Hälfte aller Edelleute unverheiratet blieb und der Anteil der Hagestolze sogar zunahm, ließ dieser Lebensstil das Verschwinden des venezianischen Adels vorausahnen.

Die Wurzel des Übels war der Mangel an geeigneten Gelegenheiten zum Wiederauffüllen abnehmender Vermögen. Der Handel, den Andrea Barbarigo so erfolgreich vor über einem Jahrhundert betrieben hatte, war nur noch für wenige Edelleute von Interesse. Daniele Barbaro, der Humanist und Architekturmäzen, hatte sein Vermögen in der ersten Hälfte des 16. Jahrhunderts im Überseehandel erworben, und Giuseppe Dolfin, der als Korallenspezialist in Alexandria und als Holzkaufmann in Venedig tätig war, wo er vor seinem Tode 1585 noch ein Mitglied der Zehn wurde, war als erfolgreicher adliger Kaufmann eine Ausnahme. Typischer war da schon Francesco da Molin, der seine Karriere als »Bogenschütze auf dem Achterdeck« begann – allerdings waren die Bogenschützen zu der Zeit schon mit Hakenbüchsen ausgerüstet –, so wie das Barbarigo getan hatte. Er hatte auch einige kleine Posten im Justizwesen inne und ging dann nach Kreta, um zu sehen, »ob ich nicht meine Ersparnisse in einer ehrlichen, anständigen Weise mehren könnte«. Wahrscheinlich mißlang ihm das, denn er kommt darauf in seinem Tagebuch nie mehr zurück. Nach seiner Rückkehr nach Venedig bemühte er sich sehr um bezahlte Posten, ohne dabei sonderlich Glück zu haben.

Trotzdem brachten es einige Edelleute zuwege, so aufwendig zu leben wie ihre Vorfahren. Die meisten der großartigsten venezianischen Paläste, die wir heute kennen, wurden im 16. Jahrhundert gebaut, ebenso wie viele der reizenden Villen, die alte venezianische Landsitze auf dem Festland zieren und von denen viele von dem berühmtesten der Architekten, nämlich von Palladio, stammen.

Andrea di Piero della Gondola wurde 1508 geboren, machte eine Lehre als Steinmetz in Padua durch und zog dann nach Vicenza, wo ihn Graf Trissino aufnahm, für den er eine Villa im klassischen Stil erbaute, die ihm den Spitznamen »Palladio« eintrug. Trissino nahm ihn 1541 nach Rom mit, und nachdem Palladio seine Skizzenbücher mit römischen Altertümern gefüllt hatte, kehrte er nach Vicenza zurück und entwarf eine ganze Reihe von städtischen Palästen und ländlichen Villen. Doch sein Blick war auf Venedig gerichtet, wo er bald einen Gönner und Freund in der Person Giacomo Contarinis fand. Palladio beteiligte sich wiederholt an Wettbewerben für öffentliche Gebäude in Venedig, allerdings erfolglos, und mußte sich meistens damit begnügen, Villen für reiche Venezianer in der *terraferma* zu bauen.

So baute er eine für Daniele und Marcantonio Barbaro in Maser, wahrscheinlich die prächtigste Villa des 16. Jahrhunderts in ganz Norditalien. Ursprünglich ein Bauernhaus, hatte es Wohnräume, die Veronese mit mythischen Figuren und Szenen aus dem ländlichen Leben des Adels dekorierte, aber auch Fontänen, die nicht nur die Gärten höchst anmutig zierten, sondern auch Wasser für die Küche lieferten, so daß das Ganze zu einem triumphalen Zusammenklang des Praktischen und des Idealen geriet – die richtige Residenz für einen Humanisten wie Daniele, der ein aristotelischer Gelehrter und Landwirt, Mathematiker und Ingenieur war und Vitruvius herausgab.

Palladios Entwürfe verrieten eine intellektuelle Leidenschaft für die Proportion, und obgleich – ganz abgesehen von der Mathematik und humanistischen Scholastik – der venezianische Intellekt nicht mehr so unternehmungslustig war wie vor fünfzig Jahren, hatten venezianische Augen jetzt viel mehr Entzückendes zu betrachten als je zuvor – geschnitzte und vergoldete Dekken, herrliche Friese, Terrazzoböden und Gärten, die um Gewässer herum angelegt waren. Die Wohlhabenden verkleideten ihre Wände mit Ledertapeten, Vergoldungen und kostbaren Wandteppichen und dekorierten ihre Kamine mit Cherubinen und Sirenen. Die Tische waren mit Silbergeschirr und Porzellan beladen, die Bibliotheken prunkten mit samtgebundenen Büchern. Lauten und Dolche, Tische, Truhen und Teppiche – jeder Gegenstand im Hause und an der Person eines reichen und gebildeten Venezianers war ein Kunstwerk.

Wer sich von den anderen unterscheiden wollte, begab sich

der Garderobe wegen zu Bontempelli in San Salvatore, wo die feinsten Tuche verkauft wurden, und ließ für die Damen bei der Schneiderei Giovanni in San Lio nähen. Vornehme Damen trugen Taschentücher mit Goldspitze und Handschuhe aus bemaltem Leder. Sie verbrachten Stunden mit allerhand Verschönerungskünsten, bleichten ihr Haar, schminkten den Busen und versuchten die Verheerungen des Alters durch Auflegen von rohem Kalbfleisch oder sogar von Dung abzuhalten. Mit der Zeit, wie das so üblich ist, wurden auch die sozial tiefer Stehenden von diesen Moden ergriffen.

Obgleich die Inquisition nicht schlief und jede Ketzerei möglichst erstickt wurde, ging es in Venedig moralisch nicht strenger zu als vorher. Die Prostitution blühte noch immer, Gastwirte hielten sich gewöhnlich Mädchen unter zwanzig für ihre Kunden, »unzüchtige Tänze« wurden noch immer getanzt, und Veronese suchte sich für sein letztes Gemälde in der Kammer der Zehn nicht einen keuschen Markus, sondern eine füllige Juno aus, die das als Frau dargestellte Venedig mit Reichtümern überschüttet.

Trotz aller Vergnügungen und aller neuen Herrlichkeit wurde Venedig selber langsam älter und weniger unternehmungslustig. Die jahrhundertelange Führung im Handel war Stück für Stück verlorengegangen, und obgleich der angesammelte Reichtum Venedig noch immer zu einer der wohlhabendsten Städte in Europa machte und neue Investitionen in der Industrie die Verluste wettmachten, gab es doch Staaten, die mittlerweile eine ähnliche Prosperität erreicht hatten. Der Hafen von Venedig war zwar noch immer geschäftig, und in den ersten Jahren nach 1560 gab es eine neue Blüte des Levantehandels, aber die englischen Heringsflotten und die mit amerikanischem Gold beladenen spanischen Galeonen erschlossen Quellen des Reichtums, die den Venezianern verschlossen blieben. Außerdem liefen Sevilla und Antwerpen als Welthandelszentren Venedig den Rang ab. Die Venezianer waren noch immer scharfsichtige Beobachter der Welt, aber die Jahre des Erfolges und der Bequemlichkeit hatten, wenn auch nicht die Besitzgier, so doch den Mut des Adels abgestumpft. Bei der Jagd nach dem Profit große Risiken einzugehen, war nicht mehr seine Sache. Man war auch nicht mehr willens, mit Konkurrenten jenseits des Meeres zu kämpfen. Statt ausländischen Märkten wandte man sich dem Festland zu, und statt neue Vermögen zu erwerben, suchte man das Vorhandene zu bewahren.

XII

DIE LETZTEN JAHRE DES GLANZES

1570 betrug die Bevölkerung im venezianischen Imperium der *terraferma* etwa 1,5 Millionen Menschen, von denen nur etwas mehr als zehn Prozent in größeren Städten lebten. Die *terraferma* war ökonomisch ein sehr komplexes Gebilde, wenn auch in erster Linie Ackerbaugebiet. Landwirtschaft nur zum eigenen Lebensunterhalt der Bauern kennzeichnete die Gegenden von Friaul, Belluno, Treviso und Rovigo, während die Landwirtschaft der Obstbaugebiete um die fruchtbaren getreidetragenden Ebenen von Verona und die Region von Vicenza mit ihren Maulbeerbäumen stark vom Markt abhängig waren. Brescia und Bergamo hatten dazu noch wichtige metallverarbeitende Betriebe, die Töpfe und Pfannen, landwirtschaftliche Geräte, Werkzeuge und Waffen herstellten, während Verona das Zentrum der Leinenmanufaktur und Vicenza Mittelpunkt der Seidenindustrie waren.

Verglichen mit den anderen italienischen Stadtstaaten und ihrer Blutsaugerpolitik behandelte Venedig die *terraferma* mit Milde. Man ließ es zu, daß sich die Wirtschaft dieser grundverschiedenen Regionen um die Regionalstädte integrierte und paßte sie nicht mit Härte den Bedürfnissen Venedigs an. Venezianische Beamte überwachten den Bau von Verteidigungsanlagen einschließlich der hohen, drohenden Mauern, die man noch heute an der Oberstadt von Bergamo sehen kann. Sie trieben auch Steuern ein, die Venedig einen jährlichen Überschuß von kaum einem Dukaten pro Kopf der Bevölkerung einbrachten. Die Republik behielt auch die Ämterbesetzung der Kirche eisern im Griff – aber sonst war ihre Herrschaft locker.

Keine Anstrengungen wurden unternommen, anderen Gegenden die venezianische politische Struktur aufzuzwingen. Feudale Vorrechte durften in manchen Gegenden bestehen bleiben. Wohl gab es korrupte Provinzialbeamte, aber die in langer Erfahrung gewonnene politische Weisheit veranlaßte die venezianischen Gouverneure, eine Vermittlerrolle zwischen den

Interessen der Magnaten und denen der Bauern zu spielen, wobei sie häufig auf deren Seite eingriffen und sogar einmal eine Anzahl widersetzlicher nichtadliger Landbesitzer nach Venedig expedierten, wo diese eines unauffälligen Todes durch Ertränken starben.

Gebieterisch standen die Markuslöwen in jeder großen Stadt auf ihren Säulen, die Gouverneure ließen ihre Namen an den Wänden öffentlicher Gebäude anbringen, aber Venedig vermied es, durch Dekrete zu regieren, und der venezianische Einfluß war dort am fühlbarsten, wo sich Venezianer als Landeigentümer niedergelassen hatten. Mit der Zurückziehung des Kapitals aus dem Handel war die Anlage in Liegenschaften gewachsen, und venezianische Besitzer waren oft sehr energisch bei der Kultivierung ihres Bodens.

Um die Mitte des Jahrhunderts war noch ein Drittel des Landes in West-Venetien unkultiviert. Um 1580 waren schon viele Morgen dieses Gebietes erschlossen. Diese Entwicklung war großenteils unternehmenden Leuten wie den Priulis und Barbaros, für die Palladio die Villa Maser baute, zu verdanken, denn sie waren mindestens so besorgt um die gute Führung ihrer Landwirtschaft wie um die Pferdezucht und den Luxus ihrer Villen. Manchmal taten sich Grundbesitzer auch zusammen, um unkultivierten Boden zu erschließen, und solche Projekte konnten auch durch eine 1556 eingesetzte spezielle Behörde der Regierung subventioniert und koordiniert und damit gefördert werden.

Der Staat tat dies, weil das schnelle Bevölkerungswachstum die Versorgung Venedigs mit Nahrungsmitteln gefährdete. »Wo 30000 Scheffel Weizen im Monat zu genügen pflegten«, bemerkte Alvise Cornaro 1556, »da sind 45000 heute zu wenig.« Kornpreise und Transportkosten zu Wasser waren sehr gestiegen, während die Getreideproduktion in der *terraferma* zurückgegangen war. Dieser Rückgang um manchmal fast die Hälfte war auf übertriebene Nutzung zurückzuführen.

Trotz eines Pestausbruchs 1555–56 nahm die Bevölkerung von Venedig ständig zu. Die Prämien für venezianische Schiffer, die Getreide in die Stadt brachten, die Befehle an venezianische Grundbesitzer, ihr Getreide nach Venedig zu schicken, und das

Angebot der Steuer- und Zollfreiheit für Nicht-Venezianer, die Getreide nach Venedig ausführten, waren kurzfristige Maßnahmen. Obgleich auf lange Sicht das Problem durch die neue Taktik entschärft wurde, erwirtschafteten Venezianer, die sich von ihren Investitionen in Landbesitz nur geringe Prozente ausgerechnet hatten, bedeutende Gewinne, denn die Getreidepreise stiegen unerbittlich weiter. Das hatte einen verstärkten Maisanbau zur Folge; diese hohe Erträge versprechende Pflanze war 1550 eingeführt worden. Der Mais, die Quelle der überall in Venetien zu findenden *polenta*, wurde von den Venezianern, die an schönes weißes Weizenbrot gewöhnt waren, zunächst schlecht aufgenommen. Doch es sollte noch oft Mangel an anständigem Brot herrschen, während es an *circenses* in Venedig nie mangelte. Umzüge und andere Schaustellungen wurden von Staats wegen durchgeführt, um die Menschen abzulenken und das Ansehen des Staates zu heben. Wie in einem staatlichen Dokument vermerkt, wurden solche »Triumphe von allen bewundert, die in diese Stadt strömen . . . und es wird davon in verschiedenen Königreichen . . . der ganzen Welt berichtet«. Durch einen solchen »Triumph« wurde die Krönung der Frau des Dogen Lorenzo Priuli, Zilia Dandolo, im Jahre 1557 gefeiert. Sechs Senatoren, über 200 junge adlige Damen, die Herzöge von Savoyen und Urbino und das gesamte diplomatische Corps nahmen an der Parade teil. Ein Triumphbogen war von den Fleischern der Stadt errichtet worden, und als die Dogaressa, in Goldbrokat gekleidet,mit hohen Stelzenschuhen und einer hornähnlichen Kappe, von der ein weißer Schleier herabhing, auf dem *Bucintoro* ankam, wurde sie von einer Ehrengarde eingeholt und von Fanfaren aus silbernen Trompeten, mit Kanonenschüssen und wehenden Fahnen begrüßt, während das Volk ihr zujubelte.

Sie wurde vereidigt und übergab dem Kanzler und den Ratsherren Börsen aus Goldfäden als Geschenk. Dann nahm sie an einem Te Deum teil und sah den Aufmarsch der Zünfte mit an. Am Abend nahm sie auf dem Thron in der Großen Ratshalle Platz und empfing zum Klang von Trompeten, Trommeln und fünfzig Pfeifen 360 ausgewählte Zunftmitglieder, die ihr auf silbernen Teebrettern Zuckerwerk und andere Geschenke brachten. Es folgten ein dreistündiges Feuerwerk, Tanz und ein Bankett, das bis in die Morgenstunden dauerte, und danach noch drei Tage lang Umzüge und Regatten und ein Stierkampf im Hof des Palastes.

Zwei Jahre später wurden ihr 50 Dukaten im Monat für ihre seidengekleideten Hofdamen zugebilligt sowie für zwei mit Wandbehängen ausgekleidete Boote und eine Garderobe, mit der sie bei Staatsempfängen der Republik Ehre einlegen sollte. Auf sie fand das Gesetz gegen unnützen Aufwand von 1562 keine Anwendung, das den Frauen nach zehnjähriger Ehe das Tragen von Perlen verbot und die Anzahl der Gänge bei Banketten beschränkte. Nach diesem Gesetz durften Fleisch und Fisch nicht bei ein und demselben Gastmahl gereicht werden. Der Verzehr von Forelle, Stör und anderen Fischen, Torten und Konfekt war nur beschränkt erlaubt. Austern durften bei Gastmählern von mehr als zwanzig Personen nicht gereicht werden, und sogar eine Höchstmenge von Marzipan war festgesetzt. Einschränkungen galten auch für die Dekoration von Gondeln und die Farben, mit denen sie gestrichen werden durften. Keinerlei Einschränkungen gab es hingegen für den Bau von Villen auf dem Lande, und da die *villegiatura* jetzt so beliebt war und die Landgüter so viel mehr einbrachten, gab es im Hinterland einen richtigen Bauboom mit entsprechend vielen Aufträgen für den Architekten Palladio. Er war der Erbauer der Villa Rotonda, dieser herrlichen Schöpfung, die unerschütterlich auf ihrem grünen Hügel vor den Toren von Vicenza ruht, und er plante die Villa Malcontenta für die Gebrüder Foscari – ein elegantes Gehöft an der Brenta, das Tintoretto mit Fresken schmückte. Palladio hatte jedoch auch andere Aufträge, so ein neues Kloster, einige Theater und Bühneneinrichtungen. Er entwarf das hölzerne Theater in der Carità, das 1565 gebaut wurde, und das berühmte *Teatro Olympico* in Vicenza, wenngleich dieses erst nach seinem Tode von seinem Nachfolger Scamozzi vollendet wurde.

Das *Teatro Olympico* war von einem Klub humanistischer Adliger in Auftrag gegeben worden; auch in Venedig gab es solche Klubs, deren Aktivitäten vom Theaterspielen, Banketten und dem Singen von Madrigalen bis zu intellektuellen Debatten reichten. Aber es konnte durchaus gefährlich sein, unorthodoxe

Gedanken zu verbreiten, und sei es in der verhältnismäßigen Abgeschiedenheit eines Klubs. 1561 wurde die *Accademia della Fama*, die in den fünfziger Jahren von Federico Badoer gegründet worden war, geschlossen und ihre Leiter bestraft.

Doch im Vergleich zu anderen Staaten war Venedig immer noch tolerant. Die Diskriminierung gegen die Juden hielt den Dogen nicht davon ab, einen jüdischen Arzt zu belohnen, der sein Leben 1567 aufs Spiel gesetzt hatte, als er versuchte, der Pest Herr zu werden. Verbotene Bücher konnten in Venedig gekauft werden, und pornographische Texte wurden weiterhin ausgestellt, sogar sonntags auf der Merceria, obgleich ein 1565 erlassenes Gesetz den Buchhändlern verbot, andere als religiöse Bücher an Feiertagen auszustellen. Skandale waren häufig. In den sechziger Jahren des 16. Jahrhunderts entführten sowohl ein Dolfin als auch ein Cornaro Nonnen aus ihren Konventen. Bianca Cappello lief mit einem Florentiner davon, hatte eine Affäre mit Francesco di Medici und wurde Herzogin von Toskana, während 1560 der Priester Giovan Pietro hingerichtet wurde, weil er mit Nonnen zusammengelebt, Abtreibungen vermittelt, Neugeborene umgebracht, Geld aus karitativen Stiftungen beiseite gebracht und mehr Geld durch den Verkauf der Stickereien der Nonnen verdient hatte als sonst ein Zuhälter einer öffentlichen Dirne.

Andererseits wurde das Schuldgefängnis nach einer Typhusepidemie ausgeräuchert, und die Straßen und Kanäle der Stadt wurden regelmäßig gesäubert, denn nun mußte jeder Stadtbezirk ständige Müllabfuhrleute beschäftigen. Ungelernte Arbeiter dieser Art verdienten etwa neun Soldi am Tag, dreiundeinhalb Soldi mehr als eine Segelnäherin, aber wesentlich weniger als der Durchschnittslohn betrug und sehr viel weniger als ein Maurermeister verdiente, der bis zu zweiunddreißig Soldi Tagelohn erhielt. Ein Meister im Schiffbau, ein Vorarbeiter der Kalfaterer oder ein Geschützgießer – die Aristokraten der Arbeiterklasse – konnten bis zu 110 Dukaten im Jahr bei freiem Logis verdienen.

Das Arsenal, das einen großen Teil dieser höchstbezahlten Kräfte beschäftigte, konnte nun über 100 Galeeren auf einmal unterbringen und dazu noch einige kleine Fahrzeuge. Seine Lagerhäuser waren voller Ruderbänke, Ruder und Fußbretter, Masten, Steuerruder, Spieren und großen Mengen von Tauen, Waffen, Segeln und Eisenbeschlägen. Auch die privaten Werften blühten, denn die Regierung zahlte Subventionen für den Bau von Schiffen über 360 Tonnen, und der Gewürzhandel hatte sich belebt.

Venezianische Agenten in Alexandria und Aleppo, die über Bagdad und Basra mit Indien handelten, hatten zwar unter der Konkurrenz der Franzosen zu leiden, doch die Gewürzmengen, die auf diesem Wege durch türkisch kontrolliertes Gebiet herankamen, waren oft größer als die, die von den Portugiesen auf dem langen Seeweg herangeschafft wurden. Im Jahre 1560 sicherte sich Venedig tatsächlich den Löwenanteil der Ernte, und zwischen 1560 und 1564 brachten venezianische Segelschiffe fast 550 Tonnen Pfeffer jährlich von Alexandrien herein. Das war so viel wie in der Zeit, bevor die Portugiesen diesen Handel an sich gerissen hatten.

Diese unerwartete Wende war den unterbezahlten Portugiesen zuzuschreiben, die Indien und die Zugänge zum Roten Meer schützen sollten, aber statt dessen der Bestechung zugänglich waren und große Mengen Gewürze auf den alten Handelsstraßen passieren ließen. Als sie begriffen, was gespielt wurde, faßten sich wohlhabende Venezianer ein Herz und beeilten sich, ebenfalls von dieser Glückswende zu profitieren.

Ein junger Edelmann, der die Chance mit dem gleichen Eifer wahrnahm, wie das einer seiner Vorfahren getan hätte, war Alessandro Magno. Mit 2000 Dukaten und etwas Seidenwaren machte er sich im April 1561 nach Alexandrien auf, wo er einen Monat später eintraf. Er begab sich nach Kairo, kaufte etwas Pfeffer und begann auf eine Karawane zu warten, deren Eintreffen kurz bevorstand. Er wartete einen Monat, vertrieb sich die Zeit mit dem Besuch von Sehenswürdigkeiten, darunter auch den Pyramiden, aber die Karawane blieb aus. Da die Pfefferpreise weiter stiegen und sein Schiff sich auf die Heimreise begab, kaufte Alessandro Nelken und Ingwer und fuhr nach Venedig zurück, wo er im Oktober ankam und seine Gewürze mit einem Gewinn von 266 Dukaten verkaufte.

Andere hatten viel größere Erfolge. Das kein Risiko scheuende Abenteurertum der alten Venezianer war vielleicht verschwunden, ihre offenherzige Habsucht war jedenfalls erhalten geblieben. Es wurde kein heuchlerisches Schweigen über die rücksichtslose Jagd nach dem Gelde bewahrt – im Gegenteil! »Der Wunsch, reich zu werden«, schrieb ein Zeitgenosse, »ist uns so sehr angeboren, wie der Wunsch zu leben.« »Reichtum«, fährt er fort, »regiert Familien und Städte . . . mehrt die Glücksfälle, isoliert uns gegen Schicksalsschläge . . . und . . . verleiht jeder Aktivität eine wunderbare Würde.« Zwar förderten die Venezianer den Mythos der einzigartigen Vollkommenheit ihrer Republik, aber in bezug auf das, was den ersten Platz in ihrem Leben einnahm, machten sie sich nichts vor.

Noch immer machte man Geld in großem Maßstab und gab es ebenso aus. Weniger im Überseehandel, trotz der Hausse im Gewürzhandel – und obgleich die erste Zeitung, die in der Stadt 1566 erschien, den merkantilen Nachrichten den größten Platz einräumte – und auch nicht so sehr im Woll-, Seiden-, Gewürz- und Zuckerhandel, weil davon ein beträchtlicher Anteil nun in jüdischen Händen lag. Mehr hingegen in der Industrie und Landwirtschaft. Trotz ihrer traditionellen Abneigung gegen »mechanische« Beschäftigungen hatten viele Adlige und Bürgerliche nicht nur Geld in der Industrie angelegt, sondern sich auch aktiv in der Produktion betätigt. Ein Zweig der Familie Vendramin führte eine Seifenbfabrik, andere betätigten sich in der Textilindustrie – die übrigens 1569 mit fast 27000 Stofflängen einen Höhepunkt erreichte –, und es gab Großunternehmer in der Zuckerraffinerie, Gerberei. im Schiffbau, im Versicherungs- und Bankwesen.

Man machte die Bankiers für die immer weiter werdende Kluft zwischen dem Go-lddukaten und dem Verrechnungsdukaten verantwortlich. Doch für die ausgesprochene Inflation der sechziger Jahre konnten sie kaum etwas. Der Hauptgrund dafür war nämlich der Mangel an Gold zur Finanzierung des Handelsvolumens. Die Zahlungsfähigkeit der Bankiers war jedenfalls fraglich, und als 1569 fünf Privatbanken, die alle Edelleuten gehörten, liquidiert wurden, konnte nur eine davon alle ihre Verbindlichkeiten bezahlen. Das jüdische Pfandleihwesen bildete auch einen Teil des venezianischen Bankwesens – lief aber auf Wucher hinaus, an dem sich auch Christen beteiligten; allerdings wurde das ab 1566 verboten und der Leihzins auf zehn Prozent festgesetzt.

Die späten sechziger Jahre waren schlimm für die italienischen Juden. Asu Genua und Florenz wurden sie 1567 ausgewiesen, und zwei Jahre später vertrieb der Papst sie auch aus seinen Gebieten. Wieder einmal mußten die Juden eine der ständig wiederkehrenden Krisen überwinden. Venedig erging es ebenso. Da die türkische Gefahr gewachsen war, wurde ein kostspieliges Befestigungsprogramm für die Kolonien und gefährdete *terraferma*-Bezirke in Friaul angeordnet – und das fiel ausgerechnet mit einer neuen Hungersnot und einer Pestepidemie zusammen, die fast dreimal soviel Tote forderte wie gewöhnlich.

Im September 1569 brach ein Feuer im Arsenal aus. Der Edelmann Francesco da Molin, der mit Fieber im Bett lag, erwachte und sah »Fenster platzen, Wände bersten, Balken brennen und soviel Feuer überall«, daß er meinte, das Jüngste Gerich sei angebrochen. Aber die Stimmung der *arsenalotti* war noch viel gefährlicher.

Entschlossen, das »Arsenal« leistungsfähiger zu machen, hatte die Regierung 1569 ein Gesetz erlassen, dessen Präambel die Feststellung enthielt: »Die Meister unseres ›Arsenals‹ arbeiten ohne jede Ordnung, einige auf der Werft, die ihnen gerade paßt, während andere herumwandern, ohne überhaupt etwas zu tun.« Unter anderem wurde beschlossen, ihnen für die Samstagnachmittage nichts zu zahlen, wo sie ohnehin nur nach ihrem Lohn anstanden. Für manche *arsenalotti* brachte dies das Faß zum Überlaufen. Am Mittag des nächsten Samstags stürmten 300 mit Äxten und Hämmern bewaffnete Männer auf die Piazza, bedrohten die Zehn und drangen in die Kammer des Kollegiums ein. Dem Dogen gelang es, sie zu zerstreuen, woraufhin die Zehn die Anführer verhafteten und ins Gefängnis warfen. Die Aufseher des »Arsenals« fragten alle Meister einzeln aus und brachten sie durch gute Worte oder Drohungen zur Räson.

Die Hungersnot ließ sich allerdings nicht so leicht aus der Welt schaffen. Im Herbst 1569 gab es kein Mehl mehr in den staatlichen Getreidespeichern. »Vor Hunger wahnsinnige Leute«, schrieb da Molin, »zogen durch die Stadt« auf der Suche nach Läden, die Brot verkauften. Aber sie mußten schon Glück haben, einen zu finden, wo das Brot erschwinglich war. Die Regierung verteilte Schiffszwieback und dann aus Hirse gebackene Laibe. Das rief Empörung hervor, denn der Mangel war durch venezianische Spekulanten mit verursacht.

Getreu der raffgierigen Ethik, die in Venedig herrschte, hatten einige Edelleute Getreide zu kontrollierten Preisen, wie es sie der Armen wegen gab, aufgekauft und verkauften es nun zum doppelten Preis als Brot auf dem freien Markt. Im April 1570 mußten die staatlichen Getreidespeicher daher ihre Tore schließen, und die Regierung beschloß, Mehl nur an Bäckereien zu verteilen, die für die Armen buken. Die Bäcker verkauften jedoch das Mehl zu Höchstpreisen, und erst als die Gemeindevorsteher ausgesandt wurden, die Bäckereien zu überwachen, erhielten die Armen ihr Brot auf einen ihre Notlage bescheinigenden Bezugsschein.

Unterdessen forderten die Türken, daß Venedig ihnen Zypern herausgäbe, das, wie sie behaupteten, von christlichen Piraten als Basis benutzt würde. Aber Zypern, das viel stärker besteuert wurde als die *terraferma*, brachte der Republik jährlich 300000 Dukaten ein. Es war also viel zu wertvoll, als daß man es leicht hätte hergeben können.

Die Beziehungen zwischen Venedig und der Türkei verschlechterten sich, der Handel kam zum Erliegen, und als ein Gesandter erschien, um die letzten Bedingungen des Sultans mitzuteilen, warteten die Venezianer mit angehaltenem Atem, welche Fahnen beim nächsten Umzug zu sehen sein würden – weiße, die Frieden anzeigten, rote Kriegsfahnen oder blaue als Symbol eines Waffenstillstands.

Es war die rote Fahne des Krieges. Auf Unterstützung seitens des Papstes und Spaniens hoffend, war die Signoria fest geblieben. Schon bald setzte sich eine riesige türkische Armada nach Zypern in Bewegung, und im August 1570 wurde Girolamo Zane, jeder Zoll ein Krieger in seiner spanischen Rüstung, mit dem grauen Haar, schlauen Augen und Spitzbart, mit dem Oberbefehl betraut. Mit hundert Galeeren schloß er sich einem Dutzend päpstlicher Schiffe und neunundvierzig spanischen Galeeren unter dem genuesischen Admiral Doria vor Kreta an. Aber der Feldzug kam gar nicht zustande. Viele von Zanes Schiffen hatten zu kleine Besatzungen, die dazu noch unausgebildet waren. Er hatte Verluste durch Fieber und verlor Zeit bei der Neurekrutierung im Archipel und bei Meinungsverschiedenheiten mit Doria über die Strategie. Schließlich kehrte Zane unverrichteter Dinge nach Venedig zurück und wurde sofort einem Verhör unterworfen.

Unterdessen hatte der türkische General Mustafa Nikosia angegriffen. In der Überzeugung, daß Hilfe unterwegs sei, hatten die Verteidiger sich nicht ergeben, doch die Bastionen aus Baumwollballen, die sie errichteten, waren dem »künstlichen Feuer« nicht gewachsen, das der Feind auf sie abfeuerte. Sie konnten der Macht des türkischen Ansturms nicht widerstehen, und Krankheit in den eigenen Reihen tat ein übriges. Einige Nikosianer rebellierten, das Markusbanner wurde heruntergeholt, die türkische Flagge gehißt – und Nikosia war verloren.

Als nächstes Ziel hatten die Türken Famagusta mit einer aus 8000 Italienern und Griechen bestehenden Garnison ausersehen. Ihr Kommandant Marcantonio Bragadin hielt die Moral durch einen Angriff nach dem anderen aufrecht. Die Hoffnung auf Entsatz wurde in Famagusta hochgehalten, und Venedig war auch entschlossen, es zu retten.

Die Anstrengungen, die 1571 für einen Feldzug gemacht wurden, grenzten ans Heldenhafte, wenn man die Schwierigkeiten in der Heimat in Betracht zieht. 1570 hatte der Typhus in Venedig gewütet, Brescia und Padua waren von einer Pestepidemie heimgesucht worden, wie es ihresgleichen seit Menschengedenken nicht gegeben hatte, eine plötzliche Rezession im Handel hatte Arbeitslosigkeit für viele Venezianer gebracht, und im Herbst veranlaßten die Zehn aus Furcht vor Aufständen die Prokuratoren von San Marco und der *Scuole*, alle karitativen Fonds für die »unglücklichen Armen« zu verwenden.

Die neue »Heilige Liga« mit dem Papst und Spanien wurde durch eine große Prozession auf der Piazza gefeiert. Ein Tableau zeigte den Großtürken als riesigen Drachen mit einem Halbmond auf dem Kopf; auf einem Festwagen stellten drei Jugendliche »Glaube«, »Hoffnung« und »Nächstenliebe« dar, während andere Pantomimen die Bedeutung des Anlasses der Menge näherbrachten. Masken stellten Papst Pius V., König Phillip II. und den Dogen dar. Ein nackter Mohr mit Flügeln und Hörnern ruderte als Charon den Feind in den Hades. Es gab Festwagen mit den Schilfhütten der ersten Venezianer, mit einer Dukatenpresse in voller Tätigkeit und es wurden auch religiöse Bilder gezeigt, die besonders zu diesem Anlaß gemalt worden waren.

Unterdessen wurden etwa neunzig Schiffe für die Schlacht ausgestattet. Die Namen der zum Kommando ausersehenen Kapitäne – Contarini, Zeno, Gradenigo, Pisani, Barbarigo, Querini und der berühmte Name Dandolo – riefen Erinnerungen an manche glorreiche Tat der Vergangenheit wach. Schließlich segelte die Flotte aus, um sich den Alliierten unter Doria und Don Juan de Austria anzuschließen, und gemeinsam bewegten sich die Schiffe ostwärts auf die griechischen Inseln zu.

Im September 1571 debattierte der venezianische Senat noch immer, wie man die belagerte Stadt Famagusta versorgen könne; dabei hatte sie sich, durch die Aushungerung gezwungen, mittlerweile schon ergeben. Zwölf Tage später war ihrem Kommendanten Bragadin die Haut bei lebendigem Leibe abgezogen und ausgestopft auf einer Kuh reitend den türkischen Truppen vorgeführt worden. Bragadins Schicksal war nicht ganz unverdient. In seinem Eifer hatte er es abgelehnt, Geiseln für die unbehelligte Rückkehr türkischer Schiffe zu stellen, die die Garnison heimbringen sollten, und er hatte seine türkischen Gefangenen am Vorabend der Unterwerfung umgebracht. Doch sein Tod sollte bald gerächt werden. Die alliierten Schiffe segelten schon bald auf Lepanto zu und trafen auf die türkische Flotte.

Agostino Barbarigo, der General-*Provveditore*, unter einem gelben Wimpel, kommandierte auf dem linken Flügel 53 Galeeren; Doria, unter der grünen Flagge, hatte ebensoviele Schiffe auf dem rechten Flügel, während Don Juan das mittlere Treffen von 61 Schiffen unter einem blauben Wimpel anführte. In jeder dieser Abteilungen gab es venezianische Schiffe. Die Fortuna, das Seepferd, der Doppelte Delphin, der Wiedererweckte Christ, der Große Wiedererweckte Christ und der Große Wiederauferstandene Christ folgten Barbarigo; andere Schiffe segelten mit Doria, während Unsere Liebe Frau, die Pyramis, die Palme, die St. Theodora, St. Jerome und St. Johann dem Flaggschiff Don Juans folgten.

Die Schlacht wurde am 7. Oktober geschlagen und endete mit einem großen Siege der Alliierten, von dem Cieco d'Adria in Venedig sofort behauptete, er habe ihn nach einem Studium der Kabbala vorhergesagt. Der Kampf hatte damit geendet, daß wehrlose Türken die Christen mit Orangen und Zitronen beworfen hatten. Die Christen antworteten in gleicher Weise, und es gab »beträchtliches Gelächter« auf beiden Seiten. Aber das Blutvergießen war fürchterlich gewesen – Tausende waren umgekommen, einschließlich des General-*Provveditores* Barbarigo und anderer venezianischer Edelleute. Aber auch durch Lepanto wurde Zypern für die Republik nicht zurückgewonnen. Es verhinderte nicht einmal den weiteren Vormarsch der Türken nach Westen, mag aber wohl zu einer Änderung der Stoßrichtung geführt haben.

Trotzdem erlebte Venedig eine große Entlastung. Dankgottesdienste wurden in der Markuskirche abgehalten, Calio Magno komponierte ein Oratorium mit dem Titel »Christi Triumph beim Sieg über die Türken«. Es wurden öffentliche Reden zu Ehren der Gefallenen bei einem Staatsbankett gehalten. Die Deutschen schmückten ihr Fondaco mit Wandbehängen, beleuchteten es mit Fackeln und brannten drei Nächte lang Feuerwerke ab, und ein neuer Karneval-Festzug fand auf der Piazza statt.

Während 189 Musiker Werke von Gabrieli spielten, zogen wieder »Hoffnung« und »christliche Nächstenliebe« vorbei, und der »Glaube« auf seinem Festwagen stampfte auf einem »türkischen Drachen« herum. Türkische Gefangene in Ketten marschierten zwischen Festwagen, die Darstellungen der vier Haupttugenden trugen sowie Personifikationen von Rom und Spanien, einen »Blick auf die Straße von Gibraltar und die Pyrenäen«, »Venedig« mit einem Stucklöwen sowie eine in roten Samt gekleidete Frau mit Palmen- und Lorbeerkränzen als Verkörperung des Sieges.

Es folgten weitere sieben Tableaux, die das Venezianische Jahr symbolisierten. Das erste zeigte den Neujahrstag, der Süßigkeiten unter das Volk warf. Danach folgte die fette Figur des Karnevals. Eine alte, gebeugte, schwarzgekleidete Frau stellte die Fastenzeit dar, Ostern war durch Kühe und Melkerinnen gekennzeichnet. Juwelenbehängte Frauen, umgeben von trompetenblasenden Kindern und Kaufleuten mit ihren Waren sollten den Himmelfahrtstag symbolisieren. Ein Bacchus stellte den ersten August dar und Sänger und Trinker den St. Martins-Tag. Zuletzt folgte, geflügelt und mit weißem Bart, »Vater Chronos« und ein winterliches symbolisches Bild, der »Triumph des Todes«.

Jeder Stadtbezirk hatte dazu seine eigene Schau. Der Marktbezirk nördlich der Rialtobrücke verwandelte sich in ein Märchenland mit Wandbehängen, Flaggentüchern, Kerzen und Baldachinen. Eine glückliche Menge drängte sich in den Straßen, Gemälde von Tizian, Raffael, den Bellinis und Bassanos sowie anderen Meistern wurden herumgeschwenkt, und die allgemeine Fröhlichkeit war so groß, daß, wie ein Zeitgenosse beteuert, sogar die Taschendiebe Feierabend machten.

Im Dezember 1571 wurden, »aus Dankbarkeit für Jesus Christus, unseren geliebten Verteidiger und Beschützer« und um Venedigs Kreuzfahrermentalität zu betonen, die Juden aus den Territorien der Republik ausgewiesen. Es scheint, daß die Juden von Korfu dieser Maßnahme nicht unterlagen, und schon nach kaum zwei Jahren durften Juden ihre Bankgeschäfte in Venedig wieder betreiben, allerdings unter der Bedingung, daß sie sich verpflichteten, 50000 Dukaten für kleine Darlehen an arme Leute bereitzuhalten, die nur gegen den niedrigen Zinssatz von fünf Prozent verliehen werden durften.

Diese Konzession fiel mit dem Friedensschluß mit der Türkei zusammen, bei dem Solomon Aschkenesi, ein im venezianischen Udine geborener Jude, der nach Polen und von da in die Türkei ausgewandert war, als Vertreter des Sultans auftrat. Laut Vertrag mußte Venedig Zypern abtreten, einer Kriegsentschädigungszahlung von 300000 Dukaten zustimmen und für die Insel Zakynthos jährlich einen Tribut von 1500 Dukaten entrichten. Der Krieg war trotz des Sieges von Lepanto verloren, und die Türken hatten auch schon die von den Alliierten zerstörte große Flotte wieder ersetzt.

Papst Gregor XVIII. war wütend über das Abkommen, das heimlich und ohne sein Mitwirken zustande gekommen war. Sogar die Exkommunikation wurde seinerseits erörtert, aber irgendeine wohlüberlegte Konzession, wahrscheinlich bezüglich der religiösen Zensur, glättete die Wogen. Im selben Jahr wurde

Paolo Veronese zum Heiligen Stuhl zitiert und ihm Vorhaltungen gemacht, weil er weltliche Figuren bei seinem »Heiligen Abendmahl« mit verwendet hatte. Kühlen Kopfes veränderte er nur den Titel des Bildes in »Abendmahl im Hause Levi«.

Schließlich hatte Venedig auch allen Grund, Frieden fast um jeden Preis zu machen. Türkische Überfälle während des Krieges hatten den Ionischen Inseln große Schäden zugefügt. Die dünnbesiedelten venezianischen Kolonien längs der dalmatinischen Küste waren vom türkisch besetzten Binnenland her leicht anzugreifen, und in Kreta schienen die unterdrückten Bauern der Ebenen einer Rebellion ganz nahe zu sein. Auch in Venedig selbst befürchtete man eine Revolte, denn der Krieg hatte zu neuer Nahrungsmittelknappheit geführt, die, laut einem zeitgenössischen Bericht, durch die »Habgier der Geistlichen beim Kauf und der Verteilung von schlechten Lebensmitteln« mitverursacht war, wodurch, »viel Krankheit, viele Todesfälle und große Unordnung« hervorgerufen wurden.

Eine Unmenge verkrüppelter Veteranen und anderer Armer bildeten eine untragbare last für die karitativen Einrichtungen der Stadt, außerdem hatte die Pest des Jahres 1570 die Rezession noch schlimmer gemacht; das alles wirkte zusammen, das Unglück und die Unzufriedenheit in der Stadt noch zu steigern.

Die Erholung ging nur langsam vonstatten. Der private Schiffbau war zusammen mit dem Handel zurückgegangen, als der Gewürzhandel Venedig erneut entglitt. Zwar wurden noch große Mengen von Baumwolle transportiert, aber der venezianische Markt für dieses und andere orientalische Güter beschränkte sich bald nur noch auf Italien und Deutschland, weil die Engländer und Holländer auf eigene Faust im Mittelmeer Handel zu treiben begannen. Die Woll- und Seidenmanufakturen hatten den Höhepunkt ihrer Produktion überschritten, die Zuckerraffinerien der Stadt litten unter dem Verlust Zyperns, und die Zahl der Beschäftigten stagnierte, während die Bevölkerung weiterhin zunahm.

Die Gefahr eines Volksaufstandes nahm jedoch langsam ab. Als im Mai 1574 ein Feuer im Dogenpalast ausbrach, da stürmten die *arsenalotti* nicht nur herbei, um zu löschen, sondern sie lehnten sogar eine ihnen gebotene Belohnung von 500 Dukaten ab.

1577 spielte sich das gleiche noch einmal ab. Es war dies zwar nur ein kleines Zeichen, aber es bewies doch, mit wieviel Geschick Venedig regiert wurde. Die Regierung wurde zwar von einer Handvoll reicher alter Männer ausgeübt, doch diese hatten ein untrügliches Gefühl für die Volksstimmung und wußten, was zu ihrer Beruhigung getan werden mußte. Ein Zeitgenosse pries sie – nicht ganz unverdient – als »die besten und weisesten«. Er analysierte auch die besondere Form des Patriotismus, der die herrschende Klasse in Venedig anfeuerte und die Republik zusammenhielt. Es sei die Gemeinschaft, erklärte er, die sich der Erhaltung des von ihr am meisten Geschätzten verschrieben habe – ihrer Güter, Kinder, Familien und Freunde sowie des »allerhöchsten Gutes« – der Tugend.

Der Standard, nach dem man zu streben hatte, war Tugend und Vortrefflichkeit. 1574, als Heinrich III. von Frankreich erwartet wurde, wurden die Gesetze gegen Luxus für zehn Tage ausgesetzt, damit der Adel die Besucher mit dem Aufwand seiner Aufmachung – den viele sich allerding nur sehr schlecht leisten konnten – beeindrucken sollte. Der König wurde im Palast der Foscari untergebracht, der mit Wandbehängen geschmückt war, die das goldene Lilienwappen zeigten. Er wurde auch im »Arsenal« herumgeführt, wo eine Galeere innerhalb einer Stunde zusammengesetzt, vom Stapel gelassen und mit Waffen ausgerüstet wurde, um ihm zu imponieren. Sein Weg führte ihn durch einen von Palladio entworfenen und von Veronese und Tintoretto ausgemalten Triumphbogen, und er wurde mit einem Bankett für 3000 Personen geehrt, bei dem 1200 Gerichte aufgetischt wurden. lateinische Lieder, auf dem Canal Grande gesungen, ertönten zu seinem Lobe. Auch ein Wasser-Schauspiel, bei dem »Seeungeheuer« Rauchwolken ausspien, fand ihm zu Ehren statt. Es war eine Schaustellung venezianischer Errungenschaften, bei der auch das einfache Volk eine Rolle spielte. Allerdings war es eine Erfahrung ganz anderer Art, die schließlich einen soliden, alle Klassen umfassenden Patriotismus zuwege brachte, wie ihn weder die Umzüge und Schaugepränge noch der türkische Krieg hatten hervorbringen können. 1575 flammte der Typhus in der *terraferma* erneut auf. Sofort wurden Quarantänemaßnahmen ergriffen, wodurch allerdings der Verkehr zwischen den venezianischen Städten zum Erliegen kam und die Industrie wegen Rohmaterialknappheit nicht weitermachen konnte. Verona verlor mehr Menschen durch den durch Arbeitslosigkeit verursachten Hunger als durch die Krankheit. »Diese Unglücklichen«, heißt es in einer Bittschrift, »können auf keine Linderung hoffen, denn sie sind in einer Stadt gefangen, die mit ihren Nachbarn keinen Handel treiben darf.« Aber es sollte noch schlimmer kommen, denn im März brach die Pest in Venedig aus.

Eine Inschrift in der *Scuola di San Rocco* erinnert an das furchtbare Geschehen. »Im Jahre 1576, als Alvise Mocenigo Doge war, brach eine ansteckende Pestilenz aus. Keine hat so lange gedauert, keine hat mehr zerstört. Es war eine Strafe für unsere Sünden.« Die Stadt war von Leichen übersät, in jeder Straße hörte man Schluchzen und Wehklagen, und die entsetzten Menschen stürzten in panischer Flucht aufs Land. Läden Fabriken und Schulen schlossen ihre Tore, die Sitzungen des Großen Rats wurden nur noch von 250 Mitgliedern besucht statt von 1500.

»Jemand, der noch morgens im Kollegium gesprochen hatte«, schrieb der Zeitgenosse Morosini, »war oft abends schon tot.« Mindestens 300 Adlige starben an der Seuche. Aber die Pest traf die Armen, die nicht so leicht fliehen konnten und deren schmutzige Unterkünfte die schwarzen Ratten und ihre tödlichen Flöhe beherbergten, mit noch viel größerer Gewalt.

Den ganzen Sommer über wütete die Pest. Als sie schließlich aufhörte, waren 50000 Venezianer umgekommen. Padua, hatte ein Drittel seiner Einwohnerschaft verloren, und die *terraferma* insgesamt zwischen einem Viertel und einem Drittel. Doch so schrecklich diese Geißel auch gewütet hatte, in mancher Hinsicht hatte sie auch ihr Gutes gehabt. Die Einwohnerschaft war bis dahin viel rascher gewachsen als ihre Wirtschaft, und die Pest hatte diese Entwicklung gebremst. Obgleich die Wirtschaft durch die Quarantänemaßnahmen sehr geschädigt worden war, brachte man die Industrie nun rasch wieder auf die Füße. Man erlaubte auswärtigen Handwerkern den Zuzug nach Venedig, Amnestien wurden für verbannte Seeleute, Glasbläser, Schiffbauer und Textilarbeiter erlassen und die Löhne für Handwerksmeister beträchtlich erhöht.

Eines der schönsten Bauwerke von Venedig verdankt seine Entstehung ebenfalls der Pest der siebziger Jahre. Es ist dies die Kapuzinerkirche, die von Palladio entworfen wurde und die *Redentore* genannt wird. Auf dem Höhepunkt der Seuche hatte die Regierung ihren Bau als Sühneopfer beschlossen. Viele glaubten auch, daß die Pest an dem Tage zurückging, als dieses feierliche Versprechen abgegeben wurde. Ganz allgemein hielt man von venezianischen Gebeten so viel, daß 1579 die von der Pest heimgesuchten Genuesen den Dogen baten, einen besonderen Gottesdienst und eine Prozession abhalten zu lassen, damit sie von der Seuche befreit würden.

Die *Redentore-* entstand nur sehr allmählich und überschritt den Kostenvoranschlag um 700 %. Jedes Jahr im Juli pflegten der Doge und die Senatoren ihrem Gelübde nachzukommen und einer Gedenkmesse beizuwohnen, wozu sie in feierlichem Zuge und im vollen Amtsschmuck über eine Pontonbrücke die Giudecca überschritten. Und diese neue *festa* vereinigt die Venezianer aller Schichten in inbrünstiger Dankbarkeit, bis schließlich die Schrecken der Pest nur noch Erinnerung waren. Venedig, die Stadt der 300 Kirchen, näherte sich der Jahrtausendfeier. Noch immer besaß sie ein Imperium, den Ruf der Stabilität und ein Talent für das Schaugepränge, das in der Welt nicht seinesgleichen hatte. Aber ihre Macht verfiel zusehends. Die geographische Lage, die Venedig zur reichsten Stadt Europas gemacht hatte, wirkte sich nun, wo die Handelswege anders verliefen, zum Nachteil der Stadt aus. Andere Mächte entkleideten sie schon bald ihrer Lorbeeren als Königin der Meere. Das Glück, das ihr so lange treu geblieben war, verließ sie nun Schritt um Schritt. Und damit begann der langsame Niedergang.

XIII

PIRATERIE UND WIRTSCHAFTSKRISE

Einen Augenblick lang schien es in den achtziger Jahren des 16. Jahrhunderts, als ginge es Venedig gut. Die Republik, schrieb Nicolò Contarini, hatte gute Beziehungen mit allen Ländern; Handelsgüter flossen der Stadt in größeren Mengen zu als je zuvor, und Venedig hatte »einen Überfluß an allen jenen Dingen, die die Fruchtbarkeit des Landes, der Fleiß der Menschen und eine günstige Lage gewöhnlich einem gut geregelten Gemeinwesen einbringen.« Aber ein stetig wachsender Anteil an Venedigs Handel wurde von ausländischen Schiffen bewältigt, und die guten Beziehungen waren von der Notwendigkeit diktiert, eine passivere Rolle zu spielen, als Venedig das in den Tagen seiner Größe nötig gehabt hatte. Es stand machtpolitisch im Schatten Spaniens und der Türkei, und die Holländer und Engländer, deren Geschick und Mut auf den Meeren sie von der Ostsee bis in den Atlantik mächtig gemacht hatten, durchstreiften das Mittelmeer schon bald auf der Suche nach gewinnbringenden Geschäften. Denn dies war ja schließlich die Zeit des der Piraterie nicht abgeneigten Sir Francis Drake, und Seeräuber unter mancherlei Flagge sollten schon bald der venezianischen Vormacht auf See den Todesstoß versetzen.

Zwar besuchten venezianische Handelschiffe noch immer spanische Häfen und segelten in die Levante, aber sie hielten sich dabei möglichst dicht an der Küste aus Angst vor einem räuberischen Überfall. Die Piraten selber gehörten verschiedenen Gruppen an. Da gab es die muslimischen Korsaren von der Küste der Berberei und die Ritter des St. Stephan- und des Johanniterordens, die im Namen Christi plünderten. Die Uskoken von der Küste Fiumes jagten auf eigene Rechnung fremde Schiffe, und die spanischen Galeonen mit der Basis Neapel sowie Engländer und Holländer machten ebenfalls Jagd auf Beuteschiffe.

Von Zeit zu Zeit wandten sich auch die Venezianer der Freibeuterei zu. 1584 wurde Gabriele Emo für die Plünderung einer türkischen Galeere geköpft, aber im ganzen litten die Venezianer mehr, als sie andere leiden machten. Wenn Spanien gegen England kämpfte oder die christlichen Mächte sich mit den Türken anlegten, dann achtete keine der beiden Seiten die venezianische Neutralität. Manchmal allerdings gab ihnen ihr Gewissen ein, gefangene Seeleute zu foltern, damit sie falsche Geständnisse des Inhalts unterzeichneten, daß ihr Schiff mit jüdischen oder türkischen Waren beladen gewesen sei. Mit solchen Piraten fertig zu werden, gelang der Republik nur schlecht.

Zu Anfang der 1580er Jahre gelang es einer venezianischen Flottille unter Filippo Pasqualigo, die Ritter des St. Stephan- und des Johanniterordens aus den Gewässern um Kreta zu vertreiben, aber die venezianischen Verluste nahmen stetig zu, und zum Teil war das einem verfehlten Vertrauen zu den christlichen Mächten zuzuschreiben zum Teil aber auch ungenügender Feindaufklärung. 1584 hatte der *Provveditore* Nicolò Surian den Senat dringend aufgefordert, den Türken nicht soviel Beachtung zu schenken und wachsamer gegen westliche Mächte in den östlichen Gewässern zu sein. Florentiner, maltesische und sizilianische Kaperschiffe, die in venezianischen Häfen anlegten, »holten sich soviel zuverlässige Auskünfte über die Schiffe Eurer Hoheit«, wie sie wollten, warnte er, aber venezianische Kriegsschiffe konnten in Venedig keine oder nur falsche Informationen über den Aufenthalt von Piraten erhalten. Einige Galeeren mehr wurden dann wohl ausgesandt, um mit der Gefahr fertig zu werden, aber die venezianische Flotte war insgesamt nicht mehr groß genug, um einen ausreichenden Schutz zu gewährleisten.

Schon jahrelang waren keine neuen Galeeren mehr gebaut worden, und die Anzahl der im Dienst stehenden Schiffe war ständig zurückgegangen. 1581 hatte es noch 146 Galeeren gegeben, 1586 waren es nur noch 95. Da die Arbeit im »Arsenal« sich nur auf Instandhaltung und Reparaturen beschränkte, waren viele Handwerker fortgegangen, einige in andere Häfen gezogen. Mit dem Beschäftigungsrückgang waren auch die Löhne gefallen – und das bedeutete Unruhen.

Im November 1581 hatten Kalfaterer die staatlichen Ämter gestürmt und mehr Lohn verlangt. Als das nicht gewährt wurde, hatten sie einen staatlichen Getreidespeicher geplündert. Hinzu kam noch, daß auch beim Anlaufen eines bescheidenen Bauprogramms die Zahl der Beschäftigten im »Arsenal« nicht anstieg. 1592 waren nur 431 Zimmerer, 786 Kalfaterer und 161 Ruderschnitzer dort beschäftigt, also kaum die Hälfte der Beschäftigten zu Anfang der siebziger Jahre nach dem Siege von Lepanto. Zwar subventionierte und finanzierte der Staat noch immer Schiffsbauten auf privaten Werften, aber das Gewerbe als Ganzes konnte sich von der Rezession nie völlig erholen, und die Schiffbauer mußten zuschauen, wie ihr Lebensstandard immer weiter sank, weil die Lebensmittelpreise wieder einmal spektakulär anstiegen.

In den späten siebziger und frühen achtziger Jahren stieg der Weizenpreis um etwa 20 Prozent. Zwischen 1585 und 1590 um weitere 25 Prozent und wegen der Hungersnot im gesamten Mittelmeergebiet zwischen 1590 und 1595 um nicht weniger als 75 Prozent. Bis in die späten achtziger Jahre scheinen die Löhne der übrigen Arbeiter mit der Inflation Schritt gehalten zu haben, aber dann fielen die Reallöhne ganz erschreckend wegen einer Bevölkerungsexplosion. 1581 hatte die Bevölkerung noch 135 000 betragen, 1593 aber schon fast 156 000 erreicht. Da Einwanderer in Scharen auf der Suche nach Arbeit nach Venedig strömten, können ungelernte Arbeiter, wie Lastenträger, die im Jahr achtzehn Wochen im »Arsenal« für einen Hungerlohn arbeiten oder aber für ihre Freistellung zahlen mußten, kaum genug zum Leben verdient haben. Noch schlimmer ging es jedoch den venezianischen Seeleuten.

Wie der *Provveditore* Surian 1583 bemerkte, gab es keine Freiwilligen für die Flotte, außer Kriminellen, Dummköpfen, Schuldnern oder Trinkern. Von den ausgeteilten Rationen konnte keiner leben. Die Besatzungen wurden schlecht behandelt, und die Kapitäne steckten oft das Geld ein, von dem die Leute bezahlt werden oder Prämien erhalten sollten, so daß auf die Galeeren geschickte Bankrotteure alle Hoffnung verloren, ihre Schulden je zahlen und freikommen zu können. Andere Verurteilte wurden viel länger dabehalten, als ihre Freiheitsstrafe betrug. Aber wenn ein Mann vom Schiff entlief, wurde den Männern seiner Ruderbank eine Hand abgeschlagen.

Im Winter, wenn die Piraten am aktivsten waren, hatten die Ruderer die größten Verluste, denn die einzige Decke für drei

Mann konnte die Kälte und den Regen nicht abhalten, so daß vielen die Glieder erfroren und eine große Zahl der Verurteilten starb. »Es kostet Eure Hoheit gutes Geld, diese Armseligen zu füttern, zu kleiden und ärztlich zu versorgen«, berichtete Nicolò Dona im Jahre 1599, »und doch sind sie schlecht gekleidet, sehr schlecht ernährt, und keiner kümmert sich um die Erkrankten.«

Das war das Los der Besatzungen der venezianischen Kriegsflotte – der fünf Galeeren, die die istrische Küste vor den Uskoken schützten; der vier Schiffe unter dem Gouverneur der Verdammten, die in der nördlichen Adria patroullierten; der sieben Galeeren unter dem Kapitän des Golfes, die in der südlichen Adria operierten; der zwölf Galeeren, die den Zugang zu den Ionischen Inseln verteidigten, und der vier Triremen, die Kreta bewachten. Aber auch die Kapitäne hatten Klagen wegen ihrer eigenen unzulänglichen Bezahlung, was sowohl die schlechte Behandlung erklärt, die sie den Besatzungen angedeihen ließen, als auch die Tatsache, daß sich selten ein Edelmann zu diesem Dienst bereit fand.

Pasqualigo selbst hatte scharf protestiert, »daß Gehälter, die vor dreihundert Jahren angemessen waren, für die heutigen Lebenskosten nicht ausreichen können«, und andere Beamte waren ganz seiner Meinung. 1594 beklagte sich der Gesandte Tommaso Contarini, sein Gehalt »reiche kaum für Nahrung, Unterhalt der Pferde, Brot und Wein«, und tatsächlich mußte er aus eigener Tasche zuzahlen, da es seit 1561 kaum eine Erhöhung der Spesenbezüge gegeben hatte. Es war wirklich ein Wunder, daß die venezianischen Kommandeure und Administratoren noch so tüchtig in ihrem Dienst waren. Es gab jedoch auch Edelleute in Venedig, die sich in finanziellen Schwierigkeiten befanden; die einst so reiche Familie Zeno von San Pantalon kämpfte verzweifelt darum, einen Haushalt von vierundzwanzig Personen von den Einkünften einiger halbverfallener Häuser zu bestreiten, nachdem sie durch die Ausrüstung von drei Schiffen für den Türkenkrieg und durch die Überschwemmung von Landgütern, in die sie sehr viel Geld hineingesteckt hatten, gänzlich verarmt war.

Wie schon der Prokurator Contarini zehn Jahre zuvor bemerkt

hatte, war der Adel, ob reich oder arm, einfach überlastet. Die aufeinanderfolgenden Schläge durch Krieg, Pest und Hungersnöte hatten zur Folge, daß Töchter ohne Aussteuer, Witwen ohne Versorgung und Kinder ohne ausreichende Ernährung zurückgeblieben waren. Wenn auch manche Familien Einkommen über 20000 Dukaten jährlich und viele ein Einkommen zwischen 4000 und 8000 Dukaten hatten, so mußte doch eine zunehmende Zahl von Adelsfamilien von Almosen leben.

Zwischen 1587 und 1589 erfuhren fünfundzwanzig adlige Männer und Frauen, darunter Träger so stolzer Namen wie Zorzi, Canale, Dolfin und Balbi, was es heißt und welche Not es bedeutet, von nur einer einzigen mildtätigen Organisation abhängig zu sein. Zwischen 1590 und 1620 reichten fünfzig Patrizier Bittschriften um Steuererlaß und andere finanzielle Hilfe beim Senat ein. Immer weniger Edelleute heirateten, und dann auch möglichst spät, um die Anzahl der Kinder geringer zu halten. Der Niedergang des Adels erfuhr somit eine beträchtliche Beschleunigung.

Außerhalb des Adels gab es einige Männer, die sich den aufwendigen Lebensstil erlauben konnten, den manche Adlige sich weit über ihre Mittel hinaus noch immer gestatteten. Aber ihre Zahl war klein im Vergleich zur Masse der Armen. Während die *Scuole Grandi* noch reich genug waren, für ihre eigenen bedürftigen Mitglieder und noch einige andere zu sorgen, standen sie dem wachsenden Meer der Bedürftigkeit machtlos gegenüber. Noch immer verbrauchten die *Scuole* große Summen für ihre Umzüge, aber die Regierung verlangte es ja von ihnen zur größeren Ehre des Staates, und außerdem war die zeremonielle Zurschaustellung der Reliquien der *Scoule* ja auch ein Mittel, die Kassen zu füllen. Die San Rocco-Stiftung steigerte den Betrag für mildtätige Werke von 2500 Dukaten jährlich in den siebziger auf fast 4850 Dukaten in den neunziger Jahren. Aber wegen der Inflation konnten selbst so kräftige Steigerungen mit der Not nicht Schritt halten. Auch der billige Geldverleih der Juden konnte es nicht, ebensowenig wie die Vorkehrungen der Stadt für ihre vier großen Waisenhäuser, die zusammen für etwa 3000 Kinder sorgten und Aussteuer für 300 Mädchen stifteten.

Stinkende, ausgehungerte Einwanderer aus den Hungergebieten überfluteten die Stadt auch weiterhin. Sie bettelten überall um Soldi, unterbrachen sogar den Gottesdienst mit ihrer Bettelei. 1595 befahl die Regierung schließlich die Umwandlung der alten Leprakolonie S. Lazzaro in eine Unterkunft für diese »Unglücklichen«, damit sie nicht »in den Straßen sterben ohne die Sakramente der Heiligen Kirche, wie das oft vorgekommen ist«, wenngleich der Antrag im Großen Rat, der dieses zuwege brachte, gleichzeitig forderte, die Stadt »von den enormen Skandalen und Sünden zu reinigen, die durch die turbulenten Bettlermassen verübt« werden. Im Jahre 1600 baten die Mendicanti um einen Platz für einen Hospizbau, um »die Stadt und die Kirchen von den armen Bettlern zu befreien, die die Straßen unsicher machen und alle Menschen belästigen« und um zumindest »einige arme Seelen vor dem Teufel zu bewahren, der sie mit allen Arten von Exzessen und brutalem Laster umgarnt hat«. Die Regierung konnte schließlich nur die Armengesetze erneuern und »fremde« Bettler aus der Stadt weisen.

So sah die gefährlich instabile Lage aus, mit der eine Gruppe junger Adliger, die sich die *giovani* nannten, fertig zu werden hoffte. Diese *giovani* waren Intellektuelle, die ein Wiederaufleben der venezianischen Literatur und Bildung anstrebten, gleichzeitig aber auch eifrige Reformer waren. Sie wollten das politische und wirtschaftliche Leben umgestalten und »Genügsamkeit, Bescheidenheit, Güte und andere ehrliche Bräuche« in das venezianische Leben wieder einführen. Sie waren nicht ohne Einfluß, da ihr Führer Leonardo Dona Gesandter in Spanien und beim Kaiser gewesen war und auch andere Mitglieder, darunter Nicolò Contarini und Paolo Paruta, über große Erfahrung im Staatsdienst verfügten. Auch fehlte es ihnen nicht an Unterstützung.

Ihre erste und gefährlichste Errungenschaft war der von Erfolg gekrönte Angriff gegen den Rat der Zehn 1582, bei dem sie sich auf die sonst so unterwürfige *Quarantia al Criminal* stützten. Die Zehn verloren viele Rechte, die sie sich im Laufe der Zeit angeeignet hatten. Die Finanzpolitik gelangte in die Hände des Senats, die Senatoren-Junta der Zehn wurde abgeschafft, und das ganze dichte plutokratische System in dem eine Handvoll mächtiger Adliger alles bestimmt und beeinflußt hatte, wurde dadurch aufgebrochen, daß nun viel mehr arme Adlige Senatoren werden konnten.

In der Außenpolitik war Dona, der einen Bruder bei Lepanto verloren hatte, antitürkisch eingestellt, aber andere *giovani* gfürchteten die spanische Bedrohung noch mehr. Ihre wirtschaftlichen Ideen zeitigten jedoch unmittelbar größere Veränderungen als ihre politischen. Dazu gehörte die Vergrößerung der Handelsmarine durch den Kauf von Schiffen im Ausland, Förderung der venezianischen Industrie, wenn auch auf Kosten der *terraferma*, Reform des Geldwesens und Reduzierung der Staatsschulden.

Die Rückzahlung der 5,7 Millionen Dukaten betragenden Schuld aus dem Türkenkrieg hatte schon begonnen und wurde 1584 abgeschlossen, wodurch das Schatzamt um jährlich 500000 Dukaten entlastet wurde, die als Zinszahlungen sonst hätten geleistet werden müssen. Um 1600 hatte der Staat auch mit der Liquidierung der alten Schuldverschreibungen (Anleihen) begonnen, aber mit dem Währungsproblem wurde er nicht fertig. Kaiserliche Taler, spanische Reals und Piaster waren die führenden europäischen Währungen, und das in Spanien in großem Umfang ausgemünzte amerikanische Silber wirkte sich ungünstig auf den Dukaten aus und trieb die Preise noch mehr in die Höhe. Andererseits löste die Regierung endlich doch das uralte Problem der Unzuverlässigkeit des venezianischen Bankwesens.

Von den 103 Banken, die überhaupt in Venedig gegründet worden waren, hatten nur sieben nicht Bankrott gemacht, und 1584 erfolgte auch noch der Bankrott der Bankiers Pisani und Tiepolo, der große Verwirrung in der Geschäftswelt hervorrief, weil damit das Kreditwesen zusammenbrach. Ein Versuch von 1584–85, eine Staatsbank ins Leben zu rufen, scheiterte an der lautstarken Opposition, aber 1587 wurde dennoch eine begründet – die *Banco della Piazza di Rialto*.

Da diese Bank weder Geld verleihen noch spekulieren durfe (obgleich Überziehungen trotz dieses Verbots möglich waren), flößte sie von Anfang an Vertrauen ein. Da es ihr erlaubt war, in ihren Büchern den Transfer von Zahlungen vorzunehmen, lief der venezianische Handel bald wie geschmiert. Sechs Jahre später, als die Bank den Befehl bekam, Wechselgeschäfte zu erledigen, wurde das venezianische Bankgeld auch zu einem im Ausland angenommenen Zahlungsmittel. Zwar wurde einige Jahre später auch eine Privatbank eröffnet, um diesen Dienst im Handelsverkehr noch zu ergänzen, aber diese unterlag sehr strengen Auflagen.

Die Regierung ging auch energisch gegen die Uskoken vor. Sie verfolgte die Späher dieser Piraten in venezianischen Häfen, rüstete vier starke »Bastard-Galeeren« aus und verordnete, daß alle Waren, die aus türkischen Häfen über die Adria nach Venedig gebracht würden, nur auf diesen Galeeren transportiert werden dürften. Für diesen sicheren Transport war allerdings die doppelte Frachtrate zu zahlen. Infolge dieser und anderer Maßnahmen erreichte die Geschäftigkeit im Hafen von Venedig in den letzten Jahren des Jahrhunderts wieder einen hohen Stand. Ein Teil des Gewürzhandels wurde wiedergewonnen, die ganau überwachte Textilindustrie der Stadt produzierte wieder, und die Nachfrage nach Exporten war groß. Um 1600 war die *terraferma* wieder so weit, genügend Nahrungsmittel für die Städte produzieren zu können und mitunter noch etwas für den Export zu erübrigen. Trotz der Inflation schien es, als ginge Venedig neuem Wohlstand entgegen.

Die Erholung war zwar nicht von langer Dauer, aber die Republik hatte alle Ursache, Gott dafür zu danken. Die meisten Venezianer waren wahrscheinlich nicht weniger fromm als früher, trotz der Erschütterung des Glaubens durch die Gegensätze der Konfessionen und trotz der Tatsache, daß es Männer gab, die gotteslästerliche Reden sogar vor dem Hause des Nuntius führten. Aber ihre Frömmigkeit ging nicht mehr so tief. Es gab noch Flagellantenprozessionen, aber die Teilnehmer waren speziell dafür angeworben, und auch der S. Rocco-Kult zog nicht mehr soviel Publikum an. Wenn auch ein Fremder bemerkte, es gäbe »keinen Ort, wo Kirchen mehr besucht, Predigten mehr beachtet, Geistliche mehr geehrt und der Gottesdienst großartiger zelebriert« werde als in Venedig, so waren die überfüllten Konvente doch zum großen Teil der Menge unverheirateter Damen zuzuschreiben, die keine Mitgift hatten. Die Keuschheitsgelübde so vieler Adliger waren Ausdruck dafür, daß es galt, ein Erbe ungeteilt zu erhalten, und die Beliebtheit, der sich die kirchliche Laufbahn beim Adel erfreute, hing ebensoviel mit der Aussicht, vielleicht einen reichen Bischofssitz zu erhalten, zusammen wie mit der Reinheit dieses Berufes.

Die Frömmigkeit der *giovani* war zwar echt, ihre Theologie jedoch höchst patriotisch. Ihre Einstellung gegenüber Rom wurde hauptsächlich von venezianischen Interessen diktiert, insbesondere von den Interessen des Adels. Sie wollten gute Beziehungen mit dem Papst – denn wenn das Verhältnis zum Papsttum gut war, wurden Bischofssitze und Klöster mehr oder weniger entsprechend den Wünschen der Venezianer verteilt –, aber sie wollten sie nicht um jeden Preis. Sie betrachteten die Jesuiten mit großem Mißtrauen, insbesondere als diese eine Schule in Padua errichteten, die in Wettbewerb mit der örtlichen Universität trat. Sie weigerten sich auch, den Griechischen Bischof von Kythera Rom zu unterstellen, konfiszierten aber doch Exemplare des Anstoß erregenden Buches, das er geschrieben hatte. Dem verfolgten Galilei boten sie sicheren Unterschlupf in Padua und protestierten scharf gegen das päpstliche Dekret von 1592, demzufolge alle italienischen Bischöfe in Rom examiniert und bestätigt werden sollten.

Bald wurden die Beziehungen noch gespannter. Der Papst erklärte Ancona zum Freihafen in der Hoffnung, den Handel von Venedig dahin umzuleiten. Er bemächtigte sich auch Ferraras und versuchte, sich einen Teil des Handelsverkehrs auf dem Po zu sichern. Andererseits hatte Venedig verbannten Untertanen des Papstes Asyl gewährt und an den alten Methoden, Gemeindepriester selbst zu ernennen, festgehalten. Auch die antilutherische Kampagne, die es vierzig Jahre durchgehalten hatte, war nun abgeflaut. Als Klemens VIII. 1593 den Index der verbotenen Bücher herausgab, war die venezianische Regierung schwer verärgert, denn indem die Zensur des Papstes auch auf weltliche Bücher ausgedehnt wurde, drohte sie den Händen des Staates zu entgleiten. Paolo Paruta, ein führender *giovane* und venezianischer Gesandter beim Papst, sagte diesem: »Sie können nicht die Welt verändern und alle Menschen vollkommen machen.« Und er fügte hinzu, daß Zeit, die auf »schlechte Bücher« verwendet würde, nicht auf Taten verwendet werden könne, die noch viel schlechter wären.

Aber obgleich das Papsttum der Republik das Recht zugestand, die Zensur mit den kirchlichen Behörden gemeinsam auszuüben, erschien 1596 der Index auch in Venedig. Daraufhin ging die Zahl der Druckereien von 125 auf 40 zurück, und um 1601 war die Regierung schon so besorgt über diesen Niedergang, daß sie den Druckern verbot, die Stadt zu verlassen. Eine Lockerung der Pressegesetze trat jedoch nicht ein. 1604 ermächtigte die Regierung die Druckerzunft, die sie als direktes Kontrollorgan zu verwenden pflegte, sogar dazu, jedem Drucker, der sich nicht der Zunft anschloß, das Geschäft zu legen.

Als in den 1590er Jahren die Beziehungen zum Papsttum schlechter wurden, hatte das äußere Bild der Stadt eine neue Perfektion erreicht. Die Fondamente Nuove waren kürzlich längs dem Nordufer der Stadt gebaut, die Piazza neu gepflastert, die Steinbrücke am Rialto fertiggestellt worden. In diesem Augenblick erreichten ein junger Engländer namens Fynes Moryson und sein Bruder Venedig auf der Reise ins Heilige Land.

Aus Fynes Buch erfahren wir, daß die Morysons von Padua aus mit der täglich verkehrenden Barke auf der Brenta nach Venedig gekommen waren. Ihre Mitreisenden bestanden aus dem üblichen bunten Gemisch –, Mönchen, Studenten, Kurtisanen, gebildeten Herren –, aus deren Gesprächen Fynes soviel zu lernen verstand. Die alte Anekdote, die er wiedererzählt, über den Venezianer, der aufs Pferd steigt, das sich nicht bewegen will, woraufhin er ein Taschentush zieht und bemerkt: »Kein Wunder, daß es nicht vorwärtskommt, es herrscht Gegenwind«, ist zwar nur wiederaufgewärmt, aber sonst bietet Morysons Bericht ein wahrheitsgetreues, wenn auch oft anrüchiges Bild der Stadt Venedig gegen Ende des 17. Jahrhunderts.

»Wasserkanäle durchziehen diese Stadt«, schrieb er, »wie das Blut durch die Adern eines Mannes fließt.« Allerdings konnte die Flut sieben Fuß hoch steigen, wenn der Schirokko blies. Die Morysons ließen sich keine der Sehenswürdigkeiten entgehen – den belebten Rialto, San Marco, das »Arsenal«, das Ghetto, die Fährstationen, von denen aus Tag und Nacht gemietete Gondeln verkehrten, die zahlreichen Gärten mit »seltenen Kräutern, Pflanzen und Früchten«, die öffentlichen Bibliotheken und die Märkte, wo zumeist Männer für den Haushalt einkauften.

Hammel- und Kalbfleisch wurde da »in kleinen Stücken und nach Gewicht verkauft«, bemerkte Fynes mit Erstaunen. Und es gab da auch »eine Menge Fische, Hühner und Eier«, »großen Überfluß an rotem . . . und gesalzenem Hering, Sardellen, Anchovis und anderen eingemachten Fischen«. Außerdem Parmesankäse, Pilze Schnecken »und die Schenkel von Fröschen«. Solche Leckereien waren allerdings nur für die Reichen. Das »einfache Volk ißt wenig oder kein Fleisch oder Fisch . . . sondern nur Kräuter, Hülsenfrüchte, Schnecken und Schalentiere«, während der einfache Arbeiter sich von »reinem Weißbrot«, Gemüsen, Öl und Wein ernährt.

Moryson fand die Edelleute unerträglich hochnäsig, aber die üppigen Damen mit ihren hohen Stelzenschuhen und tief ausgeschnittenen Gewändern faszinierten ihn. »Sie zeigten den nackten Hals und Busen«, der mit Leinen ausgestopft und mit Kosmetika weiß gefärbt war. »Ihr Haar, gewöhnlich gelb, von der Sonne gebleicht« wurde hoch aufgetürmt und mit seidenen Blumen und künstlichen Perlen geschmückt.

Während des Karnevals gingen die Frauen wie auch die Männer gewöhnlich maskiert umher. Sie trugen dabei »Männerhosen, die vorne ganz und hinten zum Teil offen waren«. Die Kurtisanen, denen Fynes viel Aufmerksamkeit widmete, trugen Kleider, die vorne völlig offen waren, um zu verhindern, »daß sie knüllten«, wie er erklärt.

Moryson und sein Bruder verließen diese Fleischtöpfe schließlich, um ins Heilige Land zu fahren. Vorsorglich nahmen sie ihre eigenen Vorräte an getrockneten Früchten, »kühlendem Syrup« und »abführenden Medikamenten« mit. Sie besuchten Konstantinopel, Jaffa, Lydda und Jerusalem, aber der Bruder starb in der Levante, und Fynes kehrte allein nach Venedig zurück.

Morysons Betrachtungen über Schiffsreisen im Mittelmeer machen zumindest einen Grund für Venedigs Niedergang als Seemacht deutlich. Englische Schiffe brauchten die Hälfte der Zeit wie venezianische, schrieb er, um nach Syrien zu gelangen, teils weil ihre Schiffe leichter zu handhaben waren, dann aber auch, weil ihre Kapitäne mehr riskierten, denn die Venezianer, wie auch andere italienische Seeleute, wurden pro Tag bezahlt, so daß sie beim geringsten Anzeichen für Schlechtwetter einen

Hafen aufsuchten, während die Engländer pro Reise bezahlt wurden und daher die »Stürme auf See bestanden«.

Zu Morysons Zeit waren die Uskoken gerade wieder aktiver geworden. 1592 hatten sie die »Vidala« überfallen, die eine kleine Bucht aufgesucht hatte, um einem Sturm zu entgehen. Sie erbeuteten Waren im Werte von 130000 Dukaten und wurden mit der Zeit um so gefährlicher, als sie bei der dalmatinischen Küstenbevölkerung viel Sympathie genossen. Wie ihre Zeitgenossen, die Kosaken von Saporoschje, fanden es die Uskoken sehr bequem, sich für Kreuzfahrer auszugeben. Sie rutschten auf nackten Knien in die Kirchen, um Gott für eine profitable Unternehmung zu danken, und gaben auch ein Zehntel ihrer Beute der Geistlichkeit – und das war vielleicht auch der Grund, warum es hieß, die Franziskaner und Dominikaner von Senj und ihre örtlichen Gemeindepriester hätten den Uskoken nicht nur Mut gemacht, sonern auch selbst an den Überfällen teilgenommen.

1598 griff eine venezianische Truppe eine Stellung der Uskoken an und brachte ihnen Verluste von hundert Mann bei, und im Jahre 1600 intervenierten die Habsburger, um sie niederzuhalten, was aber nur kurze Zeit gelang. 1607 plünderten die Uskoken ein venezianisches Schiff, das türkische Waren nach Skutari brachte, brachten eine Fregatte auf, die Botschaften der Signoria an ihren Gesandten in Konstantinopel beförderte, und kaperten noch verschiedene andere Schiffe, wobei sie insgesamt Beute für 150000 Kronen machten. Einmal kaperten sie sogar eine venezianische Galeere. Und dabei waren die Uskoken nicht mal die einzigen, die Venedigs Handel bedrohten.

Von 1596 an hatte ein freibeuterischer spanischer Vizekönig begonnen, immer häufiger venezianische Schiffe festzuhalten, die in Neapel anlegten, und bis hin nach Korfu venezianische Schiffe zu beschlagnahmen, unter dem Vorwand, sie beförderten Waren, die Juden gehörten. Auch die Piraten der Berberei, die Türken und Malteser überfielen venezianische Schiffe, und zunehmend fanden sich auch holländische und englische Freibeuter.

Venezianische Galeeren fingen einige der Piraten zu Anfang des 17. Jahrhunderts, aber mit ihrer mangelhaften Manövrierfähigkeit, ihrer unzureichenden Seetüchtigkeit und dem geringen Schutz, den sie im Winter vor den Elementen boten, konnten sie es mit den hochgebauten Schiffen aus dem Norden nicht aufnehmen. 1603 verlor Venedig nicht weniger als zwölf große Handelsschiffe an diese Piraten, und danach wuchsen die Verluste beängstigend an.

Die Venezianer waren besonders auf die Engländer schlecht zu sprechen, denn diplomatisch bestanden gute Beziehungen zwischen den beiden Staaten. Doch nachdem sie durch ihre hohen Schutzzölle ihre Märkte den Venezianern verschlossen hatten und selbst »auf See höchst gewandt und mächtig« geworden waren, wie Contarini schrieb, waren die Engländer nun »in der Maske von Briganten, obgleich sie auch Waren brachten« in den venezianischen Gewässern aufgetaucht und »behandelten jedes Schiff, auf das sie trafen, als Feind, ohne zu unterscheiden, wem es gehörte«. Der Hauptfreibeuter John Ward war allerdings aus England verbannt worden. Er operierte von Tunis aus, und sein erster großer Erfolg trat im April 1607 ein, als er das herrliche bewaffnete Handelsschiff »Reniera e Soderina« kaperte, das majestätisch zwischen Syrien und Zypern dahersegelte. Ward rüstete dieses Schiff mit zusätzlichen sechzig Bronzekanonen aus und gebrauchte es als sein Flaggschiff, mit dem er im gleichen Jahr allein von venezianischen Schiffen Beute in Höhe von 400000 Kronen eroberte.

Die venezianische Handelsmarine, die in den letzten Jahrzehnten des 16. Jahrhunderts schon sehr zusammengeschrumpft war, teils wegen der veränderten Handelswege und der Piraterie, hauptsächlich jedoch wegen der Konkurrenz fremder Schiffe, wurde nun von den Piraten völlig aufgerieben. Um 1606 gab es nur noch dreizehn größere in Venedig gebaute Schiffe, und sogar als vierzehn im Ausland hergestellte Schiffe hinzukamen, betrug die Gesamttonnage der Handelsmarine 25 Prozent weniger als sie 1559 ausgemacht hatte. Außerdem bestand ein Mangel an militärisch ausgebildeten guten Seeleuten. Junge venezianische Edelleute erhielten noch immer Gehalt als Bogenschützen auf dem Achterdeck, aber sie gingen niemals wirklich zur See. Die Besatzungen, die das taten, waren »arme, wertlose und skrupellose Kreaturen«, wie Nicolò Lion 1605 schrieb. Sie waren nicht nur nicht willens zu kämpfen, sondern sie halfen auch häufig dem Feind und beteiligten sich am Plündern. Die Galeerenkommandeure, die in LorfuKorfu stationiert waren, berichteten ähnliches: »Kajüten- und Schiffsjungen in beim Trödler gekauften alten Lederwämsen« waren als Kämpfer angeheuert worden. »Sie hatten noch nie Feuerwaffen gesehen, geschweige denn in der Hand gehabt . . . und sie waren die ersten, ihre Waffen beim Herannahen eines feindlichen Schiffes niederzulegen und die Ladung des eigenen Schiffes zu plündern.«

Mit den wachsenden Schiffsverlusten stiegen auch die Versicherungskosten an. Um 1607 mußten bewaffnete Schiffe, die von Alexandria ausliefen, bis zu 14 Prozent Versicherungsprämie bezahlen, auch 16 Prozent wurden verlangt, und niemand fand sich, der ein unbewaffnetes Schiff versichert hätte.

Die Folgen für die Werften waren ernst. »Während in früheren Zeiten Schiffe und Boote ständig gebaut wurden«, heißt es in einem im August 1607 geschriebenen Bericht, »sind die Werften nun verlassen und die wenigen, noch im Gebrauch befindlichen Schiffe werden von sparsamen Leuten abgewrackt«, die es vorzogen, wenigstens das Holz und Eisen zu verwerten, statt die Schiffe und das übrige Kapital der »offenbaren Gefahr« auf See auszusetzen. Ein 1609 verfaßter Bericht schreibt den Verfall der venezianischen Handelsmarine dem Anmieten schnellerer englischer und holländischer hochgebauter Schiffe samt Offizieren und Mannschaften zu, »die geschickter als die Venezianer im Transport venezianischer Güter« waren, weswegen »keine Schiffe mehr in dieser Stadt gebaut werden . . . und der Seemannsberuf ausstirbt«.

Angesichts der Verluste war das kaum verwunderlich. 1606 gab Francesco Morosini den Verlust »von vier guten Schiffen und einer Galeone« an, »einige davon gestrandet, andere von Piraten gekapert«. »Wegen der schweren Verluste . . . durch englische . . . und andere Piratenschiffe und wegen der offensichtlichen und stets drohenden Gefahr ähnlicher oder noch schlimmerer Vorkommnisse«, hatten die Führer der Kaufmannschaft im Jahr zuvor geklagt, »ist der Handel mit der Levante, auf dem dieser Markt hauptsächlich beruht, auf ein so erbärmliches

Maß reduziert, daß, wenn die Regierung keine wirkungsvollen Maßnahmen ergreift, der völlige Zusammenbruch bevorsteht ... Es gibt Schiffe in dieser Stadt, die sofort in die Levante segeln könnten, die aber untätig liegenbleiben müssen, weil die Kaufleute ... ihr Kapital und ihre Güter nicht dem sicheren Verlust vaussetzen wollen.«

Der venezianische Handel ging ebenso zurück wie die Schiffahrt. Nach 1595, als die Holländer die Route um das Kap wieder eröffneten, nahm auch der noch verbliebene Rest des Gewürzhandels langsam ab. Zwischen 1597 und 1599 ging der venezianische Umschlag in Aleppo um ein Viertel zurück, und die dort wohnenden venezianischen Händler rechneten damit, »wegen der vielen holländischen Schiffe, die nach Indien fahren«, bald gänzlich aus dem Geschäft gedrängt zu werden.

Ihr Pessimismus war berechtigt. Mitverursacht durch die unsichere Lage im Türkischen Reich, belief sich der venezianische Importhandel aus Aleppo 1611 auf nur ein Drittel des früheren Umfangs. 1612 gab es nur noch drei venezianische Kaufleute in Konstantinopel, wo früher zwanzig ihre Geschäfte abgewickelt hatten. Die venezianische Baumwolleinfuhr aus Zypern war auch auf ein Viertel der Menge von 1599 gefallen. Das alte Sprichwort »Das Weiße und das Schwarze« – nämlich Baumwolle und Pfeffer – »machen Venedig reich« hatte keine Gültigkeit mehr.

Die Depression befand sich zwischen 1602 und 1612 auf ihrem Tiefpunkt. Die Zolleinnahmen gingen drastisch zurück, ebenso die Produktion, einige der größten venezianischen Unternehmen machten bankrott. Die Freihäfen Livorno und Marseille zogen fremde Schiffe an, die sonst Venedig angelaufen hätten. Dadruch wurde Venedigs Machtposition auf dem Wollmarkt schwer angeschlagen. Um 1609, als Galilei den Kampanile von San Marco mit Mitgliedern der Signoria bestieg, um ihnen die Wunder des Teleskops zu zeigen, mögen diese, als sie die Stadt und die Lagune durch das Wunderinstrument betrachteten, sich wohl gedacht haben, um wieviel geschäftiger sich die Werften, die Docks und Ankerplätze noch vor gar nicht so langer Zeit präsentiert hätten.

Nicht, daß die Regierung es an Bemühungen hätte fehlen lassen. Die Einführung von Galeassen – schwimmenden Festungen«, wie Nicolò Contarini sie nannte – im Jahre 1608, von denen jede hundert oder mehr ausgebildete Soldaten und dreißig Kanonen an Bord hatten, und die Wiedereinführung des Konvoizwanges hatte dazu geführt, daß mehr Freibeuterschiffe versenkt oder gekapert worden waren, und es gibt Anzeichen dafür, daß die Schiffahrt sich um 1611 wieder zu erholen begann und Versicherungsprämien billiger wurden. Aber die neuen Galeassen waren äußerst kostspielig, ihre Instandhaltung ungenügend und die Erholung als solche nicht sehr überzeugend. 1610 berichteten die Handelskommissare niedergedrückt, »unser Westhandel ist tot, unser Osthandel auf einige wenige Schiffe reduziert, und das bißchen an Waren, das uns noch erreicht, findet keine eifrigen Abnehmer, weil die ausländischen Kaufleute ihre Handelshäuser anderswohin verlegt haben«. Die Zahl der nach Ägypten, Syrien oder Konstantinopel segelnden Konvois wurde immer geringer, und um 1611 trauten sich die meisten nicht weiter nach Osten als bis nach Kreta. Venezianische Kaufleute überschritten zwar noch die Alpen, um in Deutschland Handel zu treiben, und operierten in Krakau und Prag, aber die Märkte in Frankreich, England und den Niederlanden waren verloren. Die Holländer und Engländer erzielten immer tiefere Einbrüche in die mitteleuropäischen Märkte, und der Dreißigjährige Krieg, der 1618 in Deutschland losbrach, kostete Venedig seinen letzten Hauptabnehmer in Europa. Die tiefste Erniedrigung war 1625 erreicht, als die Regierung Gewürze, die die Holländer hereingebracht hatten, als westliche Handelsgüter klassifizieren mußte.

Die größte Hilfe in disen Krisen war die aufstrebende Landwirtschaft. Mehr und mehr Brachland wurde kultiviert, und der venezianische Landbesitz nachnahm zu, was zur Verbilligung der Nahrungsmittelpreise beitrug und einigen Adligen viel Geld einbrachte. Die genaue Landvermessung der Provinzen Bergamo und Brescia von 1596 und 1610 spiegelte die Wichtigkeit wider, die die Regierung den Festlandbesitzungen beimaß. Reis wurde als ertragreiche Feldfrucht in der Gegend von Verona und im Polesine angebuat, und die Rosinen von Zakynthos waren ein gängier Exportartikel. Venedig war noch immer ein wichtiger Markt für Olivenöl aus Apulien und Kreta, dalmatinische Waren und Schwefel aus den Marken, aber wenn auch der Hafen funktionierte, wie man aus Zollquittungen ersieht, waren die meisten dort ankernden Schiffe Ausländer, und die Industrie litt erneut unter einer Rezession.

Obgleich 20000 Längen Stoff hergestellt wurden, litt der Export unter der Schrumpfung des Handels mit der Levante und unter der Konkurrenz der Mailänder Textilindustrie. Die Zukker- und Luxusgüterindustrien, wie der Glas-, Keramik-, Seiden-, Brokat- und Schmuckindustrie, deretwegen Venedig noch immer berühmt war, konnten diese Verluste auch nicht ausgleichen.

Die Depression hielt die Löhne niedrig und führte zu einem empfindlichen Einkommensrückgang aller Schichten. Im Juni 1601 führte der Rudermacher Antonio de Zuane einen Lohnstreik im »Arsenal« an, warf dem *Provveditore* all sein Geld ins Gesicht und verfluchte ihn und alle Streikbrecher, die dort noch arbeiteten. Der Streik wurde gebrochen und de Zuane hingerichtet. 1602 gab es einen ernsthafteren Aufstand, als die Bäcker sich weigerten, die abgewerteten Münzen anzunehmen, die die Leute für ihr Brot bezahlten, und mehrere Monate später verlangten Arbeiter der Wollindustrie höhere Löhne von der Regierung, eine Forderung, die ihre Arbeitgeber als »höchst ungerecht« empfanden, weil der Brotpreis zurückging.

Die *Scuole Grandi*, die gezwungen waren, fast zwanzig Prozent der Kosten für die Reserveflotte aufzubringen und Ruderer für die Kriegsflotte zu kaufen, wußten kaum, wie sie ihre karitativen Dienste weiterhin aufrechterhalten sollten, während immer mehr Adlige und sogar Angestellte der Signoria die Altwarengeschäfte der Juden aufsuchten, um dort für zeremonielle Anlässe Wandbehänge, Teppiche und andere Luxusgegenstände zu leihen, deren Kauf sie sich nicht mehr leisten konnten.

Trotzdem fuhr man mit dem Gepränge und den öffentlichen Schaustellungen im alten Rahmen fort, und laut Fynes Moryson wurde »ein Begräbnis, das nicht mindestens 400 Dukaten kostete, nicht als ehrenhaft angesehen«. Jede *Scuola* hatte ihren eigenen Chor. Giovanni Gabrieli leitete nun das glänzende Musikleben von San Marco. Prozessionen bei Fackelschein fanden immer weiter statt, obgleich sie viel weißes Wachs verschlangen. Dogaressen wurden auch weiterhin mit unvergleichlichem Pomp eingeführt. Im Jahre 1597, als die dicke, lächelnde Frau des Dogen Marino Grimani ihren formellen Einzug in den Palast hielt, da war sie von einem großen Gefolge umgeben, es war auch ein Zwergenpaar dabei und Hunderte von Damen in weißen, silberverzierten Seidenroben, während dem *Bucintoro* eine ganze Flotte kostspielig geschmückter Boote folgten, die phantastische und ingeniös konstruierte Maschinen enthielten. Das Boot der Baumwollspinner erinnerte an einen Wagen auf hohen rollenden Rädern, der von einem Paar »Seepferden« mit beweglichen Beinen gezogen wurde, während die vierzig Organisatoren des Festes in einem eleganten schwimmenden Tempel dahinfuhren, den Scamozzi entworfen hatte.

Der große Platz und die Piazzetta waren ein einziger Ameisenhaufen, soviel Zuschauer drängten sich in allen Ecken, hingen an allen Säulen, besetzten jeden Balkon und Mauervorsprung. Die Menschen hatten sogar NögNägel in die Mauer eingeschlagen, um sich irgendwo hoch oben festhalten zu können, während andere sich an Zinnen und Schornsteine anklammerten. Sie wurden alle durch das herrliche Schauspiel belohnt.

Ein langer, von Artilleriesoldaten angeführter Zug wand sich über die mit weißen Teppichen ausgelegte Piazzetta, 900 Zunftgenossen marschierten in Zweierreihen und wirbelten dabei ihre seidenen Banner, die sie dazu noch in die Luft warfen und wieder auffingen. Danach kamen zehn in Scharlach gekleidete Kapitäne, Trommler und Trompeter in Gold und Karminrot, die Pfeifer des Dogen, die Schiffbaumeister, zweiundvierzig Damen mit weißen Fächern, einige Magistratspersonen, der Kanzler, die Töchter des Dogen, andere, schwarzgekleidete Damen, weitere Magistratspersonen in violetter Seide, Mädchen in grünen Damast- und gelben Satinkleidern und schließlich die Dogaressa mit zwei Senatoren.

Nach dem Gottesdienst in San Marco inspizierte sie die Zunftmitglieder in ihren herrlichen Ständen – die Barbiere, Silberschmiede, Schneider und Strumpfwirker, die Seidenhändler unter dem Bilde der Heiligen Jungfrau, die Waffenmeister, Seidenweber und Graveure, die Kürschner mit ihren herrlichen

Anlagen an Zobel-, Leoparden- und Tigerfellen, die Zimmerer, Schmiede, Maurer und alle übrigen Gewerbezweige.

Der Ball danach dauerte bis zwei Uhr in der Nacht, es gab die üblichen Spiele und Regatten. Dichter besangen die Dogaressa, das Publikum schmeichelte ihr in ungebundener Rede, und am dritten Tag erhielt sie die vom Papst geweihte Goldene Rose.

Die Feierlichkeiten waren viel kostspieliger gewesen als für alle vorhergehenden Dogaressen; die Kosten konnten aber nicht mehr so leicht aufgebracht werden, und was für die Stadt galt, traf noch mehr auf den einzelnen Venezianer zu. Die Herren von Venedig, bemerkte Fynes Moryson, waren für das Vergnügen erzogen, und ihre Vorliebe für den Luxus ließ sich schwer ausrotten. Jedenfalls lebten sehr viele über ihre Mittel.

Um 1597 waren Dardi Bembo und sein Bruder schon bis zu 31000 Dukaten verschuldet, und er konnte seine große Familie anscheinend nur dank der Großzügigkeit seines bischöflichen Schwagers erhalten. 1608 behauptete Domenico Loredano, nur noch 408 Dukaten jährlich zu haben – ein Einkommen, mit dem nicht einmal sechs Nonnen unterhalten werden konnten – und damit den Lebensunterhalt für seine Mutter, seine Frau, einen Sohn und sechs Töchter bestreiten zu müssen. Trotzdem hielt er an seinem Stadthaus und einer Villa auf dem Lande fest und beschäftigte zehn Diener.

Und das waren keineswegs Ausnahmefälle.

Die bezahlten Regierungsposten, die von den ärmeren Adligen reihum besetzt wurden, die kleinen Sinekuren, Pensionen und die jährliche Zuteilung an Mehl, die einige von ihnen erhielten, konnten ein luxuriöses Leben dieses Stils nicht ermöglichen; obgleich Söhne armer Adliger eine kostenlose Ausbildung erhalten konnten und arme adlige Mädchen eine Aussteuer von irgendeiner karitativen Einrichtung empfingen, versuchten die Bessergestellten ihre Familienbeziehungen zur Ämterpatronage auszunützen, Geldheiraten zu schließen, manchmal auch mit Frauen niedereren Standes, oder aber – und das in steigendem Maße – in den Dienst der Kirche zu treten. Fünf Söhne von Doniso Contarini, der 1601 bankrott machte, traten in den Staatsdienst ein, zwei jedoch in den Dienst der Kirche. Sie hofften auf Vorzugsbehandlung, und die trat rasch ein, wenn jemand bei der Regierung gut angeschrieben war. Denn die Regierung ernannte noch immer die Würdenträger jedes Bischofssitzes und jeder Abtei in ihrem Herrschaftsbereich. Sie nutzte ihr Pfründenverleihungsrecht, um den Bevorzugten und jenen Familien zu helfen, die durch den Staatsdienst ihr Vermögen verloren hatten. Sie sah aber auch darauf, daß Positionen von kirchlicher Autorität mit patriotischen Venezianern besetzt wurden – eine Politik, die sich durchaus bewährte, als im Jahre 1606 eine gefährliche Spannung zwischen der Republik und Rom entstand.

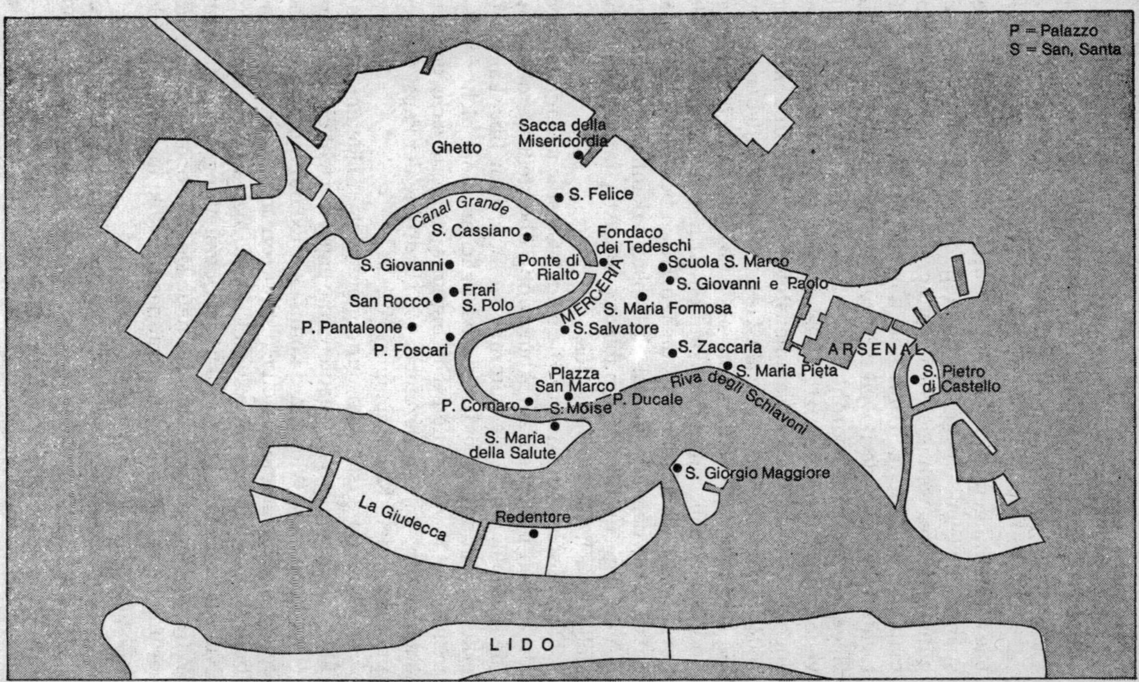

Die Stadt Venedig

XIV

DAS ZEITALTER DER ANPASSUNG

Die Beziehungen mit dem Papsttum waren schon lange gespannt gewesen – nicht weil die Republik die Reformation begünstigt hätte, wenngleich sie zum größten Ärger Roms diplomatische Beziehungen mit den häretischen Engländern aufrechterhielt –, sondern weil sie ihre weltliche Gewalt durch die Gegenreformation bedroht sah. Diese Furcht war traditionell venezianisch, und die jetzt zur Debatte stehenden Fragen hatten auch früher schon zu Zusammenstößen geführt. In den Jahren 1603–05 hatte die Regierung alte Gesetze wiederaufleben lassen, die den Bau von Kirchen von einer Lizenz abhängig machten und den kirchlichen Landankauf einschränkten. Aber Camillo Borghese, der 1605 den päpstlichen Thron bestieg, protestierte entschieden dagegen, überall als Papst anerkannt zu sein »außer in Venedig«, und als die Republik zwei Geistliche vor ihr Gericht stellte, brach das Unwetter los.

Der Papst bestand darauf, die beiden Geistlichen müßten den kirchlichen Behörden zur Aburteilung überstellt werden, und die Republik müsse die Autorität der Inquisition über Laien anerkennen und ihre beiden diesbezüglichen, Rom nicht genehmen Gesetze widerrufen. Die Signoria weigerte sich, dergleichen zu tun, und im Dezember 1605 bedrohte der Papst die Republik mit dem Kirchenbann.

Die Regierung sah sich nun einem großen Dilemma gegenüber. Zu kapitulieren bedeutete, die eigene Macht über die Kirche aufzugeben, Widerstard konnte zur Exkommunikation führen und damit zu möglichen Unruhen, ernsten finanziellen Einbußen und vielleicht sogar zum Kriege. Doch als der päpstliche Nuntius im Februar 1606 erneut die Überstellung der Geistlichen verlangte, da weigerte sich der neue Doge Leonardo Donà, ein prominenter *giovane*, und so trat das Interdikt im Frühjahr 1606 in Kraft.

Durch die zwei vorherigen Exkommunikationen gewitzt, war die Regierung auf die Situation vorbereitet. Sie hatte die Kleriker angewiesen, keine päpstlichen Bullen anzunehmen, auf dem Posten zu bleiben, mit ihrer Pflichtausübung fortzufahren und ihre Vorgesetzten anzuzeigen, wenn diese andere Weisungen erließen. Zuverlässige Edelleute wurden veranlaßt, ein Auge auf die Klöster zu haben, und theologische Experten erhielten Auftrag, den Standpunkt der Regierung zu rechtfertigen.

Der Hauptgutachter in diesem Fall war der zweiundfünfzigjährige Fra Paolo Sarpi, Mitglied eines Klubs, in dem viele *giovani* verkehrten, und persönlicher Freund des neuen Dogen. Als Universalgelehrter, dessen Interessen von Optik und Physiologie bis zu politischen Wissenschaften reichten, war Sarpi ein absoluter Anhänger der Politik der Republik und kein schlechter Propagandist. Gibbon nannte ihn einen der vier hervorragendsten »Historiker moderner Zungen«, und die Historiker liberal-intellektueller Richtung haben ihn seitdem als ihr Vorbild betrachtet. Aber während Sarpi freundschaftlich mit Protestanten und Juden umging, waren seine Ansichten über die Bewohner von Kreta und über Jesuiten keineswegs liberal – die ersten sollten »wie wilde Tiere« behandelt werden, die Jesuiten seien »geschworene Feinde alles Guten und Wahren«. Zwar brachte er manchmal wirkungsvolle theologische Argumente vor, aber sie dienten in erster Linie der Rechtfertigung seiner Auftraggeber und inspirierten diese nicht zu irgendwelchen Handlungen.

Die Regierungskampagne war in bezug auf die Sicherheit wirksamer als in theologischer Hinsicht. Die wenigen widerspenstigen Bischöfe, die zurücktreten wollten, wurden überredet, treu zu bleiben, und hartnäckige Opponenten wurden arretiert oder in ihren Konventen eingesperrt. Aber abgesehen von der Geistlichkeit von Bergamo, die dem Erzbischof von Mailand unterstand, gab es verhältnismäßig wenig Widerstand – einen Prior der Karmeliter in Verona, einige Mönche und Nonnen in Murano, einige Kanoniker in Padua, einige Theatiner und Kapuziner und natürlich alle Jesuiten, die verjagt wurden. Die Benediktiner andererseits öffneten überhaupt keine Briefe mehr, um sagen zu können, sie hätten von den Befehlen des Papstes nichts gewußt, und die meisten anderen richteten sich nach Francesco Vendramin, dem neuen Patriarchen, der seinen Standesgenossen vom Adel in der Regierung jede Unterstützung angedeihen ließ und vorgab, nie etwas von einem Interdikt gehört zu haben.

Viel mehr als theologische Abhandlungen dienten öffentliche Aufzüge dazu, dem Volk die Situation zu erklären. Am Fronleichnamstag 1606 ließ die Regierung eine Prozession ablaufen, die der englische Gesandte Sir Henry Wotton als die pompöseste beschrieb, die es je gegeben habe. Die *Scuole Grandi* stellten Festwagen bereit, die die Gerechtigkeit der venezianischen Sache illustrierten: Christus mit zwei Pharisäern, mit dem Motto »Gib dem Kaiser, was des Kaisers ist«; und die Bettelmönche zeigten ein *tableau* mit dem heiligen Franziskus und Dominikus, die dem Dogen behilflich sind, die zusammenbrechende Kirche zu stützen. Alles dieses stärkte die Zuversicht des Volkes und sollte dem Papst deutlich machen, daß die Seelsorge in Venedig auch trotz seines Banns weiterhin gewährleistet sei.

Doch während venezianische Patrioten die Sache Venedigs im Ausland verfochten, wurde dort eine Menge antivenezianische Literatur veröffentlicht, und während Venedig Unterstützungsangebote von den Protestanten in Frankreich, England und Holland erhielt, boten die Bankiers von Genua dem Papst eine große Kriegsanleihe an. Wenn auch manche einflußreiche Venezianer in ihren Ansichten dem Jansenismus nahekamen, wollten doch die meisten nicht in das Lager »der reformierten Religion« getrieben werden, und im Juni 1606 beantragte der Senator Angelo Badoer, daß die Regierung zurückstecken möge. Die Majorität war gegen ihn, und der Widerstand wurde fortgesetzt. Truppen wurden in der *terraferma* und in Albanien ausgehoben, und Anwerber ritten bis nach Deutschland, der Schweiz und Lothringen. Die Flotte der Republik wurde in Bereitschaft versetzt und die Festungen verstärkt. Die Regierung fing sogar an, auf Kredit Hartgeld aufzukaufen, damit der Feind kein Bargeld zu Soldzahlungen für seine Truppen hätte. Doch als die steigenden Kosten für all dieses das soziale Gleichgewicht zu stören drohten, mußte die Regierung doch etwas nachgeben.

Um diese Zeit war auch Rom zu einem Kompromiß bereit, der auch Anfang 1607 zustande kam. Im April wurden die beiden Geistlichen dem französischen Gesandten übergeben, der sie Kardinal Joyeuse überstellte. Der Kardinal gab daraufhin bekannt, daß der Bann aufgehoben sei. Die Situation war wieder normal; aber obgleich Venedig behauptete, durch die Übergabe sei sein Recht, Geistliche vor Gericht zu stellen, nicht präjudiziert worden, hatte es in Wirklichkeit doch klein beigegeben.

Aber auch Rom hatte nicht in allen Punkten gewonnen und sann auf Rache. Im Oktober überfielen drei gedungene Verbrecher Sarpi auf der Straße und stachen auf seinen Kopf und Hals ein. Sarpi überlebte und schrieb später seine berühmte Geschichte des Konzils von Trient. Er bedauerte das Anwachsen der propäpstlichen Gefühle in Venedig, trug stets einen Kettenpanzer unter seiner Kleidung und ging nur in Begleitung einer Leibwache aus gutbewaffneten Mönchen durch die Stadt. Venedig fuhr fort zu betonen, es sei katholischer als Rom, während Rom Venedig des Protestantismus verdächtigte – und damit war die Sache ausgestanden.

Als Sarpi 1623 starb, war er eine Art Held in den Augen seiner Mitbürger; aber bei der Beerdigung des Dogen Donà im Jahre 1612 hatte es feindselige Demonstrationen gegeben. Die großen Hoffnungen, die man in die *giovani* gesetzt hatte, von denen er ein führendes Mitglied gewesen war, hatten sich nicht erfüllt. Nun diktierte der Senat die Politik anstelle der Zehn, aber die Probleme, die sich aus der großen Wirtschaftskrise ergaben, waren ungelöst, und schließlich mündete auch die Bewegung der *giovani* in den Hauptstrom des venezianischen Konservatismus ein. Wann immer eine Veränderung oder eine Neuerung vorgeschlagen wurde, bemerkte Sarpi einmal, fand sich immer eine Mehrheit dagegen, und das änderte sich nie. Die Republik litt an einer gewissen Arterienverkalkung.

Die Stimmung in der Regierung war nervös und defensiv, und mit gutem Grund, denn Venedig war nun der einzige noch unabhängige, sich selbst erhaltende Staat in Italien, und die von den Spaniern ausgehende Bedrohung erschien sehr groß. Die Geheimniskrämerei in Regierungsangelegenheiten wurde daher immer größer, und die Furcht vor Verschwörungen grenzte ans Pathologische. Tausend geladene Musketen wurden im Zimmer der Zehn im Palast aufbewahrt; die geheimen Briefkästen für Denunzianten wurden regelmäßig geleert, um verräterischem Gehaben auf die Spur zu kommen; 1607 wurde Angelo

Badoer nur deshalb ins Gefängnis geworfen, weil er mit Vertretern fremder Mächte gesprochen hatte. Als Alvise da Riva, Mitglied der *Quarantia al Criminal*, gegen die Kosten des Krieges mit Österreich von 1615–1617 protestierte und Regierungsmitglieder beschuldigte, dabei profitiert zu haben, wurde auch er verhaftet, und innerhalb der nächsten drei Jahre wurden mindestens noch zwei Adlige des Hochverrats angeklagt. Aber das böseste Beispiel einer »Belagerungsmentalität« war die sogenannte »Spanische Verschwörung« von 1618.

Venezianer, die an einem Morgen im Mai jenes Jahres zur Arbeit gingen, sahen zwei an den Füßen Aufgehängte auf der Piazza. Einige Tage später hing dort eine dritte Leiche mit den Merkmalen schwerer Folterungen. Darüber entstanden viele Mutmaßungen und Gerüchte. Die Toten sollten Agenten des spanischen Gesandten Bedemar gewesen sein. Marquis Bedemar habe ein gefährliches Komplott zur Einnahme Venedigs für den Himmelfahrtstag geschmiedet, prospanische Venezianer seien beteiligt gewesen, die Zehn hätten 500 Verdächtige umgebracht, die Republik habe das Äquivalent der englischen Pulververschwörung durchkreuzt.

Doch das »Bedemar-Komplott« scheint nie existiert zu haben – oder aber die Zehn haben alle Beweise geheimgehalten. Wie jeder Sicherheitsdienst begingen auch die Zehn ihre Fehler, so als sie 1622 Antonio Foscarini wegen Hochverrats henkten und ihn nachher für unschuldig erklärten.

Alvise da Riva hatte mit Recht behauptet, daß der Krieg von 1615 (in dem ironischerweise Venedig holländische Hilfe erhielt, nachdem doch gerade holländische Freibeuter seine Vormachtstellung im Handel zerstört hatten) die Mittel der Republik bis zum Zusammenbrechen belastet hatte. Jedenfalls war daraus eine neue Geldkrise entstanden. Spanische Reale und Reichstaler waren die Hauptwährungen im venezianischen Osthandel, und insbesondere spanisches Silber war für das venezianische Geldwesen lebenswichtig, und das in einem Ausmaß, daß die Regierung gewöhnlich darauf bestand, Händler, die Silberreale exportierten, müßten 20 bis 25 Prozent davon bei der Münze abliefern, damit venezianische Soldi daraus geprägt würden. Als der Krieg drohte, wurde der Umlauf fremden Silbergeldes mit

Ausnahme der *scudi* von Genua, Florenz und Mailand überhaupt verboten.

Aber die Silberknappheit dauerte noch lange nach dem Kriege an. 1637 mußte die Regierung Münzgold und Reale vom Finanzier Giovanni Vendramin erwerben, um genügend Münzen prägen zu können. Sie bezahlte in bar, in Gold und z. T. mit einem größeren Kredit bei der Staatsbank, die aus der Verschmelzung des alten Banco di Rialto und des Banco Giro 1619 hervorgegangen war. Die Operation wurde eigentlich durch ein vom Staat unterschriebenes Budgetdefizit finanziert. Aber die Silberknappheit führte sowohl zur Defizitfinanzierung als auch zu einer fortschreitenden Abwertung. Die venezianische *lira* fiel zwischen 1570 und 1630 um mehr als ein Fünftel im Vergleich zum Feinsilber und um zwei Fünftel im Vergleich zum Feingold, und diese Abwertung verstärkte noch die herrschende Inflation.

Zwischen 1563 und 1635 stiegen die Ausgaben im »Arsenal« um 350 %. Doch trotz der Inflation waren die Lohnsätze bis weit in die 1620er Jahre unverändert geblieben, die Reallöhne in bestimmten Gewerben wohl sogar gefallen, und zwar wegen der reichlich vorhandenen Arbeitskräfte. Die Inflation und die großen kriegsbedingten Ausgaben hatten sich auf die Wohlfahrt sehr deutlich ausgewirkt. Die 48000 Dukaten, die die *Scuola di San Rocco* zwischen 1601 und 1610 für mildtätige Zwecke ausgab, fielen im nächsten Jahrzehnt auf 42000, hauptsächlich weil sie zwischen 1614 und 1621 26000 für die Kriegsflotte aufbringen mußte, 15000 davon allein im Jahre 1617/18. Anderen *Scuole* erging es ähnlich. Sie mußten hohe Anleihen machen und ihre Unterstützungen in Geld und Naturalien sehr zurückschneiden.

Die Einnahmen des Staates scheinen mit der Inflation Schritt gehalten zu haben. Zwischen 1590 und den ersten Jahren des 17. Jahrhunderts stiegen sie um 25 Prozent auf 2,5 Millionen Dukaten jährlich an, wovon fast die Hälfte von der Stadt aufgebracht wurde, 1,3 Millionen von der *terraferma* und über 840000 von Übersee. Aber obgleich die Ausgaben des Staates wuchsen und ein großer Teil dabei auf die Kriegsflotte entfiel, hatte das »Arsenal« nicht viel davon, weil die Regierung so viele ausländische hochgebaute Schiffe kaufte. Um 1618 waren acht englische und zwölf holländische Kriegsschiffe in Dienst gestellt worden, und nach kurzer Zeit gab es schon fünfzig Schiffe dieser Art, also ebensoviel wie Galeeren.

Außer dem Schiffbau litten auch andere Industrien, aber aus unterschiedlichen Gründen. So waren in Ragusa hergestellte Ausschußwaren, als venezianische deklariert, nach der Türkei exportiert worden. Schlechte, von emigrierten Venezianern hergestellte Seife, die mit dem Halbmond, der Taube und anderen venezianischen Handelsmarken gestempelt war, fand ebenfalls ihren Weg auf ausländische Märkte und brachte den Erzeugnissen der Republik, die einer scharfen Qualitätskontrolle unterlagen, unverdientermaßen einen schlechten Ruf ein. Während also manche Industrien durch unlauteren Wettbewerb behindert wurden, blieb Venedig doch ein Hauptzentrum für geprägte Lederwaren und Spitzen, und wenn auch die venezianischen Schiffbauer hinter denen anderer Länder technisch im Rückstand waren, so gab es doch eine andere venezianische Industrie, die auf ihrem Gebiet bahnbrechend war.

1606 hatte Girolamo Magagnati ein Verfahren gefunden, Glas zu färben, ohne seine Transparenz zu beeinträchtigen. Er war auch ein Pionier auf dem Gebiet der Herstellung von Fensterscheiben. Es dauerte nicht lange, und Venedig versorgte ganz Europa mit Spiegeln, nachgemachten Juwelen und Trinkgläsern aller Art – ellenlangen Flötengläsern für die Holländer, dicken Kristall-Trinkkrügen für die Engländer und flachen Trinkschalen für die Italiener. Venezianische Kristallmacher und Glasbläser wurden so hoch geschätzt, daß 1618 der Engländer James Howell eigens nach Venedig kam, um diese Kunst zu lernen.

Howell war keineswegs der einzige englische Besucher, denn die Stadt hatte beträchtlichen Touristenverkehr. Thomas Coryat, Richard Lassels, die Pioniere der Großen Bildungstour für heimwehkranke englische Schuljungen, John Evelyn und Philip Skippon waren nur einige der vielen Ausländer, die Venedig besuchten, und aus den hinterlassenen Rechnungen kann man leicht ersehen, was sie interessierte. Die ungewöhnliche Lage und die strahlende Schönheit der Stadt hatten natürlich eine gewisse Anziehungskraft, nicht minder aber ihr politisches System und die Sitten des Adels.

Coryat fand, daß die venezianischen Adligen mit Bart, langem schwarzem Gewand und der Gewohnheit, sich auf der Straße mit der Hand auf dem Herzen tief voreinander zu verneigen, von vorbildlicher Würde seien; eine von Lassels geteilte Ansicht, die sie als die »stattlichsten, propersten und ernstesten Männer« bezeichnete, die er je gesehen habe. Trotzdem genoß Coryat auch die mit Erotik und Gewalttätigkeit angereicherte Atmosphäre und beschrieb blutige Schlägereien in den Straßen, den Anblick von Verbrechern, die der *strappado* unterzogen wurden, und von *bravi*, die mit Panzerhandschuh und *stiletto* »wie hungrige Löwen« nachts an den Ufern der Kanäle auf Beute lauerten, wobei sie die Leichen der Beraubten dann in den Kanal warfen. Am meisten erfreute Coryat sich an den venezianischen Kurtisanen, von denen manche »so lose« waren, wie er schreibt, daß sie »ihre Köcher jedem Pfeil öffneten«. Er besuchte jedoch nur die vornehmsten, die sich wie Göttinnen der Liebe schmückten, ihre Klienten mit anmutigem Geplauder und Lautenspiel unterhielten, ehe sie sie in ihre Gemächer und zu den parfümierten Betten führten.

Coryat sprach von Venedig als von einer »jungfräulichen Stadt«, weil sie nie erobert worden sei. Er bewunderte die vielen schönen Gärten, zeigte sich verwundert über die Sitte, die Toten in Franziskanerkutten zu bestatten – was ihnen im Jenseits zum Erlaß eines Drittels ihrer Sünden verhelfen sollte –, und ließ sich von dem vielsprachigen Völkergemisch auf den Märkten beeindrucken – Italiener, Polen, Slawen, Türken, Armenier und Perser, griechische Priester mit buschigen Bärten, westliche Juden mit roten Hüten und orientalische Juden mit gelbem Turban – alle einig nur in dem einen Ziel, »teuer zu verkaufen und billig zu kaufen«.

Da gab es die Scharlatane und Quacksalber, die ihre Wunderkuren auf der Piazza anpriesen, und Marionettentheater unter freiem Himmel. Die »sittenlosen Schelme«, die Gondolieri, entführten Coryat in irgendein Gebetshaus, wo er um Almosen angegangen wurde. Der *Bucintoro* war für ihn »ein so herrliches Fahrzeug, daß es seinesgleichen nicht hatte, höchstens mit der ›Prince Royall‹ zu vergleichen, die am Michaelitag des vergangenen Jahres in Wollige vom Stapel gelaufen war«. Die sonntäglichen Ballspiele, die bis zu 1500 Menschen zur Piazza San Stefano zogen, waren auch nicht zu verachten, ebenso die Musik in der Markuskirche, wo Claudio Monteverdi Kapellmeister war – 1613 durch ein Gehalt von 300 Dukaten von Mantua nach Venedig gelockt –, und die *Scuola di San Rocco*, deren Chor und Orchester aus Zugposaunen, Kornetten, Violen und Oboen so »ergötzlich – so super-excellent« waren, daß sie einen »hinrissen und betäubten«, wie Coryat schrieb. Das venezianische Theater beeindruckte ihn nicht allzusehr, mit Ausnahme der Tatsache, daß dort Frauen mitspielten, was er »noch nie gesehen hatte«.

Wenn Coryat in erster Linie an den irdischeren Erscheinungsformen des venezianischen Lebens Gefallen fand, war James Howell vor allem von der venezianischen Regierungsform und ihren Institutionen gefesselt. Für ihn war Rom die prostituierte, Venedig die jungfräuliche Stadt, die das Christentum heroisch gegen den Islam verteidigt hatte. »Die Ostkaiser haben zu verschiedenen Malen auf ihren Röcken gesessen«, schrieb er, »und der Großtürke ist ihr oft auf den Leib gerückt, hat ihr aber nicht seinen Willen aufzwingen können.« Howell schrieb den langen Bestand der Republik ihrer konservativen Haltung und ihrem Reichtum zu, dem Temperament und Patriotismus der Bevölkerung, dem Ausschluß der Geistlichkeit von Regierungsgeschäften, dem Sicherheitssystem und der Beschneidung der Macht des Dogen.

Howell gab seinen englischen Lesern nicht nur ein vollständiges Bild der venezianischen Verfassung, sondern berichtete auch über die Einflußnahme der Regierung auf Industrie, Bau- und Baggerarbeiten, Nahrungsmittel- und Wasserversorgung, Löhne, Gesundheitswesen und Wohlfahrt sowie Recht, Ordnung und Landesverteidigung. Durch seinen Bericht kam es zu einer Blüte des schon durch Contarinis Buch nach England gelangten venezianischen Mythos, und dieser Mythos entfachte verfassungsrechtliche Debatten im England Cromwells, beeinflußte die Gründungsväter und schließlich auch die Verfassungen von Pennsylvanien und anderen amerikanischen Staaten.

Während Howell »keinerlei Verfall« bemerkte, verzeichnete der neue britische Gesandte Dudley Carleton eine kritische Veränderung, die die herrschende Klasse befallen hatte. Der Adel, berichtete er 1612, war in »eigennützige, rachsüchtige, lose und verschwenderische« Parteien zerfallen. Nachdem sich die Adligen vom Handel abgewandt und Land und Häuser aufgekauft hatten, waren sie nun dabei, ihre Rennställe zu vergrößern, sich zu amüsieren und sich immer mehr der »Großtuerei und Galanterie« zu ergeben. Der sparsame adlige Kaufmann war zu einem verschwenderischen Landedelmann geworden.

Es war dies eine kulturelle Veränderung, die politische Folgen hatte, denn diejenigen, die ihre Investitionen nicht vom Handel auf Landbesitz umgestellt hatten, verloren nun nicht nur ihr Vermögen, sondern auch ihre politische Macht. Als es immer lukrativer wurde, Landbesitz zu haben, wurden die Mittel dafür steigend aus der Industrie, dem Schiffbau und dem Überseehandel abgezogen. Um 1636 hatten venezianische Adlige schon 40 Prozent des Ackerlandes in der Padovano, über 25 Prozent in der Polesine und fast 20 Prozent der Trevigiano und Dogado in ihre Hand gebracht, das waren 11,7 Prozent des gesamten kultivierten Bodens der *terraferma*. Um 1682 betrug dieser Prozentsatz schon 14,7, und der Staat übernahm ebenfalls immer größere Flächen des Gemeindelandes, trotz heftiger Proteste der Bauern in einigen der betroffenen Gegenden.

Investitionen in Landbesitz waren von Spekulationen mit den Produkten dieser Ländereien begleitet. Ein Bericht von 1620 erwähnt, daß venezianische Adlige nicht nur mit »aller Art Getreide, Weinen, Seide, Wolle, Eisen und sogar Holzkohle« handelten, sondern daß sie auch ihr Geld und »die Autorität, die sie haben« dazu benützten, »Waren und notwendige Güter zu niedrigem Preis zu kaufen und mit Profit unter Steigerung der Notlage der Armen« wieder zu verkaufen. Trotzdem stimmte Carletons Beobachtung, daß die Ausgaben der Adligen ihre Einnahmen oft noch überstiegen. Riesige Summen wurden auf Landschlösser verwendet, die hundert Räume, private Kapellen, Konzertsalons und sogar Privattheater enthielten.

Theateraufführungen fanden auch reichlich in Stadtpalais' statt. Monteverdis »Raub der Proserpina« wurde im Palais Mocenigo anläßlich der Hochzeit von Giustiniana Mocenigo mit Lorenzo Giustinian uraufgeführt. Seine zweite Komposition »Il Combattimento di Tancredo e Glorinda« kam ebenfalls dort heraus. Viele ärmere Adlige, die solchen Luxus nachäffen wollten, verloren nur um so schneller ihr letztes Geld, und Edelleute begannen mit dem Hut in der Hand zu Ausländern zu gehen und um Almosen zu bitten, um ihr Haus und ihre Gondel behalten zu können. Der Wettlauf um die bezahlten Regierungsposten wurde immer härter.

Im September 1620 wurde eine Gruppe armer Adliger dabei ertappt, wie sie sich zusätzliche Wahlkugeln beschafften, um dadurch sich selbst, ihre Freunde oder jemanden, der ein Bestechungsgeld zu zahlen bereit war, ins Amt zu wählen. Andererseits gab es viele unrentable Posten, für die sich keine Kandidaten finden ließen. Manche blieben einfach unbesetzt, andere wurden Adligen aufgehalst, die sie gar nicht haben wollten. Die Verarmung der überwiegenden Mehrheit der Angehörigen der herrschenden Klasse und der Schrumpfungsprozeß, in dem sich der Adel insgesamt befand, drohten, das ganze Regierungssystem zu zerstören.

Zunächst führten diese Zustände zu einem politischen Kampf zwischen arm und reich im Großen Rat. 1626 richtete Ranier Zeno bittere Vorwürfe gegen die reichen, mächtigen Adligen insgesamt und gegen den Dogen Giovanni Cornaro insbesondere, wobei er behauptete, sie verteilten alle Rosinen ausschließlich unter sich. Seine Unverblümtheit brachte ihm Prügel von den *bravi* des Dogensohnes Giorgio ein, aber Zeno, der viel Unterstützung im Großen Rat hatte, fuhr fort, die Signoria anzugreifen. Er beschimpfte sie, weil sie reiche Bischofssitze nicht vakant gehalten und deren Einkommen nicht für Pensionen für arme Adlige genutzt hätten. Er griff sogar die Sekretäre der Zehn an, weil sie den Rat der Zehn zur Überschreitung seiner Kompetenzen angestiftet hätten. Der Rat der Zehn wurde 1628 zwar reformiert, aber Zenos mutige Reden konnten den Niedergang des Adels nicht aufhalten. Wenn im 16. Jahrhundert nur die Hälfte der Adligen sich eine Heirat hatte leisten können, so waren es jetzt nur noch 40 Prozent, und da die meisten höchstens eine Tochter aussteuern konnten, gab es 1629 über 2000 Nonnen aus Adelsgeschlechtern in Venedig.

Die Krise des Adels wurde 1630 von einer noch größeren überspielt, als die Pest wieder einmal zuschlug. Die Bevölkerung von Venedig und Venetien wurde um 40 Prozent verringert. Verona verlor die Hälfte seiner Einwohner, und wenn Venedig auch etwas weniger litt, so starben doch zwischen zwanzig und dreißig Prozent. Im Dezember 1631 gab es nur noch 1666 über fünfundzwanzigjährige Adlige, d. h. um ein Sechstel weniger als 1620. Das war eine Art Todesstoß für die herrschende Schicht in der Republik, wenn das Ende auch erst sehr viel später eintrat. Die Pest versetzte auch der Wirtschaft einen schweren Stoß, weil Landwirtschaft und Industrie einen neuen Tiefstand erreichten.

Da die Löhne infolge des Mangels an Arbeitskräften wieder stiegen, versuchte die Regierung sie zu kontrollieren, was zu ernsten Unruhen führte. Die Inflation hielt an, und eine allgemeine Kapitalflucht aus Venetien steigerte noch die schon ernste Depression. Der Pestausbruch und alles begleitende Unheil fielen mit einer allgemeinen europäischen Krise zusammen, die dem Dreißigjährigen Kriege zuzuschreiben war, sowie mit steigender Konkurrenz der englischen Textilindustrie. All dies zusammengenommen verursachte einen Rückgang des venezianischen Textilausstoßes von 23000 Stofflängen im Jahre 1620 auf nur 14000 im Jahre 1635. Das Unglück, das Venedig so lange verfolgt hatte, ließ auch jetzt nicht von ihm ab, denn 1635 griffen die Türken erneut an, und der sich entwickelnde Krieg sollte fünfundzwanzig lange Jahre dauern.

Türkische Gebiete umgaben alle noch vorhandenen überseeischen Besitzungen der Venezianer. Seit Jahrzehnten war daher der Friede mit der Türkei für die Republik eine Notwendigkeit gewesen. Aber nun wollten sich die Türken nicht länger dafür erkenntlich zeigen, und Venedig war für einen Kampf nicht gut gerüstet. Obgleich der Betrieb im »Arsenal« erweitert wurde, gab es doch nach sechs Jahren Krieg nur noch 1208 Meister auf dieser Werft, und im Jahre 1644 hatte die Kriegsmarine nur noch 85 Galeren aufzuweisen.

1645 unternahmen die Türken einen Großangriff auf Kreta, ihr Hauptziel. Sie nahmen Canea ein und 1646 auch Rethymnon, wobei sie von den Kretern lebhaft unterstützt wurden, die sich gegen ihre verhaßten Herren erhoben. Die Venezianer haßten übrigens die Kreter nicht minder und glaubten, wie Howell schrieb, daß »die Zähne ihrer Weiber giftig« seien, und ein Mann, der von einer Frau einen etwas kräftigeren Biß empfing, sich nie mehr erholen könne. Das Land schätzten sie dagegen um so mehr wegen seiner Früchte, seines Honigs und Muskatellerweins, und sie taten alles, um es zu behalten.

Die Besteuerung wurde verschärft, Ämter und Staatsländereien versteigert, neue Zwangsanleihen eingetrieben. Die Priester riefen ihre Gemeinde dazu auf, mehr zu spenden, und Giacomo Marcello schlug vor, Adelstitel an reiche Nichtadlige zu verkaufen – alles im Bestreben, Geld für den Krieg aufzutreiben. Marcello hatte zwei Gründe für seinen Vorschlag – die Furcht vor einem Volksaufstand, wenn die Steuerschraube noch mehr angezogen würde, und die Notwendigkeit, dem Adel neues Blut zuzuführen, um die Verwaltung zu verbessern. Wie könne man, so fragte er, »den besten Mann für ein Amt auswählen«, wenn es so wenig Kandidaten gäbe? Aber die Idee, Fähigkeit könne etwas anderes als ein Geburtsprivileg sein, lief einer Tradition zuwider, die seit 1381 geheiligt war. »Niemand kann jemals durch sein Geld zu Adel kommen«, erklärte Angelo Michiel. Adel könne nur »aus gutem Blut« stammen oder durch »besonders tapfere Taten« erworben werden. Aber der Große Rat votierte für Marcellos Vorschlag. Gegen Zahlung von je 60000 Dukaten wurden sofort fünf Familien in das Goldene Buch eingetragen, und um 1669 waren schon acht Familien gegen Zahlungen von bis zu 100000 Dukaten in den Adelsstand erhoben worden. Die herrschende Klasse hatte ihre Exklusivität eingebüßt.

Hauptsächlich dank den Mitteln, die die neuen Adligen beisteuerten, konnte Venedig mit den Kriegsanstrengungen fortfahren. Candia, Venedigs Hauptstützpunkt auf Kreta, hielt der türkischen Belagerung 1648 und 1650 stand. Auch an anderen Fronten wurde erbittert gekämpft. Abgesehen von Kreta, war die Bevölkerung an Venedigs ausgedehnten östlichen Grenzen loyal, die Flotte wachsam, die Artillerie wirksam und die Befestigungen der venezianischen Besitzungen stark. Aber die Anstrengung war sehr groß, wenngleich man in Venedig 1645, wie John Evelyn von seinem sechsmonatigen Aufenthalt berichtet, kaum bemerken konnte, daß sich die Republik im Kriege befand.

Evelyn wohnte im »Schwarzen Adler« in der Nähe des Rialto, genoß das Vergnügen »östlicher Bäder«, die ihm »eine der grimmigsten Erkältungen und rheumatischen Beschwerden«

einbrachten, die er je erfahren hatte, beobachtete die Festlichkeiten am Himmelfahrtstag und den großen Jahrmarkt dieses Tages, an dem jedermann »frei und fröhlich« zu sein schien. Er war auch zur Karnevalszeit da, eine Zeit »allgemeiner Verrücktheit«, wenn Menschen aller Schichten sich verkleideten und einander mit Eiern bewarfen, »die mit duftenden und manchmal auch nicht gerade duftenden Wässern« gefüllt waren. Evelyn verurteilte die »barbarische Sitte, Stiere durch die Straßen und Plätze zu hetzen, was sehr gefährlich ist«, bemerkte, daß die venezianischen Damen ihr Haar noch immer mit Urin wuschen, daß Stelzenschuhe zu tragen nur adligen Damen erlaubt war und bürgerliche Frauen unter ihren Taftschleiern verstohlene Blicke auf vorübergehende Männer warfen.

Es gab überall Musik – angefangen von den Nachtigallen in den vor den Läden der Merceria aufgehängten Käfigen (was Evelyn veranlaßte, diese Straße »die ergötzlichste Straße der Welt« zu nennen) über die Serenadensänger auf dem Canal Grande (»ihr Hydepark, wo die Adligen Luft schöpfen gehen«) bis zur Bettler-Zuflucht der Mendicanti und der anderen drei Haupthospitäler, wo die musikalischen Darbitungen in starkem Kontrast zu den Sammeltellern standen.

Außerdem gab es die Oper, die eher eine Sehenswürdigkeit der Stadt als eine für den Adel reservierte Einrichtung war, seit 1637 das Theater San Cassiano eröffnet worden war. Evelyn sah eine Aufführung von »Herkules in Lydien« und war von den dreizehn Szenenwechseln ebenso beeindruckt wie vom Gesang, wenngleich er die Sopransängerin hinterher zum Fischessen einlud, wo sie nochmals für ihn allein sang.

Er sah sich auch die Spielhölle in San Felice an, besuchte das »Arsenal« und die Glaswerke von Murano, wohnte einer Leichensektion in der Universität von Padua bei, sah eine Hochzeit und eine Beschneidung im Ghetto und bewunderte den Schatz der Markuskirche – die goldenen, juwelenbesetzten Brustpanzer, das Dutzend goldener Kronen, die zwei »Einhorn-Hörner«, die verschiedenen »Heiligenköpfe« sowie das »große Stück des echten Kreuzes, einen der Nägel, einen Dorn, ein Fragment der Säule, an die Unser Herr bei der Geißelung gebunden war . . . die Insignien des siegreichen Konstantin, ein Stück von St. Lukas' Arm, eine Rippe des heiligen Stephan, einen Finger von Maria Magdalena und eine Unmenge von Reliquien, an die er sich schon nicht mehr erinnern konnte.

Irrtümlicherweise schloß er daraus, Venedig müsse einer der »wichtigsten Staaten der Welt« sein. Abgesehen davon, daß er auf einige rebellische Soldaten in Padua traf, ist der einzige Hinweis auf den Kriegszustand in Venedig seine Bemerkung, daß das Schiff, mit dem er nach Jerusalem wollte, Befehl erhalten hatte, Nachschub in die belagerte Garnison von Candia zu transportieren.

Trotz der entspannten Atmosphäre, die Venedig vorspiegelte, gebrauchte die Republik jede irgend greifbare Waffe, um Kreta zu retten. Sogar der Bakterienkrieg wurde in Betracht gezogen, nachdem ein jüdischer Arzt von Zara 1649 den Vorschlag gemacht hatte, »die Quintessenz der Pest« in das türkische Lager mit Hilfe von Textilien einzuschmuggeln, wie sie die Türken gewöhnlich kauften. Zwar wurde der Arzt nach Kreta entsandt, aber mehr ist über diese Angelegenheit nicht bekannt. 1651 kam es zu Zusammenstößen zwischen der venezianischen und der türkischen Flotte vor Paros und später in dalmatinischen Gewässern und in den Dardanellen. Städte und Inseln waren mal in dieser, mal in jener Hand, glänzende Siege wechselten mit schweren Verlusten ab. Venedig erhielt einen neuen Helden und Märtyrer in der Person des Admirals Lazzaro Mocenigo, der im Augenblick des Sieges in den Dardanellen ums Leben kam. Die Franzosen entsandten Hilfsstreitkräfte nach Candia, die Friedenspartei wurde mehrfach im Rat niedergeschrien, Dogen kamen und Dogen gingen –, und noch immer dauerte der Krieg an.

Unterdessen ging die Arbeit an Palladios Kloster von San Giorgio Maggiore weiter, das jenseits des Wassers dem Dogenpalast gegenübersteht. Cosimo II. von Florenz war nach Venedig gekommen, und Thomas Killigrew, Gesandter des verjagten Königs Karls II. von England, war aus der Stadt gewiesen worden. Der Abt Vettor Grimani und sein Bruder Pietro hatten den reichen Francesco Querini-Stampalia ermordet und waren für vogelfrei erklärt worden. Das »Arsenal« hatte sein erstes modernes Linienschiff nach dem Modell eines englischen Schiffes gebaut. Ein großer Betrug am Banco Giro war aufgedeckt worden. Französische Perücken durften nicht mehr getragen werden, und Cavallis »Il Calisto« erlebte seine Uraufführung.

Der neue Barockstil wirkte sich auf der Bühne wie in der Architektur aus. Szenenwechsel waren häufiger, und von komplizierten Maschinen wurde mehr Gebrauch gemacht. Der junge Philip Skippon, der um die Mitte der sechziger Jahre des 17. Jahrhunderts in Venedig war, beschrieb eine Oper am Theater Grimani: »Bevor der Vorhang aufging, hörte man eine Trompete, der eine Violine gar artig antwortete . . . Während des Prologs hingen einige Schauspieler in der Luft und flogen dann über die Bühne.« Einer, der eine Furie darstellte, »flog abwärts, dann aufwärts, Wolken schienen sich zu bewegen und die Mauern einer Burg durch Sprengung zu zerfallen«. Eine andere Aufführung bei Grimani war noch spektakulärer. Der Vorhang hob sich, um ein Amphitheater voller Zuschauer sichtbar werden zu lassen, und es folgten Szenen, bei denen Schiffe auf See brannten und eine Sibylle unter Flammen im Boden verschwand. Auch das kleinere Theater von San Salvatore verstand es, ein Erdbeben zu inszenieren. Die Komödien in Venedig waren jedoch rohere Vorführungen, als man in der Oper gewohnt war.

»Bevor das Spiel begann«, schrieb Skippon, »waren die Herren und ihre Begleitung ungeduldig . . . stampften mit den Füßen, pfiffen und riefen einander allerhand zu. Die in den Logen saßen, spuckten manchmal denen im Parkett auf die Köpfe, so daß alles sehr grob und roh erschien.« Das Stück selbst »war sehr unanständig und obszön«, und was dieses Niveau nicht einhielt, wurde ausgezischt. Dabei wurden solche Vorführungen nicht nur von den niederen Klassen besucht. Es kamen auch einige vom Adel »mit ihren Frauen oder Huren«, allerdings durch Masken unkenntlich gemacht. Einige Edelleute standen »nahe der Bühne« und pflegten »die Schauspieler zu unterbrechen und mit ihnen zu diskutieren«. Skippon hat auch einen genauen Bericht über eine verhältnismäßig neue Einrichtung in Venedig hinterlassen – über das Spielkasino von San Salvatore, wo venezianische Adlige die Bank sprengten und große Summen beim Basset- und Hasardspiel den Besitzer wechselten.

Der illusionäre Glanz der venezianischen Bühnendekorationen, die bettelnden Edelleute, die sich nicht scheuten, Touristen um Geld anzugehen, das Spiel um hohe Einsätze in San Salvatore – das alles war nicht leicht zu nehmen, denn es waren Symptome einer gewissen Dekadenz. Die Regierenden waren bestimmt nicht dümmer als ihre Vorgänger; die venezianischen Unternehmer waren nicht weniger darauf aus, ehrlich oder unehrlich Geld zu machen, und Venedig konnte noch immer unerschrockene Kriegshelden hervorbringen. Doch man hatte das Gefühl, daß einem die Macht entglitt und man das Leben genießen müsse, solange dafür noch Zeit war.

Man flüchtete sich aus der Wirklichkeit, und die harte Realität wurden den Menschen erst im Herbst 1669 bewußt, als Francesco Morosini, der Oberbefehlshaber in Kreta, sich der Armee des Sultans in aller Form ergab. Von drei Außenposten in Grabusa, Suda und Spinalonga abgesehen, war die große Insel, die Venedig über vier Jahrhunderte besessen hatte, den Händen der Republik entwunden worden – trotz des Opfers von 30 000 Mann und Ausgaben in Höhe von viereinviertel Millionen Dukaten. Der Krieg hatte die venezianische Wirtschaft überlastet, die Institutionen der Republik erschüttert, den Adel erschöpft, und von den überseeischen Besitzungen war die Hälfte verlorengegangen. Venedigs Stellung als führende Mittelmeermacht war zerbrochen.

XV

LUXURIÖSER NIEDERGANG

Der letzte Türkenkrieg hatte der venezianischen Wirtschaft gewaltig zugesetzt. Öffentliche und private Institutionen hatten sich verschulden müssen, eine Anzahl reicher Familien war ruiniert, und Venezianer, die lange in Kreta ansässig gewesen waren, hatten völlig verarmt nach Venedig zurückkehren müssen.

Zwar setzte wieder eine teilweise Erholung ein. Türkische Kaufleute kehrten zum Handel an den Rialto zurück, der Warenaustausch mit Deutschland wuchs, und die Zahl der in Venedig ankernden Schiffe nahm zwischen 1670 und 1702 um 70 Prozent zu. Aber die Erholung war nicht gleichmäßig. Zwischen 1675 und 1677 schlossen die Konsulate der Republik in Aleppo und Alexandria »wegen mangelnder Geschäfte«. Und obgleich die Venezianer sich in Smyrna halten konnten, mußten sie einen scharfen Wettbewerb seitens der Engländer und Holländer hinnehmen.

Der Niedergang der Schiffbau- und der Textilindustrie ging weiter. Von den vierundvierzig großen Segelschiffen, die 1693 in Venedig vorhanden waren, waren nur neun auch dort gebaut worden. Das »Arsenal« beschäftigte um tausend Arbeiter weniger als im Jahre 1645, und der Ausstoß an Tuchen fiel von 10000 im Jahre 1665 auf 2800 Einheiten im Jahre 1701. Dies alles wurde nur teilweise durch das Wachstum der Zucker-, Glas- und Papierproduktion und die beachtliche Ausweitung der Seidenindustrie wettgemacht. Zwischen 1670 und 1750 verdoppelte sich die Erzeugung erstklassiger Organsinseide und betrug mehr als 160 Tonnen im Jahr – aber die Seide wurde in der *terraferma* hergestellt, und ein großer Teil der Rohwolle, des Alauns und anderer Rohmaterialien, die durch den Hafen von Venedig hereinkamen, waren ebenfalls für das Festland und nicht für die Industrien von Venedig bestimmt.

Zu dieser Lage hatte die vom Staat sanktionierte Macht der Zünfte viel beigetragen, die einerseits zu verhindern wußten, daß die Löhne ebenfalls sanken, wenn die Lebensmittelpreise fielen, und die andererseits durchsetzten, daß nur Zunftmitglieder Arbeit erhielten und den so entstehenden Mangel an Arbeitskräften für ihre Zwecke ausnutzten. Die »Hersteller haben wenig bei der Tuchmanufaktur zu sagen«, lautete eine Beschwerde aus dem Jahre 1673. Die Entscheidung lag bei ihren Arbeitern. Die venezianischen Arbeiter, hieß es 1689, »hielten nicht viel von guter Arbeit«, denn sie waren »sicher, dank der Verordnung der Regierung, ihren festgesetzten Lohn zu erhalten«. Die Verordnung über die Beschäftigung von Zunftmitgliedern blieb jedoch bestehen, und immer mehr Unternehmer der Textilindustrie verließen Venedig, um den Zünften zu entgehen.

Während gelernte Arbeiter die Stadt verließen, kamen ungelernte Arbeitsuchende in Scharen herbeigeströmt, und wenn die Regierung auch schließlich den Schutz der Industrie verstärkte, so wurde Venedig doch mehr und mehr zu einer Stadt der Dienstleute, Bootsschiffer und kleinen Kunstgewerbetreibenden. Abgesehen vom »Arsenal« gab es nur wenige große oder mittlere Gewerbebetriebe.

Noch immer war Venedig ein Zentrum der schönen Künste, und Musiker wie Corelli und Tartini hatten großen Erfolg. Klubs und Bruderschaften traten auch weiterhin als Gönner auf, ebenso wie Leute von Adel, die ihr Geld in Land und nicht in der Industrie angelegt hatten.

1722 besaßen die Venezianer 16 Prozent des Ackerlandes der *terraferma*. Um 1740 waren es 20 Prozent, d. h. fast 400000 Hektar. Der Zuwachs war großenteils durch den Zwangsverkauf von Gemeindeland bedingt, den bäuerliche Gemeinschaften vornehmen lassen mußten, wenn sie mit ihren Steuern im Rückstand waren. Aber während der Adel Anspruch auf 70 Prozent dieser venezianischen Besitzungen hatte, besaßen nur 10 Prozent des venezianischen Adels Güter von nennenswerter Größe, und einige dieser Landbesitzer lebten weit über ihre Verhältnisse.

Vermögen wurden dem Wohlbefinden geopfert. Almorò Pisani, der 1682 starb, hatte seinen Erben verboten, die Güter der Familie zu verkaufen, aber seine Nachkommen verschwendeten trotzdem alles, was sie konnten, einschließlich der Aussteuern der weiblichen Familienmitglieder und des Familienschmuckes.

Almoròs Enkel verbrauchte alle Mittel, deren er habhaft werden konnte, um den Familienpalast zu vergrößern und eine fabelhafte neue Villa in Stra zu bauen; sein Sohn Alvise, der Gesandter in Madrid und Paris war, hielt sich soviel Pferde, daß er den restlichen Familienschmuck verkaufen und seinen unverkäuflichen Landbesitz hoch verschulden mußte. Ähnliches galt für andere Familien, die nicht so reich wie die Pisanis waren; auf diese Weise wurde der langsame Niedergang des Adels nur um so gewisser.

Die allgemeine Strömung hielten auch solche Adlige nicht auf, die sich zu Glücksspiel-Syndikaten zusammenschlossen. 1676 kam das Glücksspiel in großem Stil in San Moisé auf. 60 bis 80 Spieltische, jeder unter einem Adligen, der als Croupier fungierte, wurden aufgestellt. Glaubt man dem Franzosen St. Didier, der 1680 dort war, so war es ein ziemlich düsterer Ort, trotz der glitzernden Kronleuchter und der glanzvollen Kostüme, denn Adlige durften nur verkleidet erscheinen. Die Stille war tiefer als in einer Kirche und »die Ruhe und das Phlegma, mit denen hier große Summen gewonnen und verloren wurden, so ungewöhnlich, daß man sich eher in eine Anstandsschule versetzt glaubte als an einen Ort des Amüsements«. Die Venezianer erwiesen sich hier als Pioniere des Pokergesichts und der Selbstbeherrschung. Selbstbeherrschung konnten sie in der Tat gebrauchen, als 1684 ein weiterer Krieg mit der Türkei ausbrach, der 15 Jahre dauern sollte.

Die Kriegspläne wurden mit Venedigs Alliierten, Österreich und Polen, abgestimmt. Der sechsundsechzigjährige Francesco Morosini wurde aus dem Ruhestand heraus zum Oberkommandierenden bestimmt. Hannoversche und andere deutsche Söldner wurden mit einem Sold von 200 Franken eingestellt, und das Adelsregister wurde wieder all denen geöffnet, die bereit waren, 100000 Dukaten für Kriegszwecke zu spenden. Von den 40 neuen Familien, die in den nächsten 20 Jahren im Goldenen Buch registriert wurden, hatten die meisten ihr Geld als Bankiers, Großhändler, Unternehmer, Industrielle und Kaufleute gemacht; eine ganze Anzahl waren indessen Juristen und Beamte aus der Schicht der »alteingesessenen Bürger«, einige der Registrierten auch Adlige aus der *terraferma*. Die neuen Adligen füllten zwar einige leere Regierungsposten, aber ihre Zahl war viel zu klein, als daß sie die zunehmend korrupte Führung der Regierungsgeschäfte hätten beeinflussen können. Ihr Hauptbeitrag bestand in ihrem Geld – das der Republik auch tatsächlich ermöglichte, den Krieg sehr tapfer zu führen.

Venedig wollte nicht nur seine letzten überseeischen Besitzungen behalten – Tenos, die sechs Ionischen Inseln, die dalmatinischen Außenposten und seine drei festen Plätze in Kreta –, sondern es wollte auch noch die Insel Santa Maura besetzen und die Seewege zum griechischen Festland offenhalten. Der alte Generalkapitän Morosini schlug sich großartig. Er nahm Santa Maura und führte seine zusammengewürfelte Schar von 8500 Venezianern, Hannoveranern, Maltesern, Slawen, Florentinern und Päpstlichen zum Siege, indem er die alte venezianische Kolonie Korone zuürückeroberte und die Burg von Kalamata zerstörte. Im folgenden Jahr, als andere venezianische Streitkräfte in Dalmatien vorgingen, nahm er die strategisch wichtigen Häfen von Navarino, Methoni und Nauplia und sprengte den Parthenon auf der Akropolis.

Schon bald gelangten Trophäen nach Venedig – eine kopflose Marmorlöwin aus Athen und der große Löwe aus dem Piräus, der auch heute noch vor dem Arsenal steht. Die Siege waren zwar herrlich, aber nicht allzu ausschlaggebend, denn der Hauptstoß der Türken richtete sich auf Wien. Morosinis großer Vormarsch dauerte sowieso nicht lange. Athen wurde 1688 aufgegeben, ein Angriff auf Negroponte (Euböa) schlug fehl, und dann mußte Morosini, der Girolamo Cornaro mit der Belagerung von Monemvasia betraut hatte, nach Venedig zurückkehren, denn der Doge Giustiniano war im März gestorben, und man hatte ihn zum Nachfolger erwählt.

Das Glück hatte die Republik noch nicht verlassen. Monemvasia und danach ganz Morea fielen wieder in venezianische Hand, und die Republik begann sofort wieder mit ihren alten Methoden der Ausbeutung des Landes. Bald haßten die Griechen die christlichen Venezianer mehr als die muslimischen Türken. Die Einwohner Methonis beklagten sich, daß venezianische Offiziere ihre Frauen und Töchter vergewaltigten und venezianische Priester ihre Religion schlecht machten und versuchten, sie zu ihrer Religion zu bekehren, was die Türken nie getan hätten. Sie beteten um die Rückkehr der Türken, mußten das venezianische Regiment jedoch noch eine Weile ertragen.

1691 verlor Venedig Grabusa, einen seiner letzten Stützpunkte auf Kreta. Ein Versuch, Canea zu erobern, schlug fehl, und der alte Doge Morosini zog noch einmal aus, um selbst das Kommando zu übernehmen. Anfang 1694 starb er in Nauplia.

Es war hauptsächlich den Anstrengungen seiner Verbündeten zu verdanken, daß es Venedig beim Frieden von Karlowitz fünf Jahre später nicht schlecht erging. Es behielt Morea, Santa Maura, Aegina und viele seiner dalmatinischen Eroberungen und stellte die Tributzahlungen an die Türken für Zakynthos ein. Venedigs überseeisches Imperium war plötzlich wieder größer geworden, und das Glück lächelte ihm wieder.

Doch die grundlegenden wirtschaftlichen Probleme der Republik waren ungelöst. Zu Anfang des 18. Jahrhunderts war die Regierung gezwungen, die Lira um ein Viertel abzuwerten, ein Schritt, der alle diejenigen hart traf, die ihr Geld in festverzinslichen Papieren angelegt hatten. Da so viele Familienvermögen aufgezehrt waren und nur wenig industrielle Investitionen vorgenommen wurden, versuchte die Regierung in den Jahren 1696/97, einige der beträchtlichen Summen, die für Luxus ausgegeben wurden, dadurch produktiveren Zwecken zuzuleiten, daß sie die alten Gesetze gegen den Luxus wiederaufleben ließ. Große Ausgaben bei Gesellschaften, für Kleider und Juwelen wurden wieder verboten, Perücken, die mehr als zwölf Dukaten kosteten, durften nicht getragen werden, ebenso teure Fächer und Muffs, es sei denn bei Maskeraden. Solche Maßnahmen gingen das Problem jedoch nur höchst oberflächlich an und fügten dazu noch den Gewerbetreibenden Schaden zu, die »nutzlose« Luxusgüter produzierten, und das zu einer Zeit, als gerade diese Industrien zum venezianischen Wohlstand beitrugen, denn die Stadt befand sich auf dem Wege, zum Vergnügungszentrum Europas zu werden.

Die Besucher setzten sich nicht mehr ausschließlich aus Pilgern und jungen Herren auf der großen Bildungsreise zusammen. Die Crème der europäischen Gesellschaft hatte begonnen, an Venedig Geschmack zu gewinnen – und diese Menschen ließen viel Geld in der Stadt. Die Königin von Polen kam zweimal, 1699 und 1705, König Friedrich IV. von Dänemark und Norwegen verweilte drei Monate im Jahre 1709 in Venedig, wo er den verfeinerten Lebensstil und die zunehmende Auswahl an vorzüglichen Darbietungen genoß. Da gab es »die völlige Verrücktheit« des Karnevals, von der der Earl of Perth berichtet hatte, wo sich die Mächtigen inkognito entspannen und das schimmernde Schauspiel der Feuerwerke genießen sowie den Jugendlichen zuschauen konnten, wenn sie eine Stierhatz durch die Straßen veranstalteten oder Pistolen abfeuerten, während sie in an Seilen befestigten Wagen zwischen dem Campanile und dem Dogenpalast hin und her durch die Luft sausten. Da gab es auch festliche Zusammenkünfte der Akademiker, die Spielhöllen und den Liebreiz der ländlichen Umgebung. Dazu kam noch der Wohllaut der venezianischen Sprache und die ausgezeichnete Musik, die in Venedig geboten wurde.

Die Werke Monteverdis, Cimarosas und Albinonis wurden oft aufgeführt. Die in der Markuskirche gesungene Messe konnte bis zu fünf Stunden dauern, und das Publikum strömte zu den musikalischen Gottesdiensten in den Hospitälern. Vivaldi, der »hustende Priester«, wurde *Maestro di violino* an der Pietà im Jahre 1701. Pietro dall Oglio, der später am russischen Zarenhofe berühmt werden sollte, war dort Chorleiter von 1713 bis 1714, während Baldassare Galuppi, ein Meister auf dem Gebiet der Komischen Oper, der religiösen Komposition und der Musik für Tasteninstrumente, Musikdirektor bei den Incurabili wurde. Das venezianische Musikleben befand sich auf seinem Höhepunkt. Die Zahl der Hörer war riesig, und die Reichen sahen darauf, ihre Töchter auf eines der vier von den Hospitälern unterhaltenen Konservatorien zu schicken, um die Heiratschancen der Mädchen durch eine musikalische Ausbildung zu heben.

Die Einrichtung der Ehe als solche erfuhr jedoch eine gewisse Veränderung durch die merkwürdige Institution der *cavaliere servente*. Abgeleitet von den idealisierten Rittergestalten der mittelalterlichen Minne, waren diese *cavaliere* in Wirklichkeit nichts anderes als bezahlte Gefolgsleute, die ihre Damen überall hin begleiten. Auf diese Weise konnten adlige Damen an gesellschaftlichen Veranstaltungen außerhalb des eigenen Hauses teilnehmen, wenn der Ehemann geschäftlich verhindert war. Aber diese Einrichtung scheint auch die wachsende Zahl unverheirateter Edelleute mit weiblicher Gesellschaft versorgt zu haben – eine Alternative zu den Vielmännerhaushalten, die angeblich in jenen adligen Häusern bestanden haben sollen, wo nur einer der Brüder heiraten konnte, und eine zusätzliche Möglichkeit, wenn auch nicht unbedingt eine Alternative, zu einer gemeinsam ausgehaltenen Mätresse.

Der verweichlichte, geckenhafte *cavaliere servente* spiegelte ebenso wie jene parfümierten, gepuderten Abbés, die mehr Interesse an der Musik als an der Kirche hatten, den Nachdruck wider, der erneut auf den Lebensgenuß gelegt wurde. In die gleiche Richtung wies die zunehmend gekünstelte Schwärmerei für das »einfache« Landleben. Die *villegiatura*-Saison dauerte sieben Wochen im Sommer und weitere sieben im Spätherbst. Während dieser Zeit amüsierten sich die Mitglieder der Gesellschaft bei Picknicks, tanzten »Bauerntänze« in bäuerlicher Kleidung, wechselten das Kostüm bis zu viermal am Tage, verbrauchten an die 300 Kronen im Monat allein für Zucker, Kaffee und Schokolade und bemühten sich, ein idyllisches »Landleben« mit Nymphen und Schäferinnen zu führen. Mit einem Wort, es herrschte beim Adel zum letzten Mal Hochstimmung, ehe das Zeitalter der Revolution hereinbrach. Aber während das sorglose, vergnügungssüchtige Leben die Ausländer anzog, stand es in einem scharfen Gegensatz zu den realen Bedürfnissen der Republik.

Von 1714 bis 1718 war Venedig in einen neuen, und dieses Mal verderblichen Krieg mit der Türkei verwickelt. Suda und Spinalonga, die letzten festen Plätze auf Kreta, gingen verloren, ebenso Tenos, das seit 1390 von der Republik regiert worden war. Korinth, Nauplia und Methoni fielen, die rebellierenden Einwohner von Monemvasia ergaben sich dem Feinde, und als der Frieden schließlich geschlossen wurde, hatte Venedig nur noch eine Handvoll dalmatinischer Basen und die Ionischen Inseln von seinem überseeischen Imperium gerettet. Die Regierung plante, eine neue und moderne Armee von 22000 Mann aufzustellen mit der dazugehörigen Artillerie und einem Pionierkorps, was alles fünf Millionen im Jahr kosten sollte – aber von nun an ging sie allen Abenteuern geflissentlich aus dem Wege.

Neutralität um jeden Preis war nun die Losung, und die feierliche erneute Beisetzung der heiliggesprochenen Gebeine des Dogen Pietro II. Orseolo, der siebenhundert Jahre zuvor Dalmatien erobert hatte, war nur eine fromme Übung historischen Stolzes. Die Republik hatte alle Ansprüche auf eine Großmachtstellung aufgegeben, und ihre regierende Klasse zeigte immer weniger Interesse am Regierungsgeschäft. Die *villegiatura* veranlaßte führende Minister, wochenlang ihrem Amtssitz fernzubleiben. Nur wenige Adlige meldeten sich für Regierungsposten, und die meisten konnten sich das überhaupt nicht leisten. Dazu gehörten auch Mitglieder des neuen Adels, die, um sich einzukaufen, fast ihr gesamtes Vermögen geopfert hatten. Wer noch Mittel hatte, verbrachte seine Tage so elegant wie möglich. Diejenigen, die auf eine lange Ahnenreihe zurückblicken konnten, sahen auf die Emporkömmlinge herab, und alle zusammen blickten mit hochmütiger Geringschätzung auf die 140000 gewöhnlichen Venezianer.

»Sie tun, als wären sie Fürsten«, schrieb der Engländer Edward Wright zu Beginn der 1720er Jahre. Sie erwarteten, mit Exzellenz angeredet und mit Kratzfuß und Verbeugung begrüßt zu werden – dabei war solcher Respekt meist unverdient. Die Adligen waren nicht nur unpopulär, viele von ihnen waren sich auch bewußt, wie wenig sie sich um das Volk verdient gemacht hatten; aber sie achteten sehr darauf, daß sich der öffentliche Unwille nicht in Unruhen Luft machte. Venedig wurde in erster Linie durch die Polizei und nicht etwa durch das, wenn auch nur passive, Einverständnis des Volkes regiert, und die venezianischen Polizisten, die *sbirri*, waren dem Volk ein solcher Dorn im Auge, daß es als eine Schande galt, mit einem von ihnen auch nur zu sprechen.

Die Unzufriedenheit des Volkes fand in der Auswanderung ein Ventil. Es ergab sich ein starker und immer wachsender Zug zur Arbeitssuche im Ausland, insbesondere in Österreich. Der ältere Canaletto und Piranesi setzten ihre Karrieren in England und in Rom fort. Einige Maler und Bildhauer verdienten noch immer ganz gut in Venedig und ihr Status hatte sich sogar gehoben – so hatten die Maler nun ein »Kollegium« statt einer Zunft, und der Bildhauer unterschied sich sehr vom gewöhnlichen Steinmetz – aber das große Zeitalter der schönen Künste befand sich ebenso wie die herrschende Klasse im Niedergang.

Der Niedergang erfaßte auch die Zünfte. Einst waren sie reich gewesen, doch nun konnten sich nur wenige die besten Maler zur Ausschmückung ihrer Hallen leisten, da die entsprechenden Gewerbezweige unter der schlechten Konjunktur litten. Man versuchte, restriktive Maßnahmen der Zünfte abzubauen, aber sogar wenn diese Versuche erfolgreich waren, schien es wenig zu nützen. Noch immer exportierte Venedig Glaswaren, Waffen, Seife, Wachs und Textilien. Noch immer gingen Wollkappen in die Berberei und Drogen in die Levante. Aber bald gab es nur noch vier Lederwerkstätten, die Reliefarbeiten herstellten, wo es früher 71 gewesen waren, und die Anzahl der Druckereien ging von 77 im Jahre 1752 auf 50 im Jahre 1765 zurück; auch der Wollhandel nahm immer mehr ab.

Finanzielle Schwierigkeiten begleiteten den industriellen Abstieg. Der Banco Giro mußte 1717 Barzahlungen überhaupt einstellen und kehrte erst 1739 dazu zurück. Aber die Stadt war dennoch reich genug, die Piazza 1722 neu pflastern zu lassen und dabei das Niveau gegen die Flut anzuheben. Außerdem ließ sie den Eingang zur Lagune bei Malamocco 1725/26 vertiefen, um auch größere Schiffe einlassen zu können, und ein neuer *Bucintoro* lief 1728 vom Stapel. Von 1732 an gab es öffentliche Straßenbeleuchtung in Venedig.

Das Kaffeehaus war ebenfalls etwas Neues im venezianischen öffentlichen Leben, und zumindest ein Edelmann erkannte seine Bedeutung als Einnahmequelle. Lodovico Cornaro bezahlte eine beträchtliche Summe und außerdem noch jährlich 25000 Dukaten für die Konzession und schuf in seinem Etablissement Gelegenheit sowohl zum Glücksspiel als auch zum Kaffeetrinken. Die Grimani wiederum legten ihr Geld in Theatern an, von denen sie drei besaßen, darunter das größte der Stadt. Allein sieben venezianische Theater brachten Opernaufführungen – so viele Opernbühnen gab es in keiner anderen italienischen Stadt. Aber auch die Komödie blühte in Venedig.

Ihr berühmtester Vertreter, Goldoni, kam aus dem Mittelstand und war ursprünglich Jurist. Er schrieb Libretti für Galuppis *opera buffa*, dramatisierte Richardsons »Pamela« mit beträchtlichem Erfolg und versuchte sich auch in der Tragödie. Aber von all seinen 250 Stücken haben ihm die Dialektkomödien den größten Ruhm eingebracht. Goldoni machte sich über die gewöhnlichen Leute lustig, insbesondere auch über Kaufleute und Anwälte – wobei der Advokatenstil in jedem Fall übertrieben dargestellt wurde. Der Adel fand weniger Aufmerksamkeit bei ihm, denn direkte Satiren über die regierende Klasse waren verboten. Populär wie Goldoni zu seinen Lebzeiten schon war, hatte er doch einen Rivalen in der Gestalt Carlo Gozzis.

1720 als Sohn eines armen Edelmannes geboren, der nie in den Großen Rat gelangt war, schrieb Gozzi Komödien für die Truppe von Sacchi und führte auch selber Stücke auf, um das verfallende Familienhaus in Venedig und die nicht weniger wacklige Familienvilla auf dem Lande halten zu können.

Die Rivalität zwischen Gozzi und Goldoni beschränkte sich nicht nur auf die Bühne, sie wurde auch in rivalisierenden literarischen Klubs ausgetragen, wobei die jeweilige Anhängerschaft den Stücken des eigenen Mannes applaudierte und die des Gegners zu stören trachtete, bis schließlich Goldoni nach Paris auswanderte und wie Piranesi, Tiepolo und Vivaldi schließlich im Exil starb.

Dienstleute und Gondolieri konnte man immer vor den Theatern beim Karten- und Würfelspiel antreffen, wo sie auf ihre Herrschaften oder andere Kunden warteten. Die Bootsleute hatten es jetzt schwer. Arbeit war nicht leicht zu finden, sogar das Schmuggelgeschäft war nicht mehr so lukrativ wie früher, und der legitime Verkehr innerhalb des Hafens ging immer mehr zurück.

Nach 1732 wurde der Wettbewerb mit Ancona, das zum Freihafen erklärt worden war, sehr scharf, und auch Triest und Fiume machten Venedig unangenehme Konkurrenz, da sie sich in unmittelbarer Nähe befanden. 1736 erklärte die Regierung auch Venedig zu einem Freihafen, aber diese Maßnahme konnte den schon so lange anhaltenden Abstieg nicht mehr aufhalten. 1737/38 ankerten 274 Schifffe in Venedig. 1738/1739 waren es 193 und im golgenden Jahr nur noch 164. Die Anzahl der Schiffe in

Fremdbesitz ging dabei noch stärker zurück als die der eigenen. Als in den 1750er Jahren der Hafen wieder soviel Tonnage bewältigte wie in seiner Blütezeit vor drei Jahrhunderten, da war das schon eine viel kleinere Menge als die meisten europäischen Großhäfen bewältigten, und die Umschlagsgüter bestanden fast ausschließlich aus für das Festland bestimmten Waren und aus Exportüberschüssen der Ionischen Inseln und der venezianischen Besitzungen in Dalmatien.

Doch als Zufluchtsort wurde Venedig immer populärer. Zu einem Zeitpunkt im Jahre 1737 hielten sich hier nicht weniger als fünf vertriebene gekrönte Häupter auf, darunter der Junge Prätendent (Prinz Karl Eduard von England), welcher Umstand Voltaire zu seinem »Candide« inspirierte. Aber auch regierende Häupter erschienen – so der Kurfürst von Sachsen und der Herzog von Wolfenbüttel, die Herzöge von Bayern, Württemberg und York und 1769 sogar Kaiser Joseph II., der inkognito anreiste und bald zusammen mit drei Brüdern wieder nach Venedig zurückkehrte.

Mit Prinzen und gekrönten Häuptern als Schrittmachern kamen auch viele andere, darunter Abenteurer wie John Law, Baron Poellnitz und Giuseppe Balsamo (alias Graf Cagliostro, alias Marquis Pellegrini), der 1788 auftauchte und einige seiner Jungbrunnen-Elixiere verkaufte, ehe er vor der Polizei das Weite suchte. Unter den respektablen Besuchern befanden sich zwei skandalumwitterte englische Damen – Mrs. Piozzi (Dr. Johnsons Mrs. Thrale) und Lady Mary Wortley Montagu.

Für die fünfzigjährige Lady Mary gehörte der verbreitete Gebrauch von Masken zu den wichtigsten Attraktionen Venedigs. Er führte »zu einer allgemeinen Freiheit, die zweifellos zu den größten Annehmlichkeiten des Lebens gehört«. Jeder, der etwas darstellte, konnte auf diese Weise leben, wie es ihm paßte, ohne von der Gesellschaft verurteilt zu werden. Außerdem gaben die vielen unbewohnten Paläste in Venedig ihr die Möglichkeit, sich billig, aber dennoch sehr feudal mit dem Gelde einzurichten, das ihr ihr verlassener Ehemann sandte. Lady Mary lebte am Canal Grande und wurde in die große Gesellschaft durch Pietro Grimani eingeführt, der einst Gesandter in England gewesen war und nun als Prokurator von San Marco fungierte. Der Doge zeigte ihr persönlich seine Privatgalerie, der päpstliche Nuntius stellte ihr seine Opernloge zur Verfügung, der neunzehnjährige Francesco Algarotti, der sich als Schriftsteller versuchte, gehörte zu ihrem Gefolge, und an englischer Gesellschaft mangelte es ihr dank Lord Mansell und Sir Henry Englefield ebenfalls nicht.

Lady Mary hielt sich völlig an die Mode, die in Venedig bei den Damen mit viel Empfindelei verbunden war. Es war ja das Zeitalter der Boudoirs, der Schoßhündchen, der Leiden und Sehnsuchte, stundenlanger Toilette und häufiger Ohnmachten. Aber während sie ihre Fächer in Bewegung setzten und ihre angeblichen Schwächen betonten, gebrauchten die Damen alle ihre Schlauheit zugunsten der Karriere des Ehemanns, mischten sich in politische Angelegenheiten und betrieben auch eigene Geschäfte. Die Dame Pisani-Grimani besaß und leitete das Theater San Benedetto. Caterina Sagredo Barbarigo hatte ein *casino* auf der Giudecca, welches die Inquisition, die allerdings längst nicht mehr so mächtig und gefürchtet war wie früher, im Jahre 1747 schloß. Auch Marina Pisani hatte ein *casino*, das 1756 geschlossen wurde, was aber nicht verhinderte, daß beide Damen an anderen Orten neue *casinos* eröffneten.

Noch immer zogen sich die Herren schwarz an, aber sie trugen Lockenperücken, parfümierten sich schwer mit Ölen und Wässerchen, ließen exquisite Schnupftabakdosen sehen und befleißigten sich der feinsten Manieren. Manche schienen so empfindsam wie die Damen – 1753 reichte der Adlige Giovanni Cornaro ein Gesuch um Scheidung seiner Ehe ein, weil »die Füße seiner Frau stanken«. Aber zu den weichlichsten Männern auf der venezianischen Bühne gehörte doch der *cavaliere servante*, der die erwählte Dame in die Theaterlogen begleitete, bei Empfängen neben ihr stand, längs der Giudecca mit ihr im Boot spazieren fuhr und sie sogar zur Messe führte. Viele Edelleute scheinen die eigene Frau kaum zu Gesicht bekommen zu haben; allerdings spielten manche den Kavalier bei anderen Damen.

Der übertrieben charmante, sorgfältig hergerichtete venezianische Kavalier unterschied sich wohl ganz gewaltig von dem Edelmann früherer Zeiten mit kurzem Haar und ernstem Gehaben. Noch peinlicher berührten womöglich die ganz jungen adligen Damen in den Schulen der Konvente, die sich Mühe gaben, die Modedamen nachzuahmen, und mit dem größtmöglichen Decolleté zur Messe erschienen, um bei den Männern aufzufallen, wußten sie doch, wie schlecht ihre Heiratsaussichten waren.

Diejenigen, denen es gelang, unter die Haube zu kommen, feierten die Erlösung von der einengenden Erziehung im Konvent häufig durch ein um so ausgelasseneres Leben. Das Wort Eifersucht war in der venezianischen Oberschicht so gut wie unbekannt, und es nimmt nicht wunder, daß sich Giacomo Casanova so vieler leichter Eroberungen rühmen konnte.

Der Staat machte schwächliche und recht erfolglose Anstrengungen, die Moral zu heben. 1774 wurden die öffentlichen Spielkasinos geschlossen, mit der einzigen Auswirkung, daß nun die privaten erst recht florierten. Er verurteilte auch das »lose Benehmen« adliger Damen und verbot 1774 den Damen, das Theater unmaskiert oder in »schamloser« Kleidung zu betreten. Um die Moral der Armen war der Staat weniger besorgt und tat die Prostitution fast mit einem Lächeln ab.

All dieses war für die europäische Szene im allgemeinen bezeichnend, ebenso wie die Mischung aus Konformität und Unglauben in religiösen Fragen. Ein venezianischer Senator konnte die Doktrin der Transsubstantiation einfach lächerlich finden, trotzdem aber in der Kirche mit Selbstverständlichkeit niederknien. Typisch für die venezianische Gesellschaft war auch der scharfe Kontrast zwischen arm und reich. Mrs. Piozzi war entsetzt über die stinkende Volksmenge rund um die Markuskirche, die Bettler und Krüppel, »die kein Auge außer dem eines Wundarztes zu sehen bekommen sollte«. Samuel Sharp, der in den 1760er Jahren nach Venedig kam, sah die venezianischen Armen hingegen mit dem Blick des Kapitalisten an, denn er meinte, die einfachen Leute »lebten doch recht gut«; allerdings schien er ihr Leben mit den Verhältnissen in der Londoner Gin Lane zu vergleichen, denn er schrieb ihr relatives Wohlergehen der Abwesenheit von Gin und Branntwein zu. Was er an eindeutiger Armut zu sehen bekam, schob er auf die venezianische Vorliebe für Hasardspiele. Aber auch er war erstaunt über die »Schwärme von Bettlern«, die er angesichts der vielen karitativen Einrichtungen in Venedig für »erstaunlich groß« hielt.

Venedig hatte klare Luft, und es fehlten »die dreckigen Barken und die dreckigen Leute« von London. Aber Sharp erkannte auch, daß das relative Wohlergehen der Venezianer darauf zurückzuführen war, daß die Regierung die Hauptstadt zum Nachteil der unterworfenen Gebiete bevorzugte. »Jede andere Stadt auf dem Territorium der Republik«, schrieb er, »erscheint arm im Vergleich zur Mutterstadt«, denn die Regierung verhindert »jede Erfindung oder Produktion«, die dem direkten Nutzen der Stadt Venedig abträglich sein könnte.

Diese Maßnahmen konnten jedoch nicht genügend Arbeitsplätze schaffen, und die Regierung fuhr fort, die Einwanderer, die in früheren Jahren hereingekommen waren, auszuweisen und ausgebildete Handwerker heranzuziehen. Venezianer gingen nach Dresden, um die feine Porzellanherstellung zu erlernen. Hewelke aus Dresden und Geminiano Cozzi aus Modena, der vom Staat zwanzig Jahre lang mit 360 Dukaten jährlich subventioniert wurde, gehörten zu denen, die Fabriken errichteten und Venedigs Ruhm als Stadt des durchsichtigen Porzellans – verziert mit exquisitem Dekor aus Kränzen, Rosen, Bändern, Göttern und Schäferinnen – begründeten.

Der Protektionismus, dem sich die Regierung zum Schutz der stadteigenen Industrien hingab, wurde mit noch größerer Schärfe von den Zünften praktiziert. 1767 verboten die Drucker ihren Söhnen, das Gewerbe zu Lebzeiten des Vaters auszuüben, um so die Konkurrenz etwas zu mildern. Dies war nur ein Indiz für den wirtschaftlichen Niedergang, ein weiteres zeigte sich 1777, als die Mendicanti, die Incurabili und l'Ospedaletto, Institutionen, die jahrhundertelang die Hauptlast der Sorge für die Armen getragen hatten, zahlungsunfähig wurden und vom Staat übernommen werden mußten.

Alle Quellen des venezianischen Reichtums waren nacheinander versiegt – zuerst der Handel, dann das Gewerbe und nun auch die Landwirtschaft. Während des 18. Jahrhunderts nahm die Bevölkerung in Venedig um ein Drittel zu, aber die landwirtschaftliche Produktion stieg kaum an, und dieser Fehlschlag muß in erster Linie der Vernachlässigung wirksamerer landwirtschaftlicher Methoden durch die Eigentümer zugeschrieben werden. Wie in Frankreich kam es unter dem Druck der steigenden Bevölkerungszahlen zur Verpachtung immer kleinerer

Landstücke, statt daß man den Boden verbessert und die Methoden der Bestellung modernisiert hätte. Die Bevorzugung, die der Staat den Eigentümern angedeihen ließ, indem er ihnen zwei Prozent weniger Steuern berechnete als den Pächtern, konnte das Rad auch nicht zurückdrehen. Die meisten Landeigentümer waren nur an ihren Einkünften und ihren Landhäusern interessiert. Die Möglichkeiten zur Erschließung von Neuland und zur Verwandlung von Gemeindeland in Acker waren ausgeschöpft, und die Neuerungen, die von Großpächtern eingeführt wurden, beschränkten sich zumeist auf den Ersatz von Getreide aller Art durch Mais. Da aber der Mais trotz seines hohen Ertrages insofern schädlich war, als er den Boden verarmen ließ, und es wegen des Umpflügens von Weideland auch am Dünger fehlte, trieb das ganze Problem einer Krise zu.

Das Ergebnis war eine unzufriedene Bauernschaft, die sich auf dem Lande kaum ernähren, aber auch in den Städten der *terraferma* keine Arbeit finden konnte, wo das Gewerbe wegen der Bevorzugung von Venedig künstlich niedergehalten wurde. Obgleich es einige landwirtschaftliche Unternehmer gab, vor allem die Zenobios, die in den 1780er und 1790er Jahren mit Profit Getreide für den Export nach Amerika anbauten, so ergriff die Krise schließlich auch den landbesitzenden Adel, und das zu einer Zeit, als der Niedergang dieser Klasse sich schon so sehr beschleunigt hatte, daß sein Erlöschen bevorstand.

Nur halb so viele Edelleute erreichten im 18. Jahrhundert das Heiratsalter, verglichen mit den Zahlen des vorhergegangenen Jahrhunderts, und von diesen heiratete auch nur ein Drittel. Viele Adlige traten aus Scham über ihre Armut ins einfache Volk zurück, und um 1797 machte der Adel nur noch 0,8 % der Gesamtbevölkerung aus aus – also die Hälfte des Bestandes von 1645. Auch die neuen Mitglieder konnten daran nichts ändern. Als 1775 beschlossen worden war, vierzig Außenseiter zum Großen Rat zuzulassen, meldeten sich nur zehn, und der Zigeuner und Astrologe Domenico Bernardi wußte, wovon er sprach, als er 1760 eine geheime Methode anpries, durch die er »Familien von Stande, denen das Erlöschen droht, mit Sicherheit zu Nachkommenschaft verhelfen« wollte. 1740 starb der letzte Grimani-Calergi ohne Leibeserben. Einem reichen Zweig der Familie

Valieri erging es ebenso, und viele andere Familien befanden sich ebenfalls auf dem Aussterbe-Etat.

Die an arme Adlige ausgezahlten Pensionen stiegen von 39532 Dukaten im Jahre 1736 auf 102692 im Jahre 1775 und 130179 im Jahre 1790. Andererseits floß das Familienerbe reicher Familien gewöhnlich anderen reichen Familien, mit denen sie verwandt waren, zu. Dasselbe geschah mit den lukrativen Regierungsposten. So die Gesandtenposten in Rom, Wien und Madrid, die bis zu 12000 Dukaten einbrachten. Und in der Kirche war es auch kaum anders. Der fünfte venezianische Papst, Klemens XIII., der 1758 gewählt wurde, war ein Rezzonico, aus einer Familie, die einen der reichsten Palazzi in Venedig besaß. Es war allgemein üblich, daß ein Adliger, dazu oft ein Verwandter des Dogen, Patriarch von Venedig wurde.

Die regierende Klasse stützte sich auf ein ständig mehr zusammenschrumpfendes Fundament, sie vernachlässigte die Außenpolitik und war nur besorgt, die Opposition zum Schweigen zu bringen. Die Signoria paßte sich nur wenig besser an das veränderte außenpolitische Klima an als das *ancien régime* in Frankreich und mußte daher auch bald einen ähnlichen Preis dafür bezahlen.

Es hatte schon eine Zeitlang Anzeichen für eine bevorstehende Revolution gegeben, und das sogar innerhalb des Adels. Schon 1741 war Lorenzo Tiepolo unter Hausarrest gestellt worden, weil er geäußert hatte, die Macht der Zehn und der Inquisition müsse beschnitten werden. Francesco Foscari war 1756 in ähnlicher Weise bestraft worden, und fünf Jahre darauf war Angelo Querini, ein neuer Vorkämpfer des armen Adels, verhaftet vorden, weil auch er die allmächtigen Organe der Sicherheit und Zensur angegriffen hatte. Nach einigen hektischen Debatten im Senat über die Rätlichkeit von Reformen war er zwei Jahre später entlassen worden. Aber die Opposition innerhalb der herrschenden Klasse war damit nicht zum Verstummen gebracht.

Querini ging 1777 nach Frankreich, wo er sich dem Erzkritiker zeitgenössischer Gesellschaften, Voltaire, anschloß. Aber andere traten an seine Stelle. 1779 beklagte Carlo Contarini, Sprecher der ärmeren Adligen, daß alles in Unordnung sei. »Unser Handel siecht dahin, wie die ständigen Bankrotte beweisen. Lebensmittel sind unerschwinglich teuer. Was früher ausreichte, den Lebensunterhalt unserer Familien zu bestreiten und auch für die staatlichen Abgaben etwas übrigließ, reicht nun nicht einmal dazu aus, uns am Leben zu erhalten.«

Bei seiner Verhaftung empörte sich Giorgio Pisani über den »ungerecht verteilten Reichtum . . . ungesetzlich erpreßte Abgaben« und die Verschwendung der Regierung und verlangte ein höheres Gehalt für die ärmeren Magistratspersonen, Beförderung nach Dienstalter, bessere Aussteuern für adlige Mädchen, ja er verstieg sich sogar zu Drohungen, die regierende Clique stürzen und eine Umverteilung des Reichtums zugunsten der Armen vornehmen zu wollen.

Pisanis Visitenkarten trugen das Symbol der Freiheit, aber während er für Gleichheit und Brüderlichkeit eintrat (wofür er und seine Freunde 1780 eingekerkert wurden), meinte er damit doch nur die Armen innerhalb des Adels. Auch darin stimmten die Verhältnisse ungefähr mit denen im zeitgenössischen Frankreich überein, wo der Revolution auch eine Revolte des Adels vorausging, welche die Revolution beschleunigte. Ebenso wie in Frankreich gab es auch in Venedig unter den nichtadligen Industriellen gelegentliches Aufbegehren und weitverbreitete Unzufriedenheit innerhalb der zur Formulierung ihrer Nöte unfähigen Bauernschaft. Der Mann auf der Straße in Venedig wußte genausowenig über Rousseau und die Philosophen wie die *sans-culottes* in Paris, hatte aber weniger Grund zum Rebellieren als diese, denn die Brotpreise in Venedig erreichten bei weitem nicht die von Paris im Jahre 1789. Dennoch war die venezianische Regierung äußerst nervös.

Diese Nervosität schlug sich in begeisterter Zustimmung zu reaktionären Maßnahmen der Kirche nieder. 1772 wurde die Beschränkung der Anzahl geistlicher Personen wieder aufgehoben und die Jesuiten wieder zugelassen. Zwar wurden zwischen 1770 und 1793 auch reiche Benediktinerklöster aufglöst – und dadurch weitere 14000 Hektar säkularisiert, von denen ein Drittel in adlige Hände gelangten –, aber die absolute Notwendigkeit für die Regierung , einen Blitzableiter für die öffentliche Unzufriedenheit zu finden, führte zu einer neuerlichen Bedrückung der Juden. Als Papst Pius VI. die schlimmsten Auswüchse des

Ghettosystems 1775 wieder aufleben ließ, folgte Venedig fast sofort seinem Beispiel. Von 1777 an war es Juden verboten, Christen zu beschäftigen, sie durften weder Makler sein noch einen Gewerbebetrieb oder Land besitzen und mußten wieder den längst abgelegten scharlachroten Hut tragen. In den 1780er Jahren wurden die Bestimmungen etwas gelockert, aber das Leben blieb unerfreulich für sie, und da der Staat sich ihr Vermögen längst angeeignet hatte, versanken sie immer nehr in Armut. Das war die Art, wie die Republik auf die Ideen der Aufklärung reagierte. Es war eine auf Nervosität und nicht auf Überzeugung beruhende Haltung, die zum Fehlschlag verurteilt war.

Die venezianische Gesellschaft war viel zu gebildet, um vom kulturellen Austausch unberührt zu bleiben. Sogar der antisemitische Andrea Tron las seinen Voltaire und war der Geliebte und nachmalige Ehemann von Caterina Dolfin, einer venezianischen Gegenspielerin von Mme. Geoffrin, der gefeierten und »aufgeklärten« Pariser Salondame. Die Encyclopaedie, jene Bibel des skeptischen Rationalismus wurde auch in Padua verlegt. Die Freimaurer hatten geheime Logen, und die Cafés Spaderia und Ancilotto waren als Treffpunkte von Leuten mit fortschrittlichen politischen Ideen bekannt.

Durch den Umgang mit Ideen entsteht jedoch noch keine Revolution. Die Unzufriedenheit innerhalb der dumpfen Masse des Volkes ist gewöhnlich zum Sturz einer Regierung notwendig, und ein Barometer der Unzufriedenheit ist gewöhnlich das Verbrechen. Zahlreiche Menschen waren zwischen 1741 und 1762 hingerichtet oder zu lebenslänglicher Fron auf den Galeeren verurteilt worden, und die Verschärfung der Polizeimaßnahmen läßt auf einen ständigen unterirdischen Strom politischer Unruhe schließen. Die örtlichen *sbirri* mußten durch die quasi-militärischen Gendarmen verstärkt werden, und es hieß von dem Agenten der Zehn, Cristoforo Cristofoli, daß er allein ein Batallion Grenadiere ersetzen könnte, denn wo immer er auftauchte, verlief sich die Menge augenblicklich.

Die Armee, die übrigens sehr viel kostete, war in einem traurigen Zustand. Das Offizierskorps war korrupt, die Soldaten in Lumpen gekleidet, und um Pulver zu sparen, wurde die Ausbildung an den Musketen nicht vorgenommen. Das geschah in den

Jahren, als Venedig die großen Dämme gegen das Hereinbrechen des Meeres errichtete, die auch heute noch seine wichtigsten Schutzbauten sind. Sonst jedoch war die Stadt unfähig, sich zu verteidigen, wie der Doge Paolo Renier selbst zugab: »Es ist nur ein glücklicher Zufall, daß wir leben . . . Wir hängen gänzlich von dem Bilde ab, das sich die übrige Welt von der venezianischen Weltklugheit macht.«

Aber auch Renier verkörperte die Korruptheit des ganzen Systems. Seine Wahl im Jahr 1779 verdankte er dem Kauf von 300 Stimmen zu je fünfzehn Dukaten. Er verkaufte auch Regierungsposten und sogar Bettlerlizenzen. Seine Frau, Margareta Dalmaz, soll eine frühere Seiltänzerin aus Konstantinopel gewesen sein. Doch trotz aller Klatschgeschichten über ihn war dieser Doge keineswegs geldgieriger als seine Vorläufer. Er war ein guter Redner, ein schlauer Politiker, und der Klatsch, der sich seinetwegen erhob, läßt eigentlich weniger ihn selbst als vielmehr den Zustand der gesamten Republik in einem traurigen Licht erscheinen.

Jede Pore des einst so mächtigen Stadtstaates atmete Dekadenz. Von Hasardspielen, öffentlichen Almosen und dem Tourismus lebend und vom Rat der Zehn zusammengehalten, war das ganze System so hinfällig wie jene ältlichen Damen, von denen William Beckford berichtet, daß sie im Orchester der Pietà Waldhorn und Fagott bliesen. Die Kanalisation reichte nicht aus; wenn es regnete, waren die Straßen dreckig, aber die Stadt war trotzdem bezaubernd. Lichter schimmerten des Nachts von jeder Gondel und aus jedem Fenster, Musiker auf illuminierten Barken erfüllten die Abendluft mit ihren Serenaden. Aber wie ein altes Freudenmädchen erschien die Stadt nach Sonnenuntergang anziehender als im hellen Tageslicht, und wie dieses öffnete sie ihre Arme fast einem jeden Fremden.

1782 begrüßte sie den häßlichen und linkischen Großfürsten Paul von Rußland, der mit wenig Erfolg als »Graf des Nordens« auftrat. Venedig putzte sich so sehr heraus wie nur möglich. Es gab reiche Illuminationen, Schaugepränge, große Feste, Gala-Opern, Bälle und Aufführungen. Doch der Gast und sein Gefolge zahlten nur die Hälfte der Kosten ihrer Unterbringung, gaben keine Trinkgelder beim Arsenalbankett und hinterließen kein Geschenk für die Waisenkinder, wie das sonst üblich war. Paul machte Venedig jedoch ein Kompliment – man hörte ihn sagen, in Venedig zeigten sich die Auswirkungen einer guten Regierung, und die Venezianer lebten wie eine Familie. Das war gewiß eine diplomatische Höflichkeitsfloskel der Art, wie Staatsbesucher sie zu machen pflegen. Aber es war trotzdem die törichte Bemerkung eines törichten Prinzen.

Nur zehn Prozent der noch vorhandenen 1200 Adligen hatten Vermögen, nur 300 Gondoliere hatten einen ständigen Verdienst, wo es deren früher 3000 gewesen waren. Die Anzahl der Arbeitsplätze ging zurück, während die Bevölkerung nicht abnahm. Trotzdem wurde 1787 die Zahl der öffentlichen Feiertage mit der Begründung vermindert, daß der Müßiggang durch sie begünstigt werde. Die Belustigungen während des kalten Winters 1788, als Freudenfeuer entzündet und Spiele auf der gefrorenen Lagune veranstaltet wurden, sollten von den hohen Sterblichkeitsziffern infolge von Hunger und Kälte ablenken. Und um 1789 lebte fast ein Sechstel der Stadtbevölkerung von Almosen.

Auf dem Festland wuchs der Widerwille. Die Städte waren arm, und wenn die Waffenproduzenten in Bergamo auch noch Abnehmer fanden, so waren die Webstühle im Lande doch mehr oder weniger zum Stillstand gekommen. In der Seidenindustrie war die Anzahl der Arbeiter von 12000 im Jahre 1750 auf 1000 im Jahre 1792 gefallen, und die große Mehrzahl der Bauern war schlimmer dran als seit vielen Jahren. In den überseeischen Besitzungen war die Verwaltung korrupt – die Bauern wurden durch die übermäßige Besteuerung zur Ader gelassen, und nichts von den Einkünften kam den örtlichen Bedürfnissen zugute. Die reiche Insel Korfu besaß zwar zwei Millionen Ölbäume, die sie früheren Subventionierungen verdankte, aber von dem geernteten Getreide wurde so viel ausgeführt, daß die eigene Bevölkerung oft hungern mußte.

Nur ihr Polizeiregime und das Fehlen eines einigenden Zentrums, das alle Gruppen der Unzufriedenheit zusammengefaßt hätte, rettete die Republik. Nicht einmal in ihren privaten Salons konnten es die Edelleute wagen, über Politik zu sprechen, und das übertriebene Mißtrauen, auf das Goethe 1786 traf, als er in der Hoffnung auf geistige Anregung den venezianischen Außenposten Malcesine am Gardasee besuchte, beweist nur die zitternde Furcht, mit der Venedig seine Nachbarn beäugte. Venedig war nicht mehr »die Biberrepublik«, als die Goethe sie beschrieb. Beim Anblick des alten Dogen in seinem goldenen Gewand mit dem Hermelincape und der fröhlich dreinschauenden Edelleute mit ihren blonden Perücken konnte er sich freilich keinen Begriff davon machen, welche Furcht diese Leute erfüllte.

Als der Doge Paolo Renier im Februar 1789 starb, wurde die Nachricht von seinem Tode aus Rücksicht auf den Karneval nicht bekanntgegeben. Am 9. März wurde Ludovico Manin, ein Edelmann mit sehr kurzer Ahnenreihe, zu seinem Nachfolger erkoren. Acht Wochen darauf traten die Generalstände in Versailles zusammen. Die Revolution kam in Frankreich voran – und bald sollte auch Venedig von ihr berührt werden.

Die venezianische Regierung steigerte zwar ihre Wachsamkeit, unternahm aber sonst nichts. Noch immer öffneten die Geschäfte der Stadt bei Morgendämmerung und arbeiteten diejenigen, die Arbeit hatten, bis Sonnenuntergang, und die Senatoren zeigten auch weiterhin kein großes Interesse an Regierungsgeschäften.

Wie Giovanni Pindemonte schreibt, wurden auf den Senatssitzungen mit halsbrecherischer Geschwindigkeit Verordnungen verlesen, denen kaum jemand Beachtung schenkte. Die Senatoren wanderten vielmehr im Raum umher und unterhielten sich, im Winter verließen sie sogar die Kammer und scharten sich um ein Feuer in einem Nebenraum. Nachdem die Verordnungen verlesen waren, wurde *in toto* über sie abgestimmt, woraufhin die Sitzungen sofort vertagt wurden. Der Erfolg einer Sitzung wurde nur danach beurteilt, wie schnell dieses Verfahren abgewickelt worden war. War es bald vorüber, so ertönte der Ruf »ein kurzer Senat«, und die Senatoren stürzten davon wie entlassene Schuljungen. Dauerte es länger, dann rückten sie unruhig und unzufrieden auf ihren Sitzen hin und her, voller Ungeduld, endlich zu ihren Vergnügungen zurückkehren zu können. »Parfümierte Tafeln, vergoldete Wagen, großartige Equipagen, Musik, Tanz, Gärten, Hasardspiele, Theater und Ausschweifungen«, schrieb ein anderer Zeitgenosse, »waren das einzige, was irgendein Interesse weckte.«

Der Staatsbesuch Kaiser Leopolds II. im Jahre 1791 zeigte, daß die Beziehungen zu Österreich herzlich waren. Aber trotz der Beschwörungen von Diplomaten und anderen ließ sich die Republik auf keine Allianz ein. Auch als Frankreich immer radikaler wurde und die Gefahr einer Ausbreitung der Revolution wuchs, blieb die Republik bei ihrer vorsichtigen Neutralität. In dieser Politik lag eine gewisse Logik. Zwar war die Republik nicht eigentlich demokratisch, aber sie war auch keine Monarchie und nicht so absolutistisch wie die wichtigsten Staaten Europas. Außerdem fürchtete Venedig, daß der mächtige Nachbar Österreich Venedig eines Tages genau auf die gleiche Weise verschlingen könnte, wie es bei der Teilung Polens vorgegangen war. Da schien eine absolute Neutralität der einzig gangbare Weg zu sein. Das venezianische Imperium stellte zwar ein Machtvakuum dar, aber seine Regierung bedrohte niemanden – und hoffte, auch von niemandem bedroht zu werden.

So wurde eine Allianz mit Österreich mehrfach abgelehnt. Man machte keine Staatsaktion daraus, als die venezianische Gesandtschaft in Paris angegriffen wurde. Und wenn Venedig auch dem späteren französischen König Ludwig XVIII. eine Zeitlang Asyl gewährte, so tauschte es doch auch Gesandtschaften mit der französischen Revolutionsregierung aus. Im Februar 1795, als der venezianische Geschäftsträger in Basel davor warnte, daß eine französische Invasion in Italien geplant sei, glaubte ihm die Signoria nicht. Sie meinte, der Kampf zwischen Frankreich und Österreich werde sich im Rheinland abspielen, und es bestehe keine Aussicht, daß venezianisches Gebiet betroffen sein könnte.

Am Himmelfahrtstage 1796 fuhr der Doge Manin und seine Begleitung in bester Laune zum Lido hinaus, wo auf dem *Bucintoro* der Zeremonie der »Hochzeit mit dem Meere« wie alljährlich vorgenommen wurde. Bei der Rückkehr erhielt die Besatzung ein großartiges Festessen. Es begann mit spanischem Brot, Blätterteiggebäck, Sahne, Orangen und gesalzener Zunge. Darauf folgten Kutteln, Leber, gekochte Kalbsfüße, Tauben, Kalbsbraten und Truthahn, den Abschluß bildeten Pudding, Käse,

Äpfel, Spargel, Fenchel, Artischocken, Pflaumen, getrocknete Kastanien, Kuchen und Konfekt. An jedem Platz stand eine Flasche Muskateller, und jeder durfte soviel Wein trinken, wie er wollte. Es klingt, als hätte man einen Schlußpunkt setzen wollen. Und so war es auch, denn, ohne daß es jemand von den Anwesenden ahnte, war dies die letzte Fahrt des *Bucintoro* gewesen.

Im Sommer 1796 überrannten französische Truppen unter General Bonaparte Piemont und die Lombardei und schlugen die österreichischen Truppen bei Arcole und Rivoli, wohin diese über venezianisches Gebiet gelangt waren. Daraufhin biwakierten die französischen Truppen in den westlichen Provinzen der venezianischen *terraferma*, und die venezianische Regierung war nun gegen ihren Willen gezwungen zu reagieren. Es wurde befohlen, die Verteidigung der Lagune zu verbessern, die Flotte wurde einberufen, Truppen in Dalmatien, Istrien, Albanien und auf den Ionischen Inseln rekrutiert und Soldaten in der *terraferma* ausgehoben. Eine neue Zwangsanleihe wurde ausgeschrieben, neue Steuern auf Bedienstete, Gondeln, Mieter und Vermieter erhoben, ein Zehnter von der Kirche eingetrieben und Ämter verkauft, um zu mehr Geld zu kommen. Es war der Republik recht, daß sich Österreich, Neapel, Rom und Savoyen den französischen Eindringlingen entgegenstellten, sie selbst trat nicht auf ihre Seite. Zwar war ein Teil der *terraferma* verloren, aber die Erfahrung mit der Liga von Cambrai vor fast drei Jahrhunderten hatte doch gezeigt, daß die Republik sie möglicherweise zurückerhalten würde.

Eine Allianz mit den Franzosen wurde gleichfalls aus Furcht vor einem österreichischen Angriff abgelehnt, aber obgleich Venedig einen französischen Protest wegen seiner militärischen Vorbereitungen zurückwies, fand es sich bereit, die Gegenwart französischer Truppen auf seinem Territorium für einen Zeitraum von sechs Monaten und gegen Zahlung von einer Million Franken zu tolerieren.

Doch schon die Gegenwart der revolutionären Armee in der *terraferma* wirkte wie ein Katalysator. Einige Journalisten wagten es, das Lob der Freiheit zu verkünden, und die Jugend berauschte sich an der Revolution und dem Meteor Napoleon. Auf dem Lande führten die Requirierungen durch die französischen Truppen wohl zu Unzufriedenheit, aber viele Bauern empfanden ihre Herren als noch viel schlimmer und sahen die Franzosen als ihre Retter an.

1797 gab es einen Volksaufstand im Umland von Bergamo. Mit französischer Hilfe entwaffneten die Aufständischen die örtliche Polizei, plünderten das Provinzschatzamt und riefen die Freiheit aus. Eine ähnliche Bewegung ergriff bald auch Brescia. Der Gouverneur floh, und die Insurgenten unter Führung des Bürgers Fantucci erklärten, sie hätten ihr »Naturrecht« zurückgewonnen. Rebellierende Gruppen bewegten sich von Dorf zu Dorf, zerstörten die Zollhäuser, errichteten Freiheitsbäume und revolutionierten die Bevölkerung. Im März sagte sich Crema von der Republik los, und Salò am Gardasee tat desgleichen.

Gegenrevolutionäre, »patriotische« Bewegungen wurden ebenfalls organisiert, stets mit Hilfe der Geistlichkeit, die die »gottlose« Revolution überall bekämpfte. Doch die gelegentlichen Zusammenstöße zwischen befreundeten und gegnerischen Dörfern hatten meist mehr mit Besitztiteln und persönlichen Auseinandersetzungen zu tun als mit hochgestochenen Ideen über Patriotismus und Freiheit. Außerdem ermutigten die Franzosen nicht nur die Bevölkerung in ihrem Kampf gegen die Aristokratie, sie halfen auch den örtlichen Rebellen, bestimmte venezianische Stützpunkte, wie Peschiera, zu erobern.

Venedig legte erfolglos Protest bei Bonaparte ein, und als die Franzosen verlangten, daß die Dalmatiner der Garnison von Verona zurückgezogen würden, weil sie am 17. April französische Truppen außerhalb der Zitadelle angegriffen hätten, kam die venezianische Regierung diesem Wunsche nach. Nachdem nur noch wenige italienische Truppen zur Verteidigung Veronas übriggeblieben waren, fiel die Stadt bald in revolutionäre Hände – und die Franzosen gingen offen zur Offensive über.

»Freunde und Bürger«, lautete ihre Proklamation an die Bewohner von Vicenza, »die perfiden Adligen von Venedig . . . haben Euch gezwungen, gegen die Truppen Bonapartes zu den Waffen zu greifen . . .« Dabei hatte die Signoria schon beschlossen, ihre Truppen aus Vicenza und ebenso aus Padua und Treviso zurückzuziehen, um sich auf die Verteidigung der Lagune zu konzentrieren.

Der verhängnisvolle Ablauf der Ereignisse führte zu einem vorhersehbaren Sturm auf den Banco Giro. Aber die Bank blieb zahlungsfähig, und es schien auch, als könne die Stadt erfolgreich verteidigt werden. Ein Verteidigungsplan war aufgestellt worden, Truppen aus der *terraferma* strömten herbei, und die Bürger wurden mobilisiert. Die Lebensmittelversorgung was ausreichend, und die Tatsache, daß das Gießen der Kanonen noch immer unter der Aufsicht eines Alberghetti stand, dessen Vorfahren diesen Beruf seit 1487 ausgeübt hatten, verstärkte das Gefühl, diese Stadt, die nie erobert worden war, würde auch dieses Mal nicht eingenommen werden.

Am 29. April 1797 beschloß der Senat weitere Verteidigungsmaßnahmen, da ein Gerücht in Umlauf war, die Franzosen und Österreicher seien übereingekommen, das venezianische Herrschaftsgebiet unter sich aufzuteilen. Die Propaganda, die Bonaparte »Attila« und die Franzosen »Hunnen« nannte, war abgesprochen, und als ein französisches Schiff mit dem Namen »Befreier Italiens« versuchte, in die Lagune einzufahren, eröffnete der Kommandant des Forts San Andrea das Feuer und tötete den Kapitän des Schiffes.

Das sollte jedoch der einzige Widerstand bleiben. Am 30. April trafen der Doge, die sechs Räte, die drei Häupter der *Quarantia al Criminale*, die sechs *Savii Grandi*, die Vorsitzenden der Zehn und die für die abgetretene *terraferma* verantwortlichen *Savii* zusammen, um ein französisches Ultimatum zu besprechen, das die Entlassung aller politischen Gefangenen, die Vertreibung des britischen Gesandten und die Einführung einer demokratischen Regierungsform verlangte. Sie beschlossen, die Gefangenen freizulassen und über die neue Regierungsform mit den Franzosen zu verhandeln. Im Grunde war das die Kapitulation, aber sie gingen dabei ebenso verschlungene Wege wie der alte Dandolo vor sechshundert Jahren, als er den vierten Kreuzzug in eine Eroberung Konstantinopels umgebogen hatte.

Es war mittlerweile klargeworden, daß die Stadt uneins war und daß ein öffentlicher Aufruhr von annähernd 15000 Menschen unterstützt werden würde. Einer Rebellion und einem französischen Angriff konnte man gleichzeitig nicht widerstehen. Widerstand würde nur die Stadt der Zerstörung anheimgeben und eine Gefahr für das Privatvermögen bedeuten. Eine entgegenkommende Haltung konnte die Möglichkeit bieten, noch mancherlei aus dem Zusammenbruch zu retten. Als daher der Doge die kollektive Entscheidung des Kabinetts dem Großen Rat vorlegte, erwies es sich, daß sie der Einstellung des Adels vollständig entsprach. 598 Mitglieder des Großen Rates stimmten dafür, nur sieben dagegen. Doch bis die beiden venezianischen Unterhändler das französische Hauptquartier in Marghera erreicht hatten, war soviel Zeit vergangen, daß Bonaparte vom Widerstand gegen das französische Schiff erfahren hatte. Er verlangte nun die Verhaftung des Fortkommandanten und der drei Staatsinquisitoren, ehe er zu Verhandlungen bereit war.

Der einmal eingeschlagene Weg mußte zu Ende gegangen werden. Giuseppe Priuli, Filippo Calbo und ein Querini, die Widerstand propagierten, wurden niedergeschrien, und am 4. Mai stimmte der Große Rat Napoleons Bedingungen zu. Aber die Republik durfte trotzdem nicht in Frieden sterben. Die Öffentlichkeit hatte von den Vorgängen erfahren. Tommaso Zorzi, ein venezianischer Gemüsehändler, der die Demokraten der Stadt anführte, verlangte einen Platz in der Regierung, und während die Minister ihn noch beredeten, sich ein oder zwei Tage zu gedulden, gerieten die slawischen Soldaten der Republik in Aufruhr. Aufgebracht über die Verzögerung ihrer Soldzahlung und wahrscheinlich von Mitgliedern der für den Krieg votierenden Minderheit aufgehetzt, hatten sie damit begonnen, Flugblätter zu verteilen, in denen die Signoria des Verrats an der Bevölkerung bezichtigt wurde. Sie brannten auch Zorzis Haus nieder, und es herrschte ein Chaos, in dem immer wildere Gerüchte gediehen und die Menschen ängstlich, wütend und unsicher reagierten.

Um keine Anarchie aufkommen zu lassen, zahlte die Signoria die Slawen aus und schickte sie heim. Nachdem ein Versuch, die Franzosen durch Bestechung auf bessere Bedingungen festzulegen, gescheitert war, beschloß das Kabinett des Dogen am 9. Mai 1797 mit einer Mehrheit von zehn zu sieben die jüngsten französischen Bedingungen anzunehmen. Drei Tage darauf hatte der Große Rat darüber zu entscheiden.

Die Atmosphäre war gespannt, als der Doge Manin seine letzte Rede vor der nur halbbesetzten Kammer hielt. Er machte den Vorschlag, seine Demission anzunehmen, eine vorläufige Regierung auszurufen, eine größere Kriegsentschädigung zu zahlen, die überseeischen Besitzungen und den größten Teil der Flotte abzutreten und die Adelstitel aufzuheben. Während seiner Rede waren Schüsse zu hören – die Slawen verließen Vendig unter tumultuarischem Lärm. Die Sitzung nahm einen würdelosen Verlauf, in größter Eile wurde 512:20 für die Vorschläge des Dogen abgestimmt, und die Ex-Adligen stürzten davon, um von ihrem Besitz soviel wie möglich zu retten.

Der Mob wälzte sich schon, »Viva San Marco« brüllend, plündernd und schießend, durch die Straßen. Das Gold wurde vom *Bucintoro* heruntergerissen, die Statuen »Stärke« und »Weisheit«, die den Dogenthron flankierten, zerschlagen. Kanonen wurden abgefeuert, aber nicht einmal mit dieser Maßnahme konnte die Polizei Ordnung schaffen, und das Chaos hielt vier Tage lang an, bis venezianische Schiffe französische Truppen heranbrachten. Erst dann konnte die letzte Entscheidung des Großen Rates öffentlich verkündet werden.

Es gab einige ärgerliche Rufe, einigen hoffnungsvollen Jubel. Venedig, das »älteste Kind der Freiheit«, hatte seine Unabhängigkeit verloren. Die Republik, die tausend Jahre bestanden hatte, war tot.

EPILOG

Die Franzosen plünderten das »Arsenal«, entführten die vier Bronzepferde, die Dandolo aus Konstantinopel hatte heranschaffen lassen, stürzten den Marmorlöwen von seiner Säule auf der Piazzetta und errichteten einen Freiheitsbaum auf dem Platz. Die Tore zum Ghetto wurden feierlich niedergerissen, ein neuer Kalender mit neuen »revolutionären« Namen für jeden Monat wurde eingeführt und das Goldene Buch des Adels verbrannt.

Venedig war nun eine demokratische Stadt mit »vorläufiger Selbstverwaltung«, und eine Regatta wurde zur Feier dieses Tatbestandes veranstaltet. Aber die Venezianer verbeugten sich noch immer, als gehorchten sie einem Reflex, vor jeden Ex-Adligen, dem sie auf der Straße begegneten. Ein Komitee für Öffentliche Sicherheit ersetzte den Rat der Zehn, und wer vom neuen Regime profitiert hatte, konnte sich nicht lange dessen erfreuen. Im Jahre 1798 übergaben die Franzosen Venedig an die Österreicher.

Sofort wurde die neue Ordnung umgestürzt. Die Schlagworte über »Menschenrechte« wurden übermalt, die lokale Selbstverwaltung wurde aufgelöst, die Juden, die erst vor kurzem für frei erklärt wörden waren, verlorden wieder ihre bürgerlichen Rechte. Als russische Truppen unter ihrem hervorragenden und exzentrischen Führer Suworow 1799 durch Venetien zogen, um die Franzosen aus dem übrigen Italien hinauswerfen zu helfen, mögen die Venezianer sich wohl Gedanken gemacht haben, wem sie nächstens untertan sein würden – doch 1805 wurden sie wieder den Franzosen zugesprochen.

Venedig wurde zu einem Teil des neuen Königreichs Italien erklärt, und Eugènie de Beauharnais wurde »Fürst von Venedig«. Die Juden erhielten ihre bürgerlichen Rechte zurück, die Überreste des *Bucintoro* wurden in ein Kanonenboot mit Namen Hydra verwandelt, der Banco Giro abgewickelt, die »Monte Napoleone« gegründet. Die Klöster wurden aufgelöst, öffentliche angelegt, und die *Scuola di Santa Maria della Carità* verwandelte sich in die Kunstgalerie der Akademie. Venedig erhielt wieder den Status eines Freihafens, und seine Schiffe durften in sämtlichen Ländern der Erde, mit Ausnahme von England, Handel treiben. Aber die Aktivität der englischen Flotte im Mittelmeer verhinderte ein Wiederaufleben des Handels, und die Anpassung an die neuen Verhältnisse war in jeder Hinsicht schwierig.

Einige prominente Bürger, darunter auch Giovanni Pindemonte, machten ihren Frieden mit dem neuen Regime und beteiligten sich sogar an der Regierung, mit anderen ging es rasch bergab. Die stolzen Pisanis verkauften Napoleon ihre herrlich Villa in Stra, und wenn auch einige Ex-Adlige noch große Vermögen und ausgedehnten Landbesitz hatten, so vollzog sich die Überflügelung der alten besitzenden Klasse durch die Neureichen nunmehr doch in einem beschleunigten Tempo.

Die Juden, die noch kürzlich wegen ihrer Armut aufgefallen waren, zählten schon bald zu den Wohlhabenden innerhalb der Kaufmannschaft, aber diese Schicht war nun weniger zahlreich und weniger reich als in früheren Zeiten. Das napoleonische Europa gewährleistete keine sicheren Absatzmärkte, insbesondere nicht für Luxusgüter nach Art der venezianischen. 1812 mußte die Porzellanmanufaktur Cozzi schließen, und die venezianische Industrie insgesamt litt schwer unter den Napoleonischen Kriegen, insbesondere unter der Blockade von 1813/14. Nach dem Kriege wurde Venedig wieder österreichisch; aber obgleich das kaiserliche Regime, das durch einen Vizekönig ausgeübt wurde, der abwechselnd in Venedig und in Mailand residierte, dem Land eine gewisse Stabilität verlieh, so war es doch mit beträchtlichen Nachteilen verbunden. Die Besteuerung war hart, die Lombardei und Venetien mußten ein Viertel des gesamten Steueraufkommens des Kaiserreichs aufbringen, obgleich dort nur ein Achtel der Bevölkerung lebte. Wenn auch das intellektuelle Klima vom Kontakt mit einer weiteren akademischen Umwelt profitierte, so wurden die Universitätsprofessoren doch von Wien ernannt, und in den venezianischen Schulen wurde kaiserliche Propaganda gemacht. Die Presse unterlag einer noch schärferen Zunge als früher – sogar Dante wurde korrigiert –, und die Macht der Kirche war unangreifbar. Aber die größte Unzufriedenheit rief doch das Einsickern deutschen Einflusses hervor.

Polizeispitzel und Informanten hatten jahrhundertelang zum

Bilde Venedigs gehört, aber nun wurden die Sicherheitsdienste von Männern fremder Herkunft gehandhabt. Der *Bucintoro* wurde als Gefängnis benutzt, und Venezianer fanden es ekelhaft, ihre Geschäfte in österreichischen Kreuzern und Gulden abzuwickeln. Wenige sehnten sich nach der alten Republik zurück, aber die Venezianer, besonders die der Mittelschicht, verlangten zunehmend nach der Freiheit, und die aufrührerischen Ideen, die seit der Revolution in den Köpfen der Leute gärten und neuen Nährboden im Fremdenhaß fanden, mündeten letzten Endes in eine neue Form bürgerlichen Patriotismus' ein. Es war eine kulturell begründete Unzufriedenheit, denn die österreichische Herrschaft brachte wirtschaftliche Vorteile trotz der hohen Besteuerung. Das Geldwesen war stabil, Venedig war noch immer die Zollniederlage für das österreichisch besetzte *terraferma*-Gebiet und erfreute sich zusätzlich des Vorteils, zum großen österreichischen Markt zu gehören. Die Freihandelsprivilegien sicherten dem Hafen einen ständigen Umschlag. Zwischen 1817 und 1850 stieg die Anzahl der hereinkommenden und hinausgehenden Schiffe um 15 %, und wenn auch ein großer Teil dieser Schiffe leer hinausging, so stieg die industrielle Produktion in Venedig doch stetig, wenn auch langsam, an, und die Beschäftigungslage, die nach dem Sturz der Republik hoffnungslos gewesen war, besserte sich ebenfalls.

Die Herstellung von Spiegeln und Perlen aller Art beschäftigte 4500 Personen, darunter allerdings viele Frauen und Kinder. Auch in den übrigen traditionellen Gewerben, so in der Herstellung von Gold- und Silberwaren, Brokat, Spitzen, Samt, Lederwaren, Seife, Keramik und Lichtern sowie in der Zuckerindustrie zeigte sich ein Aufschwung. Auch nach dem Niedergang blieb Venedig das Druckereizentrum Italiens. Das Arsenal fing sehr langsam wieder zu arbeiten an, ebenso die privaten Schiffswerften. Auch die Eisenbahn konnte manchem Mann aus der Bevölkerung der Lagune Arbeit bieten, wenn auch viele weiterhin vom Fischfang und der Seefahrt zu leben gezwungen waren.

Tausend Mann wurden angeworben, um die erste Brücke zur Verbindung Venedigs mit dem Festland zu bauen, und die Eröffnung der Eisenbahn Venedig-Vicenza im Jahre 1846, die über diese Brücke verlief, erwies sich als wichtige Anreiz für die Wirtschaft.

Zeitgenössische Besucher waren aber doch sehr vom traurig verfallenen Zustand der Stadt und ihrem schwindenden Glanz beeindruckt. Byron hatte diesen ersterbenden Glanz bemerkt, und die meisten Romantiker, die ihm folgten, fühlten das Geisterhafte der Stadt und die Passivität ihrer Bewohner. Turner, Sickert, Boudin und Manet wurden sämtlich von der Stadt inspiriert, die einst so großen Künstlern den Rahmen für ihre Entfaltung geboten hatte; aber die Träger der großen Tradition – Canaletto, Tiepolo und Guardi – waren schon lange in Vergessenheit geraten. Ebenso war es Cimarosa ergangen. Die musikalischen Darbietungen in der Markuskirche, einst wegen ihrer Herrlichkeit berühmt, waren jetzt »ziemlich entsetzlich«, wie ein zeitgenössischer Engländer bemerkte.

Die Abkömmlinge des alten Adels lebten in der Vergangenheit, befaßten sich mit der Genealogie, hielten, was sie ererbt hatten in hohen Ehren und berauschten sich an den Erzählungen über die Herrlichkeit der alten Republik. Die einfachen Venezianer stellten in steigender Zahl das Personal für Hotels, Pensionen, Läden und Cafés, um die herbeiströmenden Besucher zu bedienen. Um 1847 galt das Königliche Danieli-Hotel im früheren Nani-Mocenigo-Palast als das beste in Venedig. Café Florian war schon berühmt, aber obgleich es französische Zeitungen, Gabelfrühstück und Abendessen bot, war es teuer, und das Rauchen war dort verboten. Die Offiziere der österreichischen Garnison und die meisten durchreisenden Deutschen, die Pfeife zu rauchen liebten, zogen daher das Café Quadri vor, während die Venezianer, die auf sich hielten, im Café Suttil zu verkehren pflegten.

Opern und Ballete hatten viel Zulauf im Theater Fenice. Auch das alte San-Benedetto Theater gab es noch, Dramen wurden im Teatro Apollo gegeben, Komische Opern im Teatro San Samuele und Zirkusvorstellung im Teatro Malibran.

Aber unter der Oberfläche des gemächlichen Lebens in Venedig machte sich in den 1840er Jahren eine starke Strömung der Unzufriedenheit bemerkbar. Fremdherrschaft war zwar nichts Neues mehr, und der venezianische Arbeiter war wohl auch nicht schlechter dran als früher, sondern besser. Deswegen waren die Österreicher aber nicht beliebter, und es waren gerade die wohlhabenderen, gebildeten Schichten unter den Venezianern, die zur Unruhe neigten. Ihre Ideale waren liberal, demokratisch und nationalistisch, und es ist merkwürdig, daß ihr erster großer Protest die Form des Widerstands gegen die einzige progressive Maßnahme der Regierung annahm, nämlich gegen den Plan, Venedig durch die Eisenbahn mit Mailand zu verbinden.

Dieser Protest beschwört das Bild wütender Konservativen, die für den *status quo* kämpfen. Aber die Unterschriften bringen auch Namen wie den Daniele Manins und anderer Helden der »bürgerlich-liberalen Bewegung«. Der Rechtsanwalt Manin gehörte zur Mittelschicht, aber die »Befreiungsbewegung«, die er anführte, orientierte sich am Stolz auf die alte Republik, die er in einem idealen Licht sah, und wurde durch Ereignisse außerhalb Venedigs zu Aktionen veranlaßt.

Zu Anfang des Jahres 1848 gab es einen Aufstand in Sizilien, und vier italienische Staaten erhielten Verfassungen. Diese Nachricht führte zu Unruhen in Padua und dann auch in Venedig – woraufhin die Österreicher Manin und einige Agitatoren seiner Richtung verhafteten und das Kriegsrecht verhängten. Am Abend des 17. März 1848 traf jedoch die Nachricht ein, daß nun auch in Wien eine Revolution ausgebrochen sei.

Eine Menschenmenge stürzte zum Gefängnis und verlangte die Freilassung Manins und seiner Kollegen, und der durch die Nachricht nervös gemachte österreichische Gouverneur gab nach. Er ließ sogar zu, daß sich eine Zivilgarde bildete; aber erst als Mailand rebellierte, gab Manin dem Druck seiner Gefolgsleute nach und ließ marschieren. Am 22. März 1848 setzten sich die venezianischen Revolutionäre einschließlich der neuen Zivilgarde in Bewegung. Sie besetzten das »Arsenal« und überredeten die Österreicher, denen es an Truppen fehlte, kampflos abzuziehen. Unter großen Freudenkundgebungen wurde Venedig wieder zu einer unabhängigen Republik proklamiert – der Republik von San Marco.

Manin wurde zu ihrem Präsidenten ausgerufen und alle Venezianer für gleich erklärt. Aber die venezianische Revolution war Teil einer allitalienischen Bewegung gewesen, und der italienische Nationalismus konkurrierte nun mit dem örtlichen Patriotismus sowohl was das Volk als auch was seine Führer anbelangte. Der panitalienische Nationalismus scheint dabei an Boden gewonnen zu haben, als die Österreicher sich daran machten, ihre Autorität wieder durchzusetzen. Eine buntscheckige Armee aus piemontesichen Soldaten und norditalienischen Bürgern formierte sich, um die Österreicher aus Norditalien hinauszuwerfen. Die kaiserlichen Truppen wurden vor Vicenza zurückgeschlagen, und die Piemontesen bereiteten Marschall Radetzky eine Niederlage und nahmen Peschiera ein. Doch von da an ging alles nach österreichischen Wünschen.

Vicenza fiel, danach auch Treviso, Padua und Rovigo. Als die Venezianer erkannten, daß sie allein nicht siegen konnten und daß, einen italienischen König zu haben, immer noch besser war als dem österreichischen Kaiser untertan zu sein, folgten sie, wenn auch widerwillig, dem Beispiel von Mailand, Piacenza, Modena und Parma und erklärten sich für eine Union mit Piemont. Manin zog sich ins Privatleben zurück. Aber noch am gleichen Tage, am 6. August 1848, an dem die piemontischen Unterhändler in Venedig erschienen, wurde Mailand von den Österreichern wieder genommen. Fünf Tage später kam es zwischen Österreich und Piemont zum Waffenstillstand, und nun beschlossen die venezianischen Demokraten, ihr Schicksal nochmals in die eignen Hände zu nehmen. Die piemontesischen Unterhändler wurden hinausgeworfen, Manin zum Diktator ausgerufen, und während die Revolution im übrigen Italien zusammenbrach, machte sich Venedig zum Kampf bereit.

Die Venezianer wurden durch die Tat Garibaldis und Mazzinis ermutigt, die im Frühjahr 1849 Rom eroberten und es zur Republik erklärten. Noch waren die Österreicher durch den ungarischen Aufstand abgelenkt. Freiwillige strömten von allen Seiten aus Italien herbei, um Manins Regierung zu stützen, und die liberalen Regierungen von England und Frankreich wurden um Hilfe angegangen. Aber wenn auch große Hoffnungen bestanden – die Übermacht war auf der anderen Seite.

Eine befestigte Stellung nach der anderen am Rande der Lagune fiel den Österreichern in die Hände, die Stadt wurde blokkiert und vom 30. Juni 1849 an von Artillerie beschossen. Die römische Republik brach im Sommer zusammen, der ungarische Aufstand wurde unterdrückt, die Hilfe aus England und Frankreich, mit der Manin gerechnet hatte, blieb aus, und der Feind bestand auf allerhärtesten Kapitulationsbedingungen.

Venedig hatte fast acht Wochen ausgehalten, Kanonenkugeln hatten fast jedes wichtige Gebäude der Stadt beschädigt und auch Tintorettos Gemälde in der *Scuola di San Rocco* durchschlagen. Aber Venedig ergab sich nicht. Erst als der Hunger übermächtig wurde und die Cholera wütete, gab Manin am 24. 8. 1849 auf und segelte in Exil.

Venedig unterwarf sich, und wieder wehte die schwarzgelbe österreichische Flagge von der Markuskirche. Die Unzufriedenheit mit den Österreichern blieb freilich bestehen – und es wurde sogar ein Plan geschmiedet, Kaiser Franz Josef bei seinem Besuch im Jahre 1852 in Venedig zu entführen. Obgleich es zweifellos böse Gefühle gab, bemerkte Ruskin, der in den 1850er Jahren zwei Winter lang unter den Venezianern lebte und ihre Architektur studierte, keine Repressionen. Er schrieb: »Ich konnte kein einziges Mal im Gespräch mit liberalen Italienern einen eindeutigen Grund für ihre Unzufriedenheit mit der Regierung feststellen. Es gab nur viel allgemeines Murren und ein vages Mißvergnügen. Aber ich konnte niemals entdecken, was sie eigentlich wollten oder wodurch sie sich beleidigt fühlten.«

Österreich tat wirklich alles, um die öffentliche Meinung überall zu beschwichtigen. Um 1857, als Franz Josef und die Kaiserin Venedig einen Staatsbesuch machten, waren alle Härten des Regimes längst beseitigt, und der umgängliche Erzherzog Maximilian war als Gouverneur eingesetzt worden. Aber die Liberalen waren unbeugsame Männer, die an ihren Prinzipien festhielten. »Wir wollen nicht, daß Österreich sein Benehmen uns gegenüber ändert«, schrieb Manin aus dem Exil, »wir wollen, daß es das Land verläßt.« Und schließlich bequemte sich die österreichische Regierung in ihrer schwerfälligen Art dazu, sich mit dieser Idee zu befreunden.

1866 schlug sie vor, Venedig dem König von Piemont zu überlassen (unter dem sich das übrige Italien nach dem Kriege von 1859 vereinigt hatte), wenn er in einem österreichisch-preußischen Kriege neutral bliebe. Aber der König war schon mit Preußen verbündet, und so mußten erst die Preußen bei Königgrätz siegen, ehe Venedig dem schwachen Zugriff Österreichs entwunden werden konnte.

Venedig wurde Frankreich übergeben, das eine Volksabstimmung über die Frage der Vereinigung mit Italien durchführte. Dieses ärgerte Garibaldi ungemein, der in Venedig hatte einmarschieren wollen und es den Venezianern unendlich verübelte, daß sie sich nicht selbst befreit hatten. Daß es nicht zum Blutvergießen kam, war aber sicherlich kein Schaden. Die Volksabstimmung ergab die erwartete Mehrheit, und Venedig kam endlich zur Ruhe als Hauptstadt einer italienischen Präfektur.

Die kaiserlichen Truppen räumten den Palast Foscari – und allmählich und, vom venezianischen Standpunkt aus, betrüblicherweise verschwanden auch die letzten Dogennachkommen. 1864 starb der letzte Mocenigo und der letzte aus dem Geschlecht Grimani. Zu der Zeit waren ihre schönen Paläste schon in ein Hotel und ein Postgebäude verwandelt worden. Der letzte Sagredo, der sein Geschlecht tausend Jahre zurückverfolgen konnte, wurde 1871 begraben. Der letzte Contarini, aus einer Familie, die immerhin acht Dogen gestellt hatte, verbrachte den Rest seiner Tage in einem obskuren Mietshaus.

Unterdessen war es Mode geworden, sich in venezianische Paläste zum Sterben zurückzuziehen. Richard Wagner, der seinen Tristan in einem venezianischen Palast komponiert hatte, starb 1883 in einem andern. 1889 erlosch Robert Brownings Leben in der herrlichen Ca' Rezzonico, die er einige Jahre zuvor gekauft hatte. Um diese Zeit war das erste Dampfschiff auf dem Canal Grande erschienen, und die Wirtschaft der Stadt, die so lange stagniert hatte, erfuhr nun eine Wiederbelebung.

Der Eisenbahn, die noch die Österreicher gebaut hatten, folgten Dampfmaschinen und Elektrizität. Das »Arsenal« wurde vergrößert und beschäftigte bald so viele Arbeiter wie in seinen besten Zeiten. Dank der Eröffnung des Suezkanals 1869 wurden beträchtliche Summen in den Hafenanlagen investiert, und Venedig wurde bald zum Umschlagplatz früher undenkbarer Tonnagen. Die industrielle Produktion nahm so stark zu, daß das Verkehrsnetz dem nicht gewachsen war; schon 1906 plante man einen neuen Damm für elektische Züge und eine Autostraße.

Die Verbesserungen im Verkehrswesen brachten soviel Touristen und soviel Geld ins Land, daß der Lebensstandard des gewöhnlichen Venezianers ganz wesentlich anstieg. Zwischen 1882 und 1907 stiegen die Preise um ein Drittel, aber die Löhne stiegen noch mehr. Die Zahl der Barfüßigen unter den Kinder nahm ab, die schlimmsten Slums verschwanden. Aber schon hörte man Klagen über den Rauch der Fabrikschornsteine und über die Besuche von immer größeren Schiffen.

Seit jener Zeit ist der Campanile zusammengestürzt und wiederaufgebaut worden, hat Venedig zwei große Kriege überstanden – aber die Debatten über den Segen und Fluch des industriellen Zeitalters halten weiter an, ganz besonders seit dem November 1966, als ein plötzlicher Sturm zu einem Einbruch der See führte und die Piazza sechs Fuß hoch unter Wasser stand.

Die Furcht davor, daß Venedig versinken könne, ist so alt wie die Stadt, und im Laufe der Zeit ist das Niveau der Piazza mehrmals gehoben worden. Man weiß von Hochwassern im 9. Jahrhundert, 1102 verschwand die Insel Malamocco ganz unter den Wassern, und aus dem Jahre 1339 berichten die Chronisten, daß »die Stadt in größter Gefahr war zu ertrinken«. Aber wenn die Wasserstandslinie 1900 um 9 cm im Jahrhundert anstieg, so steigt sie heute um den zehnfachen Betrag.

Die möglichen Ursachen – das Schrumpfen der Eiskappe am Pol, die Bewegungen der Alpen und Apenninen, der Einfluß der artesischen Brunnen auf den unter hohem Druck stehenden Grundwasserspiegel, von dem die ganze Gegend getragen wird, das langsame Schrumpfen des Lagunenbeckens (das dem aufmerksamen Goethe schon vor zwei Jahrhunderten auffiel) – sind heiß umstritten. Doch die meisten Vorwürfe richten sich gegen die Industrie – gegen die tiefen Kanäle, die wegen des Industriekomplexes von Mestre-Marghere ausgebaggert wurden, gegen die Riesenschiffe, die ihren Weg durch die Lagune pflügen, und gegen die Umweltverschmutzung.

Diese Probleme werden angegangen. Das neue Gesetz der italienischen Regierung wird Vendig möglicherweise genügend Mittel in die Hand geben, um besondere Schleusentore an den Eingängen zur Lagune bauen zu können, die Deiche reparieren zu lassen und Aquädukte anstelle der artesischen Brunnen in Betrieb zu nehmen. Es gibt auch Pläne, die Häuser zu sanieren, die Fabriken zu modernisieren und die Umweltverschmutzung zu bekämpfen, und die UNESCO hat sich an die Weltöffentlichkeit mit dem Aufruf gewandt, bei der Rettung historisch interessanter, verfallener alter Bauten in Venedig mitzuwirken. Die Versuche, Venedig zu retten, könnten Erfolg haben, wenn es auch scheint, daß die einzige, wegen der wachsenden Schiffsgrößen auf lange Sicht erfolgreiche Lösung nur der Bau eines neuen Kanals wäre, durch den die Schiffe die Industriegegend erreichen könnten, ohne die Lagune zu berühren. (Dies wird in dem bisher wenig beachteten Tosi-Plan vorgeschlagen.) Aber auch bei einer physischen Rettung der Stadt, bleibt die Gefahr bestehen, daß Venedig dann wie ein Museumsstück unter Glas erhalten bliebe – fern vom eigentlichen Leben und Treiben der Venezianer.

Das industrielle Zeitalter hat die Stadt schon so beeinträchtigt wie das kein Kaiser und kein Papst gekonnt hat. Die Bevölkerung geht Jahr um Jahr mehr zurück, denn die Menschen verlassen ihre von der Flut bedrohten Wohnungen und ziehen in die Vororte. Was vom ursprünglichen Stadtkern übrig ist, wird zum Spekulationsobjekt für reiche Außenseiter. Im Sommer wird es von Touristenmengen überschwemmt, von denen viele sich mehr über die Tauben auf der Piazza zu freuen scheinen als über die Mosaiken von San Marco.

Doch am 21. November eines jeden Jahres kehren alle zurück, die die Stadt verlassen haben. Zusammen mit den noch dort lebenden Venezianern ziehen sie in Scharen zu der großen Kirche Santa Maria della Salute. Es ist dies das einzige große *andante* des alten venezianischen Kalenders, das noch mit Inbrunst gefeiert wird. Dann und nur dann gehört Venedig noch einmal sich selbst. Die übrige Zeit des Jahres, als schämte sich die Stadt ihrer niedrigen Rolle als Touristenfalle, Schlafstadt und Jahrmarkt für den Jet-Set, zieht sie sich mit all ihren großen Schätzen tiefer ins Wasser zurück.

NAMEN- UND ORTSREGISTER

PHILIP LONGWORTH

wurde 1933 in London geboren und erhielt seine Ausbildung am Balliol College in Oxford. Die russische Sprache erlernte er in der britischen Armee. Ehe er sich ganz seinen literarischen und historischen Arbeiten widmete, war er mehrere Jahre lang als Geschäftsmann tätig. Außerdem führte er einen Forschungsauftrag am Zentralinstitut für asiatische Forschungen in London aus, war zeitweilig Generalsekretär der Schriftstellervereinigung und Historiker der Kriegsgräberkommission für das Commonwealth. Gegenwärtig arbeitet er als Lektor für Russische Geschichte an der Universität von Birmingham.
Neben zahlreichen Artikeln zur russischen Geschichte und über Fragen der sowjetischen Tagespolitik veröffentlichte er eine Übersetzung von »EIN HELD UNSERER ZEIT« von Lermontow, die in England und Amerika erschien, und eine Biographie des Generals Suworow, der die Truppen des Zaren Paul gegen die Armeen des revolutionären Frankreichs geführt hatte. Die Biographie erregte auf beiden Seiten des Atlantik große Aufmerksamkeit.
Während eines Besuchs in der Sowjetunion erhielt der Autor die Gelegenheit, Kosakensiedlungen im nördlichen Kaukasus zu besuchen. Hierüber veröffentlichte er ein Buch in England, dessen deutsche Übersetzung unter dem Titel »Die Kosaken« bei F. A. Brockhaus erschien. Gegenwärtig arbeitet Longworth an weiteren historischen Studien.

Donald R. Dudley: Tacitus und die Welt der Römer

Aus dem Englischen übertragen von Helmuth Eggert. 286 Seiten.

Der Verfasser, ein namhafter englischer Gelehrter, erschließt mit seinem überaus instruktiven Buch dem Laien eine unheimliche, faszinierende Welt und hat auch dem Fachmann manche Anregung zu geben.

John M. Carter: Die Schlacht bei Aktium — Aufstieg und Triumph des Kaisers Augustus

Aus dem Englischen übertragen von Fred und Jessica Schmitz. 302 Seiten mit 5 Karten im Text, einer Karte auf dem Vorsatz und 8 Abbildungen auf Kunstdrucktafeln.

John M. Carter, ein junger englischer Historiker, behandelt in diesem Buch einen kurzen, aber entscheidenden Abschnitt der Alten Geschichte. Carter versteht es, das politische Hin und Her mit dem dramatischen Schicksal der handelnden Personen zu einem einheitlichen Ganzen zu verknüpfen. Zahlreiche Zitate aus den reichlich vorhandenen antiken Quellen geben der Darstellung der Ereignisse den authentischen Rahmen.

Geoffrey Hindley: Saladin Ritter des Islam

Aus dem Englischen übertragen von Miriam Magal. Etwa 240 Seiten, 5 farbige und 14 einfarbige Abbildungen, eine Karte.

In einer farbigen Schilderung mittelalterlichen Lebens auf einem exotischen Schauplatz wird die Gestalt Saladins (1138–93) vor den Augen des Lesers lebendig. Nach der Einigung der zerstrittenen islamischen Staaten gelang es ihm, das Heer der Kreuzfahrer zu besiegen und Jerusalem für den Islam zurückzugewinnen. Saladin ist eine der Hauptfiguren in Lessings Schauspiel »Nathan der Weise«.

FAB 1805

F · A · BROCKHAUS · WIESBADEN